지도·도표·사진으로 보는
성서의 역사와 지리
Biblical History and Geography

김흔중 지음

1996년 11월 9일 현지에서 저자가 촬영한 "쿰란 동굴"이다.
2000년전 엣세네인들에 의해 쿰란 동굴안의 질그릇 항아리에 보관 되었던 성경사본이 1947년 2월에 발견되었다.
이 "쿰란사본"(사해사본)은 매우 귀중한 성경사본으로 높이 평가되고 있다.

좋은 책으로 하나님의 사랑을 만들어 가는
엘 맨

추 천 사

　이번에 나의 외우(畏友) 김흔중 목사님께서 「성서의 역사와 지리」라는 쾌저를 내시어 여기 진심으로 축하를 드리고 이를 추천하는 바입니다.
　저자께서는 이미 「성지순례의 실제」라는 성지에 관한 완벽한 안내서를 출간한 일이 있습니다. 그런데 이번에는 성서의 역사를 일괄하고 또 그 지리를 알기 쉽게 쓴 다른 하나의 쾌저를 내시게 되었습니다.
　이번의 저서는 실로 정성을 다하고 또 연구를 많이 한 소중한 연구의 결과로 나온 저서입니다. 더구나 지도나 도표 그리고 사진 자료들과 눈에 쏙 들어오게 하는 다이나믹한 영상 이미지 들을 많이 삽입하여서 긴 설명이 필요하지 아니할 정도로 정확하고 간결한 자료들을 수 없이 실었습니다. 이것은 그 저술 내용을 완벽하게 이해하고 체계화 하지 아니 하고서는 할 수 없는 작업인 것입니다. 이런 것들은 그가 얼마나 오랫동안 깊이 연구를 하고 또 그것들을 잘 알리기 위하여서 애쓰셨는가 하는 것을 나타내 보여주는 것입니다.
　글의 서술방법도 기민하여서 내용이 한 눈에 잡히는 간명한 글귀들이 눈 뜨이고 그리고 글마다 그의 삶과 신잉이 읽는 이의 마음에 온기로 나서서는 것과 같은 것을 느낄 수 있는 생생함을 가지고 있습니다.
　이 저서는 실로 성서의 역사나 지리에 관하여서 수 없는 자료들을 읽고 생각 하고서야 얻을 수 있는 그런 방대한 지식과 내용들을 한 눈에 일괄할 수 있도록 한, 엄청난 공헌을 한 것입니다.

　우리는 이러한 훌륭한 저서를 통하여서 우리 신앙의 원초적인 바탕을 이루는 성서, 그것을 이렇게 재치와 요약 그리고 간명(簡明)으로 정리한 저자의 정성어린 노력때문에 손 쉽게 진리의 세계에 이끌리게 된 데 대하여 진심으로 감사를 드리고, 이를 축하 하면서 만인의 열독(閱讀)을 추천하는 바입니다.

2003년 6월 10일
민 경 배
서울장신대학교 총장

머 리 말

   성서의 말씀에 대한 지식은 여느 학문과는 판이하게 다르다. 성서는 하나님의 계시에 의해 성령의 감동으로 기록된 하나님의 언약인 진리의 말씀이기 때문이다.

   성서에 관련된 모든 저술(著述)은 인류의 보편적인 역사, 지리, 사회, 문화, 과학등에 관한 학문적 지식 전달에 있는것이 아니라, 오직 성서의 근본적인 지식을 통해서 진리의 말씀이 바르게 이해되고·해석되고·체험되고·확증되고·적용되고·전파되도록 하는데 그 어느 분야이든 분명한 목적을 두고 기술(記述)되어야 한다.

   졸저(拙著)로 이미 출간된「聖地巡禮의 實際」(청담, 2000. 10. 31)는 성지에 대한 지식의 구체적인 이해와 전파에 촛점을 맞췄다. 그리하여 성지 이스라엘의 땅을 비롯하여 성서가 쓰여진 현장의 성지연구와 성지순례에 필요한 안내서로 기독교인들에게 회자(膾炙)되고 있어 감사하고 있다.

   또한 시각 장애인을 위한 한국 최초의「점자 성서지리 교본」과「聖地巡禮의 實際」의 원본을 점자로 번역한「성지순례의 실제-점자 번역본」(전 3권)을 출간하여 그간 시각장애인들에게 배포하게 되어 오직 하나님께 감사하고 있다.

   또한 3년만에 비재천학(菲才淺學)하고 부족한 자가 졸저(拙著)를 감히 출간하게 되었다.

   표제(表題)의 지도·도표·사진으로 보는「성서의 역사와 지리」는 아래와 같이 세가지 면에 중점을 두어 저술하였다.

1. 성서의 구약과 신약에 연계된 이스라엘의 역사적인 주요 사건을 망라하여 시대별로 일목요연하게 구분하였고, 체계적으로 정리하고 간추려서 핵심적인 주요 사건을 일관성 있게 쉽게 이해하고 체험할 수 있도록 하였다. 그리하여 성서의 심오한 진리를 내실있게 체득할 수 있으며 생명력이 있는 성서지식이 축적되고 승화되도록 하는데 중점을 두었다.

2. 성서에 기록된 이스라엘의 역사적인 사건은 그 시대의 사건 현장에서 일어난 실제적인 사실로 기록되었다. 그러한 시대적 역사는 국제 사회 환경과 문화 풍토등의 다양한 배경에 많은 영향을 받게 되었다. 그러나 각종 배경은 가급적 줄여서 구약의 이스라엘 역사에 점철된 전쟁사를 중심으로 간추렸고, 신약의 예수 그리스도의 생애와 제자들의 복음 전파에 관련된 행적에 역점을 두었으며, 성서의 역사와 지리적인 사건의 현장에 많은 비중을 두었다.

3. 각종 필요한 도표와 전쟁의 상황 요도를 그려서 활용하였고, 성서의 내용을 가급적 간명하게 요점(要點)을 설명하여 쉽게 이해할 수 있도록 심혈을 기울여 기술하였다.

졸저는 성서가 종교, 윤리적 교훈집이 아니라 그 역사적 현장들과 오늘의 삶의 현장 속에서 성서의 오묘한 불변의 진리를 용이하게 이해하고 생명력이 있는 약속의 말씀을 체험하는데 좋은 참고 자료가 될 뿐 아니라 교본에 준하여 다각적으로 활용할수 있는 참고 교재(敎材)가 될것으로 확신 한다. 따라서 평신도, 교회학교 교사, 교회 지도자, 신학생, 목회자들에게 실질적으로 참고 되고 효과적으로 활용되어 은혜가 넘치기를 진심으로 기원한다.

끝으로 출판에 즈음하여 먼저 하나님께 감사드리며, 추천사로 격려해 주시고 적극 성원해 주신 은사(恩師)되시는 민경배(閔庚培)박사님, 항상 곁에서 자문으로 협력해 주신 한서대학교 장양순(張亮淳)교수, 이스라엘 히브리 대학에서 공부할 때부터 나의 저술에 동기 부여를 해준 내자 이기자(李紀子)성경원어연구소 소장, 자녀들(南希, 徑希, 度勳－孫海禎), 그리고 출판에 적극 협조해 주신 엘맨출판사 이규종 사장님께 심심(深甚)한 사의(謝意)를 표한다.

주후 2003년 6월 1일
八達山 一隅에서 김 흔 중 謹識

> 예수께서 제자들에게 이르시되 아무든지 나를 따라 오려거든 자기를 부인하고 자기 십자가를 지고 나를 좇을 것이니라.(마태복음 16장 24절)

십자가의 길(Via Dolorosa) : 채찍질 교회를 출발 → 에케 호모교회를 지나며(저자)

목 차

1. 추천사(민경배 박사) 3
2. 머리말(김흔중 목사) 4
3. 성서의 히브리어와 헬라어 소개(원어) 14
4. 현 이스라엘의 국경과 주변 국가(지도) 15
5. 이스라엘의 전도(全圖) 16
6. 이스라엘 점령지내의 팔레스타인(지도) 17

A. 이스라엘의 일반적 총람(總覽)

1. 이스라엘의 시대별 역사 개관 20
2. 성서의 전쟁 개념과 그 배경 25
3. 현 이스라엘과 팔레스타인의 역사적 상황 28
4. 이스라엘 독립 후의 영토 변화(지도) 34
5. 이스라엘 점령지 내의 정착촌(지도) 35
6. 이스라엘의 땅 36
    (1) 명 칭 36
    (2) 지 리 41
    (3) 기 후 45
    (4) 인 구 48
    (5) 언 어 51
    (6) 교 육 53
    (7) 정 치 56
    (8) 국 방 58
    (9) 종 교 62
    (10) 경 제 68
    (11) 키프츠와 모샤브 71

7. 예루살렘의 역사와 성벽 변천의 과정
  (1) 예루살렘의 약사 75
  (2) 예루살렘성 내부지역(지도) 77
  (3) 새 예루살렘 지역(서 예루살렘) 78
  (4) 구 예루살렘 지역(동 예루살렘) 79
  (5) 예루살렘 성벽의 시대별 변천과정(지도) 80
  (6) 예루살렘 성의 시대별 변천과정 82
  (7) 성전산과 성문 88

B. 이스라엘의 시대별 역사와 지리

I. 족장이전시대(창조-주전 2166년)

1. 아담의 고향땅(지도) 102
2. 노아 계보와 종족 분포(도표) 102
3. 노아 홍수의 사건경위 103
4. 성서의 기본 구성 및 연대 104
   (1) 세계 고대문명이 이스라엘에 미친 영향 104
   (2) 성서의 구성 연대표(도표) 108
   (3) 구약의 주요 연대표(도표) 109
   (4) 신약의 주요 연대표(도표) 110
   (5) 예수 그리스도의 세계(世系)(도표) 111

II. 족장시대(주전 2166-1805년)

1. 아브람의 이주경로(지도) ······················· 114
2. 아브라함의 생애(도표) ······················· 115
3. 롯을 구한 아브람 ······················· 116
4. 이삭의 생애(도표) ······················· 118
5. 야곱의 생애(도표) ······················· 119
6. 요셉의 생애(도표) ······················· 120
7. 열두지파의 조상 계보(도표) ······················· 121
8. 야곱 가족이 이주한 고센땅 ······················· 122

III. 출애굽시대(주전 1527년-1406년)

1. 모세와 관련된 애굽왕의 계보(도표) ······················· 126
2. 애굽 바로들의 가나안 땅 침공 ······················· 129
3. 모세의 생애(도표) ······················· 130
4. 출애굽 경로(지도) ······················· 131
5. 이스라엘 백성의 출애굽 ······················· 132
6. 모세가 십계명을 받은 시내산 ······················· 138
7. 시내산의 성막과 법궤의 이동경로 ······················· 141
8. 시내광야와 모압평지에서 인구조사(통계) ······················· 149
9. 출애굽 후 르비딤의 첫 전투 ······················· 149
10. 아말렉과 호르마 전투 ······················· 150
11. 12정탐군의 가나안땅 왕복 경로 ······················· 151
12. 광야에서의 아론과 미리암(도표) ······················· 153
13. 요르단에서의 여러전투(야하스, 에드레이, 길르앗) ······················· 154
14. 요단 동편의 싯딤지역 전투 ······················· 156

IV. 가나안정복시대(주전 1406년-1390년)

1. 가나안땅의 12지파 분할지역도(지도) ⋯⋯⋯⋯⋯⋯⋯⋯ 162
2. 가나안땅의 분할경위 ⋯⋯⋯⋯⋯⋯⋯⋯⋯⋯⋯⋯⋯⋯⋯⋯ 163
3. 여리고성 함락 ⋯⋯⋯⋯⋯⋯⋯⋯⋯⋯⋯⋯⋯⋯⋯⋯⋯⋯⋯ 164
4. 아이성 전투 ⋯⋯⋯⋯⋯⋯⋯⋯⋯⋯⋯⋯⋯⋯⋯⋯⋯⋯⋯⋯ 167
5. 태양과 달이 멈춘 기브온 전투 ⋯⋯⋯⋯⋯⋯⋯⋯⋯⋯⋯⋯ 169
6. 여호수아의 쉐펠라 전투 ⋯⋯⋯⋯⋯⋯⋯⋯⋯⋯⋯⋯⋯⋯⋯ 171
7. 여호수아의 마지막 메롬물가 전투 ⋯⋯⋯⋯⋯⋯⋯⋯⋯⋯ 173
8. 여호수아의 미정복 성읍 ⋯⋯⋯⋯⋯⋯⋯⋯⋯⋯⋯⋯⋯⋯⋯ 174
9. 도피성의 설치 ⋯⋯⋯⋯⋯⋯⋯⋯⋯⋯⋯⋯⋯⋯⋯⋯⋯⋯⋯ 175

V. 사사시대(주전 1375년-1050년)

1. 사사들의 활동 ⋯⋯⋯⋯⋯⋯⋯⋯⋯⋯⋯⋯⋯⋯⋯⋯⋯⋯⋯ 178
2. 여리고 요단나루 전투 ⋯⋯⋯⋯⋯⋯⋯⋯⋯⋯⋯⋯⋯⋯⋯⋯ 179
3. 드보라의 다볼산 전투 ⋯⋯⋯⋯⋯⋯⋯⋯⋯⋯⋯⋯⋯⋯⋯⋯ 180
4. 기드온과 미디안의 전투 ⋯⋯⋯⋯⋯⋯⋯⋯⋯⋯⋯⋯⋯⋯⋯ 182
5. 아비멜렉의 잔인한 골육전 ⋯⋯⋯⋯⋯⋯⋯⋯⋯⋯⋯⋯⋯⋯ 185
6. 기브아의 동족상쟁 ⋯⋯⋯⋯⋯⋯⋯⋯⋯⋯⋯⋯⋯⋯⋯⋯⋯ 186
7. 입다와 암몬의 전쟁 ⋯⋯⋯⋯⋯⋯⋯⋯⋯⋯⋯⋯⋯⋯⋯⋯⋯ 188
8. 삼손과 블레셋의 싸움 ⋯⋯⋯⋯⋯⋯⋯⋯⋯⋯⋯⋯⋯⋯⋯⋯ 189
9. 단지파의 라이스 이주 ⋯⋯⋯⋯⋯⋯⋯⋯⋯⋯⋯⋯⋯⋯⋯⋯ 191
10. 언약궤를 빼앗긴 아벡 전투 ⋯⋯⋯⋯⋯⋯⋯⋯⋯⋯⋯⋯⋯ 192
11. 미스바의 기도 응답 전투 ⋯⋯⋯⋯⋯⋯⋯⋯⋯⋯⋯⋯⋯⋯ 193

Ⅵ. 통일왕국시대(주전 1050년-930년)

1. 사울왕국의 영토(지도) 196
2. 사울의 길르앗야베스 전투 197
3. 사울(아들:요나단)과 블레셋의 믹마스 전투 198
4. 다윗과 골리앗의 엘라골짜기 전투 200
5. 사울이 전사한 길보아 전투 203
6. 다윗과 솔로몬 왕국의 영토(지도) 204
7. 다윗의 가족 계보(도표) 205
8. 다윗의 도피 행적 206
9. 다윗왕의 건국 초기 전투 208
10. 다윗의 요단동편 전투 210
11. 다윗과 압살롬 반란의 전투 212
12. 다윗에 대한 세바의 반역 봉기 215
13. 다윗왕가의 마지막 반란 217
14. 솔로몬의 생애 219

Ⅶ. 분열왕국시대(주전 931년-586년)

1. 분열된 남북왕국의 영토(지도) 224
2. 북 왕국 멸망 후 남 왕국의 영토(지도) 225
3. 남북왕조의 통치기간 일람표(도표) 226
4. 남 왕국의 군사적 승패의 연도(도표) 227
5. 북 왕국의 군사적 승패의 연도(도표) 228
6. 선지자들의 활동 연대(도표)와 활동상황 229
7. 남 유다와 북 이스라엘의 분열 238

- 8. 르호보암의 요새 성읍 건축 ········· 239
- 9. 애굽왕 시삭의 예루살렘 침공 ········· 240
- 10. 아사왕과 구스인 세라의 전쟁 ········· 241
- 11. 남 아비야와 북 여로보암의 상쟁 ········· 243
- 12. 북 이스라엘의 시므리와 오므리의 모반(북 이스라엘의 쿠테타) ········· 244
- 13. 북 이스라엘과 아람의 전쟁(아합과 벤하닷의 전투) ········· 246
- 14. 엘리야 선지자의 활동 ········· 248
- 15. 엘리사 선지자의 활동 ········· 252
- 16. 북 이스라엘의 모압 출정 ········· 255
- 17. 모압 동맹국의 유다 침공 ········· 256
- 18. 남북 연합군과 아람의 전쟁, 예후의 반란 ········· 257
- 19. 아람왕 하사엘의 유다와 이스라엘 침공 ········· 259
- 20. 유다왕 아마샤의 에돔-셀라 출정 ········· 260
- 21. 유다왕 웃시야의 정복활동 ········· 261
- 22. 북 이스라엘과 아람-다메섹 전쟁 ········· 262
- 23. 북 이스라엘과 아람동맹군의 유다 침공 ········· 263
- 24. 블레셋의 유다 침공 ········· 264
- 25. 앗수르의 침공과 북 이스라엘의 멸망 ········· 265
- 26. 앗수르의 사르곤 2세의 침공과 주민분산 정책 ········· 267
- 27. 앗수르 산헤립의 침공과 유다 히스기야의 출정 ········· 269
- 28. 앗수르의 멸망과 애굽 느고의 출정 ········· 272
- 29. 바벨론과 앗수르(애굽) 동맹의 갈그미스 전쟁 ········· 274
- 30. 바벨론에 의한 유다왕국의 멸망 ········· 275
- 31. 바벨론 치하의 유다와 에스겔의 환상지역 ········· 277
- 32. 시온땅으로 유다백성의 귀환 ········· 278
- 33. 바벨론의 몰락과 페르시아의 발흥 ········· 280

VIII. 신구약 중간시대(주전 435년-주전 4년)

1. 신구약 중간의 침묵기 ········· 284
2. 그리스 제국과 알렉산더의 원정 ········· 285
3. 프톨레미와 안티오쿠스 3세의 팔레스타인 지배 ········· 287
4. 유다의 마카비 반란과 독립쟁취 ········· 289
5. 하스몬 왕조와 로마의 지배시작 ········· 292
6. 유다인에게 미친 3대 종파의 영향 ········· 294

IX. 신약시대(주전 4년-   )

1. 예수님시대의 이스라엘(지도) ········· 300
2. 성가족의 피난 노정(지도) ········· 302
3. 예수님 공생애의 성적(聖蹟)과 족적(足跡) ········· 325
4. 예수님의 수난 주간 행적 ········· 340
5. 초대 교회 형성과 복음전파의 태동 ········· 345
6. 스데반의 첫 순교가 미친 영향 ········· 346
7. 빌립의 사마리아 전도 시작 ········· 347
8. 베드로의 전도사역 ········· 351
9. 사도 요한의 전도사역 ········· 356
10. 사도바울의 전도사역 ········· 358
11. 사도바울의 이방전도 사역경로 ········· 362
12. 사도바울의 이방전도 및 사역 ········· 364
13. 바울의 서신(도표) ········· 376
14. 교회시대의 시대적 구분(도표) ········· 377
15. 유대인이 옥쇄(玉碎)한 마사다 요새 ········· 378
16. 사해사본이 발견된 쿰란 유적 ········· 382

X. 부록

1. 월 력 386
2. 절기와 명절 357
3. 희생 제사제도 388
4. 정결한 동물과 부정한 동물 389
5. 성서에 나오는 우상의 신들 390
6. 성서의 시간, 도량형, 화폐 391
7. 이스라엘의 주요 도시간의 거리 393
8. 성서의 동 식물 394
9. 색 인(Index) 408

이는 그리스도 안에서 전부터 바라던 우리로 그의 영광의 찬송이 되게 하려 하심이라(엡 1:12)

성 경(聖經)

구 약

히브리어

← 읽는 방향

[ס א] 1 1 בְּרֵאשִׁית בָּרָא אֱלֹהִים אֵת הַשָּׁמַיִם וְאֵת הָאָרֶץ:
2 וְהָאָרֶץ הָיְתָה תֹהוּ וָבֹהוּ וְחֹשֶׁךְ עַל־פְּנֵי תְהוֹם וְרוּחַ אֱלֹהִים מְרַחֶפֶת עַל־פְּנֵי הַמָּיִם: 3 וַיֹּאמֶר אֱלֹהִים יְהִי אוֹר וַיְהִי־אוֹר: 4 וַיַּרְא אֱלֹהִים אֶת־הָאוֹר כִּי־טוֹב וַיַּבְדֵּל אֱלֹהִים בֵּין הָאוֹר וּבֵין הַחֹשֶׁךְ: 5 וַיִּקְרָא אֱלֹהִים ׀ לָאוֹר יוֹם וְלַחֹשֶׁךְ קָרָא לָיְלָה וַיְהִי־עֶרֶב וַיְהִי־בֹקֶר יוֹם אֶחָד:

창세기 1장 1절~3절

신 약

헬라어

읽는 방향 →

22.19 καὶ ἐάν τις ἀφαιρῇ ἀπὸ τῶν λόγων βίβλου τῆς προφητείας ταύτης, ἀφαιρήσει ὁ θεὸς τὸ μέρος αὐτοῦ ἀπὸ βίβλου τῆς ζωῆς, καὶ ἐκ τῆς πόλεως τῆς ἁγίας, καὶ τῶν γεγραμμένων ἐν βιβλίῳ τούτῳ. 22.20 Λέγει ὁ μαρτυρῶν ταῦτα, Ναί ἔρχομαι ταχύ. Ἀμήν. Ναί, ἔρχου, κύριε Ἰησοῦ. 22.21 Ἡ χάρις τοῦ κυρίου ἡμῶν Ἰησοῦ χριστοῦ μετὰ πάντων ὑμῶν. Ἀμήν.

계시록 22장 19절~21절

창세기에서 요한 계시록까지

현재 이스라엘의 국경과 주변 국가

이스라엘의 전도

다시 저주가 없으며 하나님과 그 어린양의 보좌가 그 가운데 있으리니(계 22:3)

쉐 마 שְׁמַע
(Hear, O Israel)

이스라엘아 들으라
우리 하나님 여호와는 오직 하나인 여호와시니
너는 마음을 다하고 성품을 다하고 힘을 다하여
네 하나님 여호와를 사랑하라
오늘날 내가 네게 명하는 이 말씀을 너는 마음에 새기고
네 자녀에게 부지런히 가르치며, 집에 앉아 있을 때에든지,
길에 행할 때에든지, 누웠을 때에든지, 일어날 때에든지
이 말씀을 강론할 것이며 너는 또 그것을 네 손목에 매어
기호를 삼으며 네 미간에 붙여 표를 삼고
또 네 집 문설주와 바깥 문에 기록 할지니라
신명기 6장 4절 ~ 9절

A. 이스라엘의 일반적 총람

▲ 요단강

| A. 이스라엘의 일반적인 총람 |

1. 이스라엘의 시대별 역사개관

(1) **신석기 시대**(주전 약 5000년-4000년)
   ○ 여리고는 이미 성읍을 형성

(2) **금석 병용기 시대**(주전 4000년-3150년)
   ○ 므깃도와 야르묵, 여리고 등에 문화 발전

(3) **초기 청동기시대**(주전 3150년-2100년)
   ○ 가나안 인들이 들어와 거주하면서 가나안 시대 시작
   *주전 2333년 : 고조선 건국(단국왕검)

(4) **중기 청동기 시대**(주전 2100년-1546년)
   ○ 대략 족장시대에 해당
   ○ 아브라함이 가나안 땅으로 이주(2091)
   ○ 이삭, 야곱이 대를 이어 가나안 땅에 거주, 요셉때에 이르러 이스라엘(야곱)의 전 가족이 애굽으로 이주(1876)

(5) **후기 청동기 시대**(주전 1546년-1200년)
   ○ 이스라엘 자손이 출애굽(1446)하여 광야생활을 거친 후 가나안 땅 정복
   ○ 가나안 땅을 각 지파별로 나누어 정착
   ○ 초기 사사들의 활동 전개(1375)

(6) **초기 철기 시대**(주전 1200년-1040년)
   ○ 왕정 시작전의 사사시대

(7) **왕국 시대**(주전 1040년-586년)
   ○ 사울의 통치 시작(1040)
   ○ 다윗이 왕으로 등극(1010)
   ○ 다윗의 예루살렘 점령(1000)
   ○ 솔로몬 성전 건축(960)
   ○ 유다와 이스라엘 왕국의 분열(931)
   ○ 북 왕국 이스라엘 멸망(722)
   ○ 남 왕국 유다 멸망, 제 1성전 파괴(586)

주전 8000년경 여리고 유적

주전 3000-1200경 유물(금송아지)

주전 1200-920년경 유물(석류도기)

| A. 이스라엘의 일반적인 총람

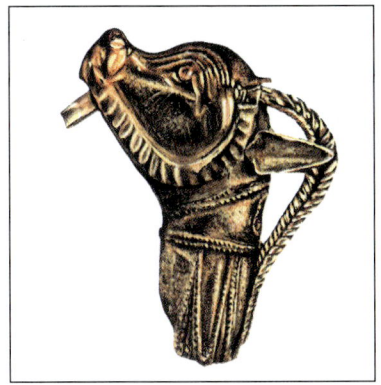

주전 586-323년경(귀걸이)

(8) 페르시아 시대(주전 586년-332년)
- 바벨론 포로 귀환(537)
- 스룹바벨 성전 봉헌(515)
- 예루살렘 성곽 재건(느헤미야 445)

(9) 헬라시대(주전 332년-166년)
- 알렉산더 대제의 페르시아 제국 정복(332)
- 헬라제국의 분열(323)
- 프톨레미 왕조의 팔레스타인 통치(301-200)
- 안티오쿠스 대제의 팔레스타인 점령(200)
- 안티오쿠스 에피파네스의 유대인 박해(175-166)
- 마카비 반란 시작(167)

(10) 하스모니아 시대(주전 166년-63년)
- 마카비가문 예루살렘성 탈환 및 성전 재봉헌(164)
- 하스모니아 왕가의 통치(141-63)
- 하스모니아 왕가의 내분(67-63)
- 폼페이의 성전산 점거, 로마의 관할 시작(63)
  *57년 : 신라 건국(박혁거세)

주전 4세기의 하스모니아 동전

(11) 로마시대(주전 63년-주후 324년)
- 헤롯이 로마로 부터 유대인의 왕위를 얻음(40)
- 헤롯의 통치(37-4)
  *주전 37년 : 고구려 건국(주몽)
- **예수님의 탄생 및 활동**(주전 4-주후 30)
  * 주후 17년 : 백제 건국(온조)
- 유대인의 대반란(66-70)
- 로마 티투스(Titus)장군의 예루살렘 점령 및 제 2성전 파괴(70)
- 산헤드린(공회)을 야브네(Jabneh)로 이전(70)
- 맛사다 함락(73)
- 바르코크바의 반란(132-135)
- 엘리아 카피톨리나(예루살렘)에 쥬피터 신전 건축
- 유다를 팔레스타인으로 개명(135)
- 티베리아에서 미쉬나 최종 완성(210)

비잔틴 시대의 등잔

| A. 이스라엘의 일반적인 총람

(12) 비잔틴 시대(주후 324년-640년)
- 콘스탄틴 예루살렘 점령 및 통치(326)
- 예루살렘 탈무드 완성(390)
- 페르시아의 침입(614)
- 모슬렘의 침입(638)

(13) 초기 아랍 시대(주후 640년-1099년)
- 우마야드 왕조의 통치(661-807)
- 아바시드 왕조의 통치(807-969)
- 파티미드(Fatimids) 왕조의 통치(969-1091)

*주후 676년 : 신라 삼국통일
*주후 936년 : 고려건국(왕건)

비잔틴 시대의 오병이어 모자이크

(14) 십자군 시대(주후 1099년-1291년)
- 십자군의 예루살렘 정복(1099)
- 아랍 살라딘 장군의 대승리(1187)
- 십자군 다시 강성 시작(1192)
- 십자군 기울기 시작(1244)

(15) 마믈룩 시대(주후 1291년-1517년)
- 스페인의 유대인들 추방(1492)

*주후 1392년 : 조선건국(이성계)

청동기 유물

(16) 오스만 터키 시대(주후 1517년-1917년)
- 예루살렘 성곽 건축(1520-1566)
- 나폴레옹 악고에서 패배(1799)
- 이집트 무하마드 알리 팔레스타인 통치(1831-1840)
- 터키의 통치 재개(1840)
- 첫번째 "알리야"(유대인 이민) 주로 러시아에서 귀환 (1880-1903)
- 두번째 "알리야" 주로 동부 유럽에서 귀환(1904-1909)

*주후 1910년 : 한일합방

(17) 영국 식민지 시대(주후 1917년-1948년)
- 발포어 선언
  (영국이 유대인에게 팔레스타인 땅에서의 독립 약속, 1917)

주전 4년-주후 135년경 유물
빌라도 기념석비

여리고, 회당의 모자이크

○ 영국군의 예루살렘 점령(1917)
○ 세번째 "알리야" 주로 동부유럽에서 귀환(1919-1923)
○ 네번째 "알리야" 주로 동부유럽에서 귀환(1924-1932)
○ 다섯번째 "알리야" 주로 나찌 독일의 난민으로 구성되어 귀환(1933-1939)
○ 제 2차 세계대전 중 히틀러가 600만 유대인 학살(1939-1945)
○ 유엔 총회에서 팔레스타인 분할안(유대인 국가와 아랍국가) 통과, 유대인은 환영했으나 아랍인 거부(1947. 11. 29)
○ 영국군 팔레스타인에서 철수(1948. 5. 15)
○ 여섯번째 "알리야"로 80개의 언어가 다른 110개 국가에서 귀환하여 52년 까지 인구가 배로 증가(1940-1952)

(18) 현대 이스라엘 시대(주후 1948년-현재)

사마리아의 상아 장식품

○ **이스라엘 독립 선언**(1948. 5. 14)
○ **독립전쟁**(제 1차 전쟁. 1948-1949)
  • 아랍 5개국이 이스라엘을 침입(1848. 5. 15 -49. 7) 했으나 승리, 유엔이 결정한 땅보다 더 많은 영토 확보, 60만명의 팔레스타인 난민이 출국
  • 독립전쟁 후 70만명의 유대인이 아랍국가에서 도피 (1948-1949)
  • 국제연합의 59번째 회원국으로 가입(1949. 5. 11)
  • 요르단이 요르단강 서안(West Bank)을 합병(1950)
○ **시나이 전쟁**(제 2차 전쟁, 1956)
  • 이집트 낫세르 대통령이 아스완댐 건설로 인한 재정확보를 명목으로 수에즈 운하(총길이: 166 Km) 국유화 선언(1956. 7. 26)
  • 영·불 연합군이 수에즈 운하 기습 공격
  • 이스라엘이 시나이 반도 점령(1956. 10. 29-11. 6)
  • 시나이 반도에서 철군(1957. 11. 7)
○ **6일 전쟁**(제 3차 전쟁, 1967)
  • 이집트 낫세르 대통령이 아카바만 봉쇄 후 이스라엘 국경으로 병력 이동
  • 이스라엘은 선제 공격하여 6일만에 승리(1967. 6. 5-6. 10)
  • 시나이 반도, 골란 공원, 요단강 서안, 가자역 점령

이스라엘 국기문양(메노라)

- 유엔 결의안 242조의 점령지 철수를 거부하고 토에 편입, 휴전 성립(1970. 8)
○ **욤 키프르 전쟁**(제 4차전쟁, 1973)
- 이집트 사다트 대통령이 시나이반도 공격, 시리아는 골란고원을 공격했으나 이스라엘 승리(1973. 10. 6)
- 유엔 결의안 338조의 전쟁 이전 상태로 철수 휴전성립(1973. 10. 22), 일명 10월 전쟁이라 함
○ **평화협상**(이스라엘-팔레스타인)
- 이집트 사다트 대통령 예루살렘 방문(1977)
- 이집트와 이스라엘간의 캠프데이비드 협정 조약 조인(1979. 3. 6)
- 6일 전쟁시 점령한 시나이 반도에서 이스라엘군 철수(1982. 4. 25)
- 이스라엘이 레바논 침공(1982. 6. 6)
- 남부 레바논에서 이스라엘군 철수(1985. 10. 6)
- 오슬로 평화협상으로 이스라엘과 P.L.O간 자치안 협정(1993. 9. 13)
- 팔레스타인 자치지역 허용(여리고, 가자지구, 1994)
- 요르단과 평화 협정(1995)
- 라빈 총리의 암살(1995. 11. 4)
- 와이리버 평화 협정(1998. 10)

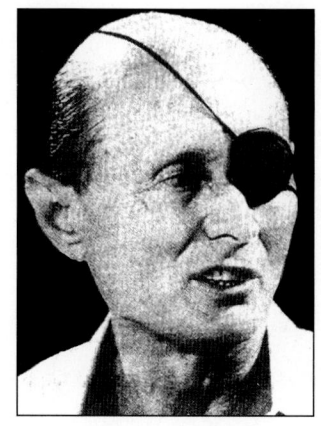

모세 다얀
(Moshe Dayan, 1915년-1981년)
- 이스라엘군의 모체인 "하가나"(자위대) 조직화(37년) 영국군에 체포(39년)
- 제 2차 세계대전 중 영국군에 참전 "시나이"에서 부상. 한쪽 눈 실명
- 중동전쟁시 이스라엘군 사령관, 총참모장, 국방장관
- 에슈콜 내각의 농업장관, 베긴 내각의 외무장관 (캠프데이브드 협정 성사에 공헌)

○ **자살 테러 및 보복전**(팔레스타인-이스라엘)
- 유대인은 성전산에 들어갈 수 없으나 그 곳의 엘악사 사원에 이스라엘 리쿠드당 당수 아리엘 샤론이 들어가자(2000. 9. 28) 충돌이 야기되어 민중봉기(인티파다)의 도화선이 되었고 강경파 아리엘 샤론이 총리가 되자(2001. 2) 팔레스타인의 자살 폭탄 테러와 이스라엘의 보복전이 증폭 되어 수년간 유혈의 격전으로 수많은 인명 피해 발생
- 샤론 총리가 평화협정 파기 선언(2001. 12)
- UN 안보리 결의안 제 1397조의 채택으로 팔레스타인을 독립국가로 의결(2002. 3. 12)했으며 UN 안보리 결의안 제 1402조의 채택으로 팔레스타인 지역에서 이스라엘군 즉각 철수 결의 (2002. 3. 30)를 했으나 실현 불가
- 강경파 샤론총리가 재 집권(2003. 1. 28)하게 되자 양보없는 안보우선 정책으로 일관하여 극한 대립
- 팔레스타인 자치정부의 마흐무드 압바스(Abbas)총리의 새내각 출범으로 이스라엘과 평화 협상의 정국변화(2003. 4. 30)

2. 성서의 전쟁 개념과 그 배경

전쟁을 뜻하는 히브리어는 몇 가지가 있다. 그 중 짜바(צָבָא :군중, 시위, 전쟁), 밀하마(מִלְחָמָה :전투), 크라브(קְרָב :마주침, 전투, 전쟁)등이다. 이에 해당되는 헬라어들은 스트라티아(στρατια :전쟁, 전투)와 폴레모스(πόλεμος :전쟁, 싸움)등이다.

전쟁이나 전투라는 말은 일반적으로 종교적이거나 정치적으론 지파, 인종, 국가등 조직된 집단들과의 전투 행위를 의미한다.

프러시아의 유명한 장군이며 군사 이론가인 클라우제비츠는 그의 명저 전쟁론(On War)에서 전쟁이란 "적을 굴복시켜 자기의 의지를 강요하기 위하여 사용하는 일종의 행위 또는 다른 수단에 의한 정치의 연속이다."라고 전쟁의 본질을 설명 하였다.

다시 말해서 전쟁이란 경쟁 관계에 있는 국가 및 정치 집단간의 장기 무력 충돌을 의미한다. 그러나 협의(狹義)의 의미로는 반란(Insurrection, 기존 권위에 도전하는 폭동)과 내란(Civil War, 한 나라 안의 지역적·정치적 파벌간의 전쟁)이 포함되며 집단 및 개인적인 시위나 폭력 행위는 제외된다.

전쟁을 수행하는 방법과 과정은 두 가지로 구분하여 고려된다. 첫째로 전략(Strategy)은 여러 정치적 목적을 수행하기 위하여 무력과 군수품 등의 군사 수단을 분배 적용하는 것이다. 둘째로 전술(Tactics)은 실제 전투에서 군사력과 기술력을 배치하고 통제하는 것이다. 더 줄여서 말하면 전략(戰略)은 정치적 목적을 실현하기 위한 장기적 예측 가능한 수단에 의한 포괄적인 전쟁행위의 기술이고 전술(戰術)은 실제적으로 전장(戰場)에 적용되는 실현 가능하도록 하는 싸움의 기술이다.

세계 각지에서 일어난 전쟁의 목적과 유형은 다양하다. 고대 유목민들에 의해 급수원이나 목초지를 쉽게 약탈하기 위한 전쟁이 시작 되었다. 인류의 전쟁사는 급수원이나 목초지 뿐 아니라 문화의 발달에 따라 통상로 개척을 위한 선쟁으로 무역 시장을 확보 했으며 정치, 경제, 군사적인 세력을 확장하기 위한 영토 확장의 전쟁으로 발전하였다. 더 나아가 미래의 전쟁은 최첨단 과학기술에 의한 우주정복 경쟁의 전쟁으로 발전할 전망이다.

구약성서에 나타난 약 130여회의 전쟁은 어떠한 전쟁의 개념으로 해석되어야 하는가? 우리는 세상의 정치 및 군사적 전쟁이 아닌 하나님의 섭리에 의한 영적전쟁의 내면성을 발견하게 된다. 구약시대의 전쟁은 단순한 이스라엘 백성과 이방 민족간의 육적인 전쟁만이 아니었다. 그리하여 "여호와의 전쟁"이라 불렀다.(삼상 18:17, 민 21:14) 이러한 전쟁을 주도한 하나님을 모세와 이스라엘 백성은 "용사(勇士)" 또는 "전쟁에 능하신 분"으로 믿었다. 그리하여 여호와의 전쟁은 군사의 수(數)나 무기의 양(量)이나 질(質)에 의해서가 아니라 영적인 능력에 승패가 결정되었다.

하나님은 영적 전쟁의 전략가이시고 전술가이신 전능의 통치자이시며 심오한 경륜의 섭리자 이심을 성서를 통해서 확신하게 된다.

오늘 날에도 성전(聖戰 :Holy War)이라는 용어가 흔히 사용된다. 성전은 하나님의 전쟁인 "헤렘"(חֵרֶם :Herem)에 연유되어 구약시대의 전쟁을 오늘 날에 합리화 하기 위해 사용되는 말이다.

또한 오늘날 이슬람인들은 지하드(Jihad)라는 성전(聖戰)을 언필칭으로 주장하며 하나님의 전쟁을 합리화 하고 있다.

여호와의 전쟁에 임할 때 이스라엘 사람들은 적과 싸우기 전에 먼저 하나님의 뜻을 물어 보았으며 전쟁시는 제사장들과 법궤가 동반 하였다. 또한 군사들은 전쟁에 임하기 전에 자신을 성결케 하기 위하여 먼저 하나님께 희생 제사를 드리면서 적극적으로 여호와 하나님의 은총을 구하였다.

신약시대는 사탄과의 영적 전쟁에서 그리스도인들을 "그리스도의 군사"로 묘사되어 영적인 무장을 갖춰야 한다는 사실이다.(엡 6:11-17) 그리고 영적 전쟁의 신인 하나님은 전쟁의 승리자로, 방패와 요새로, 적에게 활 쏘는 자로, 무방비 상태에 있는 자들을 보호하시는 자로 기록되어 있다.

여호와께서 이스라엘을 징벌하거나 적군을 심판하실 때 전쟁을 사용하였다.(삼상 15:1-3)

전쟁은 통치자인 왕들과 백성들이 정직히 행하지 않고 우상을 섬기며 범죄할 때마다 다스리기 위한 수단이었다. 그 수단은 징벌로 인한 멸망과 구원에 의한 승리의 양면성을 보여 주었다. 그러기 위하여 하나님은 전쟁에 개입 하셨다. 그 개입 방법은 두 가지로 구분할 수 있다.

첫째로 하나님께서 직접 전쟁에 개입하는 방법이다. 이스라엘 백성이 출애굽하여 불 기둥과 구름 기둥으로 보호, 인도하고 홍해를 건널 때에 일어난 기적의 사건(출 14)과 여호수아의 군대가 요단강의 물을 갈라 육지와 같이 건넌 기적의 사건(수 4:18) 그리고 앗수르의 산헤립 군대가 예루살렘을 공격했을 때 18만 5천명이 궤멸된 사건(왕하 19:35)등은 하나님의 직접적인 개입에 의한 역사적인 사실이며 그 외에도 많은 실례를 볼 수 있다.

둘째로 하나님께 선택된 자가 전쟁의 수행 능력을 행사하는 방법이다. 하나님께서 선택된 자를 통해서 직접 또는 간접적으로 전쟁을 간섭하시는 방법이다. 성서에 나타난 전쟁에 있어서 승리자와 패배자들에게 하나님의 권능에 의해 승리하게도 하시고 패하게도 하신다는 사실이다.

모든 전쟁에서 승리한 지도자는 하나님의 뜻에 합한 자로 반드시 하나님이 함께 하셨다. 그리고 적을 장중(掌中)에 붙여 주시고 능력의 도구로 사용되어 치는 자를 굴복하게 하였다.(시 18:39, 49:9) 그들 승리자는 하나님을 경외하고 그 명령에 순종하는 지도자들이었다. 그 대표적 역사적인 사건은 모세를 택하여 이스라엘 백성을 구원하고자 "너로 내 백성 이스라엘 자손을 애굽으로 인도하여 내게 하리라"(출 3:1)하신 약속이 실현된 사실이다. 또한 기드온이 그의 정병 300명으로 13만 5천명을 격멸한 길보아산 전쟁(삿 7:14)이다. 그리고 소년 다윗이 골리앗을 쓸어뜨린 전쟁은 여호와에 속한 것이며 여호와는 전쟁에 능하다는 사실을 분명히 밝혀주고 있다.(삼상 17:47, 시 24:8) 그러나 택함을 받은 자들에게도 하나님을 외면하고 범죄할 때는 전쟁을 통해서 가차없이 심판하였다.

사울왕은 여호와의 신이 떠났기 때문에 적에게 패할 수 밖에 없었고 비참하게 전장에서 자결하여 최후를 마감 하였다. 이스라엘의 통일왕국이 남북으로 분열된 것은 하나님의 예정이었다. 즉, 솔로몬왕 말기에 여호와의 언약과 법도를 지키지 않았기 때문에 이스라엘이 붕괴되고 나라가 분열될 것이 예정된 사실이었다.(왕상 11:1-3) 또한 분열된 두 나라는 분열되기 이전의 통일왕국 보다 두 왕국의 역대 왕들과 백성들이 더 악하여 북 이스라엘왕국은 앗수르에게 망하였고(주전 722) 남 유다왕국 마저 바벨론에게 멸망되었다.(주전 586) 그러나 하나님의 언약 백성 이스라엘을 버리지 않는 다는 사실을 주목하게 된다.

이사야 선지자를 통해서 "이스라엘아 너를 조성하신 자가 이제 말씀 하시느니라 너는 두려워 말라 내가 너를 구속하였고 내가 너를 지명하여 불렀나니 너는 내것이라"는 하나님의 말씀으로 하나님과 택한 이스라엘 백성과의 관계성을 천명해 주고 있다.(사 43:1)

이스라엘 백성은 포로생활을 하면서도 하나님께서 아브라함의 자손에게 허락한 약속의 땅(창 13:4-15)을 잃어 버렸지만 고국으로 되돌아 가기를 간절히 소망하였다. 이스라엘 백성들이 바벨론의 여러 강변 거기 앉아서 시온을 기억하며 울었다.(시 137:1)

하나님은 그들 눈물의 기도를 외면하지 않고 응답해 주어 포로 생활을 청산하고 시온으로 귀환할 길을 열어 주었다. "내가 너희를 만민 가운데서 모으며 너희를 흩은 열방 가운데서 모아 내고 이스라엘 땅으로 너희에게 주리라"한 약속이 실현되었다.(겔 11:17) 그러나 유대인들은 메시아를 대망하고 있지만 예수 그리스도를 선지자로 인정할 뿐 메시아로 시인치 않고 부정하는 어리석은 백성으로 전락되었다.

시편기자는 "어찌하여 열방이 분노하며 민족들이 허사를 경영하는고 세상의 군왕들이 나서며 관원들이 서로 꾀하여 여호와의 기름 부은 자를 대적하느냐"고 하였다.(시 2:1-2) 그리고 이러한 현상을 하늘에 계신자가 웃으시고 주께서 저희를 비웃으신다고 한탄하였다.(시 2:4)

세상 인류를 구원하기 위하여 이스라엘의 베들레헴에서 평화의 왕으로 예수 그리스도가 탄생하였다. 그러나 그리스도의 탄생 이후에도 전쟁으로 인한 수난의 역사는 계속되었다.

주후 70년 로마에 의한 예루살렘성의 파괴와 멸망으로 이스라엘 백성은 디아스포라의 유랑민족으로 흩어졌고 이스라엘 땅은 주변 강대국들에게 약 2000년 동안 지배를 받았으며 인접 국가들의 각축장이 되었다.

이스라엘의 예루살렘은 "평화의 도시"라는 뜻이다. 그러나 예루살렘은 평화가 아닌 전쟁으로 무려 50여 차례 이상 무력의 외침으로 36차례 정복을 당하였고 10여회의 심한 파괴의 비운을 당하였다.

오늘날 이스라엘과 팔레스타인간의 유혈사태로 거룩한 이스라엘 땅은 피로 얼룩져 있다. 그 잔인한 전쟁의 신인 아레스(Ares)는 비웃음을 받기는 커녕 자족하며 미소를 지우고 있는 것은 아닌지 의문스럽다.

지구촌 전체를 단번에 파멸 시킬수 있는 핵무기를 보유한 종이 호랑이 나라들 보다도 수명의 테러들을 독사처럼 더 무서워 해야하는 공포의 세대에 우리는 살고있다.

세계 인류의 초미의 관심 지역인 예루살렘은 세계 3대 종교(유대교, 이슬람교, 기독교)의 대립과 갈등이 심화되고 있다. 예루살렘은 임마누엘의 예수 그리스도를 모르는 유대인과 아랍인의 두 민족간에 빚어진 세계 문명(문화) 충돌의 핵심적 진원지로서 테러의 공포와 전쟁의 화약고가 되고 있다. 그러나 우리는 전능하신 하나님만이 인류의 역사를 초자연적으로 섭리하시며 국가의 흥망성쇠를 좌우 하신다는 사실을 믿는 것이다.

3. 현 이스라엘과 팔레스타인의 역사적 상황

팔레스타인이라는 이름은 블레셋 땅 또는 블레셋 사람이라는 뜻이다. 본래 "블레셋 사람" 이라는 뜻의 히브리어 플리쉬팀(כפלשתים)에 연유된 필리스틴(Philistine)에서 유래되었다.

블레셋인의 원주민은 그레데(갑돌)에서 살고 있었다. 그들이 가나안땅의 남부 지중해 연안땅을 점령하여 강대한 5대 도시(가사, 아스글론, 아스돗, 에그론, 갓)와 동맹을 맺어 가나안 일곱 족속과 함께 정착하였다.

이스라엘이 출애굽하여 가나안 땅을 점령할 때 블레셋 땅을 점령 하지 못했다. 그러나 성서의 블레셋족은 가나안 일곱 족속과 함께 이미 역사에서 사라졌다. 지난 과거의 블레셋땅에 거주하고 있는 현재의 팔레스타인들은 혈통적으로 블레셋족과 관련이 없으며 그 땅에는 아랍인들이 주로 거주 하게 되었다.

로마의 지배시기(주전 63-주후 324)에 유대인에 대한 탄압이 심하게 되자 주후 66년에 유대인 들은 제 1차 반란을 일으켰으며 주후 70년에 로마의 티투스(Titus)장군에 의해 예루살렘성과 성전이 완전히 파괴 됨으로 제 2성전 시대가 끝났다. 이때에 유대인들은 예루살렘에서 추방되었다. 그리하여 유대인의 디아스포라(Diaspora)는 세계적으로 확산되었다.

주후 132년-135년에 또 다시 로마 통치에 항거하는 유대인의 바르코크바(Bar kokhba)에 의한 제 2차 반란이 일어 나자 하드리안 황제는 유대라는 이름을 말살하고 지도에서 그 이름을 지우기 위하여 지도상에 유대지역을 팔레스타인 지역에 흡수 시킨 후 "유대"라는 이름은 "팔레스타인" 으로 바꿔 버렸다. 이때부터 유대라는 이름의 식민지 나라 마저 사라진 것이다. 그리고 예루살렘을 로마 도시로 재건하면서 **엘리아 카피톨리나**(Aelia Capitolina)라는 새로운 이름으로 예루살렘의 이름도 바꿔 버렸다. 또한 예루살렘의 성전산에 주피터 신전을 세우고 골고다 언덕에 로마인들의 사랑과 미의 상징인 비너스 신전을 세웠으며 유대인의 박해는 유대교 뿐아니라 기독교 말살의 저의도 숨어있었다.

로마 통치시대 이후 팔레스타인의 지배는 비잔틴시대, 아랍시대, 십자군시대, 마믈룩시대를 거쳐 20세기에 들어 서기 까지 오스만 터키시대(1517-1917)에 이르렀다.

제 1차 세계대전(1914-1918)에서 터키가 패배하게 되자 1920년 UN에서 영국이 팔레스타인을 위임통치 하도록 결의 되어 영국이 팔레스타인을 지배하기 시작하였다.

제 2차 세계대전(1939-1945)이 종식된 후 1947년 UN에서 팔레스타인 땅안에 유대인 국가 (Jowish State)와 아랍인 국가(Arab State)를 양분하여 2개 국가를 독립시킬 것(예루살렘은 UN의 관할에 둠)을 결의 했으나 아랍인들은 결사 반대 하며 무효를 주장한 반면 유대인들은 절호의 기회로 받아들여 1948년 5월 14일 오후 4시 텔아비브 박물관에서 유대인들 독자적으로 이스라엘 국가 독립을 선포하였다.(초대수상겸 국방장관:벤구리온) 그리하여 영국의 식민지 대표는 그날 자정을 1시간 남겨놓고 이스라엘의 하이파항을 떠났고 미국과 소련으로 부터 사실상 독립 국가로 인정 되었다. 그러나 팔레스타인은 국가를 건설하지 못한 상태에서 주변 아랍민족의 배후 세력인 아랍 동맹 국가들과 이스라엘간에 네 차례나 전쟁이 있어 소위 "중동 4차 전쟁"이라는 이름이 붙여 졌으며 매번 이스라엘의 승리로 끝났다.

(1) 제 1차 전쟁(1948. 5. 15-1949. 7)

제 1차 전쟁은 이스라엘의 독립선언으로 시작된 전쟁으로 독립전쟁이라 한다. 이스라엘이 독립을 선언하자 이집트, 요르단, 레바논, 시리아, 이라크등 아랍 5개국의 동맹군이 이스라엘을 침공하였다. 그러나 이스라엘은 UN에서 팔레스타인 땅을 분할하여 허용한 이스라엘의 땅보다 더 많은 영토를 점령(전체 땅의 약 70%)하는 골리앗을 물리친 다윗과 같은 승리의 전쟁 이었다.(수상겸 국방 장관:벤구리온)

요르단은 이때의 독립 전쟁시의 요르단강 서안지역과 예루살렘을 점령하면서 이스라엘과 대립이 있게 되자 1949년 이스라엘과 요르단 사이에 휴전 협정이 체결되면서 소위 녹색선(The Green Line)의 경계선이 설정 되어 오늘날 요르단강 서안지역의 경계선이 되었다. 요르단은 그후 1950년에 휴전협정을 무시하고 요르단강 서안 지역을 일방적으로 요르단 영토에 편입시키고 이 지역의 모든 거주자들에게 요르단 시민권을 부여하였다.

(2) 제 2차 전쟁(1656. 7. 26-11. 7)

제 2차 전쟁은 일명 시나이 전쟁이라 한다.
이집트의 낫세르 대통령이 아스완댐 건설로 인해 재정난에 처하여 재정 확보를 명목으로 수에즈 운하(영국, 프랑스, 이집트:주식지분 공유)에 대한 국유화를 선언하자 영국과 프랑스 연합군은 수에즈 운하를 기습적으로 침공하였다. 이때에 수에즈운하를 봉쇄하면서 이스라엘의 선박 통행을 통제 하고 강제로 나포하자 이스라엘은 시나이반도를 100시간만에 공수부대와 탱크부대로 점령 하였다.(수상겸 국방장관:벤구리온, 참모총장:샤론) 그러나 동년 11월 3일 미국의 제안으로 UN 안보 이사회는 즉각적인 정전을 결의하여 11월 7일 이집트 낫세르 대통령과 협정으로 시나이 반도를 포함한 가자지구를 이집트에 되돌려 주었다. 그리하여 이스라엘 국경지대 내에 UN 감시군이 주둔하게 되고 이스라엘 군대는 철수하였다.(1956. 10. 29, 1957. 11. 7)

1964년 팔레스타인 해방기구(P.L.O : Palestine Liberation Oganization)가 결성되어 1969년 2월에 야세르 아라파트(Yaser Arafat)가 의장으로 취임하였다. 이때부터 그는 아랍국가들의 후원을 받으며 팔레스타인 독립국가 건설을 위하여 협상과 투쟁을 계속해 왔다.

| A. 이스라엘의 일반적인 총람 |

(3) 제 3차 전쟁(1967. 6. 5-6. 10)

　제 3차 전쟁은 전쟁 발발 6일만에 끝났기 때문에 6일 전쟁이라고 한다.
이집트 낫세르 대통령은 시나이반도에 주둔하고 있는 UN 감시군의 철수를 UN 사무총장 우탄트에게 요구하자 UN에서 받아들여 철수 하였다. 이때 이집트, 요르단, 이라크, 시리아는 동맹을 협약하고 "유대인을 지중해에 밀어 넣자"고 결의 하였다. 낫세르는 아카바만을 봉쇄하고 군사를 이스라엘 국경지역으로 이동시키자 이스라엘은 6월 5일 새벽 7시 46분, 기습적으로 전투기에 의한 선제공격을 감행하여 카이로 공군기지를 비롯하여 시리아, 요르단, 이라크의 출동준비 중인 전투기들을 완전히 파괴하여 항공작전 능력을 무력화 시켰다. 지상전 역시 전쟁에서의 경험을 바탕으로 탱크의 성능이 열등했으나 기갑부대는 3일 만에 수에즈 운하와 가자지역을 점령하였다.
　이스라엘 에시콜 수상은 UN을 통해 요르단에게 평화적 유지를 제의 했으나 요르단 후세인 국왕은 이를 거절하고 예루살렘 유대인 지역에 공격을 개시하였다. 이에 맞선 이스라엘 정예 공수부대는 완강한 저항을 받으며 구 예루살렘성의 사자문을 6월 7일 10시경 통과하여 입성하였다. 그리하여 2000여년 동안 잃었던 예루살렘성을 정오에 점령한 후 이스라엘 병사들은 통곡의 벽에서 감격의 눈물을 흘렸다고 한다.(수상겸 국방장관:에시콜, 참모총장:라빈)
　이집트의 낫세르 대통령은 6월 9일 사임을 발표했다가 취소하는 정치극을 연출하는 등 아랍국가들의 정치적, 군사적인 실패는 패배를 자초하게 되었다.
　이스라엘은 6일 전쟁으로 이집트의 "시나이 반도"와 "가자지역(360km²)", 요르단의 "요르단강 서안지역(5,878km²)", 시리아의 "골란 고원지역(1,150km²)"을 점령하는 대승리의 전쟁이었다. 이때에 동 예루살렘은 이스라엘에 합병 시켰으나 시나이 반도, 가자지역, 요르단강 서안지역, 골란 고원지역은 합병하지 않고 단지 군사적 점령지역으로 남겨 두었다. 그러나 중동의 6일 전쟁의 결과로 소련의 지중해 함대의 등장을 가져와 중동에 소련의 세력이 팽창하게 되는 계기가 되었다. 1967년 11월 UN 안보 이사회의 제 242조 결의로 "이스라엘은 6일 전쟁 이전의 군사 분계선으로 철수한다"는 것을 골자로 하고 있으나 오직 시나이 반도만 15년 후(1982. 4. 25)에 이집트에 반환했으며 그 외의 지역은 지금까지 철수하지 않고 있어 갈등과 유혈충돌이 지속되고 있다.

(4) 제 4차 전쟁(1973. 10. 6-10. 22)

　제 4차 전쟁은 대속죄일에 기습적으로 이스라엘을 공격했기 때문에 욤키프르(Yom kuppur)전쟁이라 한다. 이집트의 낫세르 대통령이 암살(1970. 9. 28)되자 그 후임 사다트 대통령은 아랍 국가들에게 "이스라엘의 아랍 점령지 반환"을 선동하며 압력을 가하였다.
　1972년에 소련의 군사고문들을 많이 받아들여 강력한 군사력 유지를 획책한 후 이집트와 시리아는 대속죄일의 기회를 틈타 기습적으로 이스라엘을 침공하였다. 시리아는 약 5개 사단 45,000명, 탱크 180여대, 항공기 300여대로 골란고원으로 공격해 왔다. 그러나 24시간만에 이스라엘군은 시리아군의 전력 절반을 파괴하여 기선을 제압한 후 계속 공격하여 10월 13일에 다마스커스 근접 지역까지 진격하였다. 또한 이스라엘 탱크 부대는 수에즈 운하를 건너 이집트 내륙으로 진격하여 이스마일리아에서 카이로에 이르는 도로를 차단하였다.(수상:골다 메이어, 국방장관: 모세 다얀) 이때에 소련에서 미국의 국무장관 키신저를 모스코바로 불러 휴전을 요청하자 미국은 소련의 군사개입의 가능성을 예측하고, 긴장완화를 위하여 UN 안보 이사회 제 338조로 휴전을 결의하여 10월 22일을 기하여 영토의 변화 없는 전쟁 이전의 상태에서 휴전을 성립시켰다.

그 후 12월 21일에 이집트와 요르단은 제네바 회의에 참석하여 UN 결정에 따라 이스라엘과 시리아 국경의 비무장 지대에 1250명의 UN 감시군이 주둔하게 되었다.

(5) 레바논 침공(1982. 6. 6-85. 10. 6)

레바논 침공사건은 레바논에 거점을 두고 있는 팔레스타인 해방기구 본부에 대한 이스라엘의 보복 차원의 침공작전이었다. 혹자는 중동 5차전쟁이라 부르기도 한다. P.L.O는 요르단에 본부를 두고 게릴라 활동을 하다가 국제적인 비난을 받게 되자 1972년 요르단에서 추방되어 레바논으로 거점을 옮겨 헤즈볼라를 중심으로 테러를 자행하자 이스라엘은 수시로 P.L.O본부와 대결하다가 1982년에 레바논을 침공 하였다.(수상:베긴, 국방장관:샤론) 그 후 P.L.O본부를 아프리카의 튀니지로 옮겼다. 그리하여 1985년에 이스라엘군은 남부 레바론에서 철수하였다. 이스라엘의 "레바논 침공" 이후 팔레스타인을 탄압하고 점령지역에 군사 계엄령을 선포하며 병력을 증가 시키면서 쌍방간에 극한 대립이 고조되었다.

(6) 평화협상과 유혈사태

유대인 평화 정착촌은 1968년 부터 1977년 사이에 요르단강 서안지역(West Bank)과 가자지역(Gaza Strip)에 건설되었다. 특히 베긴 총리(1977-1983)가 요르단강 서안지역에 대규모 유대인 정착촌을 건설 하면서 부터 팔레스타인과 갈등이 격화되기 시작하였다.

1978년 이스라엘이 이집트와 맺은 **캠프 데이비드 협정**에 요단강 서안지역의 자치권 확보가 포함되어 있었으나 소기의 목표는 실현되지 못하였다.

1987년 12월 가자지구에서 일어난 사건으로 발단된 **인티파다**(Intifada : 민중봉기)는 팔레스타인 문제를 세계에 알리는 계기가 되었으며 이때에 1,000명 이상의 사살, 20,000명 이상의 부상, 15,000명 이상이 감금되는 엄청난 참상의 사태였다. 그리하여 그 후 요르단강 서안 지역은 인디파다의 중심지로 변하여 민중봉기는 가열되었다.

| A. 이스라엘의 일반적인 총람 |

 1988년 팔레스타인 민족평의회(PCN)는 팔레스타인 독립 국가를 선언하고 아라파트를 대통령으로 선출하였다. 다음 해 UN 총회는 미국과 이스라엘을 제외한 회원국 절대 다수의 지지를 얻어 예루살렘을 수도로한 독립국가로 인정되었다. 그리하여 몇 몇의 국가에 대사관을 상설하고 "영토 없는 나라"로 존재했으나 팔레스타인 독립국가 건설은 실현되지 못하였다.

 1993년 미국 워싱턴에서 체결된 **"오슬로 평화협정"** 으로 팔레스타인의 완전 독립을 위하여 점령지에서 이스라엘군은 단계적으로 철수하고 1998년까지 자치정부를 수립한다는 것이었다. 그리하여 가자와 여리고의 철수 시점부터 5년간 과도기를 거쳐 3년안에 예루살렘 문제, 팔레스타인 난민문제, 국경문제등을 처리하기로 명시되었고 모든 테러와 폭력행위의 배격도 선언하였다. 그러나 협정의 실천 과정에서 이스라엘은 "선안보, 후반환"을 주장하고 팔레스타인은 "선반환, 후협상"을 내세우며 서로 대립이 계속되었다.

 1996년에 들어서면서 이스라엘의 대중 교통수단인 버스에 자살폭탄 테러가 감행되면서 팔레스타인의 테러가 끊이지 않고 일어나 긴장은 증폭되었다.

 1998년 10월 **"와이리버 평화협정"** 이 타결된 후 팔레스타인은 자치지역에서 독립을 선포한다는 입장이 강경했으나 이스라엘의 저항에 의해 난항에 처하였다.

 2000년 7월 **캠프 데이비드의 최종협상** 이 있었지만 성과를 얻지 못했으며 그 해 9월 28일에 당시 이스라엘의 리쿠드당 당수 샤론이 들어갈수 없는 성전산의 엘악사 사원에 들어 간것이 화근이 되어 충돌이 시작되었고 다음 해에 강경파 샤론이 이스라엘 총리(2001. 2)로 당선되어 오슬로 평화협정을 파기하게 되자 팔레스타인과 갈등이 심화되어 수년간 팔레스타인의 자살 폭탄 테러와 이스라엘의 보복전으로 인한 수많은 인명 피해가 발생하여 거룩한 이스라엘 땅을 피로 물들였다.

 2001년 12월 중순 샤론 총리는 **오슬로 평화협정을 파기 선언** 하자 아라파트는 테러 혐의로 구속되었던 급진 이슬람 저항운동 단체인 하마스 조직원을 석방하면서 전쟁과 같은 민중봉기를 선언하여 대응하였다.

 2002년에 UN의 안보 이사회 제 1397조로 팔레스타인을 독립국가로 결의 했으며 UN의 안보 이사회 제 1402조로 팔레스타인 지역에서 이스라엘군의 즉각 철수를 결의 했으나 구속력이 없게 되었다.

 2003년 1월 28일 실시한 총선거에서 아리엘 샤론 총리가 다시 당선되었다. 이스라엘 국민은 그간 28개월 동안 계속되어 3,000명의 희생자를 낸 팔레스타인과의 유혈사태 해결을 갈망하였다. 그러나 노동당의 온건노선인 점령지에서 즉각 철군 등 양보를 통해 분쟁을 종식하겠다는 유화정책을 외면하고, 우익 리쿠드당의 강경파 샤론 총리의 양보없는 안보우선 정책을 유권자들이 총선거에서 지지한 셈이다.

샤론은 중동전쟁의 시나이 전쟁(제 2차 전쟁)을 주도한 총참모장이었고, 1982년 국방부 장관으로 재임하면서 레바논 침공의 전쟁을 일으킨 장본인이다.

또한 1990년 주택장관으로 유대인 정착촌 건설을 확대했으며 총리 재임시에도 정착촌 건설정책을 강행하여 쟁점화 되었다.

2001년 12월 총리로서 오슬로 평화협정 파기선언 이후 강경정책으로 일관 하였다. 그러므로 샤론 총리의 재집권은 팔레스타인과의 평화정착을 위한 분쟁 해결의 전망은 비관적 이었다.

2001년 미국에서 발생한 9·11 테러전쟁은 이스라엘땅이 근본적 진원지가 되어 테러가 유발되었고, 테러의 악이 보복전의 악으로 상승 작용되어 악순환이 계속되었다.

2003년 3월 20일 이라크에서 발발한 제 2차 걸프전쟁은 개전 3주일 만에 속전속결로 끝났으며 43일만에 승리의 선언이 있었다. 그리하여 팍스 아메리카(Pax America)에 의한 중동의 국제 질서가 재편되는 계기가 되었다.

2003년 4월 30일 미국은 이라크전이 끝난 직후 2005년 팔레스타인 독립국가 창설을 위한 중동 평화계획·Road Map의 3단계 평화안을 제시하였다.
- 1단계, 2003년:점령지 철군(이), 폭력종식·공정한 선거(팔)
- 2단계, 2003년:잠정적 국경설정(이·팔), 국가 창설(팔)
- 3단계, 2004년:예루살렘의 지위와 단계적 난민복귀(팔)
※ 최종목표, 2005년:팔레스타인 영구 국경 설정(이·팔)

2003년 4월 30일 팔레스타인의 마흐무드 압바스(Abbas)총리의 새 내각이 출범했으며 이스라엘·팔레스타인간의 평화협상 테이블에 미국, UN, 유럽연합(EU),러시아 등 4개 세력권의 힘이 직간접적으로 상호작용하게 되있다.

2003년 5월 25일 이스라엘 아리엘 샤론총리의 주재로 각의에서 중동평화의 단계적 이행을 담은 Road Map을 표결에 붙여(찬성 17명, 반대 7명, 기권 4명) 승인하였으며 팔레스타인을 국가로서의 지위를 처음으로 인정하였다.

2003년 6월 4일 요르단 아카바에서 개최된 조지 W 부시(Bush) 미국 대통령과 샤론(Sharon) 이스라엘 총리, 압바스(Abbas) 팔레스타인 자치정부 총리의 3자 정상회담에서 중동평화·Road Map의 이행을 촉구했으며 이스라엘의 "불법 유대인 정착촌 철거"와 팔레스타인의 "무장봉기 종식 노력"등에 합의한 후 "중요한 진전"이 있었다고 발표되었으나 섣불리 낙관하기 어려운 상황이었다.

> 옛날을 기억하라. 역대의 연대를 생각하라 네 아비에게 물으라 그가 네게 설명할 것이요 네 어른들에게 물으라 그들이 네게 이르리로다.   신명기 32장 7절

4. 이스라엘의 독립 후 영토의 변화

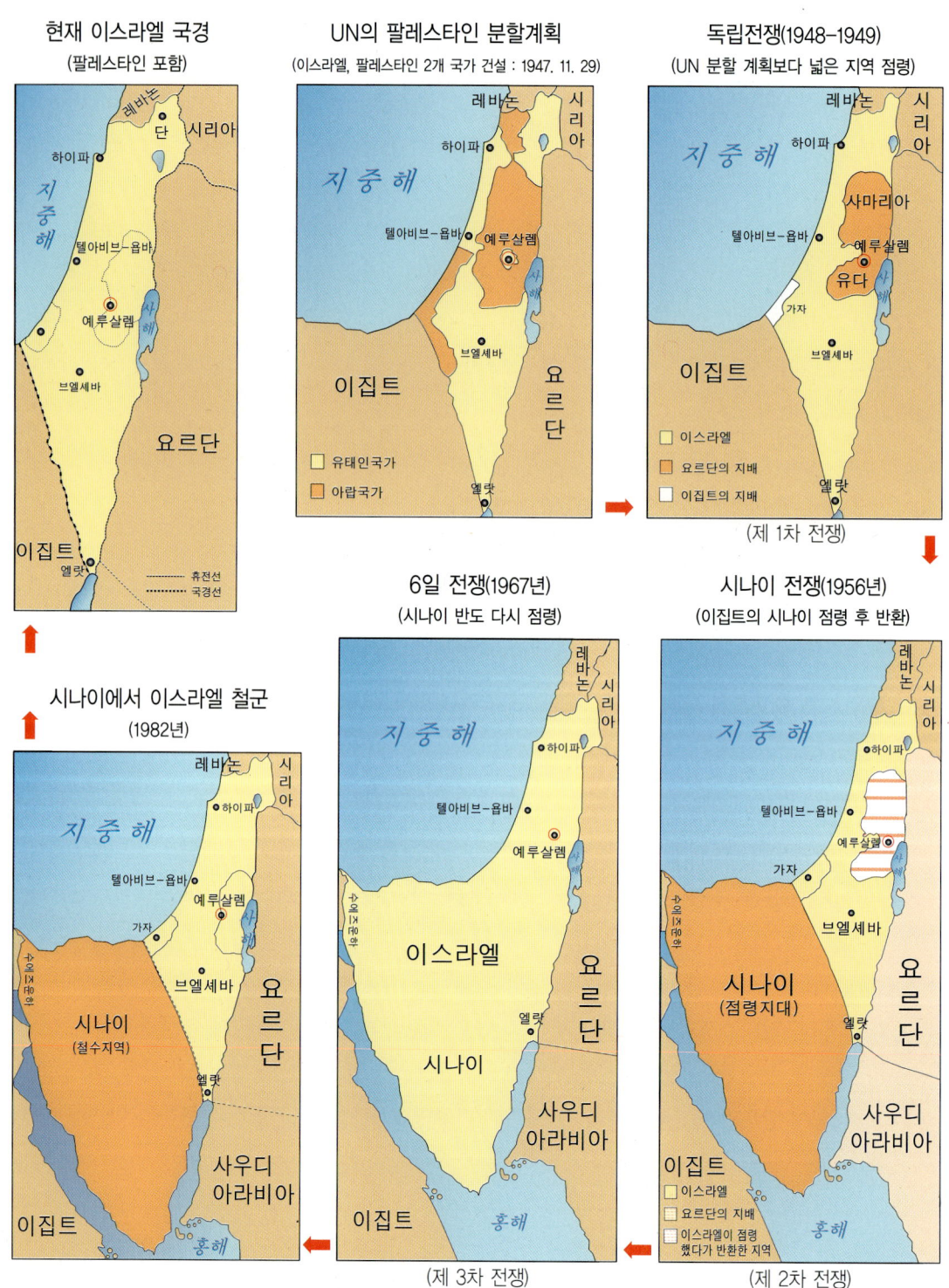

5. 이스라엘 점령지내의 정착촌

▼ 가자지역과 요르단강 서안지역 정착촌 분포

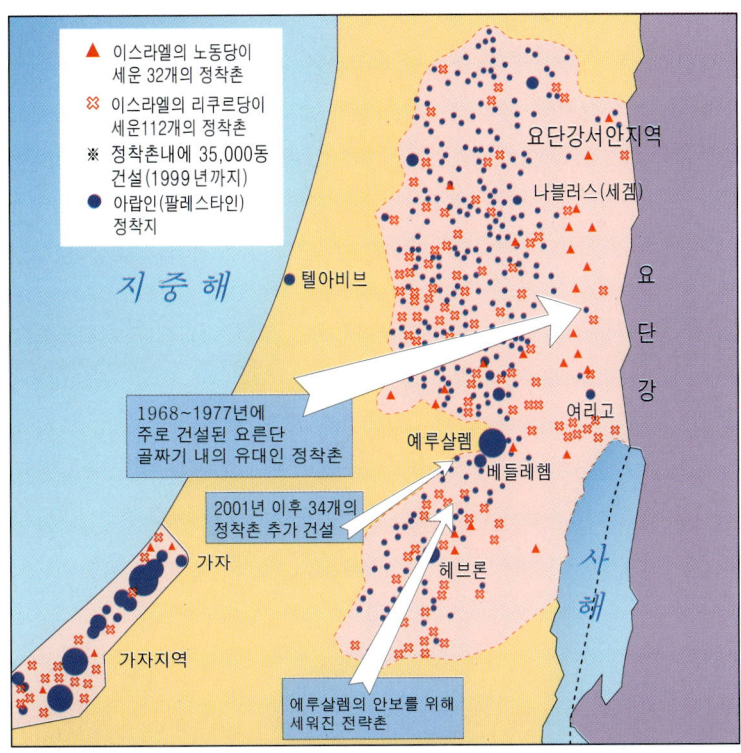

▲ 팔레스타인 지역내의 이스라엘 정착촌 형태

6. 이스라엘의 땅

(1) 명 칭

이스라엘 땅은 이스라엘 백성에게 하나님께서 주기로 한 약속의 땅이다. 즉, 벧엘에서 "여호와께서 아브람에게 이르시되 너는 눈을 들어 너 있는 곳에서 동서남북을 바라보라 보이는 땅을 내가 너와 네 자손에게 주리니 영원히 이르리라"(창 13:14-15) 말씀하신 약속의 땅이다.

아브람(아브라함)이 동서남북을 종횡으로 행하여 바라보았던(창 13:17) 그 약속의 땅(가나안 땅)을 이스라엘 백성이 출애굽하여 정복하였다. 그러나 이스라엘은 여러 시대를 거쳐 수난의 역사 속에서 흥망성쇠를 거듭하면서 주변국가의 지배를 받아 오다가 오늘날의 이스라엘 땅을 확보하게 되었다. 또한 창세기 15장 18절에서 하나님은 아브람에게 언약을 세워 말씀하시기를 "내가 이땅을 애굽강에서 부터 그 큰 강 유브라데까지 네 자손에게 줄 것이다."라고 약속하였다. 그 약속된 이집트의 나일강에서 부터 이라크의 유프라테스강까지의 넓은 땅이 그 후로 부터 지금까지 4000년 동안 한번도 이스라엘 땅으로 약속이 이루어진 사실이 없다. 그저 약속의 땅일 뿐이다. 그러나 이스라엘 백성들에게는 약속에 대한 소망의 땅이다.

이스라엘의 국가를 상징하는 그들의 국기는 이스라엘의 땅과 밀접한 관계가 있다. 그 국기는 유대인들이 기도할 때 머리에 덮어 쓰는 넓은 흰 보자기(탈리트)에서 유래 되었다. 기폭의 흰 바탕에 나타나 있는 위와 아래의 파란 굵은 두 줄은 창세기 15장 18절에 근거하여 이집트의 나일강과 이라크의 유프라테스강을 상징한다는 일부의 주장도 있다.

이스라엘 국기

오늘날 유대인들이 나일강에서 유프라테스강 사이의 땅이 약속의 땅이라고 노골적으로 주장한다면 국제적인 치소거리가 될 뿐 아니라 아랍 국가들과의 대립과 갈등이 증폭 될 것이다. 그러므로 이스라엘 각급 학교에서는 국기 흰 폭의 파란 굵은 두 줄은 출애굽 시 홍해물이 갈라져서 생긴 두 지역의 바닷물을 상징하며 갈리진 바다사이 육지의 중앙에 다윗별이 자리잡고 있다고 가르치고 있다.

이스라엘이라는 최초의 이름은 야곱이 하란(밧단 아람)에서 돌아오다가 얍복 강가의 브니엘에서 천사와 씨름하여 이기고 하나님의 축복으로 얻은 이름이다. (창 32:22-32) 그 후부터 이 이름을 민족과 국가의 이름으로 삼아 이스라엘 족속 또는 이스라엘 자손이라 불렀다.

성경에서 말하는 이스라엘은 가나안땅(Canaan, 창 16:3, 창 17:8, 민 34:1-12), 약속의 땅(The promised land, 출 6:4), 젖과 꿀이 흐르는 땅(The land flowing with milk and honey, 출 3:8, 렘 20:24, 민 13:27), 유다(Judah, 창 49:10, 민 26:22), 에레쯔 이스라엘(Eret' z Israel, 이스라엘 땅), 하 아레쯔(Ha Arets), 필리스티나(Philistina), 팔레스타인(Palestine), 사이땅(The land between), 성지(Holy land) 등의 여러가지 이름으로 불렸다.

팔레스타인(Palestine) 또는 팔레스틴이라는 이름은 '블레셋 땅' 또는 "블레셋 사람"이라는 뜻이다. 본래 "블레셋 사람"이라는 뜻의 히브리어 플리쉬팀(창 10:14)에서 연유되어 필리스틴(Philistine)에서 유래 되었다. 지중해 연안의 블레셋 땅에 살고 있던 사람들을 필리스티아(Philistia)라고 불렀고, 그 사람들을 주전 1200년경에 필리스틴(Philistine)이라고 불렀다.

희랍의 "역사의 아버지"라고 부르는 역사가 헤로도투스(Herodotus, 주전 484?~425?)는 처음으로 성지(Holy Land)를 "팔레스타인"이라 부르기 시작하였다.

필리스틴(Philistine)은 "바다의 사람들"이라는 뜻이다. 그리스어로 필리스티아(Philistia)라 불렀고 훗날 라틴어로 팔레스티나(Palestina)가 되었으며 우리에게 익숙한 영어 발음의 팔레스타인(Palestine)이라 부르게 되었다.

블레셋의 원주민은 그레데(갑돌)에서 살고 있었다. 그들이 이스라엘의 지중해 해안 땅을 점령하여 가사, 가드, 아스글론, 아스돗, 에글론 등의 다섯 성읍이 동맹을 유지하면서 정착하였다.(신 2:23)

노아의 아들 함에게는 네 명의 아들(구스, 미스라임, 붓, 가나안)이 있었다. 블레셋 사람은 둘째 아들 미스라임의 후손들이며, 가나안 사람은 넷째 아들 가나안의 후손들이다.(창 10:6-14) 그러나 현재의 팔레스타인 사람들과 성서의 블레셋 사람들과는 이름만 관련이 있을 뿐 혈통적으로는 전혀 상관이 없게 되었다. 블레셋 족은 가나안 일곱족과 함께 이미 역사에서 사라진지 오래이다. 그래서 현대의 블레셋 땅에는 사실상 아랍인들이 대부분 살고 있다. 로마시대 초기에 이스라엘의 남서쪽의 해안 평야 블레셋 땅의 거주자들에게만 팔레스타인이라고 불렀다. 그러나 주후 132~135년에 로마통치에 항거한 유대인들의 2차 반란이 일어나자 하드리안 황제는 "유대"라는 이름을 말살하고 지도에서 그 이름을 지우기 위하여 유대지역을 팔레스타인 지역에 포함시킨 후 "유대"라는 이름을 "팔레스타인(Palestine)"으로 바꿔 버렸다. 그 후 영국이 위임 통치 할 때(1920~1948)에도 팔레스타인으로 불렀다.

주후 1917년 영국군 총사령관 알렌비(Allenby)장군은 팔레스타인의 예루살렘을 점령하였다. 알렌비장군이 예루살렘을 점령하기 1개월 전 영국의 외무상 발포어(Balfour)는 주후 1917년 11월 "발포어"선언을 발표하고 팔레스타인지역에 유대인 지역을 분리시켜 유대인 민족국가 건설의 허용을 선언 하였다. 그러나 영국은 2년전인 1915년 10월 팔레스타인 지역에 거주하고 있는

| A. 이스라엘의 일반적인 총람 |

팔레스타인들에게도 독립시켜 줄 것을 "맥마흔 선언"으로 약속 했었다. 이 두선언은 일관성이 없는 서로 모순되는 것이어서 팔레스타인 문제는 어려운 상황으로 전개되었다.

이스라엘이 독립한 후 아랍국가들과 전쟁이 다섯 차례가 있었지만 이스라엘은 번번이 승리하였다. 최초의 독립전쟁으로 유엔에서 분할해 준 땅보다 약간 넓은 땅을 확보했으며, 6일 전쟁 때에는 이집트(가자지구:360km²), 요르단(요단강 서안:5,878km²) 그리고 시리아(골란고원:1,150km²) 땅을 점령하여 독립 당시 이스라엘 땅 보다도 넓게 영토를 확장하여 오늘에 이르고 있다.

그간에 6일 전쟁시에 점령했던 시나이 반도는 이집트에 반환되었고 요르단과는 평화협정이 체결되었다. 그러나 골란고원은 시리아와 계속 협상 테이블에 올려져 있다.

오늘날 유대인들은 하나님이 아브라함의 자손에게 허락한 약속의 땅(창 13:4-15)이기 때문에 잃어버린 땅을 되찾은 주인이라고 생각한다. 반면에 팔레스타인 사람들은 그들의 조상이 살아왔고 제 2차 세계대전 말까지 팔레스타인이라고 불러온 그들의 땅을 유대인들에게 빼앗겼기 때문에 독립정부를 건설하겠다는 것이다. 또한 아랍국가들은 팔레스타인을 지원하며 아랍인의 빼앗긴 땅을 회복하겠다는 생각을 버리지 않고 있다.

▼ 1994년 노벨평화상 수상자

▲ 야세르 아라파트 (P.L.O 의장) ▲ 시몬 페레스 (이스라엘의 외무장관) ▲ 이츠하크 라빈 (이스라엘 총리)

〈 노벨 평화상은 평화를 보장 하는 것이 아니다 〉

A. 이스라엘의 일반적인 총람

이스라엘 땅에 평화는 올 것인가 !

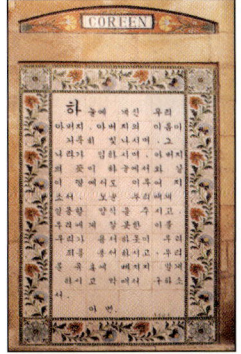

| A. 이스라엘의 일반적인 총람 |

▲ 이스라엘의 하늘

▲ 주름작용과 단층작용으로 형성된 암석층의 언덕산지(지형의 특성)

(2) 지 리

이스라엘은 지정학적으로 대단히 중요한 위치에 있다.
고대 문명의 발상지인 애굽과 메소포타미아 두 지역의 중간에 위치하여 양대 세력권을 연결하는 **비옥한 초생달 지역**(Fertile Crescent)의 남서쪽의 길목에서 육교의 역할을 하는 교통의 요충지로써 고대로부터 오늘에 이르고 있다.

고대에는 아라비아 사막을 가로지르는 가까운 길로 왕래가 불가능했기 때문에 애굽과 메소포타미아를 오고가는 대상(Caravan)이나 군대는 필연적으로 이스라엘 땅을 통과할 수밖에 없었다. 그러므로 강대국은 이스라엘을 지배하려고 힘썼다.

그 이유는 첫째로 경제적 목적을 달성하기 위한 통상로 장악이며, 둘째로 정치, 군사적인 중요성을 인식한 교두보의 확보에 있었다.

고대 이스라엘의 역사는 이러한 지리적 위치로 인하여 불가피하게 강대국의 영향을 많이 받았다. 주변 강대국들은 이스라엘이 약세에 놓여 있을 때에 침범하였고 이스라엘은 분열왕국때부터 앗수르, 바벨론, 페르시아, 그리스, 로마, 비잔틴, 아랍, 십자군, 터키, 영국 등으로 부터 계속 침략을 당하였다.

현재에도 국제간의 분쟁의 불씨가 되고 있는 것은 아시아, 아프리카, 유럽의 3대륙이 교차하는 정치, 종교, 문화와 지리적 특성이 있기 때문이다.

지금의 이스라엘은 서쪽으로 지중해 해안선에 접하고 있을 뿐, 남쪽의 이집트, 동쪽의 요르단, 북쪽의 시리아 및 레바논으로 부터 둘러 싸여 포위된 상태로 아랍국가들과 국경을 유지하고 있다. 또한 동쪽과 북동쪽에 위치한 아랍국인 이란, 이라크, 사우디아라비아 등의 세 나라에 이중으로 둘러 싸여 있다.

국토의 총면적은 27,716km²(남한국토:99,268km²의 4분의 1)이며 이스라엘은 길고 좁은 형태로써 남북으로 그 길이가 450km이고 동서로 가장 넓은 곳의 폭이 135km이다. 또한 해발 고도의 차이가 커서 해발 853m의 예루살렘과 지구상에서 가장 낮은 해저 398m의 사해는 예루살렘에서 불과 26km의 가까운 거리에 있다.

이스라엘의 지형과 지질은 매우 다양하다. 신생대(약 6천 5백

이스라엘의 주요 명산

산 이름	높이(해발)
감 람 산	▲ 830m
갈 멜 산	486m
그리심산	890m
길보아산	546m
느 보 산	710m
다 볼 산	588m
모 래 산	518m
모리아산 (성전산)	750m
시 내 산	2,285m
시 온 산	765m
에 발 산	930m
헬 몬 산	2,814m

세계에서 제일 낮은 저지대

지 명	해 저
사 해	▼ -398m
갈릴리호수	-212m
여 리 고	-255m
벧 스 안	-120m

만년 전~현재)에 대륙의 분리와 이동이 더욱 활발해질 때에 아프리카로 부터 아라비아 반도가 분리 되면서 현재의 홍해와 이스라엘 지역의 땅이 형성 되었다고 한다.

모든 지질은 일반적으로 습곡구조(Fold structure)와 단열구조(Fracture structure)로 이루어진다. 습곡구조는 가소적변형에 의해 수평으로 퇴적된 지층이 횡압력을 받아 물결 모양으로 변형된 구조형태를 말하고 단열구조는 암석의 파괴전위에 의해 생긴 구조를 말한다. 이러한 지층구조 변동에 따라 이스라엘 땅은 주름작용(Folding)과 단층작용(Faulting)이 이루어지면서 다양한 지표면의 지각이 이루어 졌다.

가장 오래된 암석지역은 아카바만의 서쪽 구릉지에 형성된 캄브리아기(고생대 최초기)의 화강암과 고생대(약 6억년 전~2억 2천 5백만년 전)의 사암지역이다.

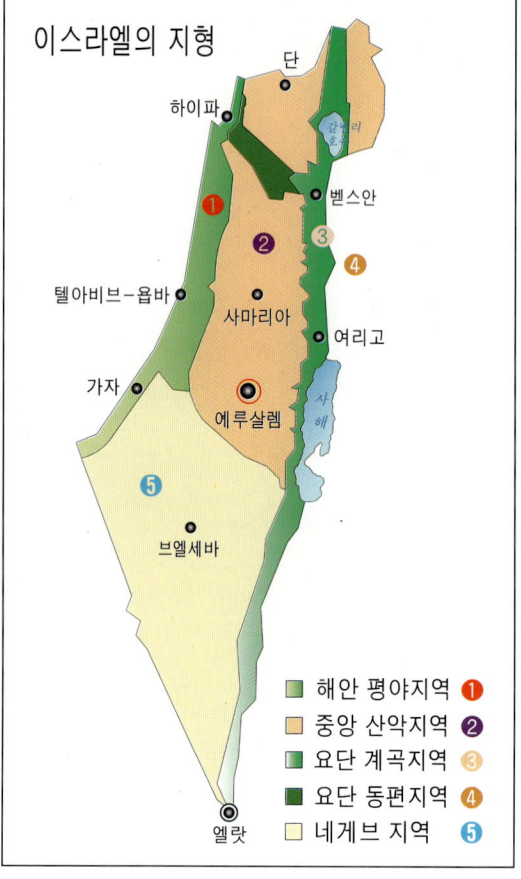

이스라엘의 대부분 지역은 지질 계통 중에 중생대(약 2억 5백만년 전~6천 5백만년 전)의 석회암과 백악암, 신생대(약 6천 5백만년 전~현재) 제 3기의 백악암, 석회암, 현무암, 그리고 제 4기의 퇴적층이 분포되어 있다.

석회암(Limestone)은 이스라엘의 넓은 지역에 분포 되어 있다. 석회암은 매우 단단하고 풍화 침식에 저항력이 강하며 산악과 구릉지대를 이루고 있는데 나무가 잘 자라지 못하여 거의 민둥산을 이룬다.

현무암은(Basalt) 화산에 의해 분출되는 마그마에서 생성된다. 그러므로 퇴적암이나 변성암과는 다르다. 현무암은 잘 깨지지 않고 매우 강도가 높아 건축 자재로 사용된다.

현무암이 풍화한 토양은 황갈색의 점성이 강한 토양이 되어 비옥한 농경지로 이용된다. 골란 고원과 하부 갈릴리의 동부지역에 주로 형성되어 있다.

사암(Sandstone)은 석회암과 같이 단단하며 풍화 침식에 강해서 높은 산지를 이루고 있다. 석회암과 현무암은 빗물이 지하로 깊이 스며들어 그 지표에 물이 흐르는 하천이 별로 없다. 이스라엘 지역이 대부분 그렇기 때문에 비가 올 때만 물이 흐르는 와디(Wadi)가 형성 된다. 그러나 사암지대는 빗물이 깊이 스며들지 않아 사철 흐르는 상시의 하천이 있는 것이 특징으로 트란스 요르단 지역에

| A. 이스라엘의 일반적인 총람 |

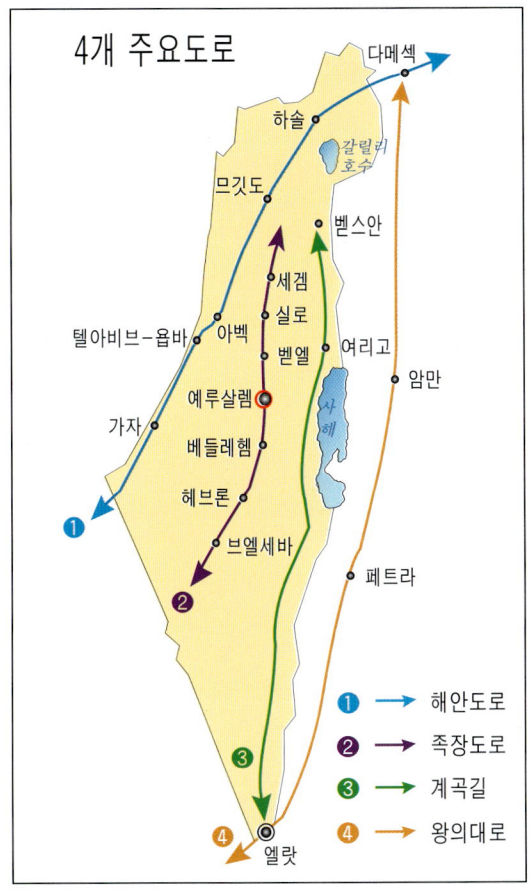

많이 나타나고 있다.

이스라엘의 지형은 해안평야 지역, 중앙 산악 지역, 요단 계곡지역, 요단 동편지역 그리고 네게브-시나이 지역의 5개 지역으로 구분된다.

해안평야지역은 지중해에 접하고 있는 레바논에서 이집트 국경까지 뻗어 있는 길이 약 270km의 해안에 연하여 있다. 북쪽으로 부터 악고평야, 이스르엘 평야, 샤론평야, 블레셋 평야로 이어진다. 해안평야의 폭은 북부는 약 10km, 중부는 약 20km, 남부는 약 35km가 된다.

중앙 산악지역은 이스라엘의 중앙을 남북으로 달리고 있는 고지들이며 이것은 베니게의 레바논 산맥이 연장되어 남쪽으로 연해져 있다. 고지대는 갈릴리 지방에서 시작하여 중앙부에서 사마리아 지방의 에브라임 산지를 이루고 벧엘 이남에서 조금 낮은 유다 산지를 형성한 후 헤브론에 이른다.

요단 계곡지역은 중앙 고지대와 트랜스 요르단 사이의 훌라 계곡으로 부터 시작하여 갈릴리 호수와 사해를 지나 아라바에 이어져 엘랏에 이르는 좁고 길다란 계곡이다. 이 계곡의 갈릴리 호수와 사해지역이 계곡은 지구상에서 가장 낮은 곳이다.

요단 동편지역은 요단강 동부의 통상 트랜스(동)요르단 지역이라고 말한다. 이 지역은 북의 헬몬산에서 남의 홍해까지 일직선으로 이루어진 거대한 고원지대이다. 따라서 이스라엘의 중앙 산악지역 보다 조금 더 높다. 북으로 부터 야르묵강, 얍복강, 아르논강, 세렛강이 주로 동쪽에서 서쪽 방향으로 깊은 협곡으로 흘러 요단강 본류 또는 사해에 합류한다.

네게브 지역은 이스라엘의 남쪽 넓고 평평한 사막일대 지역을 지칭한다. "네게브"란 말은 남쪽 또는 황무지라는 뜻이다. 출애굽한 이스라엘 백성이 시나이반도와 네게브 지역(일부)에서의 광야 생활은 가나안의 약속한 땅으로 들어가는 과정의 신앙적 훈련 도장이었다.

도로는 지역과 지역을 연결하는 중요한 요소이다. 성경에 보면 남북을 관통하는 4개의 큰 길이 있었다. 그 도로는 해안도로, 왕의 대로, 족장의 도로, 계곡의 길 등이다.

해안도로(Via Maris)는 해변길 이라고도 한다.(사 9:1) 애굽에서 지중해 연안을 따라 북상하여 블레셋 평야, 샤론 평야를 통과한 후 이스르엘 평야를 지나 하솔을 경유하여 다메섹에 이르는 당시 국제 간선도로로써 군대와 대상의 통행에 많이 이용 되었다.

왕의 대로(The King's High Way)는 특별히 왕들과 관련된 이름이 아니라 주된 길임을 뜻한다. 성경에는 단순히 "대로"라 불렀고(민 20:19) 왕의 대로라고 부르기도 하였다.(민 20:27, 21:22) 왕의 대로는 다메섹을 기점으로 트란스요르단 고원의 동쪽 가장자리의 길하레셋과 페트라를 경유하여 아카바만의 엘랏에 이르는 국제 간선도로로써 주로 대상들이 이용하여 아라비아와 아프리카의 국제교역이 활발하였다.

족장의 도로(Patriachs Road)는 산지길이라 부르기도 한다. 이스라엘이 중앙 산지의 비교적 평탄한 산등성이를 남북으로 달리는 길이다. 이 길은 족장시대의 아브라함, 이삭, 야곱과 인연이 깊기 때문에 족장의 길이라는 이름이 붙여졌다. 북쪽 세겜에서 실로, 미스바, 라마, 기브아, 예루살렘, 베들레헴, 헤브론을 지나 브엘세바로 내려가는 길이다. 족장의 도로는 북쪽이 세겜에서 갈라져 하나는 북서로 향해 도단을 지나 므깃도에 이르고, 다른 하나는 북동쪽의 디르사를 지나 벧스안에 이른다. 남쪽의 헤브론에서도 갈라져 하나는 남서쪽으로 브엘세바를 경유하여 수르길로 가는 길과 다른 하나는 호르마를 지나 네게브 중심부를 통하여 가데스바네아 까지 이르는 길이다.

계곡의 길(Valley Road)은 갈릴리 호수에서 요단계곡으로 남하하는 길이다. 갈릴리 호수에서 벧스안, 여리고, 사해, 엔게디를 지나 아라바 계곡을 통하여 엘랏에 이른다. 이 길은 도중에 여리고에서 예루살렘을 향하는 길, 엔게디에서 헤로디움을 지나 헤브론에 이르는 지선의 길이 있다.

또한 이스라엘의 동서로 통하는 4개의 횡단 도로가 있다. 북쪽으로 부터 ① 길르앗-벧스안-이스르엘-도단-해안도로에 이르는 길, ② 브누엘-아담-디르사-세겜-사마리아-샤론평야-해안도로에 이르는 길, ③ 에돔-아라바-네게브(남방)-브엘세바-해안도로에 이르는 길, ④ 암몬-여리고-벧엘-기브온-벧호론-아얄론-욥바에 이르는 길이다. 이스라엘 지도를 펴놓고 보면 지리적 특성과 지형의 형태 그리고 교통망을 잘 이해할 수 있다.

성서 고고학을 공부할 때나 성지 순례를 할 때에 텔(Tel)이라는 생소한 용어에 접하게 된다. **텔**(Tel)은 아카드어의 틸루(Tilu)에서 연유되어 아랍어로 이어져 "평평한 인조 언덕"을 텔이라고 부르고 있다. 텔은 보통의 산 언덕이라는 뜻이 아니라 평평한 언덕에 건설된 도시가 지진이나 적의 침략으로 붕괴되어 황폐화된 고고학적 의미의 "평평한 인조 언덕"을 말한다.

지난 날 가나안 시대와 구약시대에

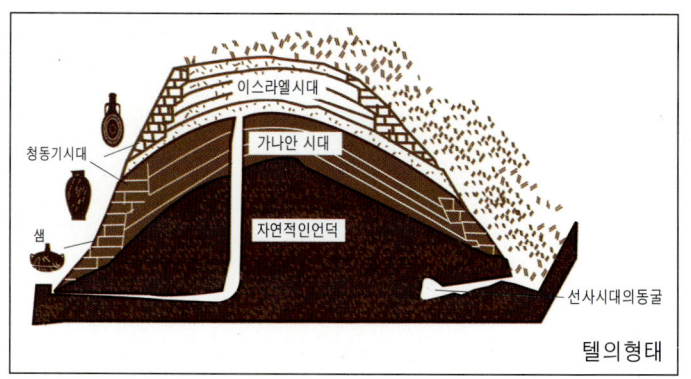

텔의 형태

세워졌던 주요 도시는 거의가 모두 황폐화된 이전 도시의 터위에 다시 도시가 세워졌다. 최초에 세워진 언덕의 도시는 적의 공격을 쉽게 방어할 수 있었고, 급수시설이 가능했으며, 주변도로를 지배할 수 있는 나지막하고 평평한 언덕에 위치하고 있었다. 이러한 언덕의 도시가 파괴될 경우에 인위적으로 흙을 다시 쌓아서 반복적으로 다음 세대에 다시 도시를 건설하였다. 그리하여 최초의 지대보다 점차 높은 지대의 언덕이 이루어 졌다. 이러한 지층(Strata)을 폐허층이라 부르기도 한다. 마치 시루떡의 층계처럼 겹겹이 지층이 생겨서 고대로 부터 현재에 이른 것이다. 이러한 텔의 도시는 교통의 요지에 위치하여 당시의 역사적 배경에 따른 문화, 정치, 경제, 군사적인 요충지였다. 그리하여 텔을 찾아 고대 유물을 발굴하려는 고고학자들의 관심과 노고가 높이 평가되는 것이다.

(3) 기 후

기후에 있어서 이스라엘은 지리적 위치가 지중해와 아라비아 사막 사이에 위치하고 있기 때문에 이 두 개의 세력 사이에서 기압의 이동으로 기상의 변화가 이루어진다.

그리하여 북부는 지중해성 기후, 남부는 아열대성 기후의 영향을 받는다. 겨울에는 온난다습(6-11℃)하며 편서풍의 영향을 받아 비를 내리게 되어 10월부터 3월까지 우기가 지속된다. 여름에는 고온(7월, 19-30℃) 건조하며 대서양상의 고기압의 발달로 인하여 4월부터 9월까지 건기가 계속된다.

성경에는 비가 내리는 계절을 이른 비, 겨울 비, 늦은 비의 세 기간으로 구분하고 있다. **이른 비**(약 5:7)는 우기인 10월부터 11월까지 내리는 비로써 늦으면 12월까지 연장된다. 이때는 토양을 부드럽게 하여 경작을 가능케 하고 이른 비가 충분히 내리면 풍년이 예고된다.

겨울 비(욥 37:6)는 12월부터 2월까지 많은 비가 내려 장마철이기도 하다. 광야의 협곡에 와디(Wadi:일시천, 성경에 시내로 기록됨)가 생겨 시냇물이 흐른다. 1월에서 2월 사이에 일년 강우량의 약 70%이상의 비가 내린다. 겨울에는 초목이 잘 성장하고 이때에 내린 빗물은 웅덩이와 저수조에 채워진다.

늦은 비(약 5:7)는 3월에서 4월 사이에 내리며 농작물의 결실을 잘 돕고 곡식을 많이 수확하는데 필요한 비이다. 그러므로 축복의 단비라고 한다. 특히 우기가 끝나고 건기에 불어오는 바람(40-50℃)을 시로코(Siroco, 동풍을 뜻함)라 하고 애굽에서는 캄신(Khamsin)이라고 하는데 통상 "함신"이라 부르기도 한다. 이 바람이 불면 초목이 말라 죽는다. 그러나 한 여름에 인도 계절풍 몬순의 영향을 받아 메소포타미아 지역에 저기압골이 형성되어 "에게"해 사이에서 북서풍이 불어 올 때가 있다. 이 바람을 고대 헬라인들은 에티지언(Etisian, 定季風)이라 하는데 이 바람이 한 여름에 예루살렘에 불면 나무 그늘이나 실내에서 피부에 선선함을 느끼게 한다.

강수량은 북쪽으로 올라 갈수록 많고 남쪽으로 내려 오면 점차 감소의 경향이 나타난다.

| A. 이스라엘의 일반적인 총람 |

연중 강우량은 평균 북부 800mm(헬몬산 1,400mm), 중부 500mm(예루살렘 600mm), 남부 200mm이다.

족장시대에 우물을 파야만 정착할 수 있었기 때문에 아브라함과 이삭은 브엘세바에 7개의 우물을 팠다. 고대에는 시스턴(Sistern)이라고 하는 지하 저수장에 물을 저장해 놓았다가 건기에 사용하였다.

네게브에 살던 원주민들은 주전 2000년경 부터 매우 적은 양의 빗물을 가지고 농사를 지었다. 헤롯대왕은 베들레헴 남쪽에 큰 저수장을 만들어 예루살렘으로 물을 끌어 들이기 위해 약 35km 이상의 수로를 만들었고 가이사랴, 사마리아 등의 도시에도 같은 시설을 하였다.

현재 이스라엘의 수자원은 지하수를 개발하여 사용하기도 하지만 주로 갈릴리 호수에 저장되어 있는 물이 이스라엘 전체 물 소비량의 약 40%를 전국에 급수라인을 통해서 공급되고 있다. 갈릴리 호수에서 요단강으로 흐르는 물이 건기에 말라 있는 이유는 갈릴리 호수에 물이 저장되기 때문이다. 만년설의 헬몬산에서 흘러 내려오는 급수원은 골란고원에 관련된 지역이기 때문에 골란고원을 시리아에게 반환하는 문제는 이스라엘로서는 용이한 일이 아니다.

이스라엘은 물 관리를 잘하여 곳곳마다 농작물과 과수나무 그리고 많은 식물을 거치른 광야에서 재배함으로써 젖과 꿀이 흐르는 낙원을 만들고 있다.

비	갈릴리지역	중앙산악지역	남부지역	사해/엘랏지역
강수일수(연중)	60	40	16	5
강우량(mm)	800~1,000	500~700	200~300	20~50

이 슬	벧산/훌라분지	중앙산악지역	북서네게브	해안/이스르엘
일수(연중)	50	150~180	250	200

온 도	갈릴리지역	중앙산악지역	네게브지역	해안평야	사해/엘랏지역
최고평균(℃)	18~20	20~30	19~33	23~32	26~40
최저평균(℃)	4~10	7~13	7~17	8~18	10~21

눈	800~300m의 고지의 산. 헬몬산(2,814m) : 100cm 내외

바 람	특 징	관련성구
북 풍	겨울에 비를 동반하는 찬바람	욥 39:9, 22 / 잠 25:23
남 풍	여름에 사막의 더운바람	사 21:1 / 슥 9:14 / 행 27:13
동 풍	봄, 가을에 덥고 건조한 바람	출 10:13 / 시 48:7 / 욘 4:8
서 풍	여름에 시원한 바람, 겨울에 비 동반	왕상 18:44 / 눅 12:54

A. 이스라엘의 일반적인 총람

이슬(Dew)은 이스라엘에서 비교적 많은 것이 특색이다. 이슬은 야간에 온도가 급격히 내려갈때 생긴다. 풍부한 이슬은 농작물 재배에 유리하다. 지역에 따라 이슬이 내리는 일 수가 다른데 가장 많이 내리는 지역은 건조한 사막지대인 네게브 북서지역으로 250일간 내리며 벤스안과 훌라 분지는 불과 50일 밖에 내리지 않는다. 성경에는 이슬이 축복을 뜻하고 있는 구절이 많다. (신 33:28, 창 29:28 등)

이스라엘은 척박한 땅이지만 3대륙과 접해 있는 지리적 조건과 다양한 지형 그리고 기후의 특성으로 풍부하고 다양한 동식물의 서식에 적합하여 약 400종의 조류, 150종이 넘는 포유동물과 파충류, 약 3,000종의 식물이 서식하고 있는데 그 중 150여종의 식물은 이스라엘이 원산지이다.

계절적으로 급격한 전환을 이루는 기후 조건과 기상의 특징은 이스라엘의 민족성과 문화, 종교에 큰 영향을 미치고 있다.

▲ 아몬드(Almond)

성서에는 살구꽃으로 번역되어 있으며 아론의 싹난 지팡이에 핀 꽃이다.
예루살렘 주변에서도 늦은 비(봄)가 내릴 무렵에 이 아름다운 꽃을 볼수 있다.

| A. 이스라엘의 일반적인 총람 |

(4) 인 구

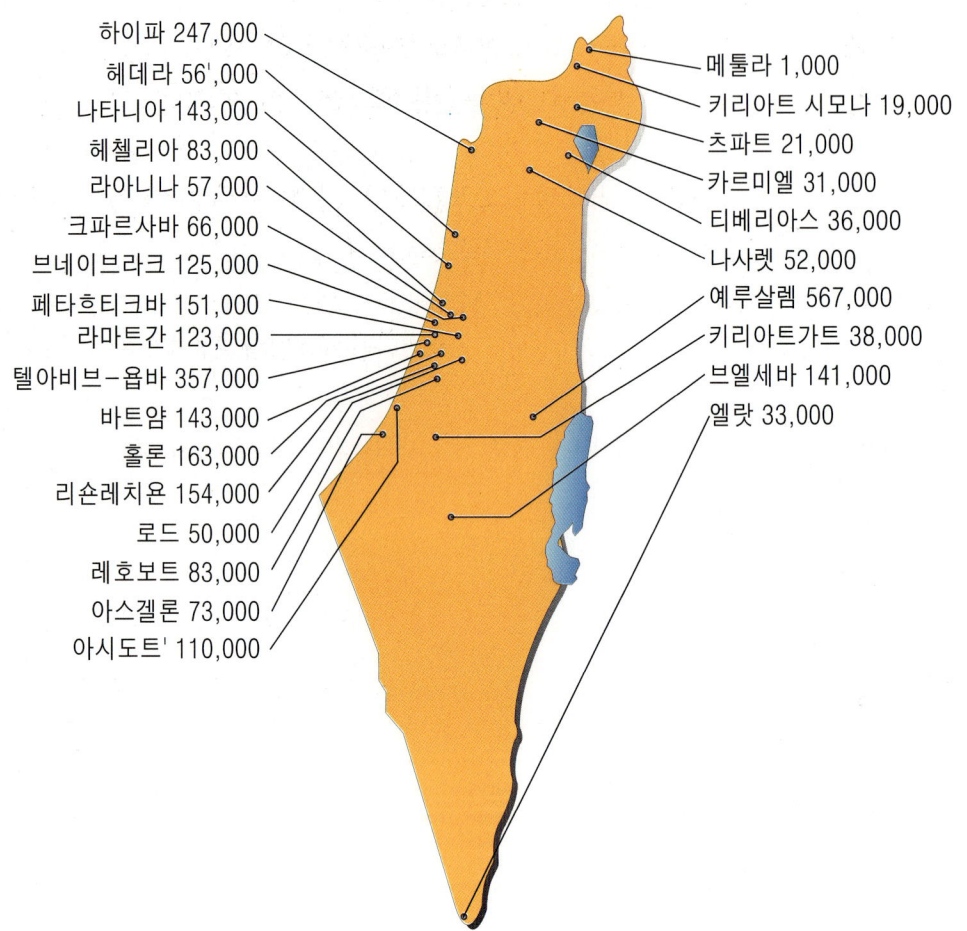

 인구가 이스라엘의 회복에 서광이 비친 것은 루터의 종교개혁 이후 인문주의(Humanism) 영향을 받은 인간성 회복운동에서 부터 유대인 해방운동이 시작된 것에서 비롯된다.
 유대인의 저명한 학자들이 일으킨 유대인 계몽주의에 편승하여 유대인 자유화 운동이 시작되었다. 이는 비교적 서유럽에서 빠른 속도로 번져 갔다.
 최초로 네델란드에서 주후 1657년 유대인들에게 시민권이 부여되기 시작하여 18세기 이래 세계 각국에서 유대인들에게 사실상 법적 평등이 부여되면서 그들을 자유시민으로 해방 시켰다.
 주후 1882년까지 팔레스타인 땅에는 약 25,000명의 유대인이 살고 있었다. 그 후에 주후 1897년 8월 29일-31일에 스위스 바젤에서 개최된 제 1회 시온주의 회의를 시작으로 1901년 까지 5차례 회의가 개최되면서 시온주의(Zionism)는 전세계로 확산 되었다. 시오니즘(Zionism)은 세계에 흩어진 유대인들이 고국 팔레스타인 땅에 유대민족의 국가를 건설하는 것을 목표로 하는 유대 민족주의 운동이다. 시오니즘의 최초 주창자는 1860년에 부다페스트에서 태어났고 오스트리아의 저널리스트인 **헤르츨**(T. Herzl)이다. 그의 유토피아적인 정치소설 '유대인 국가'(1896)와 '오래된 새로운 땅'(1903)은 시오니즘 운동을 촉진시키는데 결정적인 영향을 끼쳤다. 이러한 시오니즘 운동의 영향으로 노동자 그룹들이 러시아를 비롯해서 동유럽으로부터 계속 팔레스타인으로 들어왔다. 주후 1917년에 영국군이 팔레스타인을 위임 통치할 무렵에는 유대인이 약 90,000여 명이 거주하고 있었다.

주후 1930년대로 접어들면서 유대인들은 "만약 너희가 그것을 할 의지가 있으면 그것이 꿈이 아니다." 라는 꿈의 실현을 의미하는 헤르츨의 말을 기억하면서 속속 모여 들었다.

유대인의 이주민들은 크게 세 종류의 집단으로 나누어 진다.

첫째로 "아슈케나짐(Ashkenazim)" 유대인들은 주로 북 아메리카, 남 아메리카, 남 아프리카, 그리고 오스트레일리아를 비롯한 유럽 유대인의 후손이다.

둘째로 "스파르딤(Sephardim)" 유대인은 주로 15세기말 스페인과 포르투갈에서 추방 당한 후 터키와 네덜란드, 이탈리아, 불가리아, 그리스 등 유럽 여러 나라에 정착한 유대인 후손이다.

세째로 "오리엔탈리즘(Orientalism)"의 동양계 유대인은 북 아프리카와 중동에 있는 이슬람 국가들 중 고대 유대인 공동체라는 배경을 지닌 유대인들이다.

전세계의 100여 개 국가에서 수세기 동안 서로 다른 관습과 생활방식의 차이를 가지고 살아오다가 팔레스타인으로 이주하였다. 그러나 역사와 종교 면에서 유대인은 한민족으로 다양성 내의 통일성을 이루었다. 1948년 5월 14일 이스라엘이 독립할 당시는 인구가 약 80만 명이었다. 그후 홀로코스트(Holocaust, 6백만 유대인 학살)의 생존자들과 세계 여러 나라에서 50년 이상 계속 모여 들어 인구 56만명의 예루살렘을 비롯하여 텔아비브, 하이파, 브엘세바, 호론 등 대도시에 집중적으로 증가 하였다.

전체 인구의 90%가 도시에 10%가 농촌에 거주하고 있다. 농촌에는 키브츠(Kibutz)와 모샤브(Moshav)를 형성하여 윤택한 생활을 하고 있다. 특히 주목되는 것은 6일 전쟁으로 인한 점령지역 내에 유대인 정착촌이 건설되어 이주민이 거주하고 있다.

현재의 **이스라엘 인구**는 약 620만명이며 세계 속의 현대사회로 막강하게 각광을 받는 국가로 발전하였다. 그 인구의 구성 분포의 내용은 아래와 같이 유대인과 아랍인들이 주종을 이루고 있다.
(유동성 있음)

- 유 대 인 : 약 5,000,000명(80.8%)
- 이 슬 람 인 : 약 870,000명(14.1%)
- 기 독 교 인 : 약 130,000명(2.1%)
- 두 르 즈 인 : 약 100,000명(1.7%)
- 베 두 인 : 약 87,000명(1.4%)
- 사 마 리 아 인 : 약 300명
- 총   계 : 약 6,187,300명

- 점령지 아랍인 : 약 2,100,000명
- 점령지 유대인 : 약 200,000명
- 전세계 유대인 : 약 18,000,000명
- 미국내 유대인 : 약 5,700,000명

| A. 이스라엘의 일반적인 총람 |

　두르즈인(Druze)은 이스라엘 북부의 22개 마을에서 약 10만명이 살고 있다. 두르즈인은 인종적, 종교적으로 레바논과 시리아와 연대를 이루고 있다. 그러나 거주하는 나라에 충성하며 젊은이들은 이스라엘에 의무적으로 군복무를 하며 레바논과 시리아 국경을 지키고 있다. 그리고 이들은 국회에 자신들의 대표의원을 보내고 있다.

　사마리아인은 사마리아 지역의 세겜의 서편에 있는 축복의 산인 그리심산을 아브라함이 이삭을 제물로 바친 모리아 산으로 믿고 있다. 또한 주전 5세기부터 성전이 있었다고 믿고있다. 이들은 모세오경만을 믿으며 매년 봄에 유월절을 모세의 오경에 근거하여 그리심산에서 거룩하게 지키고 있다.

　현재 사마리아인은 유대인의 거주지역인 홀론(Holon)시와 그리심산 정상 부근의 두 지역에 약 300명이 거주하고 있다.

▲ 이스라엘의 다양한 얼굴들

(5) 언 어

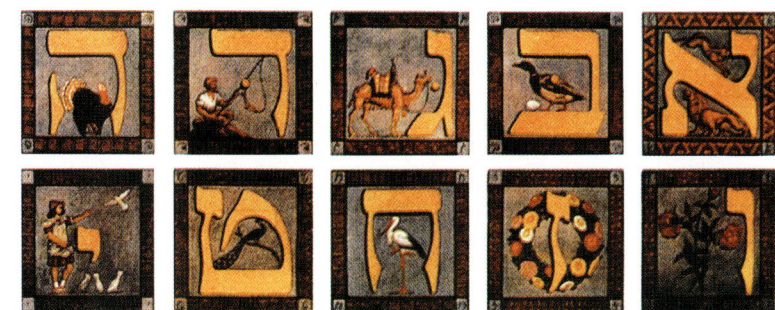

히브리어 알파벳

현재 이스라엘은 히브리어와 아랍어를 공용어로 하고 있으며 영어를 널리 사용하고 있다. 이스라엘에 살고 있는 유대인들은 현대 히브리어를, 아랍인과 두르즈인은 아랍어를, 성지 순례자들과는 영어를 사용하고 있다.

이스라엘의 신문, 방송, 텔레비전 등 언론 매체들 역시 다양한 언어 사용자들을 위해 히브리어, 아랍어, 영어, 러시아어의 4개 언어로 보도하고 방송한다.

고대 히브리어는 가나안 땅에 정착한 셈족의 원래의 언어로써 셈어족에 속한다. 히브리어와 긴밀한 연관이 되어 있는 언어로는 가나안어, 모압어, 페니키아어, 우가리트어 등이 있으며 특히 우가리트어는 성서(구약)연구에 많은 도움이 되고 있다.

히브리어는 성서시대(구약)에 이스라엘 사람들이 사용한 언어로써 성서에는 "가나안 방언"이라고 불리어 지기도 하였다.(사 19:18)

히브리어 알파벳

주전 586년 바벨론 포로시까지 이스라엘 사람들이 사용한 언어였으나 그 후 점차적으로 아랍어에 밀려서 주후 1세기에는 더 이상 지배적인 위치에 서지 못하였다. 그 후 수 세기 동안 히브리어는 유대인의 문학, 종교, 철학 등의 저작에 매체로 사용되고 있을 뿐 사어(死語)가 되어 버렸다.

고대 히브리어 알파벳은 자음만으로 이루어져 있고 모음은 문자에 표기되지 않았다. 그러나 후대에 와서 히브리어가 일상생활에 쓰이지 않게 되었을 때 발음과 해석에 착오가 생기기 쉬워졌으므로 맛소라 학자들이 모음 기호를 만들었다.(주전 8~9세기경) 그래서 모음기호를

A. 이스라엘의 일반적인 총람

벤 예후다
(Ben Yehuda, 1858~1922)

맛소라 기호라고도 한다.(마소라:전통이라는 뜻)

벤 예후다(Ben Yehuda, 1858~1922)는 1881년 팔레스타인에 이주해 온 후 죽은 언어가 되어 버린 히브리어를 되살리는데 헌신하였다. 주후 1885년에 히브리어가 부활되었고 주후 1922년에 팔레스타인 지역에서 공용어로 사용되었다. 현대 히브리어의 아버지라고 일컬어지는 벤 예후다는 시온주의와 더불어 이스라엘의 건국에 가장 중요한 역할을 담당하였다. 시온주의자들이 이스라엘의 잃어버린 땅을 찾는 일이었다면 벤 예후다의 히브리어 부활은 이스라엘의 정신과 얼을 되찾고 신앙을 활성화 시켰다는 점에서 매우 중요한 업적이 아닐 수 없다. 그는 새로운 단어의 창조를 촉진시키고 히브리어로 된 정기 간행물을 발간하였다.(1884) 또한 히브리어 위원회를 공동으로 설립했다.(1890) 더욱 언어학자로써 주후 1890년에 히브리어 사전을 비롯하여 17권의 저술을 남겼다.

현재 이스라엘에서 사용하는 현대 히브리어의 기본 어휘는 고대 히브리어와 같으며 문법은 다소 변경 보완 되었다. 그리고 고대 히브리어와 같은 모음 없는 인쇄체와 새로 고안된 필기체를 사용하고 있다.

◀ 성서 히브리어 알파벳

형태	미형(尾型)	이름	발음	고대 히브리어	현대 필기체	수치(數値)
א		알-렢 'Ālep	'			1
ב		베-트 Bêt,Ḇêt	b, ḇ (bh)			2
ג		끼-멜 Gîmel	g, ḡ (gh)			3
ד		딸-렡 Dâleṯ	d, ḏ (dh)			4
ה		헤- Hē	h			5
ו		와-우 Wāw	w			6
ז		자인 Záyin	z			7
ח		헤-드 Ḥêt	ḥ			8
ט		테-드 Ṭêṯ	ṭ			9
י		요-드 Yôḏ	y			10
כ	ך	카프 Kap,	k, ḵ (kh)			20
ל		라-멛 Lámed	l			30
מ	ם	멤- Mêm	m			40
נ	ן	눈- Nûn	n			50
ס		싸-멕 Sámek	s			60
ע		아인 'Áyin	'			70
פ	ף	페- Pê,Pe	p, p̄ (ph)			80
צ	ץ	차-데 Ṣáḏê	ṣ			90
ק		코-프 Qôp	q or ḳ			100
ר		레-쉬 Rêš	r			200
ש		신,쉰 Śîn,Šîn	ś, š			300
ת		타-우 Tāw	t, ṯ (th)			400

▼ 모음표기

		A		I	U	
		a	e	i	o	u
단 모음		a	e	i	o	u
장 모음		ā	ē / ê	î	ō / ô	û
반모음	단순 쉐와					
	합성 쉐와					

(6) 교육

▲ 토라를 읽고 있는 소년

이스라엘은 민족공동체의식을 통하여 잃은 나라를 되찾은 것과 국난을 극복하여 세계적으로 각광을 받는 것은 교육에 근거를 두고 있다. 그들은 종교 생활을 통하여 민족적 전통을 계승하여 왔다.

종교 교육은 어린 시절부터 쉐마교육(Shema, 신 6:4-9)을 시작으로 토라(Torah)와 탈무드(Talmud)를 주 내용으로 하여 우주관, 민족관, 신앙관, 인생관 등의 가치관을 형성하여 왔다.

또한 이스라엘 민족은 고유한 명절을 철저히 지키고, 명절의 전통교육을 통하여 자신들의 뿌리와 역사를 배운다. 그리하여 이스라엘 교육은 유대인들에게 민족 수난의 역사를 배경으로 한 유대인 고유의 종교와 교육에 바탕을 두어 확고한 뿌리를 박고 있다.

아이들은 생후 8일 만에 할례를 받음으로써 유대민족의 자손이며 세상에 태어났음을 확인 받는다. 그 뒤에 아이들에게 베풀어지는 교육은 가정, 회당, 학교, 사회와 한 덩어리가 되어 이루어진다. 어린아이들에게 글을 읽을 수 있는 이전부터 탈무드의 교육을 시작하여 성경을 암송하게 한다. 그것은 인간에게 무한한 상상력을 키우며 평생토록 살아가는데 종교적 기초를 다지게 해 준다. 아울러 형이상학적인 두뇌 발달을 촉진시키고 어떠한 악조건의 환경이 주어진다 하더라도 이겨낼 수 있는 적응능력을 어릴 때부터 길러 준다.

유대인은 모계혈통을 중요시 하고 있다. 아버지가 유대인일지라도 어머니가 유대인이 아니면 태어나는 아이들은 유대인이 아니다. 그러나 어머니가 유대인이면 아버지가 유대인이 아닐지라도 태어나는 아이는 유대인이다. 그렇지만 성은 아버지의 성을 따른다. 이러한 법적인 보장은 어머니가 어린아이들을 품에 안고 젖을 먹일 때 부터 기도하며, 성경 말씀을 읽어 주고 들려 주며 유대인의 정신과 신앙심을 길러 주는 유대인 특유의 교육에 대한 어머니의 중요성 때문이다.

전 세계에 분포된 유대인들은 숫자상으로는 세계 60억 인구의 0.3% 밖에 되지 않는 1,800만 명에 불과 하지만 그간에 노벨상을 수상한 자는 전체 수상자의 663명(1901-1995년)중 140명으로 21%를 점유하고 있다. 이것은 단순하게 유대인들이 우수하다는 것을 말하기 보다는 그들에게 유형, 무형의 교육을 통한 남다른 창의력과 피나는 노력이 있었기 때문이다.

교육 체제에 있어 이스라엘은 6세부터 18세까지(유치원-고등학교)는 의무교육이지만 그 이후 부터는 자유이다. 그리고 정규 교육은 유치원(1년), 초등학교(5년), 중등학교(3년), 고등학교(4년), 그리고

대학교(3년)의 학제에 의하여 계속 교육이 이어진다.

유치원 교육은 교사가 아이들에게 책을 읽어 주고 이야기를 들려 준 뒤 항상 많은 질문을 유도한다. 따라서 아이들이 자기 생각이나 느낌을 자유스럽게 발표하게 한다. 그리하여 유치원 때부터 창의력과 합리적인 사고를 통한 논리 정연한 논쟁과 토론을 유도한다.

▲ 창의력이 개발되는 생각

이스라엘 사람들은 "두 명이 모이면 세 가지 의견이 나온다"고 한다. 그 말은 어릴때 부터 성숙된 창의력에 바탕을 두고 있다는 사실을 입증해 주고 있다. 유아교육에 있어서 어린이들은 만 3세가 되면 의무교육 전의 교육을 받기 위해 "간"이라고 하는 국립 유아원에 들어 간다. 4세가 되면 "크담호바"라는 "간"과 비슷한 교육기관에 들어 가게 된다. 유치원교육은 의무교육으로 어린이들이 5세가 되면 "간호바"에 100% 들어 간다. 다섯 살까지의 교육에는 그리기, 만들기, 노래 부르기 등의 놀이에 속하는 교육일 뿐, 초등학교에서 배우는 문자와 숫자를 가르치지 않는 것이 특징이다.

모든 조기교육의 교과활동은 성적에 치중되지 않고 미래 학습을 위한 기초 능력배양에 초점을 둔 교육부 지침에 따라 조정 운영된다. 학교 교육의 그 특징은 인격교육에 기초를 두고 기술 및 전문교육에 중점을 두고 있다.

초등교육은 초등학교, 중학교 과정을 합친 8년제로 되어 있다. 그러나 의무 유치원 1년을 합치면 실질적으로 9년간의 교육인 셈이다. 이 기간에는 우선적으로 인간의 기본적인 인격 형성, 창의력, 자율성을 길러 주는데 역점을 두고 있다. 그리고 인내심과 용기를 키워 주고 분석력과 판단력의 인간 잠재력을 개발한다. 초등학교 3학년이 되면 제 1 외국어로 생활영어를 가르치고, 4학년 때부터 아랍어를 배운다. 점령지역의 팔레스타인들은 학교에서 히브리어를 가르치지 않고 영어만을 가르치는 것이 특징이다. 초등학교의 5학년이 되면 진학반과 졸업반으로 구분되어 진학반은 인문계에 진학하게 되고 졸업반은 기술 중학교 과정을 거쳐 기술 고등학교에 진학하던가 그렇지 않으면 졸업과 동시에 바로 사회에 진출한다. 기술 고등학교를 졸업한 학생은 사회에 진출하거나 전문대학에 진학하게 된다.

중등교육은 통상 4년간의 고등학교 과정을 말하며 철저하게 기술교육과 전문교육을 경쟁적으로 실시하여 사회성원으로 잘 적응 할 수 있도록 하는데 중점을 두고 있다. 고등교육은 학문의 진수를 경험할 수 있는 대학교육을 고등교육이라 부른다. 고등학교 학생들이 졸업하기 전에 대학입학 자격시험에 응시하여 합격한 자만 대학시험을 치를 수 있다. 대학은 3년 과정인데 우리나라 대학의 교양과목(1년)을 고등학교에서 배운다. 농과대학은 2년 이상 농사에 종사한 경험이 있어야 들어갈 수 있다. 교원대학은 초등계와 중등계로 구분이 되는데 초등계는 고등학교 졸업 후 2년, 고등계는 3년의 교육과정을 밟게 된다.

국립대학교는 이스라엘에 7개의 대학교가 있다. 예루살렘 히브리 대학교, 텔아비브 대학교, 하이파 대학교, 테크니온 공과대학교, 벤 구리온 대학교, 바일란 대학교, 와이즈만 연구소 등은 세계적인 우수한 대학교로 대부분 평가 받고 있다.

그 외에도 전문대학을 비롯하여 직업학교, 기술학교, 농업학교, 군 예비학교, 히브리어 언어학교 등의 기능교육 및 특수교육기관에서 교육이 철저히 실시되고 있다.

▲ 서점을 찾는 이스라엘 사람들

▲ 유대인들의 신앙생활

(7) 정치

▲ 크네세트(국회 의사당)

이스라엘은 1948년 건국 당시 독립선언에서 선지자들이 예언한 대로 자유, 정의, 평화에 기초를 두어 종교, 인종, 성에 관계없이 사회적, 정치적인 평등과 종교, 양심, 언어, 교육, 문화의 자유를 보장하며 모든 종교의 성지를 보호하며 국제연합의 원칙을 충실히 따른다고 선언하였다.

이스라엘은 의회민주주의 내각 책임제로써 입법, 사법, 행정의 삼권 분립의 원칙에 입각하여 상호 견제와 균형을 유지하고 있다. 행정부는 입법부의 신임에 근거하여 설치되며 사법부는 법률에 의하여 절대적인 독립성이 보장된다. 대통령은 국가의 총수이며 정당 정치에 구애받지 않고 국가의 단결을 도모하고 국가를 상징하는 역할을 한다. 대통령은 국회의원의 지지를 받아 5년마다 선출되며 1회에 한하여 연임할 수 있다. 대통령의 임무는 외국대사 신임장 접수, 의회에서 채택된 법률과 조약에 서명, 해당기관의 추천으로 판사, 은행장, 해외 주재 외교대사 임명, 법무부 장관의 제청으로 사면 및 감형 등을 수행한다.

이스라엘의 입법부인 국회(의회)는 통상 **크네세트**(Knesset, 공회)라고 부른다. 이스라엘의 공회(Knesset)는 기원전 5세기경 에스라와 느헤미야에 의해 예루살렘에 소집된 유대인 대표기구였던 크네세트 하게돌라(Knesset Hagedolah, 최고 회의)에서 비롯된 산헤드린으로 유대인 공동체의 최고 기관이었다.

예수님 당시 **산헤드린 공회**(Knesset)의 의장은 대제사장이었다. 공회는 가장 유력한 제사장들과 지도적인 서기관들 그리고 명망있는 바리새인과 사두개인들의 총 71명의 남자로 구성된 최고 의결기관이다. 공회는 행정권과 사법권도 겸해서 행사 하였다. 유대 율법에 의한 재판권을 행사하며 자체 치안을 위한 치안관이 구속 명령을 내릴 수 있었다. 그러나 사형에 해당되는 재판권은 부여되지 않았다.

로마의 티투스장군에 의해 예루살렘이 점령(70년)되자 산헤드린은 야브네(Jabneh)로 일시 이전 했었다. 야브네는 욥바에서 남쪽으로 20km지점, 지중해 해안에서 6km내륙에 위치하고 있으며 주후 90년 "얍니야 회의" 결과로 구약성경을 결정한 곳이다.

| A. 이스라엘의 일반적인 총람

▲ 크네세트(의회)

오늘날 이스라엘의 입법부인 의회 (Knesset)는 4년마다 선거로 선출되는 120명으로 구성되어 있다.

행정부의 수상은 내각수반으로써 실질적인 권한을 가진 자이다. 수상은 의회의 신임을 얻어야 하며 반드시 의회 의원이어야 한다.

대통령은 선거 후 의회의 다수당인 국회 의원으로 내각에서 구성하고 그 내각에서 수상이 되어 줄 것을 요청하였으나 1992년 3월에 수상의 직접 선거를 요구하는 법안이 통과되어 직접선거로 선출된다.

이스라엘의 정당제도는 다당제로서 국가적 필요 요구와 특별한 국가 이익을 목적으로 구성되는 정당과 특별한 이익집단을 위하여 구성되는 정당도 있다. 이스라엘의 주요 정당은 두개로서 사회 민주적인 성향인 노동당과 중도우파와 민족주의를 지향하는 리쿠드당이 있다.

내각구성은 의회 구성원 중 과반수 이상의 승인을 받아야 한다. 지금까지 독자적으로 내각을 구성할 만한 의석을 차지한 정당이 없었기 때문에 연립정부를 구성해 오고 있다. 크네세트 의원은 매 4년마다 실시되는 비밀, 비례제에 의한 총선거에서 선출되며 정당에 투표한다. 총선거는 개인 후보자에게 투표하는 방식이 아닌 정당 명부제에 의해 투표하여 전국적으로 집계하는 비례 대표제 방식을 따르고 있다.

▼ 영국의회에서 기증한 메노라

이스라엘은 지방자치제도가 잘 발달되어 있으며 50개의 시의회와 147개 지방 의회가 있고 53개 지역 의회가 있다. 읍과 지방의회 의원은 크네세트에 각각 대표하는 국회의원 수에 비례하여 선출된다. 시장과 지역의회 단체장은 직접 선거에 의해서 선출된다.

사법부는 완전히 독립되어 있다. 대법원은 9명의 대법관으로 구성되며 대법관은 대통령이 임명한다.

(국회 의사당 앞마당에 세워져 있다.)

이스라엘은 모든 선거에서 선거권은 18세부터, 피선거권은 20세부터 가지게 된다. 대통령, 법관, 감사원장 및 참모 총장 등이 피선거권을 가지게 되는 경우 선거일 100일 전에 현직에서 물러나야 한다. 법원은 행정법원(지원, 1명의 판사), 지방법원(고등법원, 1-3명 판사), 대법원(3-5명의 판사), 특별법원(1명의 판사) 그리고 종교법원(1-3명의 판사)으로 구분된다. 특히 종교법원에서는 종교에 관련된 사안과 유대인의 결혼, 이혼 및 개종에 대한 재판을 담당한다.

국회의사당 앞마당에 세워진 메노라는 1956년 영국의회에서 이스라엘 국회에 기증한 것이며, 영국 출신 유대인이 조각한 이 메노라의 크기는 높이 5m, 폭 4m의 청동제품으로, 이 메노라는 일곱 줄기에 21개의 조각이 되어 있다. 이 조각에는 성서의 주요 역사와 인물들이 묘사되어 있다.

(8) 국 방

유대인들은 아랍인들의 빈번한 테러와 습격을 당하자 1909년부터 집단농장 안에 **하쇼메트**(Hashomet : 경비대)라는 자위기구를 조직하게 되었으며 이는 바로 이스라엘군의 태동이었다.

제 1차 세계대전이 발발한 1914년 당시 팔레스타인 내에는 43개 정착민촌의 13,000여명과 농경 정착민을 포함하여 약 90,000여명의 유대인이 살고 있었다.

1916년 12월 영국의 식민지 확장과 제국주의 발전에 공헌했던 로이드 죠오지(Lioyd Geoge)가 영국 수상이 되고 발포어(Balfour)가 외상이 되었다. 다음 해인 1917년에 영국정부가 팔레스타인 땅에 유대인을 위한 어떠한 민족적 모국(A National Home For The Jewish People)이 건설됨을 호의적으로 보고 최선의 노력을 경주 할 것이라는 발포어 선언이 선포되었다.

이 선언이 발표된지 1개월 후에 영국군의 알렌비(Allenby)장군이 팔레스타인의 예루살렘을 기습적으로 점령하게 됨에 따라 오스만제국의 팔레스타인 지배가 끝이 났다.

유대인들은 발포어 선언을 지지하면서 영국군 작전에 3개 대대가 참전하여 팔레스타인 땅에 들어 왔다. 이때에 유대인 부대에는 육군 상등병 다비드 벤구리온(David Ben Gurion, 이스라엘 초대 수상)이라는 이스라엘 지도자가 함께 들어 왔다.

이때부터 유대인들은 팔레스타인으로 이주의 열을 더해 갔다. 그들이 발포어 선언에 바탕을 이룬 것은 당시 각국에 번지고 있던 반 유대주의(Anti Semitism)에 반기를 들면서 시오니즘(Zionism)에 불타는 유대인들이 영국 식민 통치의 필요성을 받아 들였기 때문이다.

1921년에 팔레스타인과 유대인의 쌍방간에 300여명의 사상자를 발생시키는 대규모 충돌이 있었다. 이때에 유대인들은 각 촌락별로 비밀지하 군사 조직체로 방위대를 조직하였다. 이것이 오늘날 이스라엘군의 명실상부한 모체라 할 수 있는 **하가나**(Haganah:자위대)이다. 하가나는 "공격에는 공격으로"라는 원칙을 세워 아랍인들의 공격을 성공적으로 저지하였다.

시오니즘 지도자들의 노력 가운데 하나는 건국을 위한 군사력 확보였다. 영국의 요청에 의한 대독전쟁에 유대인 136,000여명이 지원병으로 등록하였고 그 중에 남녀 27,000여명의 팔레스타인 유대인들이 영국군으로 참전하였다. 그리하여 유대인들은 독자적인 유대인 부대가 형성되고 유대인 장교에 의해서 지휘되었다.

1944년에는 그들만의 여단이 편성되어 이탈리아 전선에 투입될 만큼 규모가 컸다. 이와 때를 같이 하여 팔레스타인 안에서 아랍인들과 싸우기 위해 훈련된 이른바 **팔마**(Palmah)와 함께 신생 이스라엘 군의 지주가 되었다. 팔마는 그 후 전문적인 군사집단으로 독립적인 정예무장 군대의 모체조직으로 형성되었다.

이스라엘의 독립에 직접적인 계기가 된 것은 제 2차 세계대전의 종식이요 최고의 공로자는 유대인 600만명을 학살 하게한 아돌프 히틀러(Adolf Hitler)라고 서슴치 않고 말한다. 유대인에 대한 처참했던 박해와 학살은 조국건설의 열망을 더욱 불태우게 했기 때문이다.

1948년 5월 14일 이스라엘의 독립선포는 아랍국가들과의 전쟁을 유발 하였다. 당시 초대 수상과 국방상을 겸한 벤구리온은 **이스라엘 방위군**(IDF, Israel Defence Force)을 창설하여 미비점이 있었지만 51,500여명의 군대를 확보하여 신속하게 아랍국가들의 침략에 대응할 수 있었다.

이스라엘은 독립전쟁에서 승리하였다. 그리고 수에즈 전쟁에서도 승리했고, 6일 전쟁과 10월 전쟁에서도 아랍 군대들을 격파하였다. 현재의 정부기구인 국방성 밑에 **총참모부**(IDF)의 조직은 ①지역사령부(남부, 중부, 북부:3개 지역) ②나할 사령부(신병 훈련소, 하사관 학교, 공수 교육대 등), ③민방위사령부(H. F. C.)로 편성되었다.

지역사령부는 지역방위본부와 동원사단(전시)으로 편성되어 지역방위 본부 밑에는 지역별-지역방어 부대로, 구안에 지구별-지구방어 부대로 편성되어 상시에 적의 소규모 테러와 사보타지에 대비하고, 침투방어와 국경 수비 등의 임무를 수행한다. 지역(지구)방어부대는 전시와 평시를 막론하고 고정 편성되어 있다. 국경지역의 예비군 및 민방위대원은 지역방어 부대에 흡수 편성하여 지역방어와 민방위의 이중임무를 수행한다.

지역방위군은 지역방어 부대에 흡수 편성되며 역종

늠름한 여군

-이스라엘의 국방 의무는 남녀구분이 없다-

관계없이 국경지대인 전략촌 및 내륙 취약지역에 거주하는 예비군과 민방위로 통합 편성한다.

국경지역의 집단(키브츠) 및 협동 농장(모샤브)과 기타 촌락에 거주하는 예비군은 중대 단위로 편성하고 남는 자원은 전시에 동원 소집되어 전투부대에 충원 된다. 또한 키브츠와 모샤브는 소화기, 기관총, 박격포로 장비 되어 있다. 그리고 모든 예비전력은 지역사령부 지휘하에 통합 된다. 지역사령부는 평시에 사단을 두지 않고 지역 여단을 지휘하는 체제를 유지하다가 전시에는 동원 예비군을 소집하여 사단을 편성 한다.

민방위 사령부(H. F. C.)는 그간에 하가(HAGA)사령부라 불렀는데 1991년 걸프전쟁시 이라크의 SCUD 미사일 공격에 대처한 교훈을 살려 Home Front Command 사령부로 개편하였다. 민방위 사령부(HFC)는 현역소장(한국의 군사령관 계급)이 지휘하며 극소수의 현역 군인이 골간이 되어 예비군, 민방위, 경찰, 소방관 등으로 통합기능을 수행하도록 편성되어 있다.

민방위 임무는 공습, 전략무기 공격, 화학, 지대 미사일공격, 테러, 자연재해, 경보체계, 가스 마스크, 방공호 등의 대비에 있다. 민방위 임무에 종사하는 자는 예비군 보상법에 따라 국고로 부터 급여를 지급 받는다. 이스라엘 현역복무의 면제와 징집연기는 원칙적으로 허용되지 않는다. 그러나 종교적 이유(수녀와 정통 유대교 신자)로 본인이 현역근무를 원치 않을 경우 면제를 받는다.

모든 남녀는 18세가 되면 징집되어 의무적으로 남자는 29세 까지 3년간, 여자는 2년간 복무하게 된다. 의무복무를 끝내고 직업군인이 될 수 있으며 20년 복무 후 제대할 수 있다. 사관학교는 설치되어 있지 않으나 적격자를 선발하여 장교 후보생 학교에서 교육하여 장교로 임관시킨 후

▲ 여유있는 이스라엘의 남녀 군인들

▲ 통곡의 벽을 다녀 가는 이스라엘 군인들

복무하게 한다.

이스라엘의 모든 남녀는 고등학교 졸업과 동시에 군에 입대하여야 하며 제대 후 대학에 진학하게 되고 여자는 제대 후 결혼을 하게 된다. 그러나 군의 소요에 따라 군에 입대 전 대학에 진학시켜 군이 소요로 하는 전공 과목을 습득시켜 졸업 후 군에 근무토록 하기도 한다.

예비역의 편성 대상은 현역에서 제대 후 제 1 예비역에 남자는 21-39세까지, 여자는 자녀가 없을 경우 20-25세까지 이며, 기갑여단, 기계화사단, 공병돌격부대의 90%는 예비군으로 편성되어 있다. 제 2 예비역은 남자에 한하여 40-44세 까지이다. Home Front Command로 개편될 때 예비군의 평균 연령을 35세로 개편하였다.

민방위대의 편성 대상은 남자는 45세-54세까지 이며 민방위 요원과 후방 긴요 요원으로 구분된다. 전시에는 남자는 16세-62세, 여자는 17세-50세로 연장된다. 지방훈련소에서 실시하는 민방위 훈련은 예비군에 준하여 연간 교육훈련은 30일이며, 비상 사태 시는 60일 이상으로 연장된다. 주민 대피시설은 공중 대피소, 공중 피난소, 개별 대피소(가정)가 의무적으로 설치되어 있으며, 화생방전에 대비한 방독면은 유아용을 비롯한 7개 종류로 구분되어 전 국민이 개별 보유하고 있다. 이스라엘의 거리와 버스정류장에는 남녀를 막론하고 군복을 입고 무기를 휴대한 채 출퇴근 하는 모습을 많이 발견하게 된다.

▲ 히브리 대학생(남여)들이 한국의 태권도를 통해 이스라엘 정신을 기르고 있다.(승단 심사를 마치고)

(9) 종 교

이스라엘 사회는 수세기의 다양한 정치, 언어, 문화의 역사를 가진 사람들이 다시 모인 특수한 통합 공동체로 형성된 나라이다. 또한 이스라엘의 수난의 역사로 인한 종교적 특성도 다양하다.

1948년의 이스라엘 독립선언에 명시 되었듯이 모든 국민은 종교적인 평등과 자유를 보장하며 모든 종교의 성지를 보호한다고 하였다.

이스라엘의 신앙 공동체는 유대교를 국교로 하여 정부의 종교위원회와 종교 법원의 보호를 받고, 절기 행사와 안식일을 지키며, 종교생활을 자유롭게 할 수 있도록 보장하고 있다.

이스라엘 안에는 다양한 종교가 공존하고 있으나 유대교(80.8%)와 이슬람교(14.1%)가 주종을 이루고 있고 극소수의 기독교(2.1%)와 기타 종교(3.1%)가 있다. 모든 종교는 그들의 예배의식에 따라(유대교:토요일, 이슬람교:금요일, 기독교:일요일) 종교행사를 하고 있다. 이스라엘의 헌법에는 타종교의 전도와 포교는 금지되어 있지 않으나 사실상 억제되고 있다.

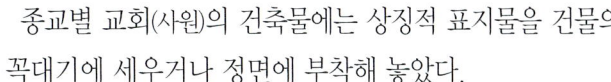

유대교의 상징

다윗별(다윗방패)

메노라
(일곱촛대 : 이스라엘의 상징)

하누카 촛대
(하누카 명절에 사용)

종교별 교회(사원)의 건축물에는 상징적 표지물을 건물의 꼭대기에 세우거나 정면에 부착해 놓았다.

유대교는 유대인들에게 성서시대로 부터 유일신 신앙에 뿌리를 두고 있다. 그래서 유대교(Judaism)라고 함은 종교적인 개념인 동시에 이스라엘 민족적 개념이다.

유대인들의 성서의 기본 규범인 율법의 토라(Torah)와 이를 구체적으로 제도화한 할라카(Halaka)를 중심으로 하여 미쉬나(Mishnah, 유대교 구전율법)와 탈무드(Talmud, 유대율법과 주해집대 성본)를 교육하여 전통적 신앙을 오늘날까지 이어왔다. 그러나 오늘날 다원적인 유대인 사회에는 종교에 있어서 전통주의자, 보수주의자 그리고 진보개혁주의자로 구분된다.

현재 이스라엘에 살고 있는 유대인들은 종교적인 열성 정도에 따라 크게 세 부류인 "하레딤"(정통파 종교인), "마소라티임"(전통유지 종교인), 그리고 "힐로님"(세속적 종교인)으로 구분할 수 있다.

하레딤은 통상 "하시딤"(Hasidim)이라고 부르며 정통파 유대교인으로써 지극히 보수적이고 극단적으로 율법을 지키려는 소수의 유대인들(Ultra Orthodox Jews)을 말한다. 그들은 전체 유대교인 가운데 약 5%를 차지하고 있으나 유대교의 오랜 정통성을 엄격히 계승한 자들이다. 그들은 사시사철 검은 중절모나 털모자를 쓰고 귀밑머리를 비틀어 내려 뜨리고 턱수염을 기르며, 옷단귀의 허리둘레에 실로 꼰 술을 네 가닥 늘어뜨리고, 검정 오버를 항상 입고 다니는 종교인들이다.

그들의 신앙적 특징은 항상 과거를 아름답게 생각하여 과거를 지키려는 것이다. 그러므로 이들에게는 미래는 진보가 아니라 부패일 따름이라고 생각한다. 또한 이방세상과 세속문화를 무조건 악한 것으로 보고 극단적으로 격리 하려고 한다. 그리하여 그들만이 거주하는 "메아쉐아림"을 비롯하여 특정지역에서 집단 공동체를 이루고 생활한다.

| A. 이스라엘의 일반적인 총람 |

이들은 자기들만의 자체 교육기관이 있고 어릴 때 부터 그들 고유의 교육을 시키고 심지어 일반 신문이나 뉴스를 멀리 하면서 세속적 세상 소식을 접하는 것을 금기한다.

하레딤의 여자들은 여름이나 겨울이나 긴 팔의 옷을 입고 양말을 꼭 신어야 한다. 결혼한 여자는 머리를 깎아야 하며 머플러를 쓰던가 가발을 쓰고 다닌다. 이들은 산아제한을 금하고 있기 때문에 자녀가 많다. 그러나 국가에서 자녀의 수에 따라 보조를 받기 때문에 어려움이 없다. 이들은 미래에 다가올 나라를 기다리고 현 국가를 인정하지 않기 때문에 자녀들이 군대에 가지 않는다.

마소라티임은 통상 "다티"라고 부른다. 히브리어로 다티는 종교적인 사람이라는 뜻이다. 유대인 가운데 정통파 유대인과 세속적 유대인 사이의 중도적인 입장에 있는 전통적 유대인들을 말한다. 이들은 전체 유대교인 가운데 주류를 이루고 있다.

유대인들의 대부분의 집에는 문설주에 어른의 중지 손가락 크기 정도의 형태로 만들어진 통안에 쉐마의 말씀을 기록해 넣은 "메주자"를 부착해 놓았다. 전통적 유대인들은 머리에 실로 짠 손바닥만한 빵모자인 "키파"를 쓰고, 옷단귀의 허리둘레에는 실로 꼰 술을 네 가닥 늘어뜨린다. 그리고 미간에 표를 하고(테휘린), 팔에 끈을 감으며, 머리에 다윗의 별표가 있는 흰색 넓은 보자기(탈리트)를 덮어쓰고 하루에 세 번씩 예루살렘을 향하여 기도한다.(민 15:38, 신 6:4-9)

안식일에도 회당에 갈 때 이와 같은 형식의 복장을 갖추고 가서 예배를 올린다. 이스라엘에는 약 6,000개의 회당(Synagogue)이 있으며 유대인을 위한 종교적인 최고의 권위는 랍비(Rabbi)장에게 있다.

힐로님은 유대인 가운데 종교적인 현대인들로써

기독교의 상징

크-로
(그리스도 상징:주후 2세기경 사용)

희랍어의 그리스도라는 처음 두 글자를 교차시켰다.

예루살렘 십자가
(십자군 시대 천주교에서 사용)

흰색 바탕에 빨간 십자가 5개는 예수님 다섯 상처를 상징한다.

희랍정교회 십자가
(예수님의 무덤상징)

희랍어의 무덤이라는 "타보스"의 처음 두자를 결합시켰다.

러시아 정교회
(동방 십자가)

러시아 정교회에 속한 모든 건물에 표지로 사용한다.

초기 기독교인의 상징
(초기 기독교인들이 사용)

초대 기독교인들 박해 시 기독교인들의 암호로 사용되었다.

A. 이스라엘의 일반적인 총람

회교의 상징

초생달의 상징

매월 초순을 중요시 하며 모든 주요 행사가 초생달 기간에 집중된다.

화티마의 손

비공식적으로 부적(符籍)처럼 사용된다.

알라

하나님이라는 아랍어로 하나님을 부를 때 사용된다.

공통적인 상징
(유대교, 기독교, 회교)

조개
(생명의 상징)

그리스의 사랑과 미의 여신인 비너스가 조개에서 태어났다는 전설에 따라 주로 문지방 위에 부착된다.

유대인의 전통적 관습으로 부터 벗어나 이방인들과 거의 마찬가지로 서구적인 생활방식에 젖어 있는 자들이기 때문에 정통파 유대인들과 갈등이 많이 있어 때로는 충돌이 있을 때도 있다. 유대교의 안식일을 "쇠바트"라고 부르는데 일주일 가운데 토요일이다. 유대인은 금요일 해질 때부터 시작하여 토요일 해가 질 때까지를 안식일로 지킨다. 하루의 시작하는 시간이 창세기 1장 13절, 19절에 해가 질 저녁에 날의 시작이 되었으므로 유대인들은 모든 명절도 저녁에 행사를 하고 결혼식도 저녁에 가진다. 안식일에는 모든 관공서가 휴무하고 상점들도 문을 닫는다. 대중 교통수단 뿐만 아니라 개인의 모든 차량도 운행을 하지 않는다. 간혹 아랍인들 상점의 문이 열리고 차량이 운행된다. 안식일에 정통파 유대인들이 거주하는 아파트 지역이나 마을에는 차량 차단 장치를 만들어 차량 진입을 금지하고 있다. 금지된 지역에 승용차를 타고 잘못 들어가면 "쇠바트, 쇠바트"라고 고함 소리를 지르며 돌을 던지기도 한다. 안식일에 먹는 음식은 금요일 저녁에 만들어 놓았던 것을 먹으며 추운 겨울에도 불을 피우지 않는다. 안식일에 일을 하지 않으나 즐겁게 놀러 다니는 것은 허용된다. 그러나 사진은 찍을 수 없다. 유대인 남자 아이는 생후 8일 만에 랍비에 의해 할례를 한다. 그리고 13세가 되면 바르 미쯔바(Bar Mitzvah, 성인식)를 통상 통곡의 벽에 가서 거행한다.

이슬람교인은 이스라엘에 거주하는 아랍 사람들의 85%가 되며 주로 이슬람 종파 중 수니파(Sunni)에 속한다. 그들은 주로 소도시와 마을에 거주하는데 절반 이상이 북부 이스라엘에 살고 있다. 이슬람교의 안식일은 금요일이다. 이슬람교 아랍인들은 금요일에 사원에 가며 상점을 열지 않는다.

이슬람교인들의 남자는 여름에 펄렁이는 코트를 입으며 머리에는 머플러인 "핫다"를 쓰고 "에겔"이라는 검은

| A. 이스라엘의 일반적인 총람 |

색 줄로 눌러 쓴다. 젊은 남자들은 양복을 입으나 머리에 쓰는 것은 필요에 따라 쓴다. 날씨가 너무 뜨겁거나 바람이 불면 카피아(핫다와 에겔)를 쓴다. 아랍 여자의 고유 의상은 주로 나이 많은 사람들이 입는데 소매가 길고 긴치마의 원피스에 허리에 띠로 간편하게 두른다. 옷에는 수를 많이 놓는다. 그리고 고유 의상을 입은 여자들은 주로 흰색의 머플러(차도르)를 쓴다. 회교인들은 하루에 5번씩 "메카"를 향하여 기도한다. 그 시간은 일정치 않으나 보통 새벽 4시경, 오전 11시 30분경, 오후 3시경, 오후 6시경, 밤 8시경인데 이 시간에 회교사원에서 마이크를 이용하여 기도소리가 밖으로 확산 되도록 한다. 그들의 마이크에서 울려 나오는 기도소리가 꽝꽝 울려 퍼져서 예루살렘의 전지역을 짓누르기도 한다.

기독교인은 이스라엘내의 유대인은 극소수이며 주로 기독교 아랍인이다. 이스라엘에 약 130,000명이 되는데 주로 도시 지역인 나사렛에 거주하는 아랍인의 대부분과 하이파에 거주하는 아랍인의 60%가 기독교인이다. 점령지역에 속하는 도시로는 예루살렘, 베들레헴, 벳자홀, 벧잘라, 라말라에 일부 기독교 아랍인들이 살고 있다. 이스라엘내의 대다수 기독교인들의 분포는 정교회(희랍, 시리아, 콥틱, 알메니안, 에디오피아)가 30%, 카톨릭(로마, 희랍, 알메니안)이 60%, 그리고 개신교(루터교, 침례교, 장로교)는 2% 밖에 되지 않는다. 기독교인의 주일은 일요일이다. 기독교인들이 많은 지역의 상점은 문을 열지 않는다. 대부분의 교회가 주일 낮인 일요일에 예배를 드리는데 유대인의 안식일인 토요일에 예배를 드리는 교회도 많다. 그 이유는 교인 중에 직장이나 학교에 다니는 사람들이 주일예배에 참석할 수 없기 때문에 올바른 주일성수를 하지 못하고 유대인 안식일에 예배를 드리게 되는 것이다.

두르즈인은 북쪽 갈릴리 근방과 갈멜산 주변 그리고 골란고원의 22개 마을에 약 55,000명이 살고 있다. 두르즈인은 문화적, 사회적, 종교적 자치권을 유지하는 밀림종파에 속한다. 두르즈 종교는 외부인들에게 잘 알려지지 않았으나 자신의 거주하는 나라의 정부를 지지하여 완전히 충성하기를 요구하는 "타기야"라는 개념이 그들의 철학이 되고 있다. 이스라엘 두르즈인은 레바논과 시리아의 두르즈인과 인종적 종교적으로 연대를 가지고 있다. 두르즈인의 종교는 이슬람교를 기초로 하고 있어서 비슷한 점도 있으나 차이점도 많다. 두르즈인은 아랍어를 쓰고 생활습관과 의상도 비슷하며 결혼식이나 장례식에서 코란을 읽기도 한다. 두르즈인의 남자 아이들은 할례를 하고 돼지고기를 먹지 않는다. 그러나 이슬람교의 모하메드(Muhamad)를 선지자로 보지 않고 라마단 금식을 하지 않는다. 두르즈인은 다른 종족과의 결혼을 하지 않는다. 이들은 노아, 아브라함, 모세, 모세의 장인 이드로를 선지자로 생각한다. 그 중 이드로를 매우 중요하게 섬기고 있어서 갈릴리에 있는 히틴 혼스 가까이에 있는 네비슈네이브에 이드로의 무덤이 있는데 이드로의 생일 때에 이 무덤을 찾아 참배하는 것이 중요한 종교 행사이다.

사마리아인은 주전 722년에 북 왕국이었던 이스라엘이 앗수르에게 멸망 당할 때에(왕하 17:6, 24)

혼혈된 사람들이다. 그래서 예수님 당시 유대인들이 혼혈이라는 이유로 차별하여 천시하였다. (요4:9) 그러나 현재 이들은 그 땅을 떠나지 않고 계속 지켜온 이스라엘의 후손이라고 자랑스러워 한다. 사마리아인은 두 계급으로 구분되는데 제사장 계급은 "코하님"이라 하고 그들 자신이 레위의 후손이라고 생각하며 사마리아인들의 사회를 지도하고 있다. 제사장이 아닌 평민계급의 다른 사람들은 여호수아 시대로부터 사마리아 땅을 약속 받은 요셉의 아들인 에브라임의 후손이라고 한다. 그들은 모세의 율법을 이 땅에 순수하게 보관해 왔다고 생각하며 긍지를 가지고 있다. 사마리아인들은 모세를 예언자로 섬기며 모세 오경만을 믿는다. 그리고 토요일을 안식일로 지킨다. 그리심산을 모리아산으로 생각하고 그곳에서 제사를 지내며 유월절 행사는 양을 잡고 모세 오경에 따라 성스럽게 거행한다. 그들은 그리심산을 하나님의 집이 있는 곳이며 아브라함이 이삭을 번제로 드리던 모리아 산이라고 생각하여 성산으로 믿고 있다. 그러나 유대교나 기독교에서 예루살렘의 성전산을 모리아 산으로 생각하는 것과 상반되는 것이다.(요 4:20) 사마리아인들이 보관하고 있는 모세오경 두루마리는 아비수아 두루마리(Abisuha Scroll)라고 하는데 이것은 아론의 증손자 아비수아가 쓴(대상 6:4) 것이라고 전해 오며, 아비수아가 여호수아의 인도로 가나안 땅에 들어온 지 13년 후에 쓴 원본이라고 자랑한다.

바하이교인(Bahai)은 주후 1863년 페르시아의 후세인 알리(Husayn Ali)가 전 인류의 화합을 제창하여 창시한 종교를 신봉하는 자들이다. 바하이교는 회교의 시아(Shiah)파계에서 파생되었고, 전 종교진리의 통일과 세계인류의 통합을 강조하고 있다. 하이파가 정면으로 내려다 보이는 갈멜산 언덕에 황금색 둥근 지붕을 한 페르시아 양식의 아름다운 건물이 바하이교의 본부이다. 바하이교인은 하이파에 극소수가 거주하고 있으며 미국의 69만명을 비롯하여 전 세계적으로 약 200만명의 신도가 있다.

▲ 하이파의 바하이교 본부

▲ 사마리아인들의 두루마리 모세 오경

(10) 경 제

이스라엘은 20세기말에 서방 경제권에서 가장 높은 국민 총생산(GNP)의 성장률을 달성하였다. 21세기에 접어들어 서면서 급성장의 추세이다.

이스라엘은 비록 좁은 국토(약 27,716㎢)와 적은 인구(약 620만명)의 작은 나라이지만 농업생산의 증대, 공업화, 첨단과학 기술개발, 수출의 다변화 등은 경제발전에 활력이 되었다.

이러한 경제발전은 우연하게 이루어진 것이 아니다. 이스라엘은 독립 후 경제발전 과정에서 국제수지 적자는 1950년에 2억 8천 달러를 시작으로 점차 증가하여 한때에는 68억 6천만 달러로 급증 하였다.

1973년의 욤키푸르 전쟁으로 인한 재정 적자의 지속적 증가와 두 차례에 걸친 원유파동에 따른 충격, 만성적 국제수지 적자 등으로 경제가 한층 악화 되었다.

1984년에는 혹독한 IMF태풍을 만났다. 그리하여 인플레이션이 445%로 치솟았다. 이러한 경제 위기를 극복하기 위하여 대폭적인 재정 지출 삭감, 임금과 물가 동결, 환율의 대폭적 평가 절하, 정부의 각종 보조금 삭감 등의 대책에 따른 긴급 통화 안정정책을 수립 시행하는 동시에 정치인들과 경제인 그리고 모든 국민들이 각성하여 1년만에 기적적으로 경제가 회생되어 정상을 되찾았다. 그리하여 점진적으로 경제 위기가 해결 되었다.

▲ 경제 발전의 원동력이 되고 있는 하이파 공업단지

▲ 이스라엘의 항공 방위산업체

1992년에는 인플레이션율이 한자리수인 6.4%로 낮아 졌다. 오늘날 이스라엘의 경제는 활력을 더해가고 있으며 1인당 국민소득은 1만 7천달러(1999)에 이른다.

그간의 40년 동안 무역적자 해결에 필요한 전체 원조액(약 900억 달러)의 3분의 2는 이주민이 가지고 온 자금, 나치 희생자들에 대한 배상금, 세계 각지의 유대계 자금조달 단체의 기부금, 해외 교포의 지정 기부금 그리고 외국 원조 가운데 미국의 원조 등으로 조달되어 튼튼한 생산 시설, 간접자본 확충, 그리고 기술 개발에 큰 도움이 되었다. 또한 공업화에 의한 생산성의 효율화를 도모하여 산출된 GNP의 절반이 수출에 집중 되었다. 미국과의 자유무역이 원활해 지고 유럽연합(EU) 국가들에 대한 수출은 경제성장을 촉진 시켰다.

이스라엘은 부족한 천연자원과 척박한 땅의 악조건에서도 농업생산에 주력하여 수출을 증대하고 첨단 과학기술로 생산된 방산 무기, 의료 정밀기기, 통신 및 정밀 화학장비, 컴퓨터, 사해 화학 물질, 다이아몬드 세공, 관광사업 등은 국가 경제에 부가가치를 한층 높여 주었다.

특히 이스라엘 방위산업은 과거의 경험과 미래 기술의 조화를 추구하여 21세기에 더욱 빠른 속도로 발전하고 있다.

현재 많은 이주민의 입국으로 방산 기술과 연관이 있는 다양한 분야의 과학자들과 엔지니어들 상호간의 접촉을 더욱 활성화 시켜 나가고 있다.

방위산업체들은 그들 고급 기술진을 활용하여 실전에서 얻은 교훈들을 지속적으로 무기 개발에 반영 하였고 무기체계는 높은 신뢰도를 인정받게 되었다. 이스라엘 방산업체들은 발빠르게 무기 시장을 개척하여 경제 발전의 일익을 담당하고 있다. 또한 그간에 러시아에서 이주 해 온 첨단산업 인력에 의한 하이파에 위치한 첨단산업단지의 연구개발 활동은 세계적으로 주목을 받고 있다. 특히 하이파의 테크니온 공과대학의 산학 협동에 의한 첨단산업의 개발은 경제발전의 가속화에 기여하고 있다.

이스라엘은 다섯 차례의 전쟁을 치른 후, 안보를 튼튼히 하면서 1990년대에 약 10% 정도의 연평균 국민총생산의 성장률을 달성한 경제 기적은 주로 생산 수단에 대한 막대한 자본투자를 가능토록한 경제 원조를 받아 들였고 이주민들의 많은 고급 기술력과 노동력을 생산 체제에 흡수시킨 것이 경제 발전의 원동력이 되었다.

| A. 이스라엘의 일반적인 총람 |

▲ 이스라엘의 화폐

그러나 2000년에 7.4%나 성장했던 국내 총생산(GDP)은 샤론 총리가 집권한 2001년에 1% 포인트 하락한데 이어 2002년에도 1% 포인트 하락을 기록하였다. 또한 실업율도 2002년 3분기에 10.4%를 기록하는 등 2000년 후반부터 시작된 경제 위기가 50년 만에 최악으로 치달았다. 이러한 현상은 재집권한 샤론 총리의 실정이 아니라 인티파다 이후 날이 갈수록 악화되고 있는 폭력 유혈과 갈등의 사태에 원인이 있었다. 그리하여 이스라엘의 경제는 이스라엘과 팔레스타인간의 평화 정착이 이루워 지지 않는 한 경제 발전에 먹구름이 덮여 질수 밖에 없고 아랍권과의 문명 충돌은 더욱 이스라엘의 경제 발전에 저해 요소가 되고 있었다. 또한 이라크전 이후 많은 변화가 있게 되었다.

화폐에 있어서 모든 화폐는 그 가치에 있어서 구매력의 변동으로 인하여 측정이 어렵다. 성서의 시대와 오늘 날 구매력은 다르다. 그러므로 성서에 기록된 화폐의 가치는 시대적 배경에 맞게 생각해야 한다.

성서시대는 노동자의 하루 품삯이 대단히 중요한 기준이 되어 시대에 따라 변하였다. 하루 품삯에 해당하는 화폐 단위는 그리스의 "드라크마"와 로마의 "데나리온"이었다.

이스라엘의 화폐 변화는 바벨론 포로시대에 동전을 처음 사용한 것으로 전해지고 있다. 오늘날 이스라엘의 화폐는 1980년 2월 24일에 화폐 개혁을 하면서 성경에서 유래된 세겔(Shekel)을 처음 사용 하였다. 그러다가 급격한 인플레이션 현상으로 1985년 9월 4일의 화폐 개혁시 천분의 일로 평가절하 하였다.

현재 사용하고 있는 화폐 단위는 세겔이지만 최초의 세겔과 구별하기 위하여 새 세겔(New Israel Shekel)이라 한다. 1세겔은 100아그롯(Agrot)이며 1, 5, 10, 50 아그롯과 1.5세겔짜리의 동전이 사용되고 있다. 특히 50 아그롯은 반세겔이라고 한다. 지폐는 10, 20, 50, 100, 200세겔 짜리가 통용되고 있다.

(11) 키브츠와 모샤브

이스라엘의 키브츠와 모샤브는 이스라엘 건설의 정치, 경제, 사회, 문화, 그리고 안보적으로 개척적인 큰 역할을 하였다. 1917년 유대인들이 팔레스타인으로 이주를 가속화하는 계기가 되어 키브츠(Kibutz)를 형성하게 된 것은 ①국제 환경의 역사적 배경의 발포어 선언(Balfour Declaration) ②범 세계적 민족주의 운동 ③러시아 공산주의 혁명에 기인하였다.

발포어 선언이 있은 후, 유대국가를 세우겠다는 열망을 가지고 팔레스타인 땅으로 이주의 열을 더해 갔다. 또한 범 세계적으로 일어난 민족주의 운동의 영향은 유대인 젊은이들에게 조국건설에 대한 열망을 가일층 뜨겁게 해 주었다. 당시 1917년 러시아 공산주의 혁명에 의하여 과학적 사회주의가 표방되었고 이상적(공상적) 사회주의는 소외 당하였다.

유대인들의 많은 이주자들이 팔레스타인으로 들어올 때 러시아에서 이주한 유대인들은 러시아 공산주의 혁명에 실망한 이상적 사회주의자들이었다. 그들이 새로운 유대 사회건설에 중추가 되어 키브츠(Kibutz)라는 새로운 형태의 집단적 공동생활에 기반을 둔 촌락을 만들었다. 또한 조직적인 유대사회 건설의 초석이라 할 수 있는 유대인 노동조합(Histadrut)운동의 중심이 되었다.

키브츠란 "그룹"(Group)이란 뜻이다. 그 뜻은 그붓자(Kevutzah)에 어원을 둔 말로 복수는 기브찜

▲ 키브츠마을

▲ 바나나 운반 장면

(Kibbutzim)이다. 키브츠는 성경의 레위기 25장, 23장에 "토지는 영영히 팔지말 것은 토지는 다 내것임이라. 너희는 나그네요 우거하는 자로서 나와 함께 있느니라." 말씀하신 하나님의 땅에 바탕을 두고 출발 하였다. 그리하여 키브츠 정신은 "경제적 잘 살기운동"일 뿐 아니라 "땅을 변화시키는 운동"이었다.

 오늘 날에도 이스라엘은 개인소유의 토지는 허용되지 않으며 이스라엘 국토의 전부는 국가의 소유로 하고 있다. 키브츠의 근본 정신은 1922년에 사망한 골든(A. D, Golton)의 저서 "노동과 토지"에 분명하게 밝혀져 있다. 그 핵심은 ①하나님 사랑 ②이웃 사랑 ③토지 사랑의 삼애주의로 철저한 애국애족을 바탕으로 한 집단농장을 만드는데 큰 영향을 주었다.

 키브츠는 평등주의와 공동사회의 원칙을 기초로 하여 집단생활 형태로서 사유재산이 인정되지 않고 모든 구성원들이 균등하게 같은 조건에서 일하고 식당에서 공동식사를 하며 아이들은 보모가 키우게 되고 모든 교육, 의료, 후생 등 일체를 키브츠 자체에서 해결하고 있다.

 키브츠의 제도는 사회주의적 형태로 보이지만 민주주의 형태를 띤 의결기관에 의한 완전한 민주주의 체제로 각종 위원회를 조직하여 재정, 생산, 교육, 문화 등에 관한 사항을 효율적으로 운영하고 있다.

1909년에 첫 키브츠의 건설은 갈릴리 호수 하구에 위치한 드가니야(Deganyah)에서 시작되었다. 그 후 점차로 숫자가 증가하여 1936년에 48개, 1947년에 145개, 1956년에 227개, 1976년에 245개, 1990년대 초에 약 270개였던 것이 1996년부터 250개로 점차 감소 추세에 있다. 키브츠 인구는 약 70,000 명으로 이스라엘 인구의 2%도 못미친다.

그간 키브츠는 정치, 경제, 안보 등 국가발전에 다양하게 기여해 왔으나 키브츠의 기본적인 가치관도 다소 변화를 보이고 있다.

모샤브(Moshav)는 집단생활의 형태이나 키브츠와는 달리 개인 사유재산이 인정되며 개인 소유 주택에서 자유롭게 생활한다. 단, 토지의 개인소유는 허용되지 않는다. 모든 경제활동은 개인적인 재량에 따르고 있으나 공동으로 주요 장비 및 물품을 구입하여 사용하며 기술지원 등의 협력을 유지하는 집단 협력체이다. 모샤브는 유대인들이 이스라엘에 이주할 때 가지고 온 개인재산으로 형성 되었으며, 1920년 이스르엘 계곡의 "나할랄"(Nahalal) 모샤브가 처음 시작이었다. 1990년대 초에 400개의 모샤브가 되었다. 모샤브 쉬투휘(Moshav-Shityfi)는 키브츠와 모샤브의 조화된 형태로서 키브츠의 협동농사 방법과 모샤브의 가정생활을 효율적으로 활용한 집단형태이다. 1937년 "모레뎃"(Moledet) 모샤브 쉬투휘가 이스르엘 계곡에 세워진 후 현재는 30여개가 있다.

▲ 양떼들이 평화롭게 기드론 골짜기에서 감람산을 향해 올라가고 있다.

| A. 이스라엘의 일반적인 총람 |

▼ 세계에서 가장 낮은 지대의 사해(死海)

사 해

- 수면 : 해발 -395m
- 둘레 : 약 200km
- 수심 : 평균 146m
- 길이 : 75km
- 폭 　: 18km
- 염도 : 보통 바다의 10배

　　(생물 생존불가)

바다의 소금

클레오파트라는 사해의 진흙을 가져가 정기적인 팩(Pack)을 하여 아름다움을 보존 했다고 한다.

7. 예루살렘의 역사와 성벽 변천의 과정

(1) 예루살렘의 약사

　예루살렘은 히브리어로는 예루살레임, 헬라어로는 예로솔뤼미, 영어로는 쥬르살렘(Jerusalem)이라 부른다. 예루살렘은 지중해 연안으로 부터 약 63km, 여리고로 부터 35km 떨어진 지역으로 해발 약 853m의 산악지대에 위치하고 있다. 예루살렘은 주전 4000년 청동기시대 이전 부터 사람이 정착하기 시작한 것으로 고고학자들은 주장하고 있다.

　가나안 땅을 여호수아가 정복할 때에 여부스족의 거주지인 예루살렘을 빼앗지 못하였다. 그러나 다윗이 헤브론에서 유다족속의 왕이 된지 7년 후인 주전 1000년경에 다윗왕이 점령하여 다윗성이라 하고 왕국의 수도로 삼았다.(삼하 2:11)

　세계에서 오래된 도시 중의 하나로서 3000년의 역사를 간직한 채 고대로부터 현재에 이르기까지 역사의 중심지가 되어 세계 인류들에게 관심의 촛점이 되고 있다.

　아브라함 시대에 예루살렘의 이름을 살렘(창 14:18, 시 76:2)이라 불렀다. 성서에 예루살렘이라는 이름으로 처음 기록된 것은 여호수아 10장 1절로서 예루살렘왕 아도니세덱이라고 거명한 것이

▲ 홀리랜드 호텔 정원에 세워진 제 2성전 모형

효시이며, 여부스는 곧 예루살렘이다(삿 19:10-11)라고 하였다. 예루살렘의 상징적인 이름으로 "오홀리바"(겔 23:4)라고 기록되기도 하였다.

그리고 시온산의 이름을 따라 "시온성" 다윗왕의 도성인고로 다윗 자손은 "하나님의 성", 하나님의 성전이 있었기에 "거룩한 성"(삼하 5:7, 시 46:4, 눅 2:11, 마 4:5)이라고 하였다.

예루살렘은 하나님의 성으로 터가 높고 아름다우며(시 48:1-2), 조밀한 성읍으로 건설 되었고(시 122:3), 산들이 예루살렘을 두르고 있다(시 125:2)는 사실을 성서의 시편에서 잘 묘사해 주고 있다.

예루살렘은 "평화의 도시"라는 뜻이다. 그러나 타민족의 침범으로 인하여 평화보다는 전쟁의 참화로 수난을 많이 당하게 되어 오늘 날까지 무려 50차례 이상 무력에 의한 외침에 의하여 36차례에 걸쳐 정복을 당하였고 10차례의 심한 파괴를 당하는 역사적인 비운을 맞게 되었다.

예루살렘성은 역사적 변화가 극심할 때 마다 성벽과 성전이 파괴되고 다시 재건되는 등 다양하게 변천되어 금일에 이르렀다. 오늘 날의 예루살렘성은 세계 3대 유일신 종교인 유대교, 기독교, 이슬람교의 중심지가 되어 전세계의 25억 종교인들에게 신앙의 고향이 되고 있지만 보이지 않는 종교적 대립과 갈등이 심화되어 있는 곳이다.

현재의 예루살렘은 옛 예루살렘(Old City)과 성밖의 다른 지역의 신 예루살렘(New City)으로 구분이 된다. 옛 예루살렘은 1967년 6일 전쟁 이전에 요르단 통치하에 있던 예루살렘성과 그 북쪽과 동쪽의 감람산 그리고 힌놈의 골짜기 주변이 포함되며 성경에 기록된 예루살렘은 대부분 옛 예루살렘 지역이다. 이 지역은 동쪽에서 위치했기 때문에 통상 동 예루살렘 지역으로 부르기도 한다. 신 예루살렘은 예루살렘의 서편지역으로서 서 예루살렘이라 부르며 유대인들이 19세기 이후 부터 해외에서 돌아오기 시작하여 독립 후에는 주로 이곳에 유대인들이 거주하고 있다.

예루살렘은 통상적으로 구 예루살렘의 예루살렘성 내부 지역이 중추적 중심지역이 되며 구약시대의 성전산(모리아산)과 신약시대의 골고다 언덕(갈보리산)이 예루살렘의 핵심지역이다.

서 예루살렘은 이스라엘의 수도로서 정치, 행정, 종교의 중심지이며 입법, 사법, 행정의 3부 관서, 히브리 대학교, 국립 박물관, 유대교 랍비 본부, 세계 시온주의 본부 등의 중추 핵심기관이 위치하고 있다. 그러나 이스라엘의 문화, 외교, 통상 및 상업의 중심지는 지중해 연안에 위치한 텔아비브(Tel Aviv)이다.

현재 예루살렘은 약 56만명의 유대인, 아랍인, 기독교인들이 어우러져 살고 있는데 유대인과 아랍인들간의 대결과 갈등이 상존하고 있어 일촉즉발의 위기감이 항상 도사리고 있다.

(2) 예루살렘성 내부지역

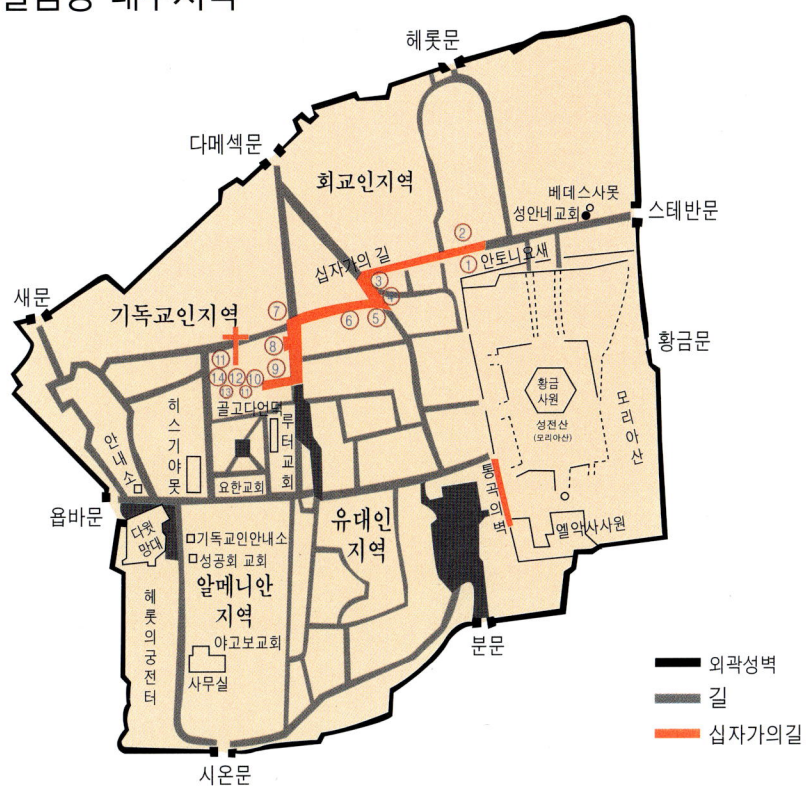

▲ 예루살렘성의 전경

| A. 이스라엘의 일반적인 총람

(3) 새 예루살렘성 지역(서 예루살렘)

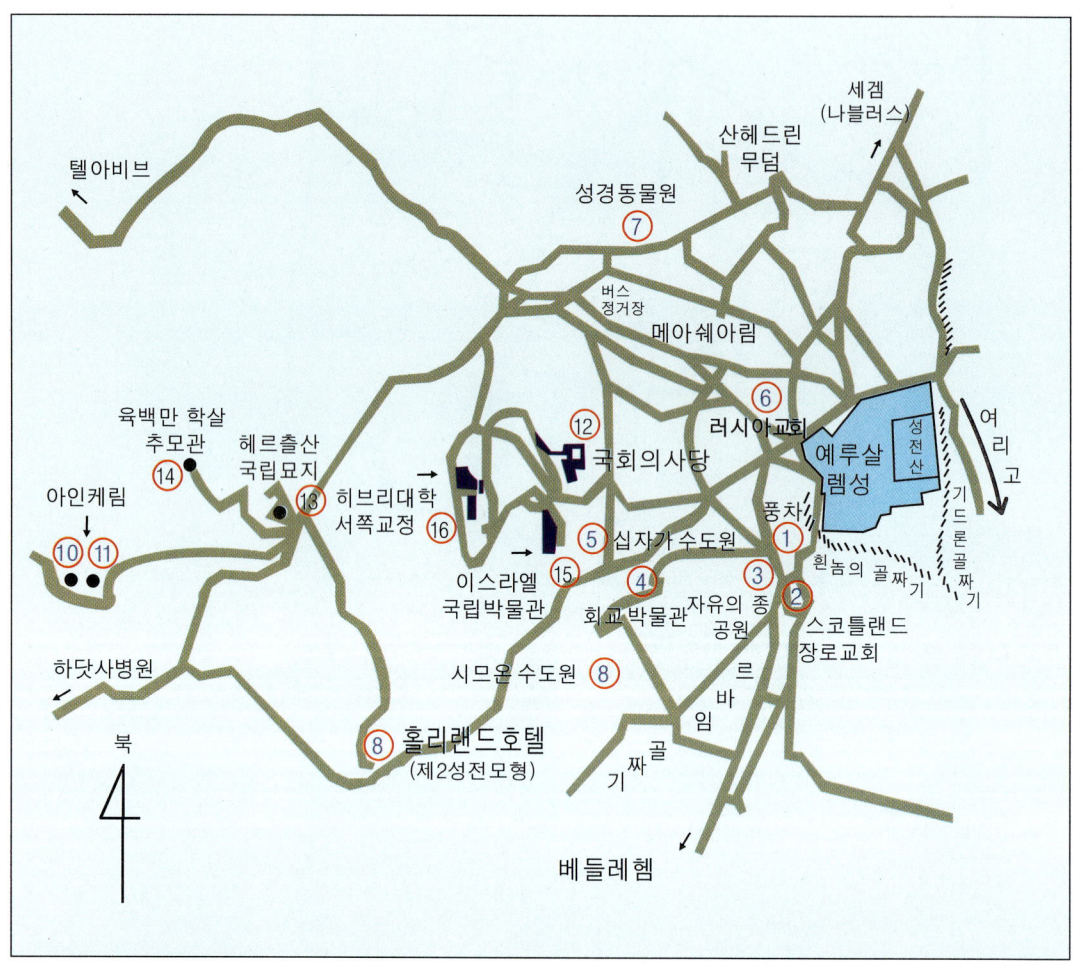

1. 풍차, 헤롯의 동굴
2. 스코틀랜드 장로교회
3. 자유의 종 공원
4. 회교 박물관
5. 십자가 수도원
6. 러시아 교회
7. 성경 동물원(Biblical Zoo)
8. 홀리랜드 호텔
   (제2성전의 모형이 있음)
9. 시므온 수도원
10. 세례요한 탄생교회
11. 성모 마리아 방문 교회
12. 국회의사당
13. 국립묘지(헤르츨산)
14. 육백만 학살 추모관
    (야드바쉠)
15. 이스라엘 국립 박물관
16. 히브리 대학교(서쪽 교정)

(4) 구 예루살렘 지역(동 예루살렘)

◀ 예루살렘성과 동쪽지역 포함 ▶

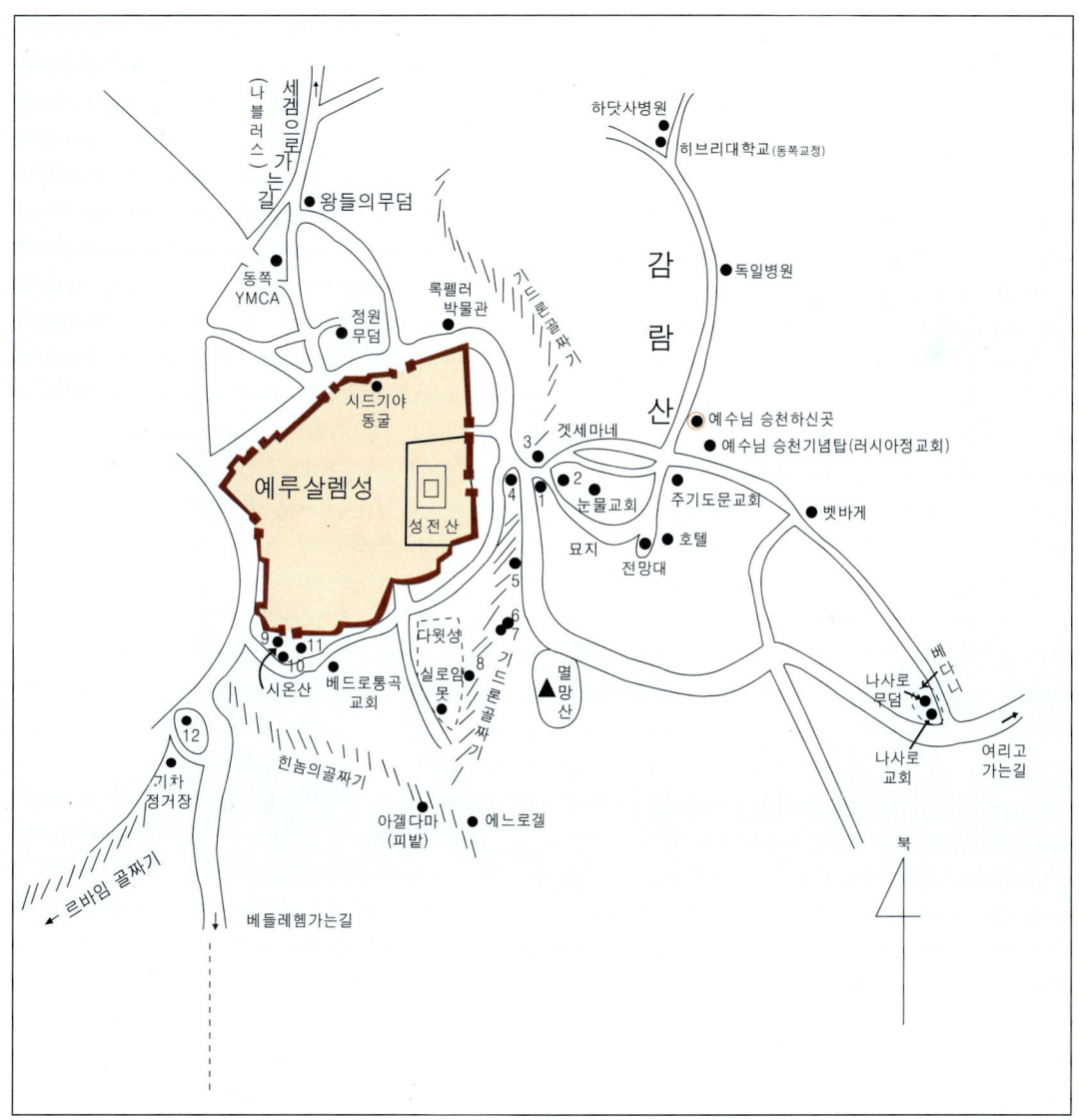

1. 겟세마네 교회(만국 교회)
2. 막달라 마리아 교회(러시아 정교회)
3. 성모마리아 무덤교회
4. 스테반 순교 기념교회
5. 압살롬의 탑
6. 헤실 자손들의 무덤
7. 스가랴의 무덤
8. 기혼샘
9. 가야바의 집터
10. 성모 마리아 영면 교회
11. 다락방(윗층)
    다윗 무덤(아래층)

(5) 예루살렘 성벽의 시대별 변천과정
가. 제 2성전 시대의 예루살렘

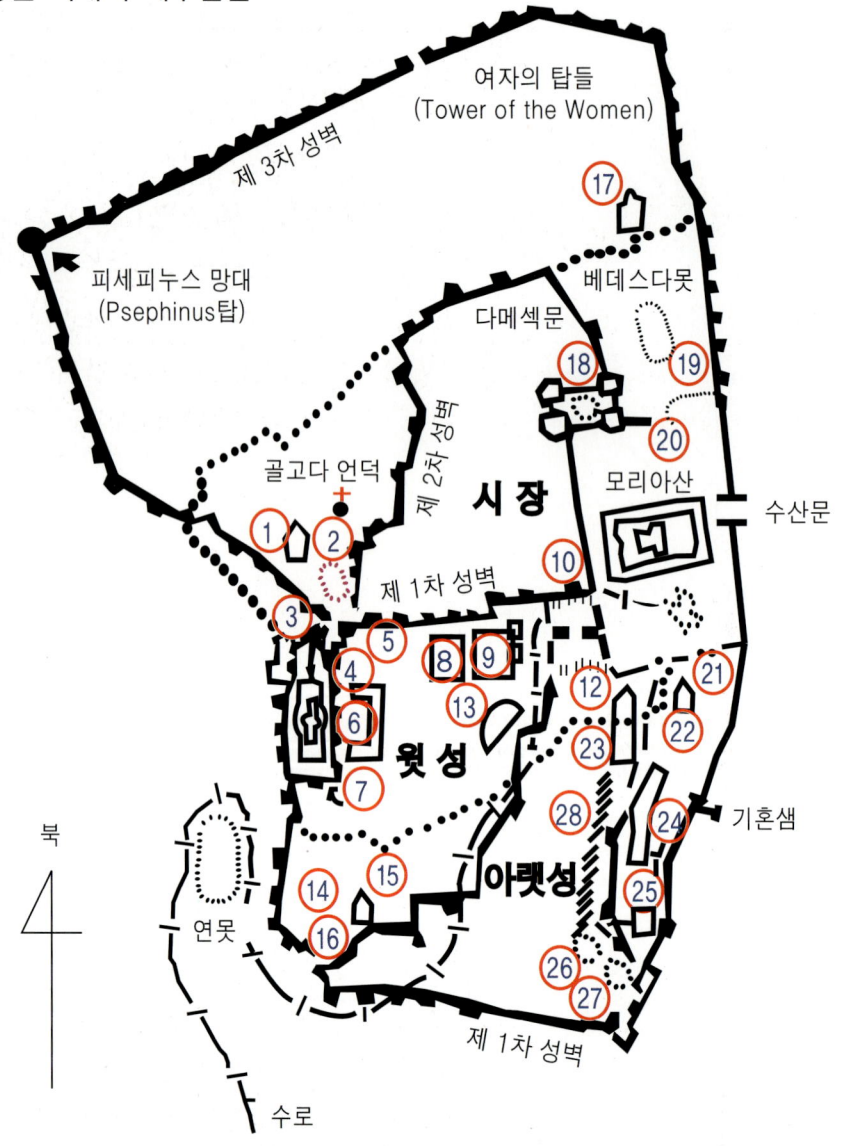

① 존 힐키누스의 기념비
② 히스기야 못
③ 헤롯 동생의 탑
④ 헤롯 부인의 탑
⑤ 헤롯 친구의 탑
⑥ 윗성의 시장
⑦ 헤롯의 궁전
⑧ 하나니아 궁정
⑨ 공회당
⑩ 윌슨의 아치
⑪ 바크라이의 문
⑫ 로빈손 아치
⑬ 극장
⑭ 가야바의 집터
⑮ 다윗왕의 무덤 및 마가의 다락방
⑯ 세탁하는 장소
⑰ 알렉산더의 기념물
⑱ 안토니 요새와 그 안에 있는 못
⑲ 이스라엘 못
⑳ 테디 문
㉑ 여선지 훌다의 문(쌍문과 세 쌍문)
㉒ 훌다의 기념물
㉓ 경기장(스타디움)
㉔ 헬레나 여왕의 궁전
㉕ 유대교 회당
㉖ 실로암 못
㉗ 못
㉘ 티로피에온 골짜기

나. 예루살렘의 성벽의 변천 과정

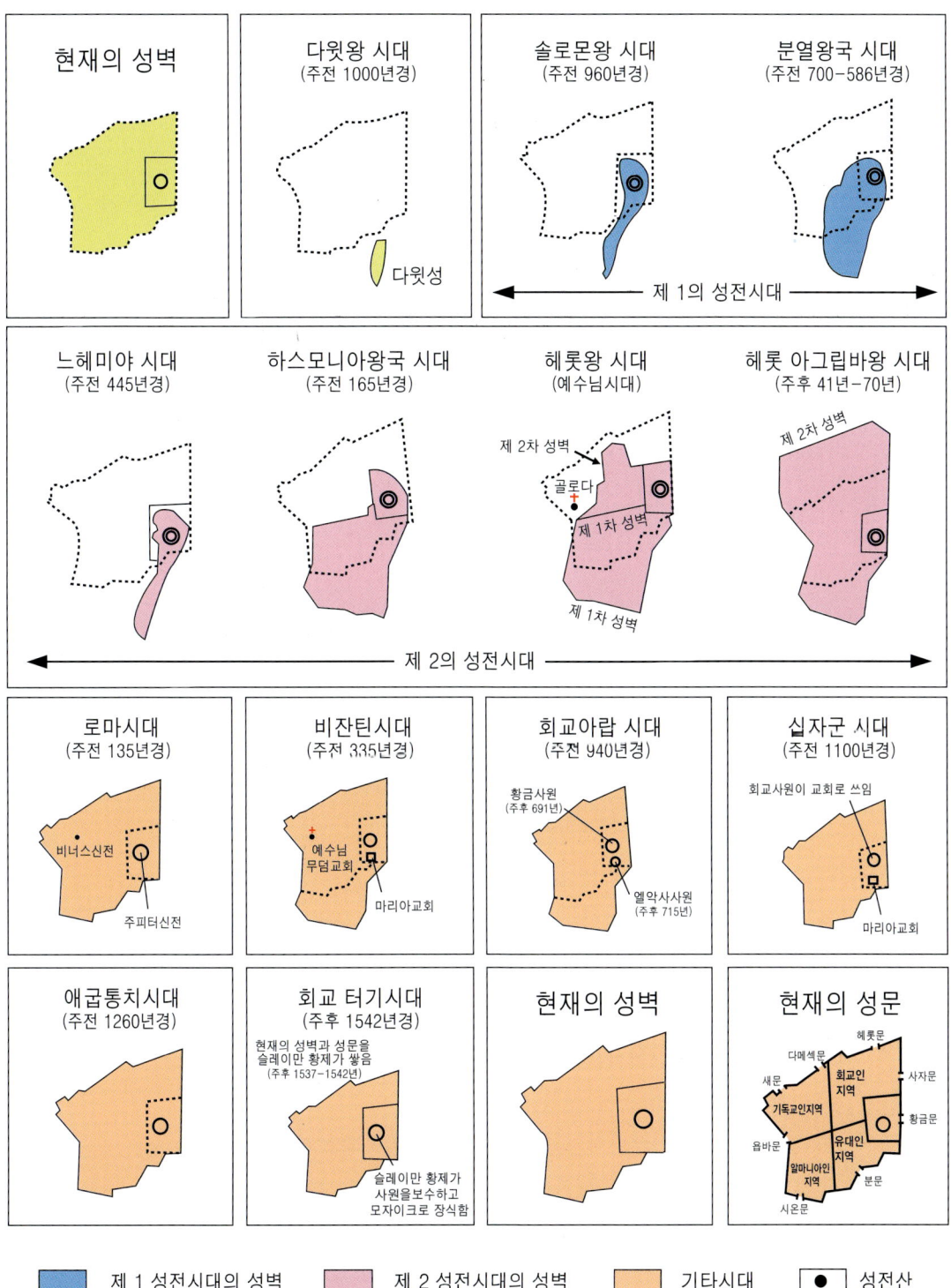

(6) 예루살렘성의 시대별 변천과정

가. 다윗왕 시대(주전 1010년-970년)

여호수아가 가나안 땅을 정복할 때에 예루살렘 지역을 수 차례 침공했지만 여부스족이 견고하게 수호하였다. 예루살렘의 북쪽에는 베냐민 지파가 남쪽은 유다 지파가 인접하고 있었다.

다윗은 주전 1000년경에 예루살렘을 점령하여 오벨 언덕(느 3:26, 대하 27:3)에 도시를 세워 다윗성이라 칭하고(삼하 5:9) 수도로 삼았다. 또한 기럇여아림에 있던 언약궤를 성안으로 옮겨와(삼상 6:21, 7:1) 정치와 종교적인 중심지로 만들었다.

나. 솔로몬왕 시대(주전 970년-931년)

다윗성은 오벨 언덕이 중심지였으나 솔로몬왕은 북쪽으로 확장하여 모리아산(창 22:1-9, 현 바위사원 위치)을 중심지로 하였다. 그곳에 언약궤를 모실 성전을 7년간에 걸쳐 건축하여 주전 959년에 완공(왕상 6:38)한 후 화려한 궁전을 13년간에 걸쳐 건축하여 주전 936년에 완공하였다.(왕 상7:1) 또한 성벽을 견고하게 쌓았다. 이때를 제 1 성전시대의 시작이라 한다.

다. 분열왕국 시대(주전 931년-586년)

솔로몬왕이 죽자 이스라엘 땅은 북 이스라엘 왕국과 남 유다 왕국으로 분열(주전 931)되어 북 왕국은 여로보암이 세겜을 수도로 하였고 남 왕국은 솔로몬에 이어 르호보암이 예루살렘을 수도로 하여 분단의 역사가 시작되었다.

남 유다 왕국의 히스기야왕(주전 717-698)은

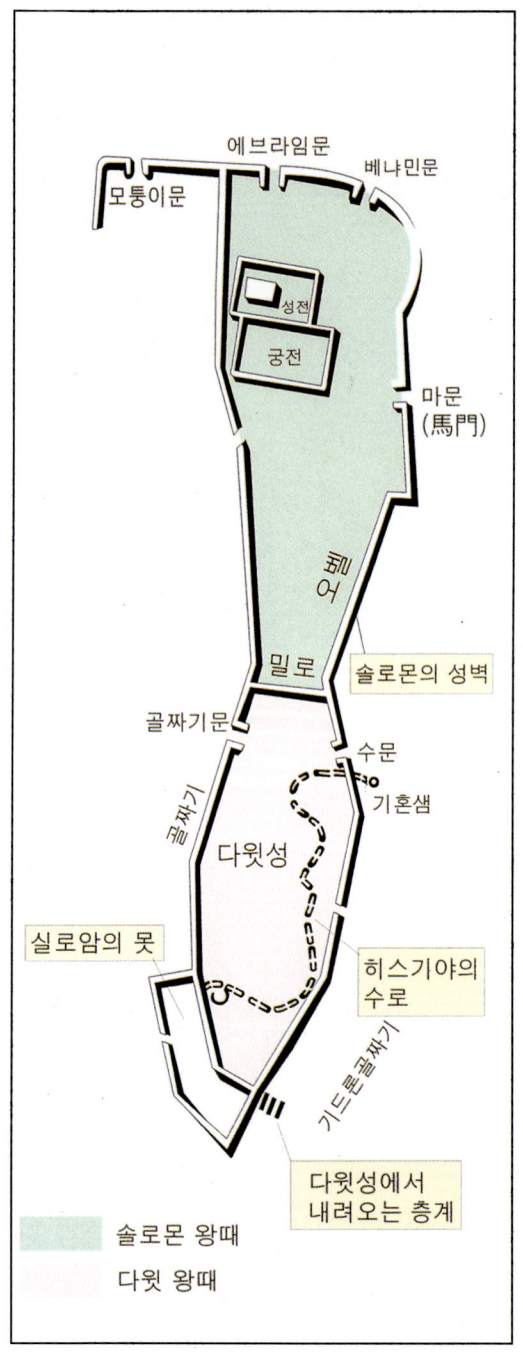

▲ 다윗왕과 솔로몬왕 때의 예루살렘

앗수르의 산헤립으로 부터 침범을 막기 위하여 성벽을 확장 보수(대하 32:1-23)하였다. 그 규모는 솔로몬 시대 보다 거의 3배가 될 정도로 크게 확장되었다. 또한 성 밖에 있는 기혼샘에서 부터 성내의 실로암 못까지 땅 밑 암반을 터널로 뚫어 길이 533m의 수로를 만들어 성안에 물을 공급하기도 하였다. 오늘날에도 물이 풍부하게 흐르고 있다. 그러나 바벨론왕 느부갓네살에게 주전 586년에 남 유다 왕국이 멸망하게 될 때에 도시와 솔로몬 성전이 파괴 되었고 제 1 성전시대가 끝났다.(왕하 25:9)

라. 느헤미야 시대(주전 537년-445년)

이스라엘 백성이 바벨론에서 포로생활을 한지 50년이 지나자 주전 538년 페르시야왕 고레스에 의해 칙령이 내려졌다. 그 다음 해에 예루살렘으로 귀환(주전 537년)할 때 스룹바벨은 이스라엘 백성들을 인솔하고 돌아와 주전 515년에 성전을 재건 하였다. 이때를 제 2의 성전시대의 시작이라 한다.

주전 445년에 느헤미야는 유다총독에 임명되어 예루살렘에 귀환하여 성곽 중수에 전력하여 52일 만에 완성하였다.(느 6:15-16) 성벽은 솔로몬 성벽과 흡사하나 그 규모는 훨씬 작았다. 이때부터 이스라엘은 잠시 평온을 찾게 되었으며 예루살렘에서 중심 역할을 하였다.

마. 하스모니아왕국 시대(주전 166년-63년)

주전 332년 희랍의 알렉산더 대왕은 페르시아 제국을 정복한 후 예루살렘을 점령하게 되어 프톨레미(Ptolemy, 주전 323~198)의 통치가 시작되었다. 주전 168년에 악명 높은 안티오구스 4세(주전 175~164)에 의해 예루살렘의 전 시가지는 파괴되고 성전은 짓밟혔다. 이에 반항하여 하스모니아 출신 마카비 형제들이(Maccabean Revolt) 반란을 일으켜 승리함으로서 예루살렘성을 다시 회복(주전 165)하여 서쪽의 시온산과 남쪽의 다윗성 방향으로 성벽을 확장하였다.

그러나 하스모니아 왕가의 내분으로 인하여 예루살렘에서 다시 혼란이 빚어지게 됨에 따라 주전 63년에 로마의 폼페이(Pompey)에 의해 점령되어 로마의 관할 하에 들어 갔다.

바. 헤롯왕 시대(주전 37년-주후 4년)

에돔 출신 헤롯(주전 37-4)이 로마 황제의 총애를 받아 유대인왕으로 등극하였다. 헤롯대왕 때에 예루살렘 성벽을 북쪽으로 좀더 확장 하였고 기존 성벽 안에 성전을 보수하였다. 또한 이스라엘 전역에 많은 요새와 도시를 만들어 유사시에 대비 하였다. 즉 헤로디움 요새, 마사다 요새, 가이사랴, 사마리아, 여리고 등에 그 유적들이 남아있다. 이때의 성이 예수님 시대의 예루살렘성이다.

| A. 이스라엘의 일반적인 총람 |

▼ 비잔틴 시대 예루살렘 모자이크

요르단 마다바(메드바)에 있는 그리스 정교회 바닥에 보존되어 있는 비잔틴 시대의 정교한 모자이크

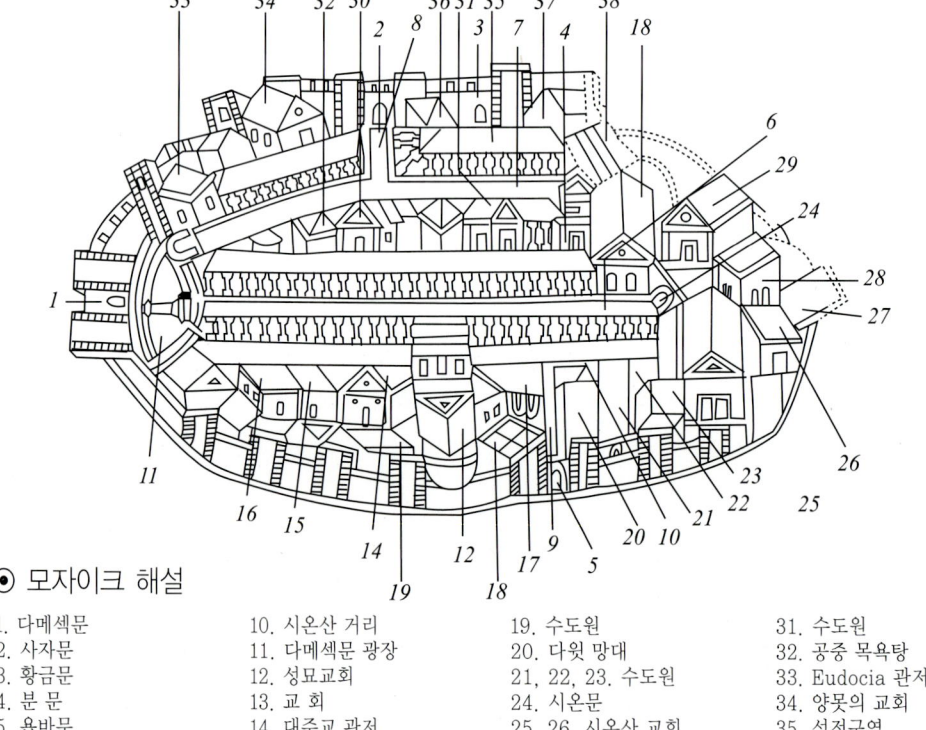

⊙ 모자이크 해설

1. 다메섹문
2. 사자문
3. 황금문
4. 분문
5. 욥바문
6. Cardo Maximus
7. Tyropoeon 골짜기 길
8. 스테반문 주도로
9. 다윗거리
10. 시온산 거리
11. 다메섹문 광장
12. 성묘교회
13. 교 회
14. 대주교 관저
15. 사제관
16. 병 원
17. 광 장
18. 침례소
19. 수도원
20. 다윗 망대
21, 22, 23. 수도원
24. 시온문
25, 26. 시온산 교회
27. 시온산 사제관
28. 실로암 연못 목욕탕
29. 실로암 연못 교회
30. 성 소피아 교회
31. 수도원
32. 공중 목욕탕
33. Eudocia 관저
34. 양못의 교회
35. 성전구역
36. 안토니오새 유적
37. 야고보 교회
38. 통곡의 벽

사. 헤롯 아그립바왕 시대 (주후 37년-44년)

예루살렘성은 헤롯대왕의 손자 아그립바왕(재위, 주후 37-44)때에 더욱 확장하여 성의 규모가 가장 컸다. 이때에 로마의 행정권에 들어가 유대인들은 탄압을 많이 받았다. 주후 66년에 로마에 대항하여 유대인들은 제 1차 대반란을 일으켰으나 주후 70년에 로마의 티투스(Titus)장군에 의해 예루살렘성과 성전이 파괴됨으로 제 2 성전시대가 끝났다. 이때에 유대인들은 모두 예루살렘성에서 추방되었다.

아. 로마(하드리안) 시대 (주전 63년-주후 324년)

로마 하드리안 왕조가 예루살렘을 통치할 때 주후 132-135년에 유대인들의 제 2차 바르코크바(Bar Kochba) 반란이 일어났다. 로마는 두 번의 반란이 있은 후에 유대인들에게 큰 보복을 가하였다. 로마 하드리안(Hadrian)황제는 당시 유대라는 이름의 지명까지도 지도에서 지워버리기를 원하여 "팔레스타인"(Palestine)으로 이름을 바꿨다. 그것은 이 땅이 유대인들의 땅이 아니라 유대인들의 적인 블레셋 사람들의 땅이라는 의미로 유대인들에게 상처를 주기 위함이었다. 또한 예루살렘의 이름도 엘리아 카피톨리나(Aelia Capitolina)라는 로마식 이름으로 바꾸고 예루살렘성에 쥬피터(Jupiter) 신전을 건축(주후 135)하였다. 이때에 예루살렘성의 규모가 축소되고 로마 양식에 따라 예루살렘성 내의 건물들이 한 건물처럼 보이도록 하고 건물과 건물사이에 복도식의 도로가 연결되는 로마식 도시로 변하게 하였다.

자. 비잔틴(로마 기독교) 시대 (주후 324년-640년)

로마시대로부터 비잔틴(Byzantine)시대로의 변화는 제국의 수도가 로마로 부터 비잔틴으로 옮겨 가는 데서 부터 시작된다.

주후 313년 콘스탄틴 황제(주후 274~337)는 기독교를 밀라노에서 내린 칙령으로 공인하게 됨으로 예루살렘은 종교적, 정치적인 새로운 전환기를 맞이하여 예수 그리스도와 관련된 많은 장소에 기념교회를 세우게 되었다.

즉, 골고다 언덕 위에 예수님 무덤교회(The Chuch of Holy Sepulcher), 베들레헴에 예수님 탄생교회, 감람산에 예수님 승천교회 등을 건축하였다. 이 시대의 건축양식의 특색은 교회 바닥에 아름다운 모자이크로 채색한 것이다.

예루살렘성은 에우도니까 황제에 의해 서쪽에 위치한 시온산과 남쪽에 위치한 다윗성터가 다시 성벽 안으로 들어오게 되었다.

| A. 이스라엘의 일반적인 총람 |

차. 회교아랍 시대(주후 640-1099년)

모하메드(Muhamad, 주후 570-632)에 의해 창시된 회교도들은 페르시아와 비잔틴 제국을 차례로 정복하였다. 주후 638년에 예루살렘성은 회교 아랍국의 오마르왕(Omar)에 의해 점령된 후 약 450년간 회교의 영향을 받았다.

예루살렘성 내에는 모리아산에 바위사원(Dome of The Rock, 주후 691), 엘악사사원(El Aqsa Mosque, 주후 710)이 건축되어 메카(Mecca)와 메디나(Medina)와 더불어 회교도들의 3대 성지 중의 하나가 되었다.

한편, 비잔틴 시대에 세워진 많은 기독교의 교회가 대부분 이 시대에 파괴 되었기 때문에 유럽의 기독교인들이 자극되어 성지 탈환을 목표로 한 십자군 형성의 동기가 되었다.

카. 십자군(기독교) 시대(주후 1099년-1291년)

주후 1095년 교황 우르반 2세(Pope Urban II)에 의해 소집된 십자군은 여러 차례의 실패를 거듭 하였지만 주후 1099년 6월 15일에 예루살렘을 탈환하였다.

첫 번째 왕위에 오른 볼드윈 1세(Baldwin I, 주후 1100-1118)는 많은 회교도들을 학살하고 그들의 사원을 파괴 했으며 곳곳에 튼튼한 요새를 건설하였다.

또한 비잔틴 시대에 세워 졌던 교회가 파괴되었으므로 그 터위에 다시금 웅장한 교회가 세워졌다. 당시 건물의 특징은 규모가 크고 높은 편이나 사용한 돌은 섬세하지 못하였다. 그 대표적인 교회가 스테반문 안에 있는 성안네 교회이다. 이때부터 유럽으로부터 많은 성지 순례자들이 성지를 방문 하였다.

그러나 주후 1187년 회교국의 살라딘(Saladin) 장군에게 패배하게 되어 주후 1291년 십자군의 최후의 보루였던 악고(Acco)가 무너짐으로써 십자군 시대는 막을 내리게 되었다. 이때에 유대인 들은 박해를 당하여 예루살렘을 떠나야 했기 때문에 도시의 규모가 작아졌고 성벽 안에 위치한 시온산과 다윗 성터가 다시금 성벽 밖으로 나가게 되었다.

아. 오스만 터키 시대(주후 1517-1917년)

터키의 오스만(Ottoman)제국의 살림왕에 의해 주후 1453년에 콘스탄티노플이 점령된 후 1516년 이스라엘에 이어서, 1517년에 애굽이 정복되었다.

슐레이만 대제(Suleiman, 주후 1520-1566)가 1537년에서 1542년 사이에 현재의 예루살렘성을 수축하여 그 당시의 성벽과 성문이 오늘 날까지 보존되고 있다. 이 기간 동안에 유럽과 러시아에 흩어져 살던 디아스포라 유대인들은 헤르츨(Teodor Herzl)을 중심으로 시온주의(Zionism)운동을 전개 하면서 새로운 이스라엘 건설을 위한 준비를 하게 되었다.

자. 현대 이스라엘 시대(주후 1948년-)

현 예루살렘성은 오스만 터키시대에 슐레이만 대제에 의해 수축하여 오늘 날까지 보존되어 오고 있다. 성벽의 높이는 평균 17m이며 총연장 길이는 약 4km로서 성벽 상부에 34개의 망대탑과 곳곳에는 현대전에 필요한 총안구와 같은 형태로 방어에 유리하도록 축성되어 있다.

그리고 성벽 내부의 면적은 1㎢로서 구 시가지는 4개의 지역으로 구분되고 있다. 내부의 북쪽은 기독교인 지역, 북동쪽은 모슬렘인 지역, 서남쪽은 아르메니아인 지역, 동남쪽은 유대인 지역으로 구분되어 각각 거주하고 있다.

성경에 기록된 다윗성과 시온성은 현 성곽 밖에 위치하고 있다.

예루살렘 성곽에는 16세기 재건 될 당시에는 6개의 성문이 있었는데 그 중 세 개의 욥바문, 다메섹문, 시온문은 옛모습을 그대로 유지하고 있다. 이 성문 은 ㄴ자형태로 굽어 들어 가도록 건축한 것이 특색인데 적으로부터 방어에 유리하도록 한 것이다.

주후 1887년에 다메섹문과 욥바문의 중간지점에 새 문을 만들었다. 현재는 성문이 8개인데 황금문이 닫혀 있으므로 7개의 성문이 개방되어 있다. 각 성문마다 두 세개의 전해져 내려오는 명칭이 있어서 혼돈하기가 쉽다.

예루살렘의 기(旗)

> 내가 너희를 만민 가운데서 모으며 너희를 흩은 열방 가운데서 모아 내고 이스라엘 땅으로 너희에게 주리라 하셨다 하라.　　　　　　　　　　에스겔 11:17

(7) 성전산과 성문

1. 성전산(Temple Mount)

성전산은 14만m²로 예루살렘성 전체 면적의 6분의 1에 해당되는 넓은 지역이다. 이 지역은 해발 750m의 숭고한 산으로 서쪽 길이는 490m, 동쪽 길이는 474m, 북쪽 길이는 321m, 남쪽 길이는 283m의 둘레를 가진 넓은 지역이다.

이 성전산 주변의 동쪽으로 기드론 골짜기의 물과 성전산의 서쪽 티로포에온 골짜기(Tyropoeon Valley, 현재 복개되어 있음)의 물이 합수하게 되며 예루살렘성 서편으로 감도는 힌놈의 골짜기의 물과도 재차 합수하게 되어 세개의 계곡에서 흐르는 물이 한줄기가 되어 에느로겔 밑의 계곡을 통과한 후 사해 방면으로 흘러 들어 간다.

성전산은 전통적으로 아브라함이 이삭을 번제로 드리려 했던 모리아산이다.(창 22:1-14) "솔로몬이 예루살렘 모리아산에 여호와의 전을 건축하기 시작하니 그곳은 전에 여호와께서 그 아비 다윗에게 나타나신 곳이요, 여부스 사람 오르난의 타작마당에 다윗이 정한 곳이라(대하3:1)"고 하였다.

솔로몬왕 4년 2월 2일에 성전 공사를 시작(대하 3:2)하여 7년에 걸쳐 주전 959년 솔로몬왕 11년 8월에 완공 되었다.(왕상 6:37-38)

솔로몬왕이 건축한 제 1 성전은 주전 586년에 바벨론 느브갓네살왕에게 파괴되고(왕하 25:8,9, 대하 36:19) 포로에서 돌아온 스룹바벨에 의해 유대인들이 주전 515년에 재건한 것이 제 2 성전시대의 시작이다.(스 6:15)

제 2성전은 헤롯대왕에 의해 새로 증축되었으나 주후 70년, 로마 티투스(Titus) 장군에 의해 아법월 9일에 완전히 파괴된 후 성전이 모리아산에 다시 세워지지 못하였다.

▲ 성전산 전경

아랍인들은 성전산을 이스마엘을 바치려 했던 곳인 동시에 모하메드가 승천한 곳이라고 한다. 성전이 파괴되어 폐허가 된 그 터에 이슬람의 황금사원과 엘악사 사원이 우뚝 세워져 있다.

현재는 예루살렘성 안에 가장 뚜렷하게 서 있는 이슬람의 황금사원이 성전산의 거룩한 이름을 무색케 하며 그 황금돔이 아침 햇살과 저녁 황혼때에 유난히도 빛나고 있다.

예루살렘성은 6일 전쟁에 의해 점령 되었으나 오직 성전산은 아랍인들의 관할 하에 그대로 두어 오늘날 황금사원과 엘악사 사원은 팔레스타인이 보호관리 하고 있다. 그리하여 유대인(이스라엘)들은 성전산에 들어 갈수 없으며 오직 "통곡의 벽"에서 기도할 수 밖에 없는 안타까운 모습들이다.

성전산은 3대 종교의 중심적 핵심의 성지이다. 예루살렘은 전세계 인구 약 61억(60억 6천 5백명) 가운데 3대 종교인 약 33억(32억 7천명)에게 신앙의 고향이 되고 있다.

예루살렘이 신앙의 고향이라고 한다면 기독교인 약 20억(19억 7천 3백명), 이슬람교 약 13억(12억 7천 9백명), 유대교인 약 1,800만명에게 지상에서 가장 아름답고 거룩한 성지로서 꿈에도 잊지 못할 신앙의 심장부가 되고 있다.

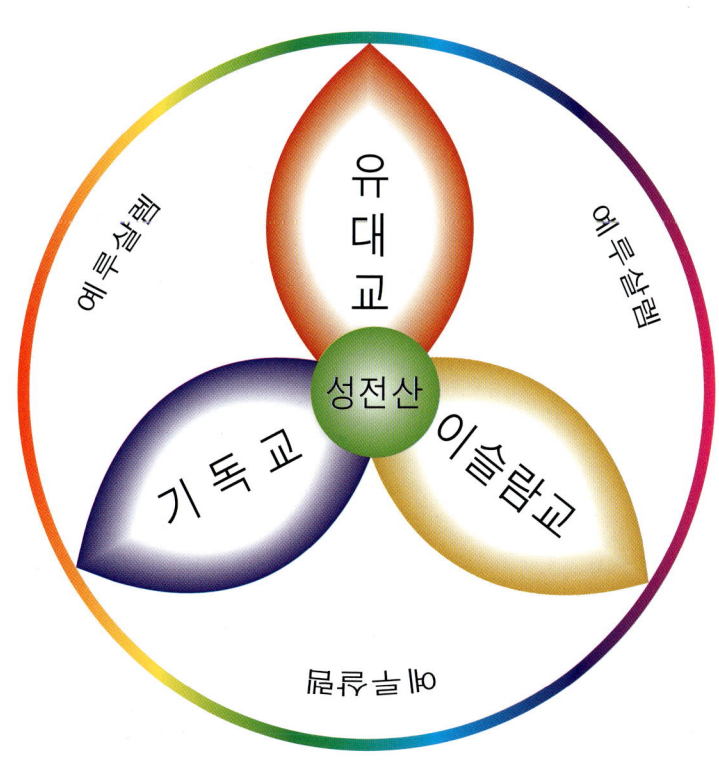

3대 종교의 역학적 작용

2. 황금사원(Golden Mosque)

　예루살렘성을 압도하며 우뚝 솟아 있는 팔각형으로 지어진 이슬람 황금사원의 돔(Dome : 둥근지붕)은 황금빛으로 빛나고 있다.
　황금사원 일대는 다윗왕이 성전을 짓기 위하여 아라우나에게서 은 50세겔을 주고 사 두었던 타작마당(대하 3:1, 삼하 24:18-25)이었는데 솔로몬이 이 곳에 성전과 궁전을 지었다.(대하 3:2, 5:1)
　바벨론에 의해 파괴된 제 1성전은 포로에서 귀환한 스룹바벨에 의해 주전 515년에 다시 재건 되었으나 헬라인들에 의해 재점거 당하여 성전 제사가 일시 중단 되었다.
　주전 167년 안티오쿠스 4세의 박해에 저항하여 일어난 마카비일가에 의하여 정화된 성전은 하스모니아 왕조로 이어지면서 정상을 되찾았다. 이어 헤롯대왕에 의하여 중건되어 예수님 당시에는 화려하고 웅장하게 수축(눅 21:5)하여 당대에 유명한 건축물이 되었다.
　예수께서는 이곳 성전에 올라 오셔서 성전을 정화 하셨으며(눅 19:45-46) 이것이 곧 성전 모독사건으로 취급되어 십자가에 처형되기에 이르렀던 가장 거룩한 장소였다. 그러나 예수님의 예언대로 성전이 돌 위에 돌 하나도 남김 없이 주후 70년에 파괴 되었다. 황금사원을 오마르 사원 또는 바위사원이라고도 부른다.
　주후 2세기경 로마통치 시대에는 모리아산의 옛 성전터에 주피터의 신전이 세워졌고 그 건물은 비잔틴 시대에 기독교에 의해 사용되다가 주후 614년에 페르시아에 의해 파괴되었다.

주후 638년 회교 아랍국의 오마르왕(Caliph Omar)에 의해 예루살렘이 점령 되었다. 이때에 오마르 왕은 폐허가 된 성전터에 찾아가 아브라함이 이삭을 바치려 했던 바위에서 아브라함을 기리며 기도를 했다고 한다.

예루살렘 성전터에 자리잡은 회교 대사원은 옴마이드왕조의 아브드 엘 말리크왕(Caliph Abd Al Malik, 재위 685-705)이 687년 부터 짓기 시작하여 691년에 완성 하였다. 오마르왕을 추앙하기 위하여 오마르사원이라고 부르기도 하지만 잘못된 것이다. 이 사원의 가장 중요한 곳은 사원내부의 중심에 있는 거룩한 바위이다. 바위의 크기는 높이가 1.25-2m, 길이가 약 18m, 너비가 약 13m인데 이 바위가 유대인들에 의하면 아브라함이 이삭을 번제로 드렸던 곳이요, 아랍인들에 의하면 이스마엘을 바쳤던 곳인 동시에 모하메드가 승천한 곳이라 주장하고 있다.

하나님께서 시온에 귀하고 견고한 기초 돌을 놓으셨다는 말씀의 기초 돌은 바로 이 바위라는 것이다. (사 28:16) 그래서 바위사원이라고 부르는 연유가 여기에 있다.

유대인들의 탈무드에 의하면 하나님이 세상을 창조 하실 때 제일 중심이 되는 기초라 하여 초석이라는 뜻으로 "에벤하쉐티아"라고 부른다. 따라서 예루살렘의 모리아산이 지구의 중심이라고 주장했던 지도가 주후 1580년에 나오기도 하였다.

황금사원(바위사원)은 십자군시대에 기독교인들이 성전으로 사용하였다. 그러나 십자군이 주후 1187년에 회교국인 터키의 살라딘 왕에게 멸망된 후 지금까지 회교사원으로 사용되고 있다.

황금사원이라는 이름은 사원의 돔(Dome)의 색이 황금색으로 빛나고 있기 때문이다. 이 회교

▲ 황금사원 내부의 바위(모리아산의 바위)
※ 아브라함이 이삭을 번제로 드리려 했던 곳이며 마호메드가 승천했다는 곳이다

▲ 황금사원 내부천정

성전은 회교의 가장 오래된 사원이다. 이것은 비잔틴 시대 다음에 지어진 건축 양식으로 비잔틴식 팔각형을 이루고 장식은 회교식으로 높이가 33m이고 그 지붕 위로 부터 황금색의 초생달 장식이 3.6m 더 올라간다. 돔(Dome)의 직경은 23.7m이다. 팔각형의 사원벽의 바깥 부분은 땅에서부터 5.5m 높이까지 밝은색의 대리석으로 되어 있고 그 윗 부분은 아름다운 터키산 타일로 장식되어 있다. 최초 건축 할 당시 200톤이 넘는 납의 지붕이었기 때문에 무거워 무너질 염려가 있어 1956년에 35톤의 가벼운 알루미늄과 청동의 합금으로 된 지붕으로 교체하였다. 그 후 지붕에 비가 새서 2년간 보수공사를 하여 1994년에 마쳤는데 요르단 후세인왕(king Hussein-Abdullar 1세, 1999년 2월 사망)의 보조로 돔의 외부에 80kg(약 150만불)의 금을 녹여 도금을 했다고 한다.

회교인들은 모하메드가 천사장 가브리엘의 인도를 따라 모리아산 바위에서 승천 했다가 메디아로 내려온 것이 주후 622년 7월 15일로 회교 달력으로 라기압월(Ragiab) 26일이라 한다. 그러므로 회교인들은 예루살렘성은 메카(Mecca, 출생지), 메디나(Medina, 무덤있는 곳) 다음으로 중요한 성지로 여긴다.

모하메드가 승천할 때 생겼다는 발자국이 바위 한 쪽에 있다. 그 옆의 탑 속에는 모하메드의 수염과 유물이 보관되어 있어 일년에 한 번씩 공개한다. 이 바위의 밑에는 큰방의 동굴이 있는데 네 개의 격실이 주변에 있어 선지자 엘리야, 다윗왕, 솔로몬 그리고 모하메드가 기도하던 곳이라고 전해지고 있다.

▲ 감람산 전경

3. 엘악사 사원(EL Aqsa Mosque)

엘악사 사원은 솔로몬왕 때의 궁전자리에 세워졌다. "엘악사"란 말은 "가장 먼 곳"이라는 뜻으로 모하메드가 메카로부터 예루살렘까지 머나먼 길을 따라 왔음을 의미한다.

황금사원의 뜰에서 남쪽 중앙에 성벽 가까이 자리 잡고 있는 이 사원을 은색의 둥근지붕(The Silver Dome)이라고도 하는데 이 사원은 회교의 대사원인 황금색의 둥근 지붕을 세운 왕의 아들인 "알 와리드왕"이 주후 709년에 시작하여 715년에 완공 하였다. 그 때의 건물 규모는 길이가 83m 폭이 95m나 되었으며 지금 것보다 배나 커서 3천여명을 동시에 수용하여 기도할 수 있었다.

현재의 사원은 746년에 지진으로 일부 파괴된 후 재건한 건물이며, 정면의 문은 지진 전에는 15개였으나 지금은 7개가 있다.

1976년 8월 21일 정신착란증 환자 데니스 마이클로한이라는 호주 출신 청년의 방화로 인하여 선물내부 남쪽에 있는 아름다운 복조 설교단과 은색 둥근지붕이 상당 부분 파괴 되었지만 보수 되었다.

엘악사 사원의 방향은 메카를 향하고 있으며 무슬렘들이 신발을 벗고 들어가서 메카를 향해 기도하는 모습들을 볼 수 있다. 회교사원에 들어갈 때는 모든 성지순례자들도 신발을 밖에 벗어두고 들어가야 한다.

유대인들은 성전산 안에 들어가려 하지도 않으며 통곡의 벽에서 기도하는 것이 고작이다. 그리고 성전산 내부를 관리 하고 있는 아랍인, 팔레스타인들은 유대인들을 들어가지 못하게 철저히 통제 하고 있다. 그러나 2000년 9월 28일 이스라엘의 강경파 리쿠드당 당수 아리엘 샤론이 성전산의 엘악사 사원에 들어가게 되자 유혈 충돌이 야기 되기도 했으며 이스라엘 총리(2001. 2)에 당선된 이후

▲ 예수님이 시험받은 성전 꼭대기

| A. 이스라엘의 일반적인 총람 |

유혈충돌이 더욱 증폭되었다. 엘악사 사원에서 황금 사원의 뜰 계단 쪽으로 가면 중간에 컵 모양의 원형으로 생긴 샘이 있는데 이것을 컵이라는 뜻을 가진 엘-카스(El Kas)라고 부른다. 이 샘 주위에는 돌로 된 의자가 있는데 이것은 사원에 들어갈 때 앉아서 발을 씻는 곳이다. 여자들은 별도의 장소에서 발을 씻어야 한다. 솔로몬 시대에는 베들레헴 남쪽의 솔로몬의 못으로 부터 무려 21km의 수로를 만들어 이 샘까지 물을 끌어와 사용하였다.

엘악사 사원의 동남쪽 성벽의 모퉁이 꼭대기 부분은 예수님을 사탄이 시험한 곳이다. 사탄이 예수님을 이끌고 성전 꼭대기에 세우고는 "네가 만일 하나님의 아들이어든 여기서 뛰어 내리라" (눅 4:9) 했을 때 예수께서 말씀하시기를 "주 너의 하나님을 시험치 말라 하였느니라" 하셨다.(눅 4:12)

그 성벽 모퉁이 밑 지하에 있는 솔로몬 마굿간은 솔로몬 왕 때부터 사용했다고 하나 사실은 헤롯 대왕이 성전 뜰벽을 쌓을 때 만들어진 지하실이라고 한다. 이 지하실은 길이가 83m 폭이 60m인 큰방으로 되어 있으며 사방이 1.2m인 네모의 돌기둥 88개가 천장을 받치고 있다. 이 마굿간의 출입문은 훌다문 중에 동쪽에 있는 세 쌍문과 그 동쪽에 있는 외문이다. 이것이 마굿간으로 사용되기는 십자군 시대 까지이며 그 후에 출입문을 돌로 폐쇄하였다.

▲ 겟세마네 교회(만국교회)

예수님이 잡히시기 전날 밤 최후의 만찬을 마치고 이곳에 와서 기도할때 땀방울이 핏방울 같이 떨어졌다. 겟세마네는 "기름을 짠다"라는 뜻이며 교회가 세워진 곳은 감람산 하록의 겟세마네 동산에 위치하고 있다.

4. 통곡의 벽 (The Wailing Wall, Western Wall)

 통곡의 벽이라고 불리고 있는 이 성벽은 예루살렘을 둘러싸고 있는 성벽 서쪽벽의 일부이기 때문에 서쪽벽(The Western Wall)이라 부르기도 한다. 이 서쪽벽은 헤롯대왕때 쌓은 성벽 중에서 일부분이 남아 있는 것이다.
 당시 예루살렘 성벽은 약 60여년 동안에 걸쳐 축성 되었는데 최고 14m의 길이와 400톤이나 되는 돌을 비롯하여 평균 1-3톤의 돌을 쌓은 높이 16m의 웅장한 성벽이었다.
 "예루살렘성이 돌 하나도 돌 위에 남지 않고 다 무너뜨리우리라"(마 24:2)라고 예수께서 예언 하신데로 주후 70년 로마에 의해 파괴될 때 지렛대로 돌위에 돌하나 남지 않게 무너뜨려 졌다. 그러나 성전산 서쪽벽의 총길이는 약 485m였으나 약 60m의 서쪽벽만(지하 17단, 지상 7단)이 지금까지 남아서 당시 이스라엘의 멸망의 역사를 대변해 주고 있다.
 이스라엘이 멸망한 후에 유대인들에게 성전 출입이 금지 되었으나 일년에 단 한번 성전 파괴일인 아브월 9일(양력 7-8월)만은 하루 동안 예루살렘에 출입할 수 있게 해 주었기에 많은 유대인들이 이 서쪽벽 가까운 곳에 모여 성전이 파괴된 것을 슬퍼하며 울었다고 해서 통곡의 벽이라는 이름이 붙여졌다.
 주후 7세기경 회교의 오마르왕은 유대인들이 이곳에서 기도할 수 있도록 허락해 주었다. 그때 부터 이 서쪽벽은 유대인들에게 가장 거룩한 기도의 장소가 되었다. 유대인들은 성전산에 들어 갈 수 없기 때문에 통곡의 벽에 가서 여호와께 그들의 소원을 빌고 또 기도의 제목을 종이 쪽지에 써서 벽틈에 끼워 두기도 한다.

통곡의 벽 밑의 지역 공간을 반으로 나누어 남쪽은 여자들이 기도하고 북쪽은 남자들이 기도하도록 구분되어 있다.

성지 순례자들도 기도처에 들어갈 수 있으나 남자는 반드시 머리에 키파(둥근 작은모자)나 모자를 쓰고 들어가야 하며 여자는 어깨와 무릎이 드러나지 않는 옷을 입고 들어가야 한다.

유대인들이 이 벽을 되찾은 것은 1967년 6일 전쟁의 승리의 결과이다. 이스라엘 정예 공수부대는 완강한 저항을 받으며 구 예루살렘성의 사자문을 6월 7일 10시경 통과하여 입성에 성공 하였다. 2000여년 동안 잃었던 예루살렘성을 그날 정오에 완전 점령한 후 이스라엘 병사들은 통곡의 벽에서 감격의 눈물을 흘렸다고 한다.

통곡의 벽은 디아스포라(Diaspora)의 유대인들에게 잃었던 이스라엘 땅을 되찾겠다는 꿈을 상징하는 성소가 되어 왔기 때문이다. 이때부터 이곳에서 유대인들의 민족적 집회가 열리고 군인들의 선서식도 갖게 된다. 또한 발 미쯔바(Bar Mitzvah)는 유대인이 만 13세가 되었을 때 행하는 성년의식으로 이곳에서 성대하게 거행된다. 성년식은 결혼식과 함께 일생 중 가장 성대하고 중요한 행사로 여긴다.

발 미쯔바는 "계명의 아들"이라는 뜻인데 이 의식을 통해서 성년이 되었음을 선언하고 이때부터 성년이 되어 구약성경의 계명을 잘 지키면서 살아가야 하는 책임적인 존재가 되는 것이다.

성전시대에는 성전안에서 발 미쯔바의 성례식이 거행 되었으며 계명의 아들이 된 후 유월절 행사에 참여 할수 있는 자격이 부여되었다.

성지 순례자들은 분문을 통해서 예루살렘성에 들어 가게될 경우 맨 먼저 통곡의 벽에 도착하여 유대인들의 기도하는 모습과 성년식을 바라보게 된다.

◀ 통곡의 벽에서 기도하는 전통 종교인(하시딤)

▼ 성년식 장면

| A. 이스라엘의 일반적인 총람

(5) 예루살렘성 출입의 성문

성의 내역
- 성곽 내부 넓이 : 약 1k㎡
- 성벽 연장 길이 : 약 4km
- 성벽의 높이 : 평균 17m
- 성벽위의 망대 : 총 34개
- 성곽의 출입문 : 총 8개
- 성전산의 넓이 : 약 14만㎡
  (성곽내부의 6분의 1)
- 성전산의 높이 : 해발 750m
- 감람산의 높이 : 해발 830m

◉ 성 문(城門)

- 예루살렘 성곽에는 16세기 재건될 당시 6개의 성문이 있었으나 그중 3개의 욥바문, 다메섹문, 시온문은 옛 모습 그대로 유지되고 있다.
- 주후 1887년에 다메섹문과 욥바문 중간에 새문을 만들었다.
- 현재는 8개의 성문 가운데 황금문이 닫혀 있어 7개의 문이 개방되어 있다.

▲ 황금문(현재는 막아 놓았다)

| A. 이스라엘의 일반적인 총람 |

▲ 사자문(스데반문)

▲ 헤롯문

▲ 다메섹문

A. 이스라엘의 일반적인 총람

▲ 새 문

▲ 욥바문

▲ 시온문

▲ 분문(糞門)

B. 이스라엘의 시대별 역사와 지리

▲ 현대 이스라엘의 외교·문화·경제 중심지의 텔아비브

I. 족장이전시대
(창조 – 주전 2166년)

▲ 노아의 방주가 머물렀다고 하는 터키의 아라랏산(해발 5,165m)
(터키 앙카라 동쪽 690km지점, 알메니아 고원지대)

▲ 갈대아 우르의 신전제단(지구라트)

| 이스라엘의 시대별 역사와 지리 |

1. 아담의 고향땅

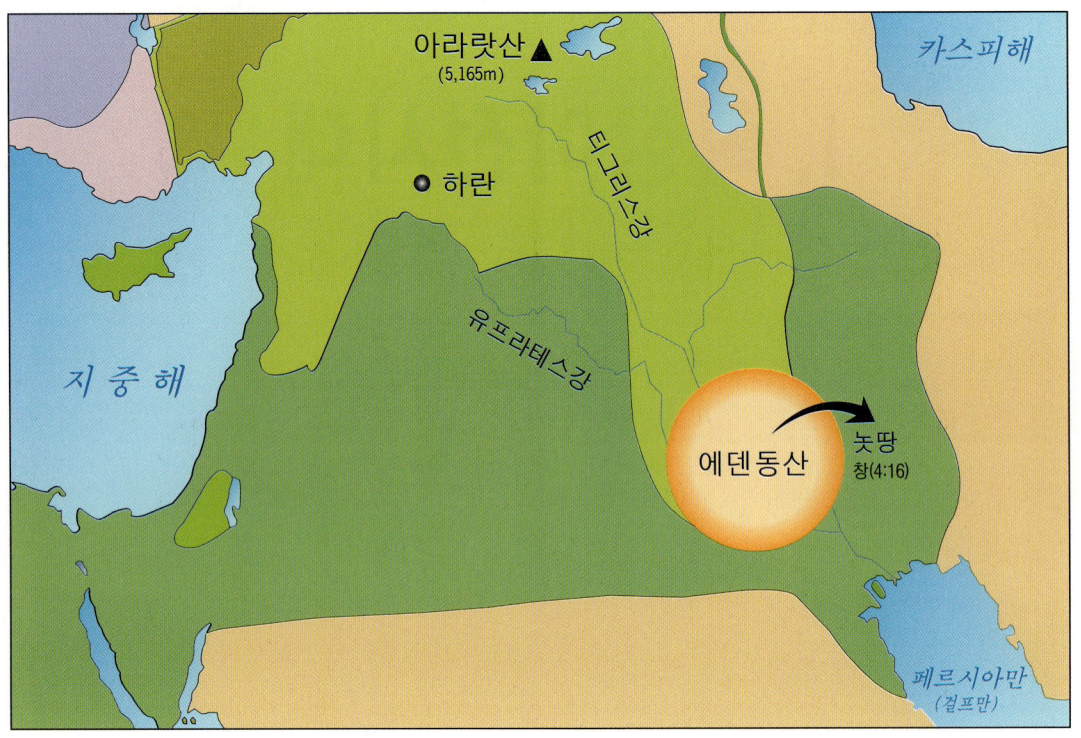

2. 노아 계보와 종족 분포

( ) 괄호안의 숫자는 최종수명

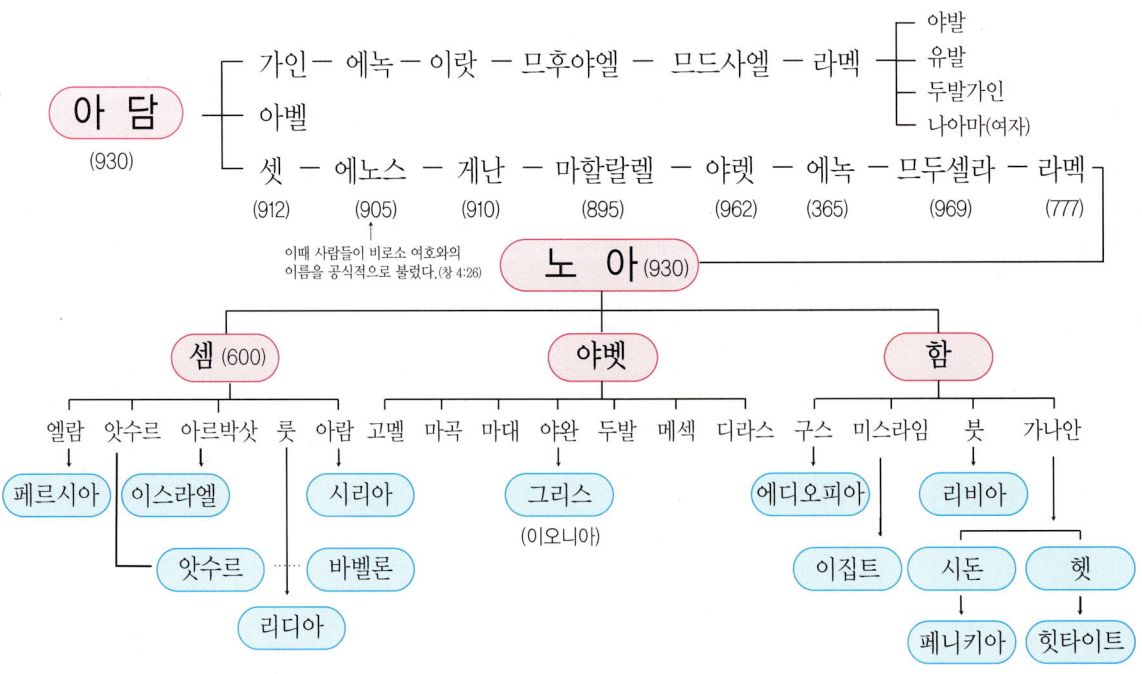

3. 노아 홍수의 사건 경위

노아는 "안식" 또는 "위로"라는 뜻이다.
노아는 아담의 9세 손으로 에녹의 증손이며 라멕이 182세에 낳은 아들이다.
하나님께서 그 시대가 악하여 홍수로 전멸하시고자 하실 때 의인 노아에게 방주를 만들어 홍수를 피하라고 미리 계시를 통해서 명령하셨다.
  노아는 480세 부터 방주를 만들기 시작하여 120년간 방주를 만들어 600세에 건조를 마쳤다. 그는 방주를 만드는 중 500세에 셈, 야벳, 함을 낳았으며 세자부까지 두었다. 그리하여 하나님의 홍수 심판 전에 그의 가족 8명은 혈육이 있는 모든 생물의 암수 한 쌍과 함께 방주에 들어 갔으며 홍수가 끝난 후 방주에서 나와 350년을 가족과 함께 더 살고 950세에 죽었으며 홍수 후 일류의 유일한 중시조의 조상이 되었다.(창 7-8)

※ 기호로 표시된 날짜는 성서에 명시되어 있으며 기타 날짜는 계산으로 산출되었다.

날 짜	일 수	사 건	성경 참조
2월 10일	7일을 기다림	방주에 들어감	창 7:4, 10
※ 2월 17일	40일간 계속됨	비가 내리기 시작함	창 7:4-6, 11, 12
3월 26일	40일 끝남	비가 멈춤	창 7:4, 11
7월 17일	150일이 끝남	방주가 아라랏 산에 다다름	창 7:24, 8:4
※ 10월 1일	40일간 기다림	산들의 봉우리가 보임	창 8:5-6
11월 10일		까마귀를 내어 보냄	창 8:7
11월 11일		비둘기를 내어 보냈으나 되돌아 옴	창 8:8-9
11월 19일	7일을 기다림	비둘기를 내어 보냈는데 감람나무 잎사귀를 물고 돌아옴	창 8:10-11
11월 27일		비둘기를 내어 보냈는데 돌아오지 아니함	창 8:12
12월 17일	150일이 끝남	물이 완전히 빠짐	창 8:3
※ 1월 1일		방주 뚜껑을 열음	창 8:13
※ 2월 27일		땅이 마르고 방주에서 나옴	창 8:14-19
통계	• 방주에서 기다린 기간 : 7일 • 물이 창일한 기간 : 150일(3개월) • 물이 줄어든 기간 : 150일(3개월) • 땅이 마른 기간 : 70일(2개월 10일) • 방주에서 보낸 전체 일수 : 377일(1년 17일)	방주의 제원	
		길 이	300 규빗 / 137m
		폭	50 규빗 / 23m
		높 이	30 규빗 / 14m
		배수량	43,000톤

4. 성서의 기본 구성 및 연대

(1) 세계 고대문명이 이스라엘에 미친 영향

◀ 메소포타미아와 수메르 문명 ▶

메소포타미아(Mesopotamia)는 헬라어로 "두 강 사이의 땅"(Between the Rivers)이라는 뜻이다. 메소포타미아에 해당되는 히브리어 명칭은 "두 강의 아람"(Aram of the two rivers)이라는 의미의 "아람 나하라임"(창 24:10, 신 23:4, 삿 3:8)이다. 여기서 두 강이란 티그리스강과 유프라테스강을 의미한다.

메소포타미아 지역은 전형적인 충적토 평야를 이루어 페르시아만을 향하여 내려 갈수록 그 넓이가 점차 확대되고 북동 방향으로 약간 기울은 형태의 모양을 하고 있고 동서의 길이가 60km이며 남북간의 폭은 320km나 되는 광대한 지역이다. 이 곳 대부분의 지역은 해발 180m이하의 대체적으로 낮은 지역이다.

메소포타미아는 오늘날의 이라크를 중심으로 시리아의 북동부와 이란의 남서부가 포함된다. 이 지역은 이라크의 수도인 바그다드 부근을 경계로 하여 북부의 시리아와 남부의 바벨로니아(Babylon)로 나누어 진다.

바벨론을 건설한 인물은 노아의 후손인 니므롯이다. 그는 하나님 앞에서 특이한 사냥꾼이었다. (창10:8-10) 이 도시의 이름은 "신의 문"이란 의미의 "바빌리"(Babili)에서 기원하였는데 성서에서는 이것을 "바벨"이라고 하였다. 여기에서의 바벨은 "혼돈"이라는 의미의 히브리어 동사 "발랄"(Balal)과 음이 유사하기 때문에 바벨탑을 쌓아 언어가 혼잡하게 된 사건과 관계되어 있다. (창 11:1-6) "바벨론"은 "바벨"의 헬라식 명칭이다.

이스라엘의 지정학적인 면에 많은 영향을 미친 문명은 수메르에서 일어난 세계 최고의 문명을 모체로한 메소포타미아 문명이다. 이 메소포타미아 문명을 통상 고대 바벨로니아 제국의 수도였던 바벨론을 중심으로 한 문명이었기 때문에 바벨로니아 문명이라 부르기도 한다.

바벨로니아는 서 아시아의 티그리스강과 유프라테스강 사이의 지역 일대를 가리키며 다시 북부의 아카드와 남부의 수메르로 나누어 진다. 바벨로니아는 아카드인과 셈족과의 혼혈족으로 생겨난 갈대아인(바벨로니아인)이 건설한 강대한 제국으로 인류발상의 지역이며 대홍수 지대의 중심지였던 아담, 노아, 아브라함의 고향 땅이었다.

주전 5000년경 수메르(Sumer)의 도시국가에 티그리스강과 유프라테스강이 형성되어 이 두강 사이의 길쭉한 지역사이 일대를 "알자리라"("섬"이라는 뜻)라고 불렀다. 이곳의 "알자리라"에 흐르는 두 강의 홍수나 조수(潮水)로 인한 토사의 퇴적으로 충적평야가 형성되어 일찍이 농경지를 위한 제방, 관개용수(灌漑用水), 간척(干拓), 배수, 운하와 같은 토목공사 발달과 촌락간의 협동

작업으로 인한 씨족간의 발언권의 행사가 높아졌다. 그리하여 고대 인구의 공동체 생활을 통하여 주전 3000년경에 오리엔트(Orient) 세계 최고의 문명을 창조하게 되었다.

주전 3100-2900년경에 지구라트(Ziggurant, 월신을 섬기는 피라미드형 사원)가 세워지고, 원통인장(圓筒印章)이 발명되며 수메르어의 기원인 설형문자(楔形文字)를 사용하는 등의 수메르 문명이 형성 되었다. 그러나 수세기 동안 메소포타미아를 중심으로 한 국가들의 흥망성쇠의 역사적 변천에 따라 주전 2300년경 셈계의 아카드의 사르곤왕에게 멸망되어 수메르의 도시 국가는 끝이났다. 수메르는 비록 멸망 되었지만 수메르 문명은 설형문자, 12진법, 태음력, 수메르법전(함무라비법전; 세계 최초의 성문법전), 인간 창조에 관한 에누마 에리쉬(Enuma Elish), 실락원 이야기, 가인과 아벨 이야기 그리고 노아의 홍수(창 6:9-8:22)의 원형이라고 할 수 있는 홍수전설을 담고 있는 "길가메쉬 서사시"(Eilgamesh Epic)등은 오늘 날까지 잘 알려져 오고있다.

인류의 시조인 아담과 하와가 먹지 말라고 명한 금단의 과실을 따 먹고 추방된 에덴동산이 바로 메소포타미아 중부의 두 강사이라는 전설이 전해져 오고있다.

1918년 영국의 대영 박물관 소속 발굴단은 아브라함의 고향인 갈대아 우르(Ur)에서 약 20km 떨어진 바벨론 전설로 전해 내려오는 "엘리투"에서 고대 바벨론 비문의 토판을 발견하였다. 이 비문 내용에는 "엘리투안에는 한 동산이 있었으며... 그 안에는 신이 심은 신비로운 생명 나무가 있었다."는 기록이 발견 되었다. 엘리투가 에덴동산이었으며 바벨론 민족의 아담이라고 하는 아다피의 고향이라는 방증이 제시 되기도 하였다. 그리고 하나님께서 노아가족 이외의 전 인류를 홍수를 통해서 지상에서 쓸어 버린 대홍수는 티그리스강과 유프라테스강의 두 강물이 범람하여 일어난 사건이었다. 이곳 두 강 지역에서는 1년에 정기적으로 두 차례 홍수가 있었다. 첫 번째 홍수는 우기에 북부산지에서 흘러 내리는 강물이 범람(11월-3월)할 때이며 두 번째 홍수는 겨울철에 싸인 눈이 녹아 내려 발생(4월-5월)할 때이다.

노아의 고향은 메소포타미아의 화라(Hwara)라고 하나 뚜렷한 화라에 대한 자료가 없어 숙제로 남아 있다. 노아의 홍수 심판이 있은 후에 노아의 술취한 사건이 발생했으며 바벨탑("혼란시켰다"는 뜻)사건이 일어나 언어를 혼란시켜 온 지상에 여러 언어로 흩어 놓았다.(창 9:18-27, 11:1-9)

월신(月神)의 우상을 섬기는 지구라트(Ziggurat)는 평면의 직사각형의 기단을 계단상으로 쌓아 올린 바벨로니아 특유의 것으로 바벨탑의 원형에 유사하다. 그리고 바벨탑을 쌓을 때 시날지방에서 벽돌을 구어내어 사용했다는 사실은 수메르 문명이 집을 짓는데 세계 최초로 벽돌을 사용했음을 시사하고 있다.(창 11:3)

노아의 세 아들(함, 셈, 야벳)중 셈족인 아브람(아브라함)은 그리스도인들에게 믿음의 원조(元祖)로써 수메르 지역인 갈대아 우르에서 데라의 나이 130세에 그의 아들로 태어났다. 데라는 나이 200세 때에 아들 아브람(70세), 자부 사래, 손자 롯(함의 아들)을 데리고 하란(주전 2096)으로 떠났다.

성서에 기록된 최초의 주요 인물들과 밀접한 관련이 있는 수메르에는 점토(粘土)이외의 원료가 생산되지 않아 석재, 광석, 귀금속은 모두 무역에 의존할 수 밖에 없었다. 따라서 남쪽으로 나일강 유역의 이집트까지 미쳤으며 그 무역을 통하여 수메르 문명은 오리엔트 각지로 전파되었다.

메소포타미아 문명과 이집트 문명이 연결되는 비옥한 초생달 지역의 중심부에 위치한 이스라엘은 인접한 양대 문명간에 상호-진출, 접촉, 교차, 그리고 충돌하게 되는 역학적 영향을 많이 받아 왔다. 그 뿐아니라 유럽쪽의 미노아-미케네 문명과 힛타이트(헷족)문명에 연결된 그리스 본토와 트로이 지역의 에게문명이 바탕이 된 헬레니즘(Hellenism)문화의 영향을 많이 받아왔다. 그리하여 이스라엘 땅은 바벨론, 페르시아. 애굽, 희랍, 로마, 터키, 영국 등의 세력권인 아시아, 유럽, 아프리카의 삼대륙 세력이 교차되는 중심축이 되어 고대문명과 문화에 의한 영향과 교류, 정치적 갈등과 대립, 경제적인 통상로 장악, 그리고 군사적인 무력충돌이 빈번했기 때문에 이스라엘은 주변의 인접 강대국에 의한 지배를 수 없이 많이 받아 왔다.

세계 7대 문명 발상지(4+3)

구 분		문 명 별	강 이 름	강 길 이	비 고
4대문명	1	메소포타미아 문명	유프라테스강	2,700km	이 라 크 (바 벨 론)
			티그리스강	1,900km	
	2	이 집 트 문 명	나 일 강	6,690km	이 집 트
	3	중 국 문 명	황 하 강	5,442km	중 국
	4	인 도 문 명	인 더 스 강	2,900km	인 도
3대문명	5	에 게 문 명	미노스문명, 그리스 및 트로이 일대		
	6	마 야 문 명	중앙 아프리카, 고대 멕시코 과테말라 중심지역		
	7	안 데 스 문 명	남 아메리카의 안데스 중심		

◀ 이집트 나일강

모든 문명은 강이 있는 곳에서 시작되었다.

▼ 이스라엘을 중심으로 한 세 잎 크로버 문명권

① 메소포타미아 문명
② 이집트 문명
③ 에게 문명

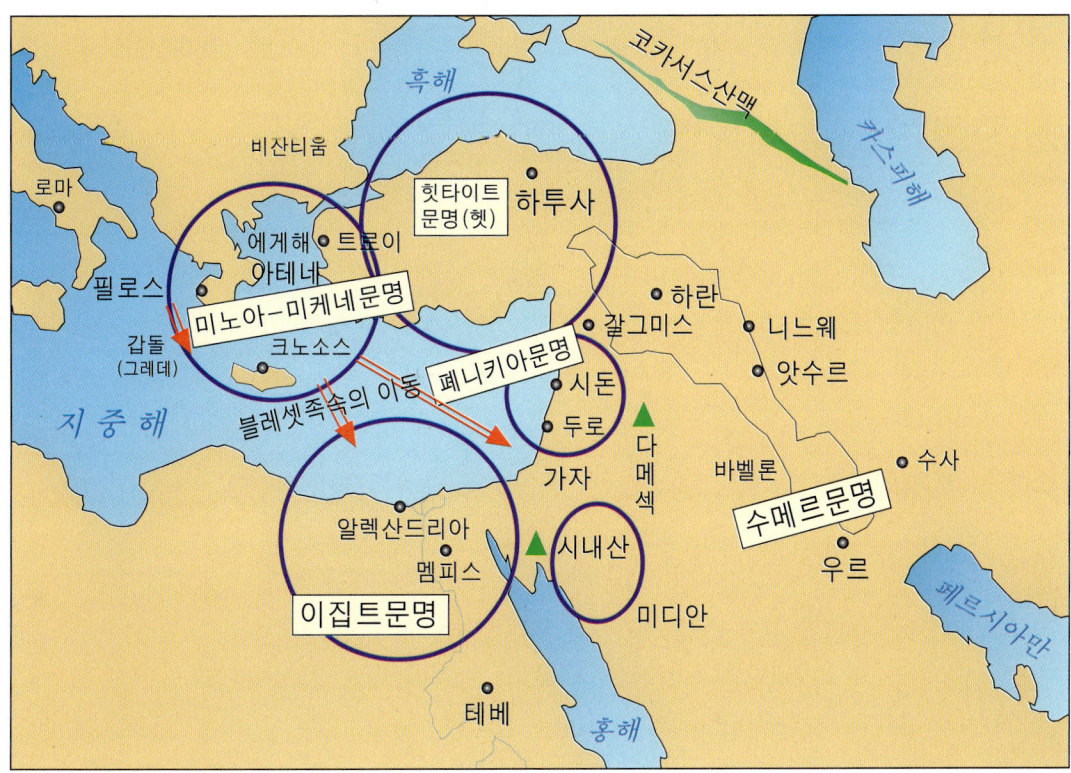

(2) 성서의 구성 연대

성서는 하나님께서 그의 뜻을 계시를 통해서 성령의 감동에 의해서 문자로 나타내어 인간들에게 주신 말씀이다. 성서는 약 1,600여년의 기간에 걸쳐 40인의 저자에 의하여 구약 39권과 신약 27권으로 기록된 66권의 책이다.

구약은 히브리어로 쓰여졌으며 구약은 주전 약 100년경에 헬라어로 번역(70인역)되었고 신약은 헬라어로 쓰여졌다. 구약의 원전은 전해 오지 않고 있으며 10세기때의 사본이 발견 되었다. 1947년 2월에 쿰란동굴에서 발견된 사해사본은 가장 오래된 2000년전의 사본으로 가장 가치가 높다.

신・구약의 약(約)이라는 말은 "언약" 또는 "동의"라는 뜻이며 구약은 그리스도가 오시기 전에 인간의 구원에 대하여 하나님과 인간과 맺은 언약이며 신약은 그리스도께서 오신 후 인간의 구원에 대하여 하나님께서 인간과 맺으신 언약의 동의이다. 구약에서 하나님께서 모세를 통해 주신 율법의 언약과 신약에서 예수 그리스도를 통해서 주신 은혜의 언약은 서로 연결되어 구약에서 시작된 것이 신약에서 완성되었다.

구 분		성 경 별　　( ) 괄호안은 기록연대	권 수
구약(39권)	율법서(모세 5경)	창세기(1446-1406), 출애굽기(1446-1406), 레위기(1446-1406), 민수기(1446-1406), 신명기(1446)	5권
	역사서	여호수아(12세기전), 사사기(1050-1000), 룻기(1375-1050), 사무엘상・하(930년 이후), 열왕기상・하(562-536), 역대상・하(450년경), 에스라(450년경), 느헤미야(421-400년경), 에스더(464-436)	12권
	시가서	욥기(2000-1800), 시편(1440-586), 잠언(950-700), 전도서(935년경), 아가서(965년경)	5권
	선지서(대)	이사야(700-681), 예레미야(627-586), 애가(586년 직후), 에스겔(565년경), 다니엘(536년경)	5권
	선지서(소)	호세아(715년경), 요엘(835-796), 아모스(760-750), 오바댜(586), 요나(785-760), 미가(742-687), 나훔(603-612), 하박국(612-605), 스바냐(640-630), 학개(520년경), 스가랴(520-480), 말라기(430년경)	12권
신약(27권)	복음서	마태복음(60-65), 마가복음(67-70년 사이), 누가복음(58-63년경), 요한복음(85-90년경)	4권
	역사서	사도행전(61-63년경)	1권
	서신서	로마서(57년경), 고린도전・후서(55-57년경), 갈라디아서(56년경), 에베소서(62년경), 빌립보서(62-63년경), 골로새서(62-63년경), 데살로니가전・후서(51년경), 디모데전・후서(63-67년경), 디도서(66년 초), 빌레몬서(62년경), 히브리서(60년 후반), 야고보서(62년경), 베드로전후・서(62-67년경), 요한 1, 2, 3서(90년경), 유다서(70-80)	21권
	예언서	요한계시록(95년경)	1권

(3) 구약의 주요 연대표

* 정확한 연대는 학자에 따라 차이가 있을 수 있음.

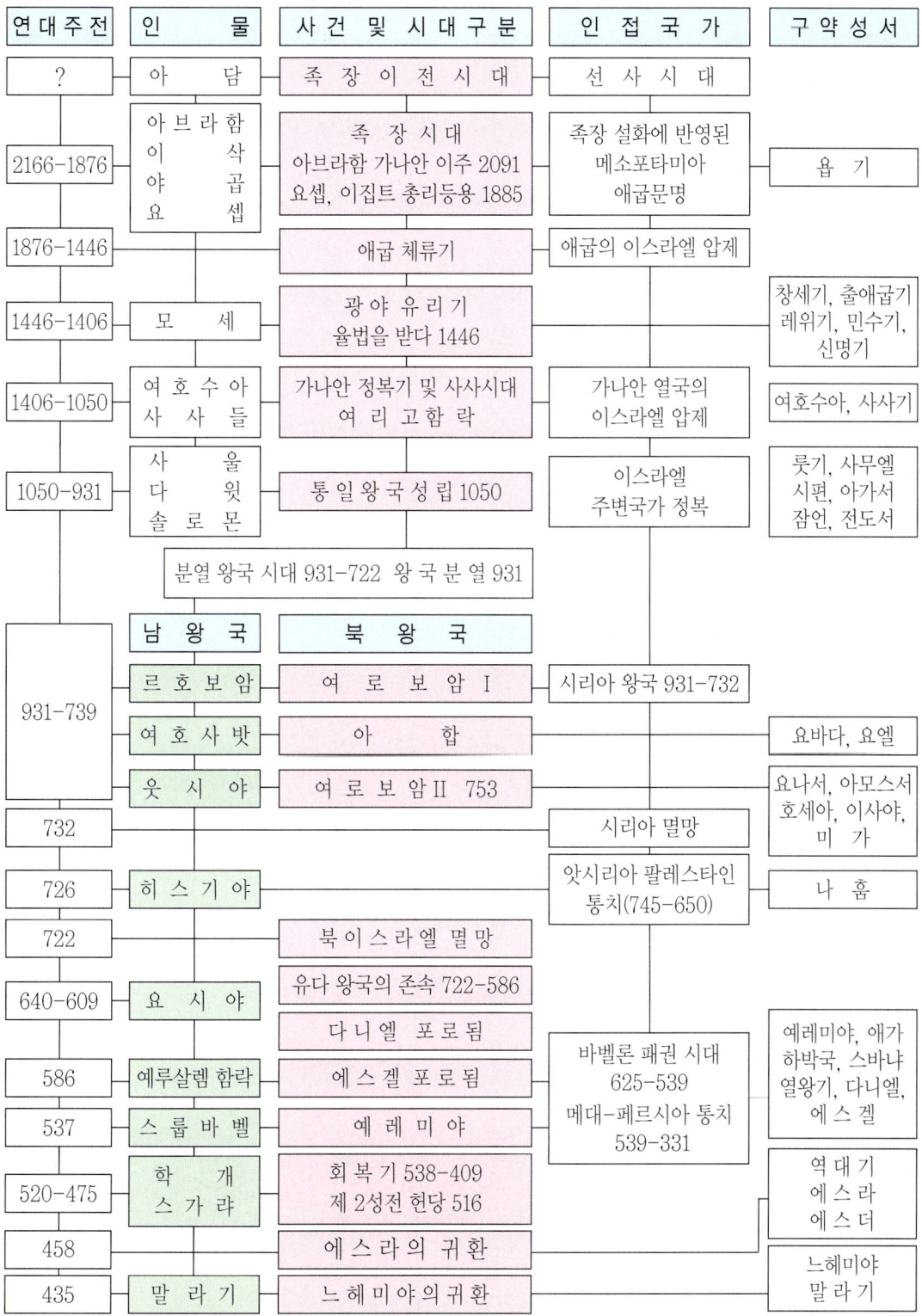

(4) 신약의 주요 연대표

로마제국	팔 레 스 타 인 지 역 통 치 자 들			구약성서
	주전 37 - 주전 4 헤롯 대왕. 유대의 왕			
	유 대 (유대와 사마리아)	갈릴리 베 레 아	갈릴리 동 편	
주전 27 주후 14 가이사 아구스도	주전 4 - 주전 6 헤롯 아켈라오	주전 4 - 주후 39 헤롯 안티파스	주전 4 - 주후 33 헤롯 빌립	주전 4 그리스도 탄생
				주전 2 바울 출생
				주후 25-27(?) 그리스도의 세례
14-37 디 베 료 가 이 사	26-36 총 독 본디오빌라도			29-30(?) 십자가 처형
				34-37(?) 바울의 회심
37-41 갈 리 굴 라	39-44 헤롯 아그립바 1세. 전(全)유대의 왕			
41-54 글라우디오	52-58 총독 벨릭		50-53 헤롯 아그립바 2세	45-58(?) 바울의 전도여행
54-68 네 로	58-61(?) 총독 베스도			66-68(?) 바울의 로마투옥
68-69 갈바. 오도비넬리	70 디도, 예루살렘 성전 파괴			90-100 도미시안, 기독교 대박해 요한의 죽음과 사도시대 종료
69-79 베스파시안				
79-81 디 도				
81-96 도 미 시 안				

(5) 예수 그리스도의 세계(世系)

※ 세계(世系):직계 존 비속이 대대로 이어지는 족보의 단일계통을 말함

"아브라함"으로 부터 "다윗"까지(14대) ➡ "다윗"으로 부터 "바벨론"까지(14대) ➡ "바벨론"으로 부터 "예수"까지(14대)

"아브라함"으로 부터 "다윗"까지(14대)
① 아브라함(창 17:5)
② 이 삭(창 17:10)
③ 야 곱(창 25:26)
④ 유 다(창 29:35)
⑤ 베레스(창 38:29)
⑥ 헤스론(창 46:12)
⑦ 람(대상 2:9)
⑧ 아비나답(대상 2:10)
⑨ 나 손(민 7:12)
⑩ 살 몬(룻 4:17)
⑪ 보아스(룻 4:13)
⑫ 오 벳(룻 4:21)
⑬ 이 새(룻 4:17)
⑭ 다 윗(룻 4:17)

"다윗"으로 부터 "바벨론"까지(14대)
① 다 윗(룻 4:17)(40년)
② 솔로몬(대상 3:5)(40년)
③ 르호보암(왕상 14:21-31, 대하 10:12)(17년)
④ 아비야(왕상 15:1-8, 대하 13:1-22)(아비얌 3년)
⑤ 아 사(왕상 15:9-24, 대하 14:16)(41년)
⑥ 여호사밧(왕상 22:1-50, 대하 17:1)(25년)
⑦ 요 람(왕하 8:16, 대하 21:1-20)(여호람 8년)
⊙ 아하시야(왕하 8:25, 대하 22:1-9)(1년)
⊙ 아달랴(왕하 8:25, 대하 22:1-9)(여왕 7년)
⊙ 요아스(왕하 12:1, 대하 23:24)(여호아스 40년)
⊙ 아마샤(왕하 14:1, 대하 25:1-28)(29년)
⑧ 웃시아(왕하 14:1, 대하 26:1)(아사랴 52년)
⑨ 요 담(왕하 15:32, 대하 27:1-9)(16년)
⑩ 아하스(왕하 16:1-20, 대하 28:1)(16년)
⑪ 히스기야(왕하 18:20, 대하 29:32)(29년)
⑫ 므낫세(왕하 21:1-18, 대하 33:10)((55년)
⑬ 아 몬(왕하 21:19, 대하 33:20-23)(2년)
⑭ 요시야(왕하 22:11-23, 대하 34-35)(31년)

⊙ 여호아하스(왕하 23:31-35, 대하 36:1-3)(3월)
(살룸, "요시야" 둘째 아들, 재위 3개월 후 애굽에 바르느고에 끌려가 죽음)

⊙ 여호야김(왕하 23:34, 대하 36:4-8)(11년)
(엘리아김, "요시야" 첫째 아들, 애굽의 바르느고가 왕으로 삼음)

"바벨론"으로 부터 "예수"까지(14대)
① 여고냐
(왕하 24:8-17, 대하 36:9-10)(3월)
(여호야긴, "여호야김"의 아들, 재위 3개월 후 바벨론의 느부삭네살에게 끌려가 37년간 옥살이)

⊙ 시드기야
(왕하 24:17-25, 대하 36:11-21)
(11년)
(맛다디아, "요시야" 셋째 아들, 바벨론왕이 왕으로 삼음)

② 스알디엘(대상 3:16)
  (여호야긴의 아들)
③ 스룹바벨(대상 3:19)
④ 아비훗(대상 8:8)
⑤ 엘리아김(왕하 23:36)
⑥ 아소르(마 1:13)
⑦ 사 독(마 1:14)
⑧ 아 킴(마 1:14)
⑨ 엘리웃(마 1:14)
⑩ 엘르아살(마 1:15)
⑪ 맛 단(마 1:15)
⑫ 야 곱(창 25:26)
⑬ 요 셉(마 1:16)
⑭ 예 수(마 1:15)

⊙ 표는 마태복음 1장 14대에 포함되어 있지 않았음   ( ) 괄호안은 왕의 통치기간임

믿음의 조상인 아브라함

여호와께서 아브람에게 이르시되
너는 너의 본토 친척 아비집을 떠나
내가 네게 지시할 땅으로 가라.
내가 너로 큰 민족을 이루고 네게 복을 주어
네 이름을 창대케 하리니 너는 복의 근원이 될찌라.
너를 축복하는 자에게는 내가 복을 내리고
너를 저주하는 자에게는 내가 저주하리니
땅의 모든 족속이 너를 인하여 복을 얻을 것이니라.
창세기 12장 1절~ 3절

여호와께서 아브람에게 이르시되
너는 눈을 들어 너 있는 곳(벧엘)에서 동서남북을 바라보라.
보이는 땅을 내가 너와 네 자손에게 주리니
영원히 이르리라.
내가 네 자손으로 땅의 티끌 같게 하리니
사람이 땅의 티끌을 능히 셀 수 있을찐데 네 자손도 세리라.
너는 일어나 그 땅을 종과 횡으로 행하여 보라.
내가 그것을 네게 주리라.
창세기 13장 14절~ 17절

II. 족장시대
(주전 2166년-1805년)

청동기 시대의 유물

| B. 이스라엘의 시대별 역사와 지리 |

1. 아브람의 이주경로

■ 비옥한 초생달 지역(메소포타미아 ↔ 가나안 ↔ 애굽)   ← 아브라함의 이동경로

▲ 하란의 전통 토담집

▲ 하란의 성체

2. 아브라함의 생애("갈대아 우르"에서 "헤브론 막벨라굴"까지)

※ ①번 부터 ⑬번 까지 연대별 사건 순서대로 읽어 가며 이해한다.

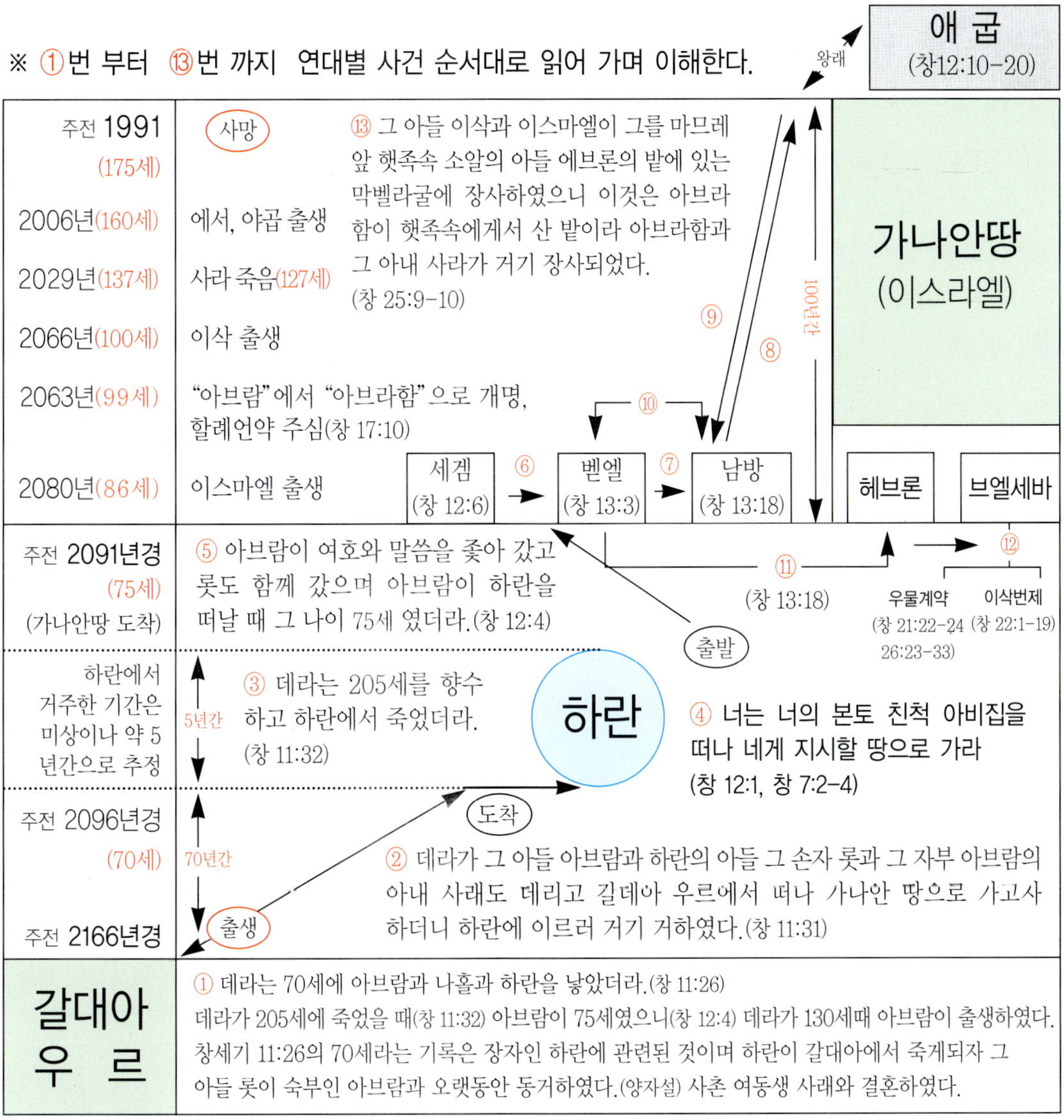

애 굽
(창12:10-20)
왕래
주전 1991
(175세)
사망
⑬ 그 아들 이삭과 이스마엘이 그를 마므레 앞 헷족속 소알의 아들 에브론의 밭에 있는 막벨라굴에 장사하였으니 이것은 아브라함이 헷족속에게서 산 밭이라 아브라함과 그 아내 사라가 거기 장사되었다.
(창 25:9-10)
2006년(160세)
에서, 야곱 출생
2029년(137세)
사라 죽음(127세)
2066년(100세)
이삭 출생
2063년(99세)
"아브람"에서 "아브라함"으로 개명,
할례언약 주심(창 17:10)
2080년(86세)
이스마엘 출생
가나안땅
(이스라엘)
100년간
⑨
⑧
⑩
세겜
(창 12:6)
⑥
벧엘
(창 13:3)
⑦
남방
(창 13:18)
헤브론
브엘세바
주전 2091년경
(75세)
(가나안땅 도착)
⑤ 아브람이 여호와 말씀을 좇아 갔고 롯도 함께 갔으며 아브람이 하란을 떠날 때 그 나이 75세 였더라.(창 12:4)
⑪
(창 13:18)
⑫
우물계약
(창 21:22-24
26:23-33)
이삭번제
(창 22:1-19)
출발
하란에서
거주한 기간은
미상이나 약 5
년간으로 추정
5년간
③ 데라는 205세를 향수 하고 하란에서 죽었더라.
(창 11:32)
하란
④ 너는 너의 본토 친척 아비집을 떠나 네게 지시할 땅으로 가라
(창 12:1, 창 7:2-4)
도착
주전 2096년경
(70세)
70년간
② 데라가 그 아들 아브람과 하란의 아들 그 손자 롯과 그 자부 아브람의 아내 사래도 데리고 갈데아 우르에서 떠나 가나안 땅으로 가고자 하더니 하란에 이르러 거기 거하였다.(창 11:31)
출생
주전 2166년경
갈대아
우 르
① 데라는 70세에 아브람과 나홀과 하란을 낳았더라.(창 11:26)
데라가 205세에 죽었을 때(창 11:32) 아브람이 75세였으니(창 12:4) 데라가 130세때 아브람이 출생하였다. 창세기 11:26의 70세라는 기록은 장자인 하란에 관련된 것이며 하란이 갈대아에서 죽게되자 그 아들 롯이 숙부인 아브람과 오랫동안 동거하였다.(양자설) 사촌 여동생 사래와 결혼하였다.

아브라함의 조상 계보(系譜)
( )안은 최종수명
아 담(930)
셋(912)
에노스(905)
게 난(910)
마할랄렐(895)
야 렛(936) — 에 녹(365)-〈승천〉
므두셀라(969)
라 멕(777)
노 아
(930)
셈
(600)
함
야벳
엘람(페르시아)
앗수르(앗수르)
아르박삿 – 셀라(살라) – 에벨
(438) (433) (464)
룻(리디아)
아람(시리아)
벨렉
(239)
욕단
바벨탑사건
르우(239)
스룩(230)
나홀(148)
데라(205)
아브라함(175)

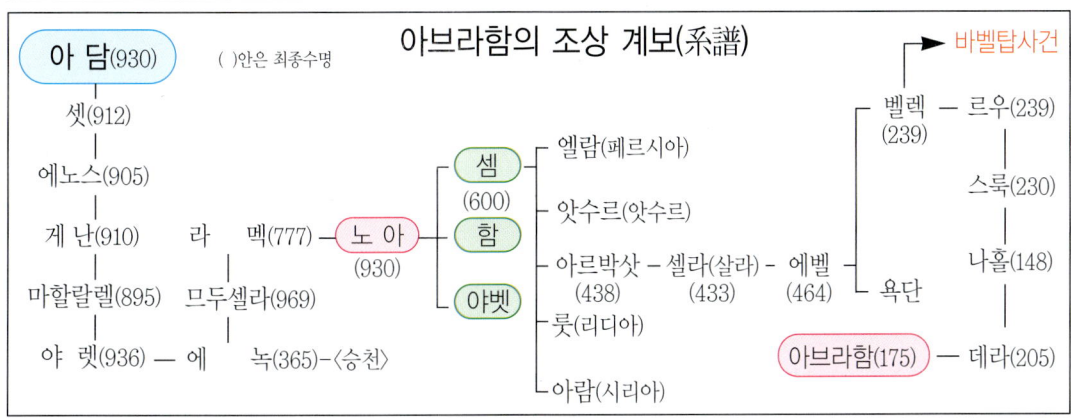

3. 롯을 구한 아브람(주전 2082년)

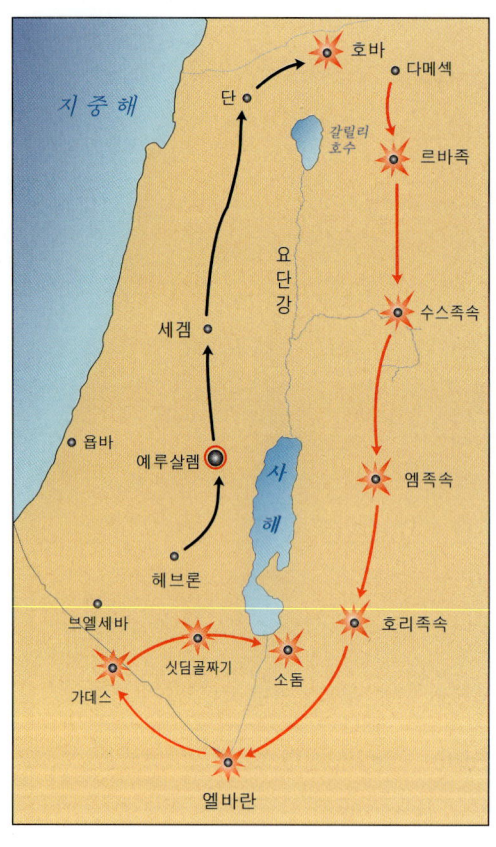

◀ 성서의 최초 전쟁(창 14:1-12) ▶

성서에 나타난 최초의 역사적인 큰 전쟁의 사건은 주전 2115년경에 북방의 네왕(시날-아므라벨왕, 엘라살-아리옥왕, 엘람-그돌라오멜왕, 고임-디달이왕)들의 동맹군과 남방의 다섯 왕(소롬-베라왕, 고모라-비르사왕, 아드마-시납왕, 스보인-세메벨왕, 벨라-소알왕)들의 연합군이 싯딤 골짜기에서 충돌한 전쟁이다.

남방 다섯 성읍의 왕들이 엘람왕 그돌라오멜을 12년간 섬기다가 배반하므로 1년간 회유했으나 성과가 없자 그돌라오멜은 4개 동맹군으로 가나안 땅을 침공하였다.

가나안땅에 이르는 동안 네 차례의 격전(아스드롯 가르나임에서 르바족, 함에서 수스족, 사웨 기랴다임에서 엠족, 세일에서 호리족)을 거치면서 엘 바란(엘랏)에 이르렀다. 이곳에서 가나안 남방으로 돌아 올라가 두 차례의 격전(가데스에서 아말렉족, 하사손다말에서 아모리족)이 있었다. 이곳의 전투에서 크게 당황한 소돔왕을 비롯한 다섯왕은 연합군으로 싯딤골짜기에 진을 치고 결전을 했으나 패배하였다.

세상의 물질을 탐하여 소돔땅에 주저 앉은 롯에게는 불의 심판에 앞서 먼저 무서운 징계가 있게 되었다. 하나님께서 이와 같은 징계로 롯에게 회개의 기회를 주었다.

당시 시날(바벨론)왕 아므라벨은 소돔과 고모라의 모든 재물과 양식을 약탈했으며 롯을 사로잡아 포로로 잡아 끌고 갔다.(창 14:11-12)

헤브론에서 아브람은 롯이 잡혀 갔다는 소식을 듣고 84세의 나이에도 불구하고 집에서 기르고 연습된 318명의 장정을 거느리고 북방왕의 군대를 추격하여 단(Dan)에서 따라 잡고 야간에 기습 공격을 감행하자 북쪽으로 도망하였다. 그러나 계속적으로 추격하여 다메섹 좌편의 호바(Hobah)에서 격파하여 승리하였다.

그 곳에서 롯과 부녀자, 끌려 갔던 사람들 그리고 빼앗겼던 재물을 전부 되찾아 돌아오게 되었다. 아브람이 돌아오는 도중 그 당시 제사장이라 칭하는 살렘(예루살렘)왕 멜기세덱이 영접하며 떡과 포도주를 가지고 나와 축복해 주었다. 이때 아브람은 왕에게 그 얻은 것에서 십분의 일을 주었다.

(창 14:18-20)

성경에서의 첫 십일조의 의미는 하나님에 대한 아브람의 감사와 멜기세덱왕의 제사장 직분을 인정한 것에서 부터 비롯 되었다.

멜기세덱은 후대에 이상적인 왕의 전형이 되어 이러한 왕은 멜기세덱의 반차(班次-차례를 좇은 영원한 제사장)이라 칭하게 되었다.(사 110:4)

멜기세덱에 관련된 혈족의 계보와 부모, 출생, 죽음에 관한 기록은 없다. 그렇기 때문에 하나님의 아들과 방불(彷彿)하며 그의 제사장직이 계승되지 않았기 때문에 항상 제사장직이 있는 것과 같이 예수 그리스도를 예표해 주고 있는 것이다. 그러나 멜기세덱의 제사장직은 한 역사적인 사건이며 영원성이 있는 것은 아니다. 또한 아론의 제사장 직분은 불완전 하며 레위계통의 제사장 직분으로는 하나님의 은총과 구원을 온전히 얻을수 없기 때문에 멜기세덱의 발자취를 좇는 다른 제사장을 세워야 하였다. 그래서 예수 그리스도의 대제사장직은 그 신성때문에 영원하고 또한 살아 역사하게 되는 것이다.(히 7:11-18)

소돔왕이 아브람에게 "사람을 내게 보내고 물품은 네가 취하라"고 했으나 아브람은 하나님께 맹세하며 한사코 거절했고, 오직 소년들이 먹은 것과 그와 동행하여 롯을 구했던 아넬, 에스골, 마므레 (3형제)의 분깃만을 취하였다.

아브람의 물질적 욕심이 없는 깨끗한 성품은 민족의 큰 지도자이자 복의 근원이 됨을 보여주고 있다.

롯의 아내를 상징하는 소금기둥

▲ 사해 소돔지역의 산

B. 이스라엘의 시대별 역사와 지리

4. 이삭의 생애("브엘세바"에서 헤브론 "막벨라굴"까지)

	주전 1886년 (180세)	(사망) • 이삭이 나이 180세라 이삭이 나이많고 늙어 기운이 진하매 죽어 자기 열조 (헤브론, 막벨라굴)에게 돌아가니 그 아들 에서와 야곱이 그를 장사하였다.(창 35:28-29)
	1909년 (157세)	• 아들 야곱(97세)이 하란에서 귀환하였다.(아내 4명, 아들 11명, 딸 1명) 손자 베냐민(야곱의 막내 아들)이 베들레헴 초입에서 출생하였다.(라헬:출산 후 죽음)
	1929년 (137세)	• 아들 야곱(77세)이 하란으로 도피하였다. 그 아비가 야곱에게 축복한 그 축복을 인하여 에서가 야곱을 미워하여 심중에 이르기를 아버지를 곡할 때가 가까왔은즉 내가 내 아우 야곱을 죽이리라 하였다.(창 27:4)
	1943년 (123세)	• 이스마엘(137세)이 죽었으며 12 방백(아들)을 두었다.(창 25:17)
	1991년 (75세)	• 아버지 아브라함(175세)이 죽어 헤브론 막벨라굴에 장사되었다.(창 25:7-10)
브	2006년 (60세)	• 브엘 라헤로이에서 아들 쌍동이 "야곱"과 "에서"가 출생하였다. 그 아내 리브가가 잉태하였더니 아이들이 그의 태속에서 서로 싸우는 지라.... 두 국민이 네 태중에 있구나 두 민족이 네 복중에서 부터 나누이리라 이 족속이 저 족속보다 강하겠고 큰자는 어린자를 섬기리라(창 25:21-26)
엘	2026년 (40세)	• 밧단아람(하란)의 "리브가"와 브렐 라헤로이에서 결혼하였다.(창 25:19-20)
세	2029년 (37세)	• 어머니 사라(127세)가 죽어 헤브론 막벨라굴에 장사되자 아버지 아브라함은 그 후처 "그두라"를 취하였다.(창 23:1, 25:1)
바	번제시 이삭의 나이 주장 37세설 진셀베르그 (미드라쉬) 25세설 요세푸스 (유대고대사)	여호와께서 가라사대 네 아들 네 사랑하는 독자 이삭을 데리고 모리아 땅으로 가서 내가 네게 지시하는 한 산 거기서 그를 번제로 드리라. (창 22:2) → 예루살렘 (모리아산) ← 브엘세바 ↔ 예루살렘 └ 도보 3일 거리(약83km) ┘	아브라함이 눈을 들어 살펴 본 즉 한 수양이 뒤에 있는데 뿔이 수풀에 걸려 있는지라 아브라함이 가서 그 수양을 가져다가 아들을 대신 하여 번제를 드렸더라 아브라함이 그 땅 이름을 여호와이레라 하였으므로 오늘날 까지 사람들이 이르기를 여호와의 산에서 준비 되리라 하더라.(창 22:13-14)
		※ 브엘세바의 맹약 이스마일이 이삭을 희롱하는 지라 하갈과 함께 쫓겨나 브엘세바 들에서 방황하며 모자가 마주 앉아 대성통곡하니 하나님이 그 아이의 소리를 듣고 큰 민족을 이루게 하리라 하시며 샘물을 마시우며 장성하게 하였다. 이때에 우물 물로 다투던 두 사람(아브라함과 아비멜렉)이 거기서 서로 맹세(화친)하였으므로 그 곳을 브엘세바(일곱우물, 언약의 우물이라는 뜻)라 이름하였다.(창 21:9-31)
	2066년경	이삭출생 8일만에 할례받았다(아브라함 100세, 사라 90세 : 이삭이 젖뗄 무렵 이스마엘 쫓겨남)
	2067년경 2080년경	• 아브라함(99세)에게 이스마엘이 13세에 할례를 받았다.(이삭출생 1년전) • 아브라함(86세)의 첩 하갈에게서 이스마엘이 출생하였다.(이삭출생 14년전)
	주전 2091년경	하나님께서 아브라함(75세)에게 이삭 출생을 약속하였다.(이삭 출생 25년전) • 네 아내 사라가 정녕 네게 아들을 낳으리니 너는 그 이름을 이삭(웃음이라는 뜻)이라 하라. • 내가 그와 내 언약을 세우리니 그(이삭)의 후손에게 영원한 언약이 되리라.(창 17:19)

※ 밑에서 부터 위로 연대별 사건순으로 읽어 가며 이해한다.

5. 야곱의 생애("브엘세바"에서 하란-애굽-"막벨라굴"까지)

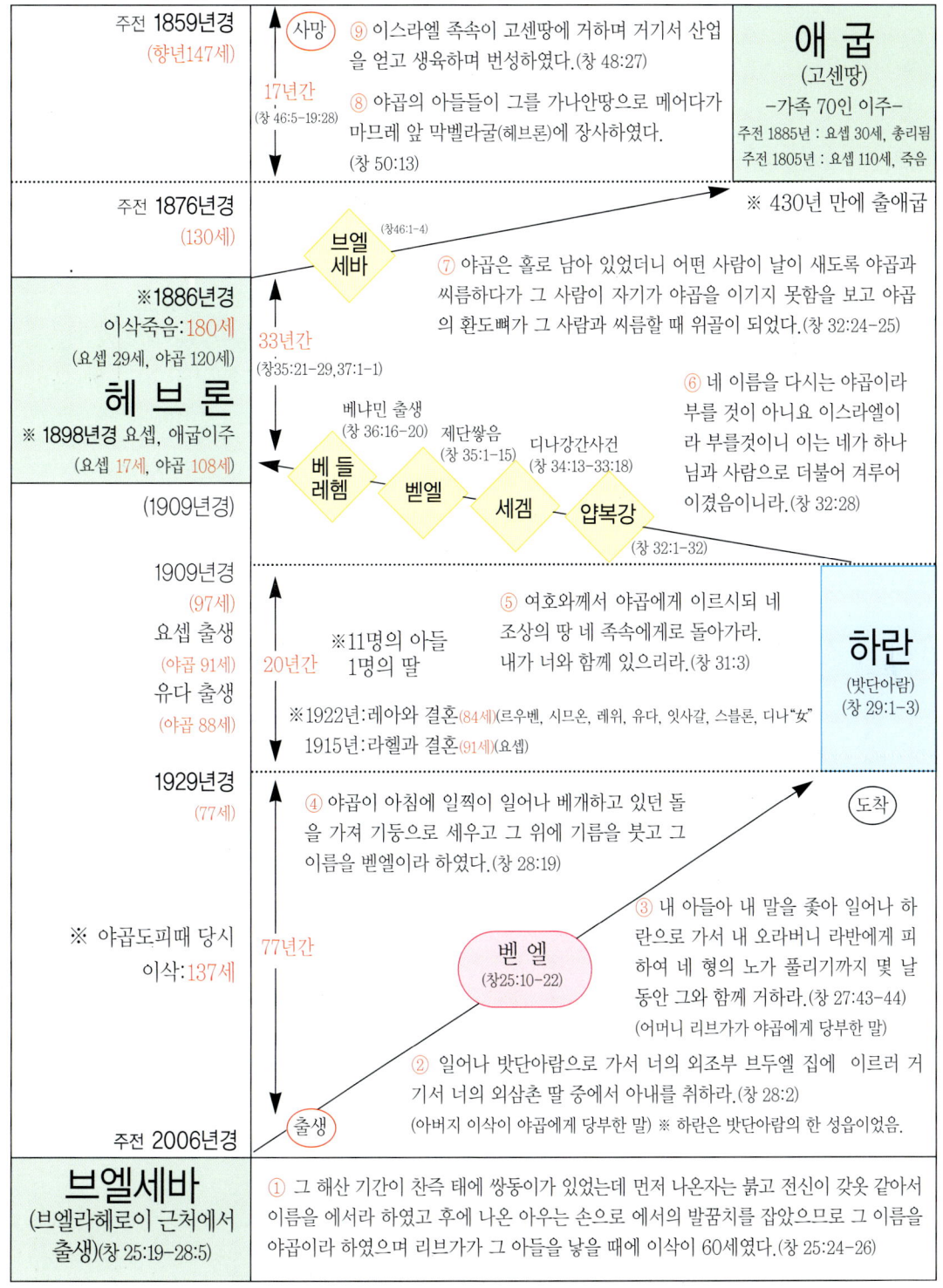

※ ①번 부터 ⑨번까지 밑에서 부터 위로 연대별 사건 순서대로 읽어 가며 이해한다.

6. 요셉의 생애 ("하란"에서 헤브론-도단-애굽-"세겜"까지)

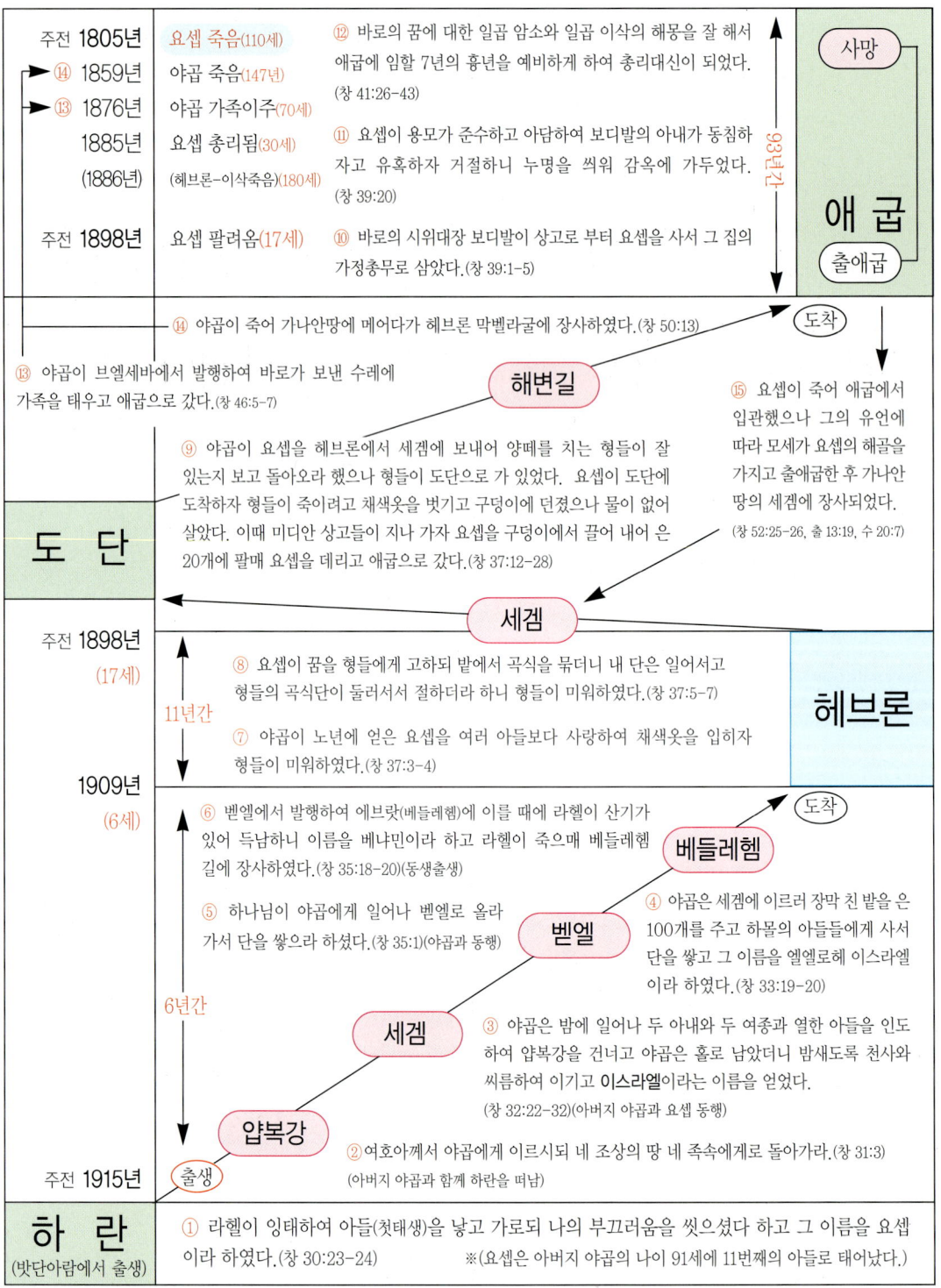

7. 열두지파의 조상 계보(系譜)

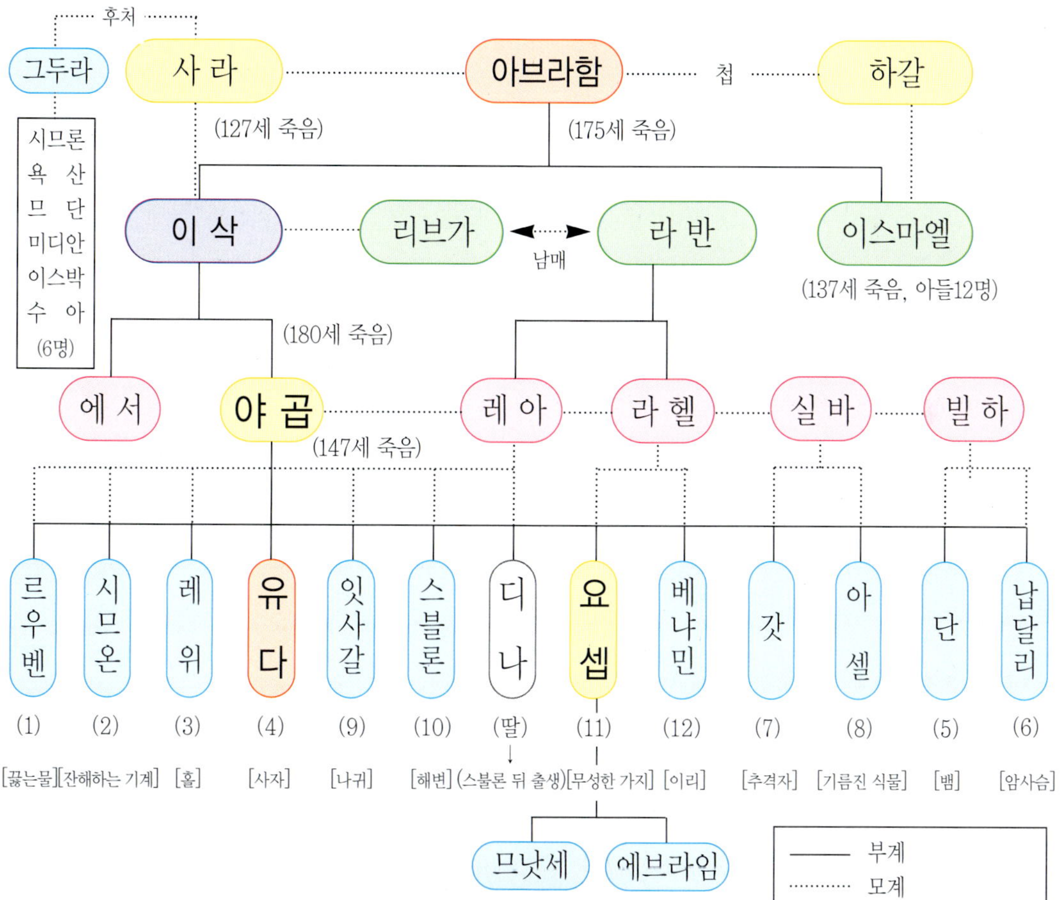

```
            후처
    ┌──────────────┐
  그두라    사 라 ········ 아브라함 ········ 첩 ········ 하 갈
           (127세 죽음)   (175세 죽음)
  시므론
  욕 산
  므 단        이 삭        리브가 ◀─남매─▶ 라 반        이스마엘
  미디안                                              (137세 죽음, 아들12명)
  이스박      (180세 죽음)
  수 아
  (6명)
         에 서   야 곱          레 아   라 헬   실 바   빌 하
                (147세 죽음)
```

르우벤	시므온	레위	유다	잇사갈	스블론	디나	요셉	베냐민	갓	아셀	단	납달리
(1)	(2)	(3)	(4)	(9)	(10)	(딸)	(11)	(12)	(7)	(8)	(5)	(6)
[끓는물]	[잔해하는 기계]	[홀]	[사자]	[나귀]	[해변]	(스불론 뒤 출생)	[무성한 가지]	[이리]	[추격자]	[기름진 식물]	[뱀]	[암사슴]

요셉 ↓ 므낫세   에브라임

─── 부계
······ 모계
( ) 형제서열
[ ] 축복시 상징(창 49장)

▲ 헤브론의 막벨라굴 위에 세워진 사원

※ 헤브론

- 예루살렘 남쪽으로 약 37km 고지대의 도시로 세계에서 제일 먼저 건설되었다.
- 다윗이 이곳에서 왕이 된후 7년 6개월 이후에 예루살렘으로 천도하였다.
- 다윗의 아들 압살롬이 이곳에서 반란을 일으켰다.
- 모세가 보낸 정탐꾼이 이곳의 골짜기에서 포도 한 송이를 따서 2인이 메고 돌아왔다.
- 막벨라 굴에는 아브라함·사라, 이삭·리브가, 야곱·레아가 묻혀있다.

8. 야곱 가족이 이주한 고센 땅

고대 애굽의 역사는 그 시대를 구분할 때에 왕조 이전시대와 왕조시대로 나누게 된다. 왕조 이전 시대는 주전 3200년 이전시대를 말한다. 그리고 왕조시대는 옛 왕조시대(The Old Kingdom, 주전 3200-2270), 중간 왕조시대(The Middle Kingdom, 주전 2270-1570), 그리고 새 왕조시대(The New Kingdom, 주전 1570-525)로 구분된다. 이집트의 기자(Giza)에 있는 피라미드(Pyramid)는 옛 왕조시대(제 3왕-제 6왕)인 주전 2690년-2270년경에 건축되었다.

아브라함은 하란을 떠나 가나안을 경유하여 주전 2100년경에 애굽으로 이동하였다. 그러므로 아브라함이 애굽에 들어오기 전에 피라미드가 건축되었음을 알 수 있다.

고대 애굽역사에 있어 중간 왕조시대 가운데 주전 1785년에서 1580년까지의 왕조시대를 제 2 중간시대(제 13왕조-제 17왕조)라고 한다. 이 시대의 100년간(주전 1680년-1589)을 가리켜 소위 힉소스 (Hyksos)시대라고 부른다. 이 왕조시대는 그들로서는 이방 민족의 통치시대인 것이다. 힉소스족은 아시아 계통의 셈족으로 주전 1710년경 부터 애굽으로 들어온 것이다. 그래서 힉소스족은 셈 계통의 히브리인들이라는 주장이다. 그 당시에 애굽의 혼란한 기회를 틈타서 이방인들이 많이 모여들어 본토의 왕을 몰아내고 주전 1680년경 부터 애굽에서 가장 비옥한 땅인 삼각주 지역과 상부 애굽의 북쪽 지방을 다스리기 시작하였다.

역사가 요세푸스에 의하면 야곱의 최초 70인 가족은 힉소스 시대에 애굽에 이주했다고 주장하고 있으나 연대를 살펴보면 힉소스 시대 보다 약 200년전인 제 1 중간시대에 속한 제 12왕조의 세소스트리스 시대에 해당된다.

야곱의 나이 130세에 이곳에 이주하여 그 후손들이 430년간(주전 1876년-1446년) 삼각주 지역의 고센땅에서 거주하였다. 애굽의 나일강은 상류의 고원에서 발원하여 총 6,671km를 강물이 흘러 지중해로 유입되고 있다. 카이로에서 부채살처럼 뻗어 지중해로 흐르는 하류 일대에 걸쳐 약 2만 4천km²의 면적을 가진 대삼각주 평야가 전개된다. 이 삼각주는 하천에 운반되어 퇴적한 물질로 비옥한 충적평야를 형성하여 곡창지대를 이루었다.

애굽의 바로(Pharaoh)는 이 삼각주 들판 가운데 "고센"이라는 지역을 지정하여 주면서 그 곳에서 야곱의 가족을 살게 하여 주었다. 고센은 다른 이름으로 "라암셋"이라고 부르

▲ 숙곳

기도하였다.

라암셋은 "태양의 도시(벧세메스)"라는 뜻을 가진 이름이다. 이를 헬라어로는 헬리오 폴리스라고 일컫고 있으나 지금의 카이로 동북방 카이로 공항 근처에 있는 헬리오폴리스가 아니고, 현재의 알 마타리야 들판이며 이곳이 고센의 수도인 온(On)이라고 주장하는 학자가 많다.

야곱이 고센땅에서 17년간 생활하다가 147세에 세상을 떠나자 요셉은 그 아버지를 가나안땅 헤브론의 막벨라 굴에 장사하였다.(창 50:12-14)

▼ 스핑크스

▼ 피라미드

- 스핑크스의 원래의 의미는 무덤을 지키는 수호신이다. 주전 2650년경 고대왕국 제 4왕조 때에 카프레왕의 스핑크스인데 피라미드 중에서 두 번째의 피라미드에 가까이 있다.
- 스핑크스 전체의 길이 약 70m, 높이 약 20m, 얼굴 너비 약 4m나 되는 거상(巨像)인데 얼굴은 상당히 파손되어 있으나 카프레왕의 생전의 얼굴이라고 한다.
- 스핑크스는 다른 돌을 옮겨와 만든 것이 아니라 그 자리에 있는 바위를 깎아 조각해서 만들었다.
- 사자의 앞 발 부분과 뒤 꼬리부분은 형체를 거의 찾아 볼수 없고 머리 부분이 많이 파손되어 원형을 찾아 보기 힘들다.

- 피라미드는 옛 바로왕들의 무덤이다.
- 이집트에는 약 80여개의 크고 작은 피라미드가 산재해 있다.
- 기자(Giza)에 있는 피라미드는 주전 2680년 조세르왕이 계단식 피라미드를 세웠다.
  오른 편에서 부터 대 피라미드, 중 피라미드, 소 피라미드는 해가 지는 서편을 향해 세워졌다. 이집트인들의 사후 세계에 대한 믿음은 곧 신앙이었고 사후 세계를 위한 네크로 폴리스(Necropolis, 무덤지대)를 대단히 중요시 했다.
- 피라미드는 하나를 건설하는데 20년 이상 걸리고 그 공사에 연 10만명이 넘는 인력이 동원 되었다. 또한 돌 하나의 길이가 평균 1m, 하나의 무게가 평균 2-2.5톤, 개중에는 돌 하나가 15톤이나 되는 것도 있으며, 총 소용된 돌은 230만개나 된다고 한다.

하나님이 택한 모세

여호와의 사자가 떨기나무 불꽃 가운데서
그에게 나타 나시니라.
그가 보니 떨기 나무에 불이 붙었으나 사라지지 아니하는지라...
하나님이 떨기 나무 가운데서 그를 불러 가라사대
모세야 모세야 하시매 그가 가로되 내가 여기 있나이다.
하나님이 가라사대 이리로 가까이 하지말라
너의 선 곳은 거룩한 땅이니 네 발에서 신을 벗으라.
또 이르시되 나는 네 조상의 하나님이니
아브라함의 하나님, 이삭의 하나님, 야곱의 하나님이니라.
모세가 하나님 뵈옵기를 두려워하여 얼굴을 가리우매
여호와께서 가라사대 내가 애굽에 있는 내 백성의 고통을
정녕히 보고 그들이 그 간역자로 인하여
부르짖음을 듣고 그 우고를 알고
내가 내려와서 그들을 애굽인의 손에서 건져내고
그들을 그 땅에서 인도하여 아름답고 광대한 땅,
젖과 꿀이 흐르는 땅에 이르려 하노라.
출애굽기 3장 2절~8절

하나님이 모세에게 이르시되 나는 스스로 있는 자니라
또 이르시되 너는 이스라엘 자손에게 이같이 이르기를
스스로 있는 자가 나를 너희에게 보내셨다 하라
출애굽기 3장 14절

III. 출애굽시대
(주전 1527년-1406년)

▲ 양치는 베두인

| B 이스라엘의 시대별 역사와 지리 |

1. 모세와 관련된 애굽왕의 계보

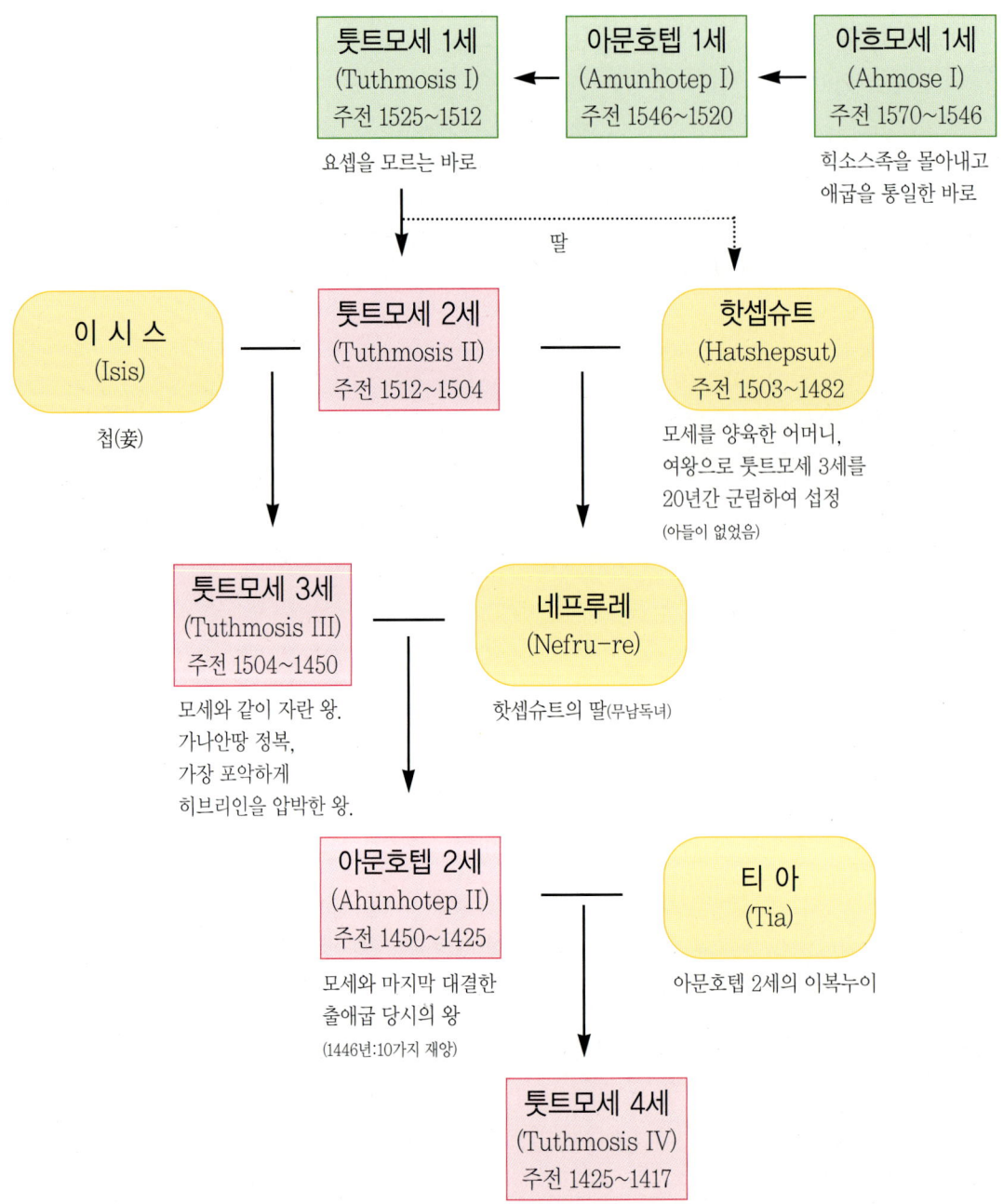

애굽 역사상 새 왕조시대(주전 1570~525)는 제 18왕조에서 제 26왕조 까지를 말한다. 제 18왕조는 애굽 역사상 가장 국력이 강성했던 시대이다. 이 시대에 룩소의 카르낙신전, 룩소신전 그리고 소위 왕들의 계곡(Valley of Kings)에 자리하고 있던 역대 애굽왕들의 무덤들이 만들어 졌다.

우리가 관심을 갖는 것은 모세가 이 시대의 인물이고 히브리인들의 출애굽이 이루어졌기 때문이다. 제 18왕조의 제 1대왕은 아흐모세 1세(Ahmose I)이다. 아흐모세 1세는 힉소스족을 몰아내고 애굽을 통일한 바로(Pharaoh)였다.

아흐모세 1세는 25년 동안 통치하였고 그 뒤를 이어 제 2대왕 아문호텝 1세(Amunhotep I)는 20년간 통치하였다. 그 뒤를 이은 제 3대왕 툿트모세 1세(Tuthmoses I)는 짧은 기간동안(주전 1525~1512) 통치하였으나 많은 일을 하였다. 모세는 주전 1527년경에 애굽의 헬리오 폴리스에서 출생하였다.

박윤선 박사의 출애굽기 주석에 의하면 출애굽기 1장 8절의 요셉을 알지 못하는 바로왕은 제 18왕조의 제 3대왕 툿트모세 1세였을 것이라고 주장하고 있다.

애굽 제 18왕조 제 5대의 여왕 핫셉슈트(Hatshepsut, 주전 1503~1482, 모세의 양어머니)는 툿트모세 1세의 장녀로 이복형제인 제 4대왕 툿트모세 2세(1512~1504)의 왕비였다. 그러나 핫셉슈트에게 아이가 없었기 때문에 투트모세 2세의 큰 첩 소생인 서출 툿트모세 3세(주전 1504~1450)가 제 6대 왕위를 계승하였다. 그러나 나이가 어렸기 때문에 여왕은 정통 왕위 계승권을 주장 20년간 섭정을 하였다.

툿트모세 3세는 모세와 같이 자랐으며, 역대 바로 중에 가장 포악하여 애굽에 살고 있던 히브리인들에게 심한 노동을 시키고 압박을 하였다.

툿트모세 3세(주전 1504~1450)의 아들로서 왕위를 계승한 자는 제 7대왕 아문호텝 2세(Amunhotep II, 주전 1450~1425)이다. 제 8대왕 툿트모세 4세(주전 1425~1417)는 아문호텝 2세와 티아(Tia)사이에서 태어난 아들로서 그 뒤를 이은 왕이다.

성경의 열왕기상 6장 1절에 의하면 솔로몬이 성전 건축을 시작한 해는 출애굽 사건 이후 480년이 지난 솔로몬 즉위 제 4년이라고 밝히고 있다. 솔로몬이 주전 970년에 즉위 했으며, 즉위 한지 4년 이면 주전 966년이다. 따라서 출애굽 시기는 주전 1446년이다.

이스라엘 민족의 출애굽 한 연대가 주전 1446년이라고 볼 때에 새 왕조시대의 툿트모세 3세와 툿트모세 4세의 중간기간인 아문호텝 2세(Amunhotep II, 주전 1450~1425)의 통치기간에 출애굽이 이루어진 것으로 추정된다. 더욱이 약 4600년 전에 세워진 스핑크스(Sphinx)에 얽힌 전설에 의하면 아문호텝 2세 때에 출애굽한 연대의 배경을 밝혀주고 있다.

거대한 스핑크스(높이 21m, 길이 57m)의 양발 앞을 잘 보면 조그마한 비석하나를 발견할 수 있다. 이른바 "꿈의 비석"(Dream Stela)이라 부르는 이 비석은 툿트모세 4세(Tuthmoses IV)가 세운 것인데 다음과 같은 기록이 전해오고 있다.

툿트모세 4세가 왕이 되기 전 어느 날 피라미드 근처에서 낮잠을 자다가 꿈을 꾸게 되었는데 꿈속에 천사가 나타나서 누워 있는 곳을 파라고 하였다. 그러면 왕관을 씌워준다고 하였다. 툿트모세 4세가 급히 인부를 데리고 와서 누운 곳을 팠더니 오늘날 볼 수 있는 이 거대한 스핑크스를 발견하게 되었다는 것이다. 그 당시 툿트모세 4세는 형이 한 명 있어서 도저히 왕이 될 수 없는 상황이었는데 모세가 그의 아비 아문호텝 2세와 대결 했을 때 마지막 재앙인 장자의 죽음 사건으로 인하여 형(Webesenu)이 죽고 말았다. 그래서 툿트모세 4세는 차남임에도 불구하고 아버지인 아문호텝 2세의 뒤를 이어 왕이 된 것이다.

카이로 박물관에 가게 되면 아문호텝 2세와 장자 시체가 함께 두 구가 한 관에 들어 있다는 사실을 확인할 수 있다.

▲ 애굽의 바로 소년왕 투타카멘의 황금 마스크

▼ 알렉산드리아의 마가기념 교회

▲ 카이로의 국립박물관 전경

※ 모세에 의해 이스라엘 백성이 출애굽한 후 신약시대에 "마가"에 의해 복음이 전파되어 현재 이집트에 콥틱 기독교인들이 750만명이나 된다.

2. 애굽 바로들의 가나안 땅 침공

아브라함이 애굽으로 내려간 것과 요셉이 애굽에서 총리가 된 것은 셈족계의 힉소스족이 애굽을 지배하고 있던 시대와 밀접한 관계가 있다.
그러나 힉소스족의 세력은 테베에서 시작된 애굽의 해방운동으로 인하여 주전 1570년경 애굽 제 18왕조의 창건자인 아흐모세 1세(Ahmose I)에 의해 애굽에서 축출되었다.

(1) **아흐모세 1세**(주전 1570년-1546년경)
- 힉소스족의 근거지인 아바리스(타니스)를 점령하였다.
- 힉소스족을 쫓아낸 후 가나안 땅까지 진출하였다.

(2) **툿트모세 1세**(주전 1525년-1512년경)
- 가나안 땅을 거쳐 시리아와 유프라테스강 북부지역까지 진출하였다.
- 요셉을 모르는 바로였다.

(3) **툿트모세 2세**(주전 1512년-1504년경)
- 요셉을 모르는 바로인 툿트모세 1세의 아들이다.
- 모세를 나일강에서 건져 궁중에서 기른 핫셉슈트 공주의 남편(남매간)이다.
- 왕후인 핫셉슈트는 내정에 힘쓰고 평화와 외교 그리고 신전 수축에 주력하였다.

(4) **툿트모세 3세**(주전 1504년-1450년 재임)
- 툿트모세 2세와 첩(이시스)사이에서 태어난 아들로 모세와 함께 성장하였다.
- 핫셉슈트의 무남독녀인 네프루레와 결혼(이복 남매간)하였으나.
- 나이가 어렸기 때문에 핫셉슈트 여왕이 20년간 섭정을 하였다.
- 가나안 땅을 첫 원정하여 므깃도에서 가나안 열방 동맹군을 격멸하였다.
- 가나안과 시리아를 무려 일곱번 출정하여 대 애굽제국을 건설하였다.

  (카르낙신전의 벽에 전승 기록을 남겼음)

(5) **아문호텝 2세**(주전 1450년-1452년 재임)
- 툿트모세 3세와 핫셉슈트의 딸 네프루레나와의 사이에서 태어났다.
- 모세와 10가지 재앙으로 대결한 왕이다.
- 아문호텝 2세때에 출애굽이 이루어 졌다.

  (주전 1446년경)

▲ 애굽왕 툿트모세 3세의 가나안땅 침공

3. 모세의 생애 (헬리오폴리스에서 느보산까지)

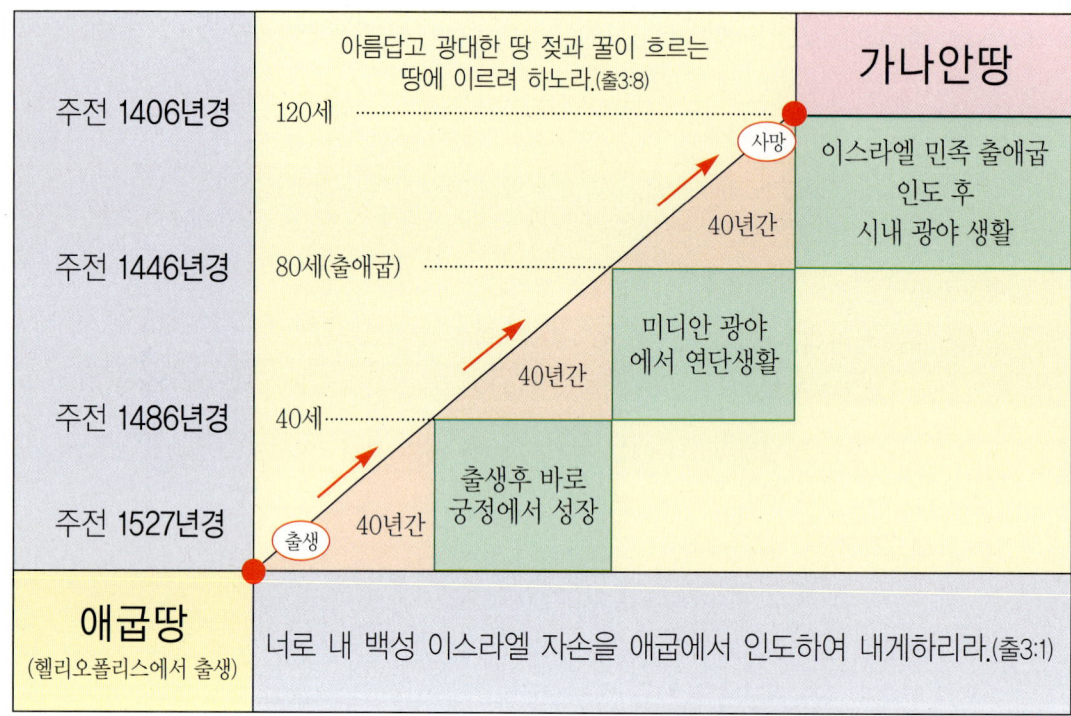

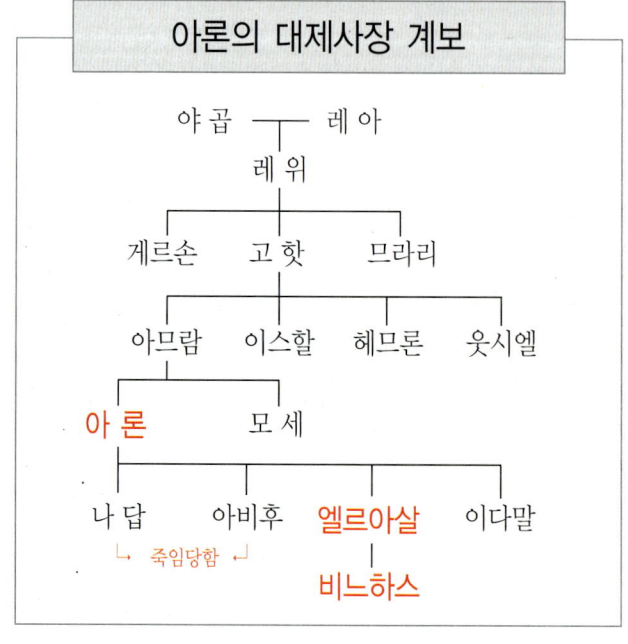

4. 출애굽 경로

5. 이스라엘 백성의 출애굽

이스라엘 백성은 애굽에서 430년 동안의 노예생활을 청산하고 "여호와의 밤"(출 12:40-42)에 모세의 인도로 드디어 출애굽을 하게 되었다.

모세가 태어날 당시에 히브리인의 남자는 출산시 조산부에게 다 죽이도록 했고, 출애굽 직전에는 바로(Pharaoh)를 위하여 이스라엘 백성에게 비돔(Pithom)과 라암셋(Raam ses)을 건축하게 하였다. 그리고 노역(勞役)을 엄하게 하여 고역으로 생활을 괴롭게 하고 흙이기기와 벽돌굽기와 농사의 일을 엄하게 하였다. 그때에 라암셋에서 출애굽이 시작되었다.(출 12:37)

새 왕조시대의 바로인 아문호텝 2세(Amunhotep Ⅱ)때에 출애굽이 시작되어 장정만 60만명으로 많은 생축이 그들과 함께 하였다. 비돔(Pithom)은 동북 이집트에 있는 팀사호(Timsah Lake) 서쪽의 텔 에르레타베(Tel er Retabeh)에 위치하였다.

라암셋(Raam ses)은 옛 힉소스의 수도인 아바리스(Avaris)를 말한다
성경에 의하면 헤브론 보다 7년 뒤에 세워진 소안(민 13:22)은 다미에타(Damietta)의 남동쪽 약 29km지점에 있는 애굽의 국고성 이었다. 이곳 소안을 희랍인은 "타니스"라고 불렀고, 힉소스 왕은 "아바리스"라고 불렀다

세티 1세와 람세스 2세에 의해 재건되어 다시 도읍지가 되면서 람세스에 의해 "람세스의 집"으로 불려지며 기념비까지 세워졌고 주후 11세기까지 "람세스의 집"으로 불리어 오다가, 그 후에 타니스(Tanis)라는 이름으로 부르게 되었다. 오늘날 타니스(Tanis-소안)에 도시는 형성되어 있지 않고 사막의 옛 성터 안에 유적과 석조 기념물이 많이 남아 있다.

숙곳(Succoth)은 이스라엘 백성이 출애굽을 시작하여 최초로 장막을 친 곳이다.
이스라엘 백성이 항오를 지어 나올 때 요셉의 해골을 가지고 나와 그들이 "숙곳"에서 발행하여 광야 끝 **"에담"**에 장막을 쳤고 낮에는 구름 기둥, 밤에는 불 기둥이 백성 앞에서 떠나지 않고 주야로 진행하게 하였다.(출 13:18-22)

이스라엘 백성이 처음 장막을 쳤던 숙곳에는 오늘날 이스마일리아와 자가지그의 중간 지점에 위치한 엘 쿠아사신(EL Qassasin) 마을이 있다. 이 작은 마을 앞에는 카이로와 이스마일리아 간의 운하의 강물이 흐르고 뒤에는 사막이 펼쳐져 있을 뿐이다. 필자가 3차에 걸쳐 현지를 답사 했으나 유적의 어떤 흔적도 발견할 수 없었다.

출애굽시 시나이 반도를 통과할수 있는 길은 크게 세 가지로 추정할 수 있다.
(1) 북쪽 지중해 연안의 고대 국제 해안도로를 따라 가나안땅으로 들어가는 지름길, (2) 시나이 반도의 중앙을 가로 질러 가데스바네아로 향하는 지름길, (3) 시나이 반도를 우회하여 홍해 연안을 따라 먼길로 시내산을 향하는 길이다.

당시 애굽에서 가나안으로 가는 국제 해안도로의 길은 블레셋의 가사(Gaza)로 통하는 군사도로 였으므로 블레셋 군대의 완강한 저항에 의한 치열한 전쟁은 불가피한 상황이었다.

하나님께서는 블레셋 사람의 땅의 길은 가까울지라도 그들을 그 길로 인도하지 아니 하셨으니 이는 하나님이 말씀하시기를 이 백성이 전쟁을 보면 뉘우쳐 애굽으로 돌아갈까 하셨음이었다. (출 13:17)

따라서 출애굽시에 북쪽의 격전이 예상되는 지름길인 해안도로를 피하고, 굳이 시나이 반도 중앙의 지름길을 택하지 않았으며, 하나님께서 모세와 약속한 시내산 언약을 이루기 위하여 우회적인 홍해 연안의 먼길을 택하게 된 것이다.

즉, "너와 함께 있으리라, 네(모세)가 백성을 애굽에서 인도하여 낸 후에 너희가 이 산(시내산)에서 하나님을 섬기리니 이것이 내가 너를 보낸 증거니라" 하셨다.(출 3:12)

또한 논란이 되고 있는 "출애굽시 건넜던 홍해의 위치"는 세 군데 지역으로 주장이 엇갈리고 있다. (1) 북쪽의 아바리스 동쪽에 위치한 멘잘레호(Menzaleh Lake)의 하구 인접지역, (2) 수에즈만에 인접해 있는 비터호(Bitter Lake)의 지역, (3) 수에즈만 내의 홍해의 해상지역을 건너는 세 가지의 길이다.

역사 고고학자들에 따르면 출애굽 시기에 수에즈만 상단부는 오늘 날보다 훨씬 더 북쪽이었는데 토사가 밀려와 많은 부분이 매꿔졌다고 한다.

▲ 현 이집트 콥틱 기독교 성서에 첨부된 부록의 출애굽 경로 (이집트에서 저자 입수)

따라서 비터호를 통과한 출애굽 경로는 긍정적인 지지를 많이 받고 있다. 그러나 오늘날의 비터호와 동일시 할 수는 없다.

통상 고고학적(考古學的)인 면을 생각지 않고 오직 현실적인 상황의 시각으로만 보기 때문에 오늘날의 수에즈만 내의 홍해 해상지역을 출 애굽 경로의 현장으로 보는 경향이 많다.

그러나 이집트 콥틱교회의 아랍어 성경에 부록으로 붙어 있는 출애굽 경로는 아바리스의 동쪽에 있던 갈대 바다인 멘잘레(Menzaleh)호 하구의 오늘날 엘 콴타라(El Qantara, 수에즈

▲ 성 케더린 수도원

운하 도하지역)에서 멀지 않은 곳을 건넌 후 홍해 연안을 따라 시내산으로 향한 길이 도시 되어 있다. 애굽 원주민의 후손인 콥틱교인 들이 알고 있는 출애굽 경로에 대해서 관심을 갖고 연구해 볼 가치가 있다.

출애굽시 건넜던 바다 이름은 히브리어로 얌숲(Yam Suph)으로 "갈대바다"라는 뜻이다. 영어로 Reed Sea(갈대바다)인데 Reed의 e가 빠져 Red Sea(홍해)로 되었는지는 몰라도 모세가 건넜던 바다는 갈대가 우거진 곳일 확률이 높다.

출애굽 한지 4일째 되는 날에 바로의 마음이 변하여 병거 600승을 가지고 추격해 왔다. 2일만에 따라 잡은 날은 6일째 되는 날 아빕월 21일 밤이었다. 그 즈음에 이스라엘 백성은 바알스본 맞은편 바닷가의 "비하히롯"에 장막을 쳤을 때였다.(출 14:1-2) 그들은 모세에게 매장지가 없으므로 우리를 이끌어 내어 이 광야에서 죽게 하느냐 하며 애굽 사람을 섬기는 것이 광야에서 죽는 것보다 낫겠다고 원망하였다. 이때 모세는 "너희는 두려워 말라. 오늘 본 애굽 사람을 또 다시 보지 못하리라. 여호와께서 너희를 위하여 싸우시니 너희는 가만히 있으라"고 안심 시켰다.(출 14:10-14)

여호와께서 모세에게 이르시되 "너는 어찌하여 내게 부르짖느뇨, 이스라엘 자손을 명하여 앞으로 가게하고 지팡이를 들고 손을 바다위로 내밀어 그것으로 갈라지게 하라. 이스라엘 자손이 바다 가운데 육지로 행하리라"(출 14:15-16) 하시고 하나님께서 구름 기둥을 뒤로 옮겨 뒤따라오는 애굽진 사이에 두시고 애굽진에는 밤새 구름과 흑암을 이스라엘 진에는 광명을 주셨다.

모세가 지팡이를 들고 손을 바다 위로 내밀자 하나님께서 큰 동풍으로 밤새도록 바닷물을 물러가게 하셨고, 이스라엘 백성들이 바다에서 육지로 나아갈 때는 그들의 좌우에 물로 벽이 만들어졌다. 새벽이 되어 애굽 군대가 그 뒤를 쫓아 바다 가운데로 들어오자 하나님께서는 애굽 군대를 혼란스럽게 하고 병거 바퀴를 벗겨서 달리기 곤란하게 하셨다. 그리고 모세에게 손을 바다 위로 내밀어 물이 다시 애굽 사람들과 병거들과 마병들 위에 흐르게 하셨다. 그리하여 애굽 군대를 하나도 남기지 않고 물로 덮어 버렸다.

홍해 바다를 가르고 이스라엘 백성을 구원한 것과 다시 바다를 덮어 애굽 군대를 수장(水葬)한 것은 하나님께서 구원과 심판의 이중성을 보여 주신 것이다.

모세는 이스라엘 백성을 이끌고 홍해를 건넌 후 마라, 엘림, 르비딤을 거쳐 출애굽 한지 3개월 만에 시내산 지역에 도착하여 1년간 머물렀다.

마라(Mara)는 히브리어의 뜻으로 "쓰다"는 말이다. 이곳은 수에즈 운하에서 약 54km 지점으로 이스라엘 백성이 홍해를 건넌 후 처음으로 장막을 친 곳이다.

모세가 홍해에서 이스라엘을 인도하매 그들이 나와서 수르 광야로 들어가서 거기서 사흘 길을 행하였으나 물을 얻지 못하고 마라에 이르렀더니 그 곳 물이 써서 마시지 못하겠으므로 그 이름을 "마라"라 하였더라. 백성이 모세를 대하여 모세가 여호와께 부르짖었더니 여호와께서 그에게 한 나무를 지시하시니 그가 물에 던지매 물이 달아졌다.(출 15:22-25)

그뿐 아니라 법도와 규례를 정하시고 청종하고 잘 지키면 모든 질병의 하나도 내리지 않으시는 치료의 여호와이심을 약속하신 곳이다. 지금은 오윤무사(Oyun Musa)로 모세의 샘(Spring of Mose)이란 뜻으로 부르고 있다.

엘림(Elim)은 수에즈 운하에서 약 290km, 마라에서 남쪽으로 약 230km 지점에 위치하고 있다. 엘림은 히브리어로 큰 나무라는 뜻이다. 이스라엘 백성이 마라에서 물을 달게 만들어 목을 축인 뒤, 그들이 엘림에 이르니 거기 물샘 열둘과 종려 칠십 주가 있는지라 거기서 그들이 그 물 곁에 장막을 치게 되었다.(출 15:17) 물이 많아 장막을 치고 쉬었던 엘림 땅은 12개의 샘 중 7개의 샘이 아직도 남아 있으며 장막을 쳤던 곳에 정착한 마을도 현존하지만 종려나무는 사라져 버리고 주변에 심어 놓은 나무들이 몇 그루가 있다. 지금의 이름은 엘 투르(El Tur, El Tor)라 부르며 시나이 서쪽지역의 도청 소재인 제법 큰 도시이다.

이스라엘 백성이 2개월 15일만에 엘림과 시내산 사이 신광야에 이르렀다.

▲ 성 케더린 수도원 안에 있는 떨기나무

신 광야(Sin Wildeness)에 이르러 이스라엘 온 회중이 모세와 아론을 원망하여 이르되 "우리가 애굽 땅에서 고기가마 곁에 앉아 있을 때와 떡을 배불리 먹던 때에 여호와의 손에 죽었다면 좋았을 것을 너희가 이 광야로 인도하여 내어 이 온 회중으로 주려 죽게 하느냐" 하며 불평을 하였다.

이때에 여호와께서 이스라엘 자손의 원망함을 듣고 저녁에 "메추라기"를 아침에는 "만나"를 주어 양식으로 먹게 하였다. 만나는 인수대로 매명에 하루에 한 오멜씩(약 2.3kg)내려 주었다. 평일에 한 오멜을 넘게 거두어 남으면 벌레가 생기고 냄새가 나서 못 먹었다. 그러나 6일에는 다음 날 안식일분까지 2일분을 거두어도 벌레가 생기거나 냄새가 나지 않았다. 만나는 시내 광야와 요단 동편에 이르기까지 40년간 내려주어 양식으로 삼게 하였으며 가나안 지경(길갈)에 이르러 그쳤다. (출 16:1-36)

르비딤(Rephidim)은 히브리어로 "평야"라는 뜻이다. 신 광야와 시내 광야 사이에 있는 시나이 반도에서 가장 큰 오아시스이다. 현재의 지역 이름은 파이란 오아시스(Fairan Oasis)라 부른다.

신 광야를 떠나 돕가와 알루스에 장막(민 33:13)을 친 후 발행하여 르비딤에 장막을 쳤을 때 백성이 마실 물이 없었다. 그리하여 백성들이 모세를 원망하고 다투었다.

그리하여 모세가 여호와께 부르짖었다. 여호와께서 모세에게 이르시되 백성 앞을 지나가서 이스라엘 장로들을 데리고 하수를 치던 네 지팡이를 손에 잡고 가라 내가 거기서 호렙산 반석 위에 너를 대하여 서리니 너는 반석을 치라 그것에서 물이 나리니 백성이 마시리라 모세가 이스라엘 장로들의 목전에서 그대로 행하여 물을 내게 하였고 이 사건과 관련하여 그 곳 이름을 "맛사"(시험하다)라 또는 "므리바(다투다)"라 부르게 되었다. (출 17:1-7)

르비딤은 출애굽 후 이방인과의 처음 전쟁에서 승리한 곳이다. 여호수아가 모세의 말대로 행하여 아말렉과 싸우고 모세와 아론과 훌이 산꼭대기에 올라가서 모세가 손을 들면 이기고 내리면 아말렉이 이기더니 모세의 손을 해가 지도록 내려오지 않도록 붙들어 올렸더니 그 손이 해가 지도록 내려오지 아니한지라. 여호수아가 칼날로 아말렉과 그 백성을 쳐서 파하니라 모세가 단을 쌓고 그 이름을 **여호와 닛시**라 하였다. (출 17:8-15)

이곳에서 모세는 장인 이드로의 말을 듣고 온 백성 가운데 재덕이 겸전한 자 곧 하나님을 두려워하며 진실무망하며 불의한 이(利)를 미워하는 자를 빼서 백성 위에 세워 천부장, 백부장, 오십부장, 십부장을 삼아 그들로 때를 따라 재판하게 하였다. (출 18:21-22)

이스라엘 백성은 시내광야에서 약 1년을 보낸 후에 다시 가나안 땅을 향해 북쪽으로 진행하여 **다베라**(Tabera, 민 11:1-3)와 **기브롯 핫다와**(Kibroth-Hattaavah)에서 하나님의 진노와 심판을 받고 큰 재앙을 입었다.

다음 진행지인 **하세롯**(Hazeroth)에서 미리암은 모세가 구스 여자와 결혼한 것을 비방 했기 때문에 문둥병에 걸렸다. (민 12:1-15)

이스라엘 백성은 하세롯에서 진행하여 바란 광야에 진을 치고 이곳에서 12정탐꾼을 가나안 땅에 보냈다.

바란 광야(Baran wildeness)는 진 광야(Zin wilderness)와 가데스바네아를 포함한 넓은 광야이다. 이 바란광야에서 이스라엘 백성들은 약 38년간 방황하며 활동 하였다. 가데스바네아(Kadesh Barnea)에서 백성이 물이 없어 불평하자 여호와께서 모세에게 반석을 명하여 물을 내라 하였다. 그러나 모세는 하나님의 명령을 거역하여 반석을 지팡이로 두 번 쳐서 물을 솟게 하였다.(민 20:1-13) 이와같이 하나님의 거룩하심과 영광을 가리움으로 가나안땅에 들어가지 못하는 결정적인 계기가 된 장소이다.

이곳이 실제 12명의 정탐꾼을 가나안 땅에 파견한 곳이며 12명의 정탐꾼이 40일동안 정탐을 마치고 돌아 왔을때 보고를 듣고 백성들이 모세와 아론을 죽이려고 할 때 여호와께서 막으셨다. 가나안 땅에 들어 가리라 예언한 곳이다.(민 14:30) 또한 모세의 누이 미리암이 죽어 이곳에 장사 되었다.(민 20:1)

호르산(Mt, Hor)에 가데스바네아로 부터 이동해 와서 진을 쳤다. 이곳에 아론이 죽어 묻혔고, 그의 아들 "엘르아살"이 대신하여 제사장이 되었다.(민 33:37-41) 엘르아살은 이곳에서 여호수아에게 안수하여 모세를 대신한 이스라엘의 지도자가 되게 하였다. (민 27:22-23)

가데스바네아와 호르산의 두 곳에 진을 쳤을 때 가나안땅 남쪽 지방으로 들어 갈려고 시도 했으나, 아말렉군대와 가나안군대의 완강한 저항으로 좌절되어 진로를 남쪽으로 되돌려 내려와 아카바만의 에시온게벨을 경유하여 에돔 및 모압 지역을 통과하여 요단동편 느보산(Mt. Nebo)에 이르렀다.

▲ 밧모섬을 향한 지중해의 선상에서 저자 촬영(1997. 9.23)

6. 모세가 십계명을 받은 시내산(Mt. Sinai)

시내산은 카이로에서 415km지점, 척박한 시나이 반도의 남쪽, 황량한 검붉은 바위산 가운데 해발 2,285m 높이의 호렙산(출 3:1)을 말한다.

시내(Sinai)는 히브리어로 "가시덤불"이라는 뜻이며 호렙(Horeb)은 "건조한 곳"이라는 뜻이다. 출애굽하여 엘림에서 떠나 엘림과 시내산 사이 신 광야에 이르니 애굽에서 나온 후 제 2월 15일 이었다.(출 16:1) 이곳에 최초로 시내산이라는 이름이 성경에 기록되었다.

애굽의 초기 콥틱교회의 수도사들은 이 산을 호렙산으로 부름과 동시에 여호와께서 강림하신 산이라 하여 "하나님의 산"(Mt. of God, 출 3:1)이라 불렀다.

아랍인들은 게벨무사(Gebal Musa)라고 불러 왔는데 "모세의 산"이라는 뜻이다.

(1) 모세는 나이 40세 때에 바로의 낯을 피하여 미디안(Midian)땅으로 애굽에서 피난하여 나온 곳이다. 미디안은 지금의 시내산이 위치한 땅이며 미디안의 제사장 이드로의 딸 십보라(Zipporah)와 결혼하여 자녀를 낳고 장인의 양떼를 치며 시내산 일대에서 기거 하였다.(출 2:16-21)

(2) 모세가 나이 80세 때에 하나님의 산 호렙에서 이스라엘 백성을 인도해 낼 지도자의 사명을 받은 곳이다. 모세가 하나님의 산 호렙에 이르매 여호와의 사자가 떨기나무 불꽃 가운데서 그에게

▲ 장엄한 시내산

나타 나시니라. 그가 보니 떨기나무에 불이 붙었으나 사라지지 않는지라. 여호와께서 그가 보려고 돌이켜 오는 것을 보신지라 하나님이 떨기나무 가운데서 그를 불러 가라사대 모세야 모세야 하시매 그가 가로되 내가 여기 있나이다. 하나님이 가라사대 이리로 가까이 하지 말라 너의 선 곳은 거룩한 땅이니 네 발에서 신을 벗으라.(출 3:1-5) 이제 내가 너를 바로에게 보내어 너로 내 백성 이스라엘 자손을 애굽에서 인도하여 내게 하리라 명하셨다.(출 3:10)

(3) 모세가 이스라엘 백성을 출애굽 시킨 후 시내산에서 십계명과 율법을 받은 곳이다. 그때에 내가 돌 판들 곧 여호와께서 너희와 세우신 언약의 돌 판들을 받으려고 산에 올라가서 사십 주야를 산에 거하며 떡도 먹지 아니하고 물도 마시지 아니하였더니 여호와께서 두 돌 판을 내게 주셨나니 그 판의 글은 하나님이 친수(親手)로 기록하신 것이요 너희 총회 날에 여호와께서 산상 불 가운데서 너희에게 이르신 말씀이니라.(신 9:9-10) 그러나 모세가 이스라엘 백성을 본즉 하나님 여호와께 범죄하여 자기를 위하여 송아지를 만들어서 급속히 여호와의 명하신 도를 떠났기로 내가 그 두 돌 판을 두 손에서 들어 던져 너의 목전에서 깨뜨렸노라.(출 9:16-17) 그러나 여호와께서 모세에게 이르시기를 너는 처음과 같은 두 돌 판을 다듬어 가지고 산에 올라 나에게 나아오고 또 나무궤 하나를 만들라 네가 깨뜨린 처음 판에 쓴 말을 내가 그 판에 쓰리니 너는 그것을 그 궤에 넣으라 십계명을 처음과 같이 그 판에 쓰시고 그것을 내게 주시기로 내가 싯딤 나무로 만든 궤에 넣었더니 지금까지 있느니라 하였다.(신 10-1-5)

(4) 모세가 성막을 처음 친 곳이 시내산이었다.(출 26:1-37)

(5) 엘리야 선지자가 이세벨을 피하여 40일만에 이 산에 이르렀다.(왕상 19:8)

시내산 정상에 올라 가서 태양이 떠오르는 일출의 장관을 보기위해 숙소에서 새벽 2시경에 일어 나야 한다. 정상 등정의 출발 지점인 성 케더린 수도원 까지는 통상 차량편으로 이동 한다. 이곳 에는 두길의 등정 코스가 있다. 한 코스는 (1) 낙타를 타고 올라가는 길이다. 성 케더린 수도원 뒤편에 낙타 몰이꾼이 대기하고 있어서 요금만 주면 편리하게 낙타를 타고 올라갈 수 있다.

다른 한 코스는 (2) 수도사들이 참회의 뜻으로 만든 3,750개의 계단을 따라 계곡으로 걸어 올라가는 길 이다. 통상 낙타를 타고 올라 갔다가 내려 올 때는 도보로 참회의 계단을 따라 하산하게 된다. 등정 소요 시간은 올라 가는데 3시간 내려 오는데 2시간이 걸린다.

참회의 계단으로 700 계단 정도 올라가다 보면 엘리야가 여호와의 목소리를 들었다는 곳의 동굴에

▼ 싯딤나무

※ 조각목과 싯딤나무로 법궤를 만들었다

엘리야 예배소가 있다.(왕상 19:8) 또 그리스 정교회 소속의 엘리야와 엘리사를 위한 두 개의 예배소가 있다. 이 곳의 우물가는 모세가 여호와를 향해 올라간 동안 장로들이 기다리던 장소라고 한다.(출 24:1-2)

시내산 정상에는 옛날 모세가 십계명을 받은 것을 기념하고 순례자들을 위해 세웠던 교회 유적 터에 1934년에 교회가 다시 세워졌고, 이슬람 순례자들을 위해 모스크도 세워져 있다.

모세가 하나님을 만난 하나님의 산 정상에 올라가서 새벽 예배를 드리며 기도와 찬송을 할때 마음속에 한없는 기쁨과 감동이 넘친다. 시내산의 깊숙한 계곡에 여명이 서서히 밝아오고 멀리 동녘에서 점차 붉은 태양이 떠오르는 일출의 모습은 주변의 검붉은 돌산의 아름다운 산봉우리들을 더욱 찬란하게 비추며 장엄하고 황홀한 신비의 광경을 연출한다.

▲ 낙타들의 한가로움(광 야)

7. 시내산의 성막(聖幕)과 법궤(法櫃)의 이동경로

이스라엘 백성이 여호와의 밤에 라암셋에서 출애굽 해서 항오를 지어 나올 때 모세가 요셉의 해골을 가지고 나와 그들이 "숙곳"에서 발행하여 광야 끝 "에담"에 장막을 쳤고 낮에는 구름 기둥, 밤에는 불 기둥이 백성앞에서 떠나지 않고 주야로 하나님께서 비추어 주는 가운데 진행하게 되었다.(출 13:19-20)

홍해를 건넌 후 출애굽 한지 둘째 해의 1월 1일에 모세가 하나님이 지시한대로 브사렐로 하여금 시내산에 성막을 만들어 세웠다.(주전 1444년, 출 37:1-9)

성막을 증거막(민 1:53), 장막(출 25:9), 회막(출 29:42), 법막(대하 24:6), 여호와의 집(삼상 1:7), 여호와의 전(삼상 1:9, 왕상 3:1), 하나님의 집(삿 18:32), 하나님의 처소(행 7:46)등의 여러 이름으로 불렀다.

장막(오헬, אהל)이라는 원어는 텐트(Tent)라는 뜻이다. 성막의 겉 모양이 이동할수 있는 텐트와 같기 때문이다. 그러나 법궤(증거궤. 언약궤)가 있는 성막, 증거막, 법막은 다른 명칭들과 구별 되기도 한다.

성막(미쉬칸, משכן)은 원어로 "거처 한다"는 뜻이다. 다시 말해서 하나님이 임재하심을 뜻한다. 모세는 시내산에서 하나님께서 친수로 쓴 두 돌판의 십계명과 율법을 받았다.(신 4:13) 그리고 증거판(십계명이 새겨진 돌판)을 넣을 증거궤(법궤, 언약궤)를 만들어 성막의 가장 거룩한 장소인 지성소(至聖所)에 위치 시켰다. 지성소에는 제사장도 들어 갈수 없으며 오직 대 제사장만이 1년에 한번 7월 10일 온 민족이 1년 동안 지은 죄를 속죄하는 대속죄일(유대력 티슈리 10일;양력 9. 10월)에 짐승의 피를 가지고 들어 갈수 있는 곳이다.(레 16:11)

법궤 안에는 십계명의 두 돌판(출 31:18)과 광야에서 먹었던 만나(출 16:31)의 금항아리 그리고 아론의 싹난 지팡이(민 17:1-7)의 세 가지가 들어 있었다.

십계명은 영을 위한 양식을, 만나는 육신을 위한 양식을, 싹난 지팡이는 부활의 새 생명을 뜻한다. 법궤는 장(長)이 2규빗 반(가로 112.5㎝), 광(廣)이 1규빗 반(세로 67.5㎝), 고(高)가 1규빗 반(높이 67.5㎝)의 크기로 조각목(皂角木)의 목제로 만들어 졌다

법궤의 안팎을 정금으로 싸고, 상단 밖의 둘레에 돌아가며 금테가 둘러져 있고 금고리 4개가 붙어 있다. 그리고 법궤를 어깨에 메는 채는 조각목을 금으로 싸서 만들었다.(출 37:1-9, 40:17-19)법궤 위에 속죄소(贖罪所)가 있고 속죄소 양 끝에 두 그룹(Cherubim)을 금을 쳐서 만들어 세웠으며 두 그룹의 펼친 날개는 서로 속죄소를 감싸 덮는 듯 하고, 그 얼굴은 서로 속죄소를 향하도록 하였다.(출 25:10-22)

성막에 구름이 덮이고 여호와의 영광이 성막에 충만 하였다. 구름이 성막 위에서 떠오를 때에는

이스라엘 자손이 그 모든 행하는 길에 앞으로 발행 하였고 구름이 떠오르지 않을 때에는 떠오르는 날까지 발행하지 아니 했으며 낮에는 여호와의 구름이 성막 위에 머물러 있고 밤에는 불이 그 구름 가운데 있었다.(출 40:36-37)

이스라엘 백성들은 40년간 광야 생활을 하면서 행진하여 이동 할 때에 법궤는 너무 거룩하기 때문에 오직 고핫자손(레위의 둘째 아들)만이 이동 준비 작업을 맡게 하였다. 그들이 성막의 칸 막은 장(帳, 휘장)으로 증거궤를 덮고 그 위에 해달 가죽으로 씌우고 그 위에 다시 순청색 보자기를 덮은 후에 멜 수 있도록 채를 꿰었다.(민 4:6) 이러한 준비 작업이 끝나면 성막 기구는 고핫 자손이, 성막 물품은 게르손(레위 첫째 아들)과 므라리(레위 세째 아들)자손이 옮기며, 오직 레위인의 제사장이 법궤를 메고 맨 앞의 선봉에 서서 행진하였다.

모든 전쟁 할 때에도 맨 앞에 세우는 것은 법궤였다. 법궤가 가는 곳에 언제나 기적이 나타났고 머무는 곳에 축복이 있었다. 그러나 법궤를 만질수 없는 자들이 만지거나 들여다 보면 죽었다.(삼상 6:9, 삼하 6:3-11) 법궤는 시내산에서 발행하여 광야 40년간의 이동 경로를 따라 느보산 까지 옮겨졌다.

여호수아가 이끄는 이스라엘 백성이 요단강을 건널 때에도 법궤가 앞장서서 진행하자 범람하여 흐르던 요단강 물이 갈라져 육지같이 건넜다.(수 3:1-17) 그동안 광야생활에서 지키지 못한 할례를 길갈에서 행하고 그 곳에 성막을 세우고 법궤를 안치하였다.(수 4:19, 5:10)

여리고성을 무너뜨릴 때도 법궤가 앞장 서서 6일간 반복적으로 매일 아침 한바퀴씩 돌았고, 7일날에는 일곱바퀴 돌았다. 그리고 여리고성이 함락된 후에 다시 법궤가 길갈로 옮겨졌다. 그 곳에서 벧엘과 세겜(그리심산, 에발산, 수 8:33)을 경유하여 다시 길갈로 옮겨 진 후 길갈에서 약 32km 떨어진 실로로 법궤가 옮겨져 200여년 동안 머물러 있었다.

실로의 성막은 이동할 수 있는 텐트형이 아닌 고정 시킨 건물형으로 바뀌게 된 계기가 되었다. 그래서 성막을 "하나님의 전" 또는 "하나님의 집"이라는 이름으로 부르게 되었다.

실로의 엘리 제사장은 나이 98세로 영력(靈力)이 약화 되었다. 그의 두 아들 홉니와 비느하스는 하나님을 모르는 불량자였고, 회막문 수종드는 여인과 동침 하는 등 악행을 자행 하였다.(삼상 2:12-22) 또한 제사장의 사환이 세 살 갈고리(Fork)를 가지고 와서 하나님께 드릴 제물을 가마에서 건져 취하는 등 큰 죄악을 범하였다.(삼상 2:13-17)

실로에 있던 법궤는 블레셋과 전쟁을 위해 에벤에셀로 가져 갔으나 그 곳 아벡 전투에서 블레셋에 패하여 법궤를 빼앗겼고 하나님의 영광이 이스라엘에서 떠났다. 그리하여 엘리의 두 아들도 전사 당하게 되자 이 소식을 들은 엘리도 자기의 의자에서 자빠져 문곁에서 목이 부러져 죽었다.(삼상 4:1-22)

블레셋에게 빼앗긴 법궤는 아스돗으로 옮겨 졌으나 다곤신상이 엎드러지고 목과 두 팔목이

끊어지고 독종(毒腫, 아주 독한 부스럼 피부병)이 번지자 성읍 사람들이 가드로 옮겼다. 그러나 가드에 독종이 더욱 심해지자 다시 에그론으로 옮겨졌다. 블레셋 지역에 7개월간 머물게 되었으나 이곳 에그론의 제사장과 복술자들의 말에 따라 멍에 메어 보지 못한 송아지 딸린 젖나는 소 둘을 택하여 새 수레에 메우고 법궤를 수레에 싣고 유다지역의 벧세메스로 돌려 보냈다.(삼상 5:1-12, 6:1-21)

이어 벧세메스 사람들이 법궤를 들여다 봄으로 70인(5만)이 죽게 되자 법궤는 다시 기럇여아림의 아비나답의 집으로 옮겨져 그의 아들 엘리아살이 거룩하게 지켜 20년간 보존되었다. (삼상 7:1-4)

다윗왕은 예루살렘의 다윗성으로 법궤를 옮겨 오고자 이스라엘에서 선발한 3만명에 의해 기럇여아림의 아비나답의 집에서 새 수레에 싣고 이동하는 도중 소가 뜀으로 아비나답의 아들 웃사가 법궤를 붙잡게 되자 진노하여 치시므로 법궤의 옆에서 죽었다.(삼하 6:7) 그리하여 오벧에돔의 집에 3개월간 머물게 한 후에 다윗과 온 이스라엘 족속이 즐거이 노래 부르고 나팔을 불며 법궤를 메어 와서 다윗성의 장막 가운데 두고 번제와 화목제를 드려 하나님의 영광을 회복 하였다.(삼하 6:16-17)

다윗성으로 법궤가 옮겨 질 때까지 실로의 성막(하나님의 전)은 빈껍대기만 남아 있었다. 다윗왕은 모세가 지은 성막을 두 성막으로 분리시켜 다윗성에 법궤를 안치한 성막과 기브온에 또 다른 성막에 성물을 두었다. 솔로몬은 기브온 성막에서 일천번 번제를 드려 지혜와 복을 받게 되자 성전 건축에 임하게 되었다.(대하 1:1-13)

아브라함이 이삭을 번제로 드리려 했던 예루살렘성의 모리아산에 그의 아버지 다윗이 모아 놓은 금, 은, 기타 수많은 재료를 사용하여 웅장하고 아름다운 성막형 성전을 건축하였다.(주전 959년) 이 성전으로 인하여 모리아산을 성전산이라 부르게 되었다. 솔로몬 성전 안의 법궤안에는 만나의 금항아리와 아론의 싹난 지팡이는 없어지고 두 돌판만 남아 있었다.(대하 5:10)

법궤에 대한 언급은 성경에 200여회 나오지만 솔로몬 이후에는 거의 나오지 않는 점으로 미루어 이 시대에 법궤가 자취를 감추어진 것으로 추정하고 있다.

예루살렘의 어딘가에 법궤는 지하 깊숙이 숨겨져 있을 것이라는 고고학자들의 주장도 있지만 그 행방에 관한 추정이 엇갈리고 있다.

①솔로몬이 죽은 후 르호보암 제 5년에 애굽왕 시삭이 예루살렘을 침범하여 성전의 보물과 솔로몬이 만든 금방패를 빼앗아 갈 때(왕상 14:25)에 법궤를 가져가 애굽의 수도인 타니스의 한 신전에 보관 했으나 그 후의 행방은 알수 없다는 것이다. 또한 ②에티오피아는 1974년 군사구테타로 제 225대 세라시에 황제를 마지막으로 3000년의 왕정이 붕괴되었다. 이 에티오피아의 초대 황제는 "메넬라크"황제이다. 그가 태어나기 전 시바(스바)의 여왕은 많은 향품과 보석을

가지고 예루살렘의 솔로몬을 예방하여 어려운 문제점을 제시하고 시험하려 하였다.(대하 9:1-9) 그러나 솔로몬의 지혜에 감복된 계기로 인하여 시바의 여왕과 솔로몬과의 사이에 "메넬라크"가 태어나게 되었으며 "현자(솔로몬)의 아들"이라는 뜻을 지닌 "메넬라크"라는 이름으로 부르게 되었다 한다. 그가 나이 20세때에 예루살렘을 방문하고 돌아 갈때에 사독의 아들 아자리우스가 법궤를 훔쳐 메넬라크와 함께 돌아 갔다는 것이다.

에티오피아 제국은 악숨시를 중심으로 삼았기 때문에 악숨제국이라 불렀다. 오늘날의 악숨은 이슬람의 지배에 있지만 기독교 문화와 에티오피아 정교회가 계속 존재 하고 있다.

에티오피아의 종교적 중심지인 악숨에는 높이 21m의 오벨리스크(方尖塔)가 세워져 있고 이곳의 "시온의 성 마리아 교회"안에 예루살렘의 솔로몬 성전에 있던 법궤가 있다고 에티오피아 기독교인들이 믿고 있다는 것이다. 이러한 주장들은 확증 되어야 할 과제로 남아 있다. 그리고 ③ 남 유다 왕국이 주전 586년 바벨론에게 멸망 될 때에 솔로몬 성전은 완전히 파괴 되어 법궤도 행방을 감췄다는 주장도 있다. 그 후 이스라엘 백성이 포로에서 귀환하여 스룹바벨이 성전을 재건 했으나 법궤에 대한 언급은 없다. 이상과 같은 법궤의 실종에 대한 여러 주장은 정설로 밝혀져 있지 않다.

성전은 또 다시 주후 70년 로마의 티투스(Titus)장군에 의해 성벽과 성전이 완전히 파괴 될때 오직 서쪽벽 60m(지하 17단, 지상 7단)만이 통곡의 벽으로 남아 있다. 유대인들이 통곡의 벽에서 계속적으로 통곡하며 기도하고 있지만 오늘날 까지 예루살렘의 성전산에 다시 성전이 세워지지 못했으며 법궤는 돌아오지 않고 있다.

언약궤는 사명을 다하여 지상에서 영원히 자취를 감추어 버렸다.

솔로몬의 성전 자리에 이슬람 황금사원이 주후 691년에 세워진 후 솔로몬 성전을 무색케 하며 아침 햇살과 해 질녘 황혼에 황금돔이 유난히 빛나고 있다.

⊙ 성막 중심의 사주방호 형태

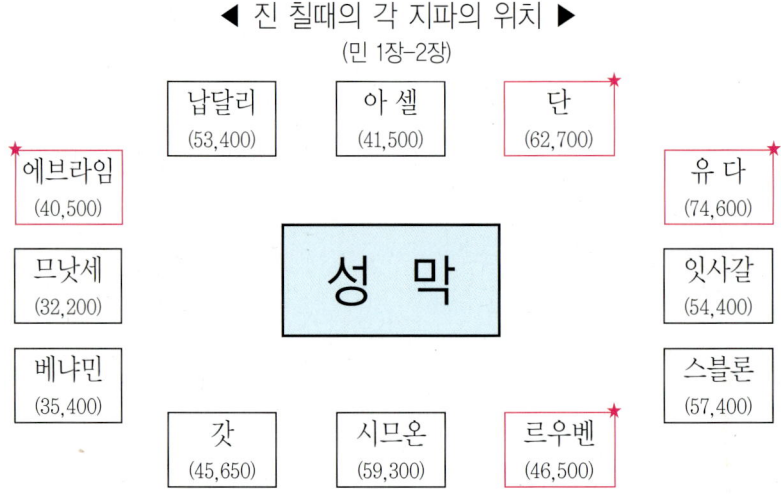

◀ 진 칠때의 각 지파의 위치 ▶
(민 1장-2장)

( ) 괄호는 지파별의 장정의 수(명)이다.   ★ 별표는 진기(陣旗)를 주어 지도적 지파로 삼았다.

⊙ 법궤를 앞세운 이동형태

◀ 이동 할때의 각 지파의 위치 ▶
(민 3장-42장, 10:11-28)

※ 구름이 성막(증거막)위에 떠오를 때에 제사장이 부는 두 은나팔의 우렁찬 소리의 종류에 따라 회중을 소집하고 전진했으며 적을 칠때도 나팔 신호에 따랐다.(민 9:10)

> 이에 하늘에 있는 하나님의 성전이 열리니 성전안에 하나님의 언약궤가 보이며 또 번개와 음성들과 뇌성과 지진과 큰 우박이 있더라.　　　　　　　　　계시록 11장 19절

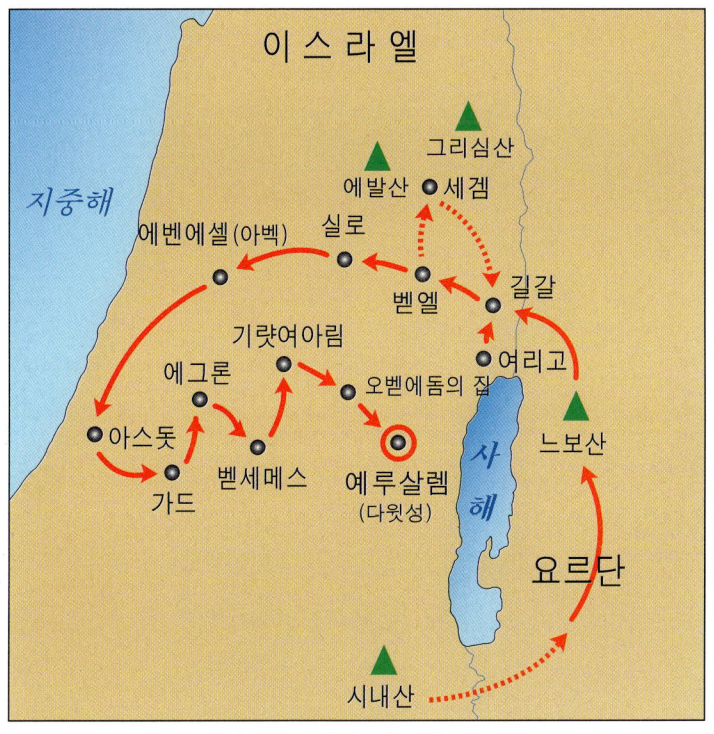

▲ 법궤의 이동경로

| B 이스라엘의 시대별 역사와 지리 |

◀ 성막의 형태(출 25-31)

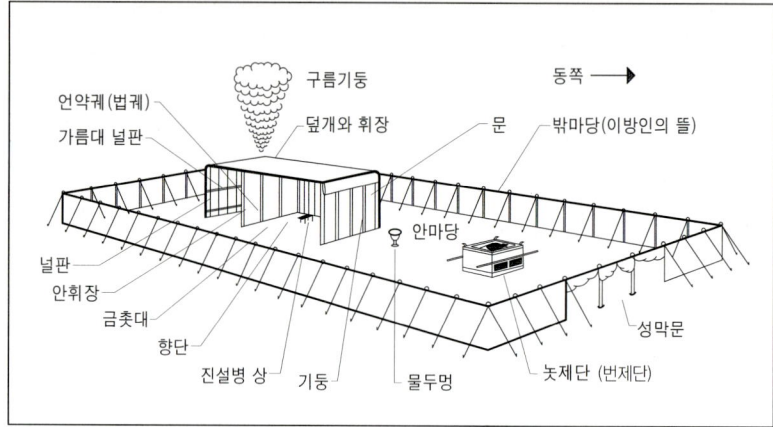

◀ 성막의 내부명칭

십자가의 성막기구 배치 ▶

▼ 성막의 평면도

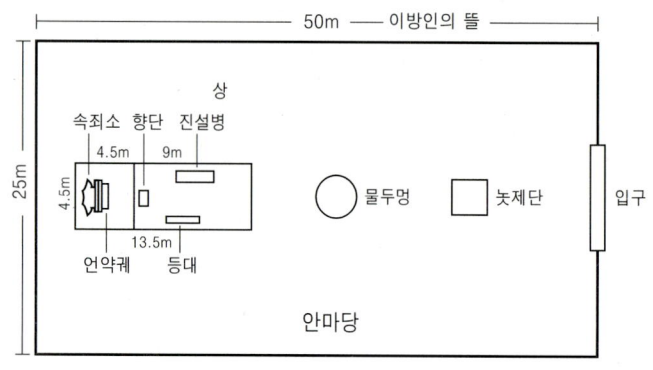

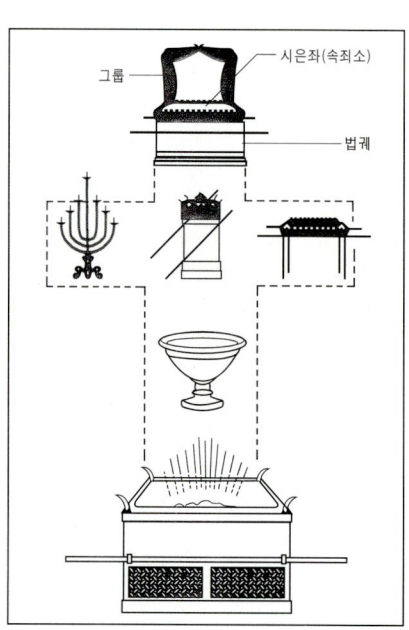

III. 출애굽시대

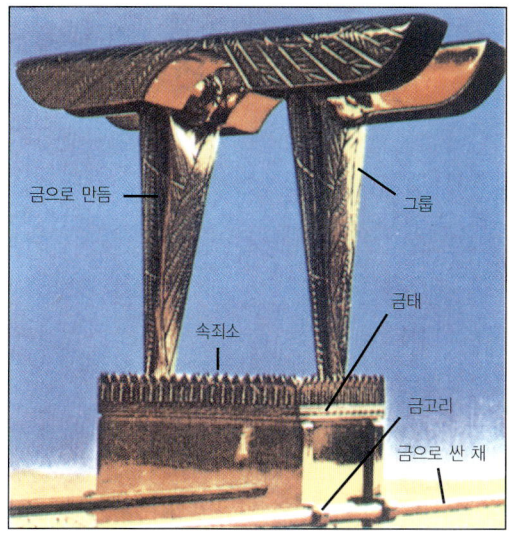

▲ 법 궤
(출 25:10-22, 37:1-9)
- 재료 : 조각목과 정금
- 가로 : 112.5cm, 세로:67.5cm
- 높이 : 67.5cm

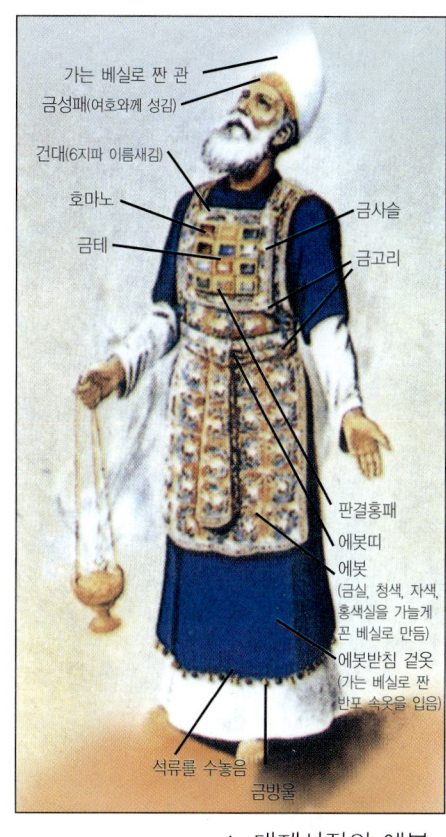

▲ 대제사장의 예복
(출 28:4-29, 39:1-31)

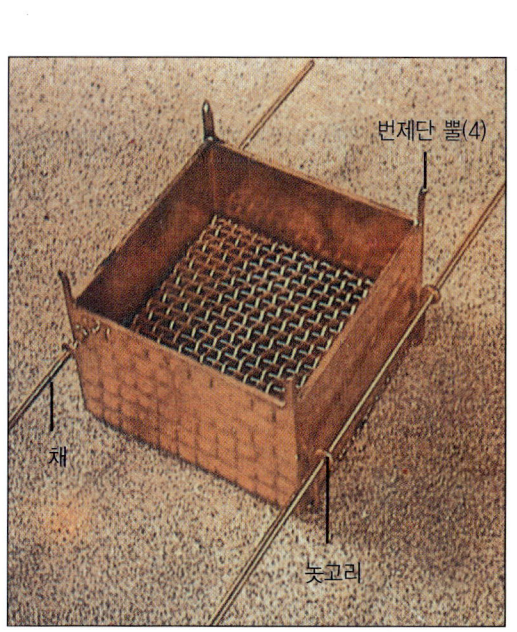

▲ 번제단(놋단)
(출 27:1-8, 38:1-7)
- 재료 : 조각목과 놋
- 가로 : 2.25m, 세로:2.25m
- 높이 : 1.35m

▲ 물두멍
(출 30:17-21, 38:8)
- 재료 : 놋
- 규격 미상

| B 이스라엘의 시대별 역사와 지리 |

◀ 등대(금촛대)

(출 25:31-40, 37:17-24)
- 재료 : 정금
- 높이 : 67.5cm
- 형태 다양함

◀ 진설병상(떡상)

(출 25:23-30, 37:10-16)
- 재료 : 조각목과 정금
- 가로 : 90cm, 세로:45cm
- 높이 : 67.5cm

※떡상 위에 대접 숟가락, 병, 유향붓, 잔등의 보조 기구도 있음

◀ 분향단(금단, 향단)

(출 25:23-30, 37:10-16)
- 재료 : 조각목과 정금
- 가로 : 45cm, 세로:45cm
- 높이 : 90cm

8. 시내광야와 모암평지에서 인구조사(민 1:20-46, 26:1-51)

지파별	1차 조사 (시내광야)	2차 조사 (모암평지)	증 감
르 우 벤	46,500	43,730	-2,770
시 므 온	59,300	22,200	-37,100
갓	45,650	40,500	-5,150
유 다	74,600	76,500	+1,900
잇 사 갈	54,400	64,300	+9,900
스 블 론	57,400	60,500	+3,100
므 낫 세	32,200	52,700	+20,500
에 브 라 임	40,500	32,500	-8,000
베 냐 민	35,400	45,600	+10,200
단	62,700	64,400	+1,700
아 셀	41,500	53,400	+11,900
납 달 리	53,400	45,400	-8,000
총 계	603,550	601,730	-1,820

 이스라엘 백성 중 남자 20세 이상으로 싸움에 나갈 만한 모든 자를 계수 하였다. (민 1:2-3)
레위지파는 계수되지 않았으며 비 전투요원으로 취급 되었다.
그리고 아론의 자손 중에서 제사장을 계승 하였다.
레위지파는 성막, 성막기구, 성막 부속품의 관리와 성막설치, 이동준비, 이동 업무 등을 전담 하였다.

9. 출애굽 후 르비딤의 첫 전투(출 17:8-16, 주전 1445년경)

 르비딤은 이스라엘 백성의 시내 광야에서 있었던 최초의 전투로 아말렉과 싸워 승리한 곳이다.

 모세는 산 꼭대기에서 열심히 두 손 들어 기도했으며 아론과 훌이 좌우에서 모세의 손을 들어주어 힘이 되어 주었다.

 모세가 두손을 들때 마다 전선에서 여호수아는 아말렉과 싸워 승리하였다.

(하나님 → 지휘자(관) → 참모 → 장병의 일체성)

 모세가 단을 쌓고 이름을 "여호와 닛시"라 불렀고 이는 "주는 나의 깃발"이라는 뜻이다.

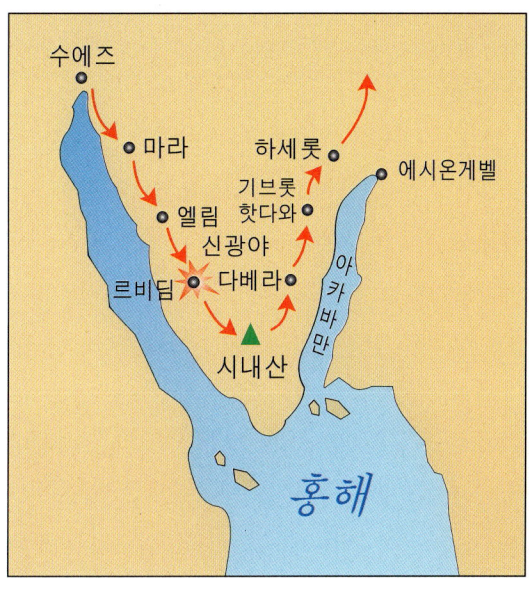

10. 아말렉과의 호르마 전투(민 21:1-3, 14:25-45)

(1) 1차 전투(주전 1444년경)

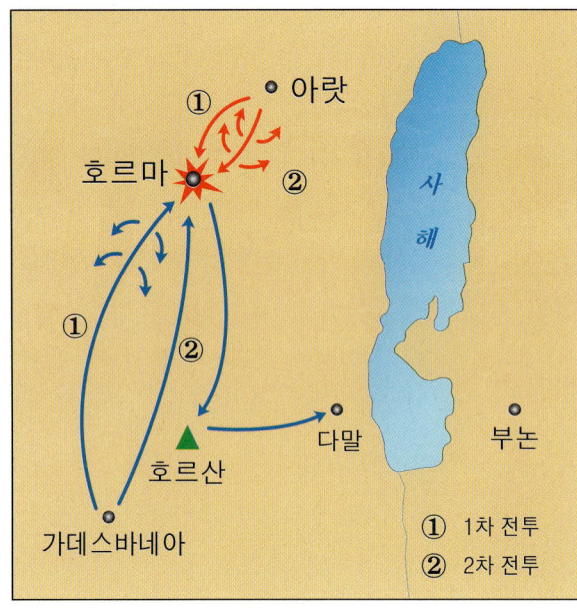

호르마는 시글락 근처 브엘세바에서 약 11km지점 가데스바네아 북방 지역이다. 이곳에서 이스라엘 백성이 아말렉 및 가나안과의 싸움에서 최초로 참패하여 퇴각하였다.(민 14:45) 그리하여 아말렉과 가나안인이 거하는 골짜기를 피하여 돌이켜 홍해로 향해 광야로 들어가게 되는 동기가 되었다.(민 14:25)

※ 직선진로를 포기하고 우회로를 선택하였다.(호르마 → 호르산 → 에시온게벨) 가나안 땅을 점령한 후에 옛 이름인 "스밧"을 호르마라고 고쳤다.(수 12:14, 삿 1:17)

(2) 2차 전투(주전 1410경)

호르마 1차 전투에서 패배 했으나 약 34년 뒤에 가나안인 아랏왕과의 전투에서 승리하여 호르마에서 과거의 수치를 씻었다.

이곳의 승리는 가나안 정복의 시작을 예표해 주었지만 유다 산지를 향한 북방 진로를 아말렉과 가나안인이 차단, 봉쇄하고 있었기 때문에 홍해로 향하는 우회로를 택하게 되었다.(민 14:25) 그러나 가데스 북동쪽 약 24km지점 호르산에서 진행하여 홍해 길로, 에돔땅을 둘러 향하려 하자 백성들이 불평하므로 하나님의 진노로 불뱀에 물려 많이 죽었다. 이때에 모세가 놋뱀을 만들어 장대 위에 다니 뱀에게 물린자 마다 놋뱀을 쳐다 본즉 살게 되었다.(민 21:4-9) 이 장대 위의 놋뱀은 십자가상의 예수 그리스도를 예표해 주고있다.

▲ 느보산에 세워져 있는 모세의 구리놋뱀 장대

11. 12정탐군의 가나안땅 왕복경로(민 13-14, 주전 1450년경)

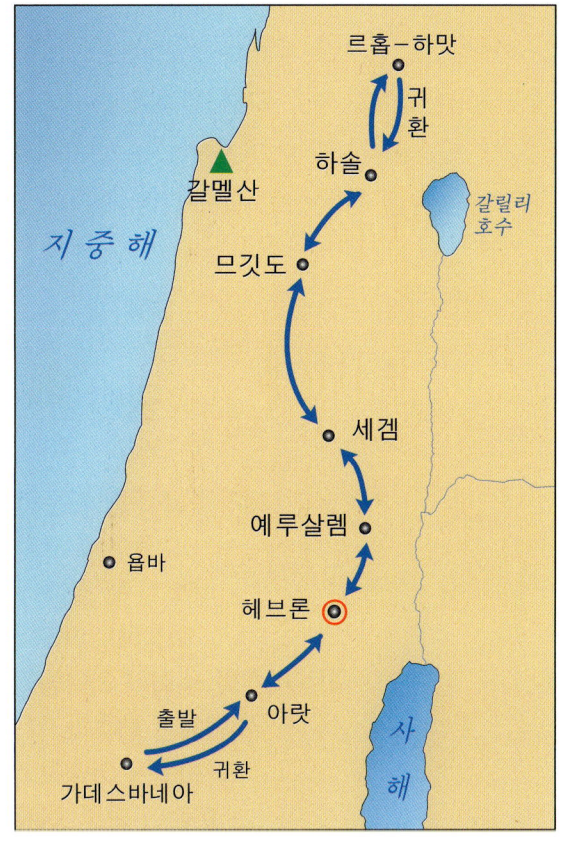

여호와께서 모세에게 일러 가라사대 사람을 보내어 내가 이스라엘 자손에게 주는 가나안 땅을 탐지하게 하되 그 종족의 각 지파중에 족장된 자 한 사람씩 보내라 하시니 모세가 바란광야(가데스바네아)에서 족장 12명을 택하여 가나안 땅 탐지를 위해 보냈다.(민 13:1-20)

이에 그들이 올라 가서 땅을 탐지하되 신광야(Wilderness of Zin)에서 부터 하맛어귀 르흡에 이르렀다.(민 13:21)

땅을 탐지 하기를 40일 동안 마치고 돌아와 바란광야 가데스바네아에 이르러 모세와 아론과 온 회중에게 보고하였다.

여호수아는 우리를 보낸 땅에 간즉 과연 젖과 꿀이 그 땅에 흐르고 이것(에스골 골짜기에서 메고 온 포도송이)은 그 땅의 실과니이다. 그러나 그 땅 거민은 강하고 성읍은 견고하고 심히 클 뿐아니라 거기서 아낙 자손을 보았으며 아말렉인은 남방 땅에 거하고 헷인과 여부스인과 아모리인은 산지에 거하고 가나안인은 해변과 요단가에 거하더이다 하고 상세히 보고하였다.

또한 갈렙이 모세 앞에서 백성을 안돈시켜 가로되 우리가 곧 올라가서 그 땅을 취하자 능히 이기리라 하였다.

그러나 그와 함께 올라갔던 정탐군 10명은 우리가 능히 올라가서 그 백성을 치지 못하리라 그들은 우리보다 강하니라 하고 그 탐지한 땅을 악평하여 그 땅은 그 거민을 삼키는 땅이요 거기서 본 모든 백성은 신장이 장대한 자들이라 거기서 또 네피림(키 큰 용사) 후손 아낙자손 대장부를 보았나니 우리는 스스로 보기에도 메뚜기 같으니 그들의 보기에도 그와 같았을 것이라는 정탐 결과를 말하였다.

그러자 온 회중이 소리 높여 부르짖으며 밤새도록 백성이 곡하였다. 어찌하여 우리를 그 땅으로 인도하여 우리를 칼에 망하게 하려 하는고 우리 처자가 사로 잡히리니 애굽으로 돌아가는 것이 낫지 아니하겠느냐고 원망하였다.

여호수아와 갈렙은 옷을 찢고 온 회중에게 일러 말하기를 우리가 두루다니며 탐지한 땅은 심히 아름다운 땅이라 여호와께서 그 땅을 우리에게 주시리라. 이는 과연 젖과 꿀이 흐르는 땅이니라 오직 여호와를 거역하지 말라. 그들은 우리의 밥이라 여호와는 우리와 함께 하시느니라. 그들을 두려워 말라고 하자 온 회중이 여호수아와 갈렙을 돌로 치려하는 동시에 여호와의 영광이 회막에서 이스라엘 모든 자손에게 나타났다.(민 14:1-12)

여호와께서 가라사대 너희 시체가 이 광야에 엎드러질 것이라. 너희 20세 이상으로 계수함을 받은 자 곧 나를 원망한 자가 전부 갈렙과 여호수아 외에는 내가 맹세하여 너희로 거하게 하리라 한 땅에 결단코 들어가지 못하리라 하셨다.(민 14-30, 신 1:36)

광야에서의 양식

내가 이스라엘 자손의 원망함을 들었노라
그들에게 고하여 이르기를
너희가 해 질때에는 고기를 먹고
아침에는 떡으로 배부르리니
나는 여호와 너희의 하나님인 줄 알리라 하라 하시니라.
저녁에는 메추라기가 와서 진에 덮이고
아침에는 이슬이 진 사면에 있더니
그 이슬이 마른 후에 광야 지면에 작고
둥글며 서리 같이 세미한 것이 있는 지라
이스라엘 자손이 보고 그것이 무엇인지 알지 못하여 서로 이르되
이것이 무엇이냐 하니 모세가 그들에게 이르되
이는 여호와께서 너희에게 주어 먹게 하신 양식이라
그 이름을 만나라 하였으며
깟씨 같고도 희고 맛은 꿀 섞은 과자 같았더라.
모세가 가로되 여호와께서 이같이 명하시기를
이것을 오멜에 채워서 너희 대대 후손을 위하여 간수하라.
이스라엘 자손이 사람 사는 땅에 이르기까지
사십년 동안 만나를 먹되 곧 가나안 지경에 이르기까지
그들이 만나를 먹었더라.

출애굽기 16장 12절-35절

12. 광야에서의 아론과 미리암

모세	아 론	미 리 암
관계 / 장소	• 아므람(부)와 요게벳(모)의 장자이다. (모세의 형:3세 연장, 주전 1530년생) • 모세와 출애굽시 협력자였다.(출 7-12) • 모세의 대변자였다.(83년)(출 4:10-16) • 이스라엘의 제 1대 제사장이었다. (레 8:12-13)	• 아므람(부)와 요게벳(모)의 딸이다. (아론과 모세의 누이) • 태어난 어린 모세를 구하려고 노력하였다. (출 2:4-8) • 홍해를 건넌 후 승리의 노래를 부르며 춤을 추었다.(출 15:20)
하세롯	• 모세가 구스의 여자를 취하므로 아론이 비방 하였다.(민 12:8-16)	• 모세가 구스의 여자를 취함으로 아론과 함께 비방하여 문둥병에 걸렸으나 모세의 기도로 나았다. (민 12:1-16)
가데스바네아	• 백성의 원망을 그치게 하기 위하여 하나님은 모세에게 각 지파의 지팡이를 취하여 족장의 이름을 적어 증거궤 앞에 두라 하였다. 이튿날 택한 아론의 지팡이에서 움이 돋아 싹이 나고 꽃이 피어서 살구 열매가 열려 있었다.(민 17:1-7)	• 미리암이 이곳 가데스 바네아에서 죽었다.(민 20:1)
호르산	• 호르산에서 아론이 123세에 죽으매 3일간 기도하고 그 아들 엘르아살이 제사장을 계승 하였다.(출 20:25-29) 엘르아살이 제사장이 된것은 그의 형 나답과 아비후가 번제단의 불을 사용하지 않고 다른 불을 사용해 분향했으므로 죽임을 당했기 때문이다.(레 10:1-2)	• 미리암은 히브리어 발음이며 헬라어로는 마리아이다.
기타	• 모세와 아론은 므리바에서 반석을 쳐서 물을 낸고로 바위을 명하여 물을 내라는 하나님의 명령에 순종치 않고 하나님의 영광을 가리웠기 때문에 가나안땅에 들어가지 못하였다.(민 20:10-13)	• 성서에 나타난 3대 현모(賢母)는 예수님의 어머니인 마리아 모세의 어머니인 요게벳 사무엘의 어머니인 한나로서 세 어머니의 이름이 빛나고 있다.

13. 요르단에서의 여러전투(야하스, 에드레이, 길르앗, 야하스)

(1) 야하스 전투(민 21:21-24, 주전 1410년)

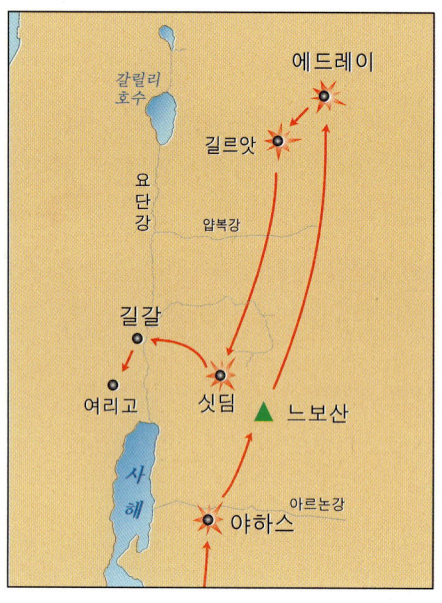

야하스는 모압땅에 있는 아르논강 북쪽 지류의 상류에 인접해 있는 성읍이다.

모세가 가데스바네아에서 에시온게벨 쪽으로 내려와 에돔땅을 돌아서 모압땅에 들어설 때 헤스본을 도성으로 한 아모리왕 시혼(Sihon)이 모압왕을 치고 아르논강까지 차지하여 버티고 있었다.

이때에 모세가 왕의 대로를 따라 이스라엘 백성이 통과할 수 있도록 시혼왕에게 요청 했으나 허락지 않고 오히려 이스라엘에게 저항하며 공격을 감행하였다.

그러나 이스라엘은 아모리족을 격파하고 시혼왕을 죽인 후에 아르논강으로 부터 얍복강까지 점령하여 북쪽의 암몬자손의 경계에 까지 이르렀다.

(2) 에드레이 전투(민 21:33-35, 주전 1410년)

에드레이는 요단동편 길르앗 라못의 북동쪽인 왕의 대로변에 위치한 바산왕 옥의 도성이다. 아모리족의 시혼왕이 야하스에서 이스라엘에게 참패하게 되자 북쪽에 위치하고 있던 바산왕 옥은 백성을 이끌고 북진하는 이스라엘을 맞아 에드레이에서 격전을 벌였으나 전멸 하였다.

이스라엘의 승리로 차지한 에드레이는 이스라엘 백성의 정착지로 가치가 있었다.

(3) 길르앗 전투(민 32:39-42, 주전 1410년)

길르앗은 벧스안의 대안인 요단동편의 왕의 대로변에 위치한 성읍니다.(길르앗은 야베스 길르앗 혹은 길르앗 라못이라는 양론이 있음)

르우벤 자손과 갓 자손은 요단강을 건너지 않고 가축에 적당한 야셀과 길르앗의 비옥한 땅에 정착하기를 바랬다. 그러나 모세가 요단강을 건너가서 함께 싸워 그 땅 족속이 항복하게 되면 길르앗 땅을 주겠다고 하자 두 족속은 명하는 대로 행하겠다고 약속하였다. 그러자 모세가 르우벤 자손과 갓 자손과 요셉의 아들 므낫세 반지파에게 모압평지에서 요단동편 땅을 분배해 주었다.

므낫세의 아들 마길의 자손은 길르앗을 쳐서 취하고 아모리인을 쫓아 내매 모세가 길르앗을 마길에게 주어 거하게 하였다.

요단동편 땅을 분배 받은 두 지파와 반지파의 무장한 장정은 여호수아의 가나안 정복에 참여하여 요단강을 건넜으며 그 처자식과 가축은 분배 받은 땅에 남겨두었다.(민 32:26-27) 그러나 가나안 정복에 참여한 장정은 가나안땅을 정복한 후 실로에서 요단 동편의 분배 받은 땅으로 돌아갔다.

> 주께서 옛적에 땅의 기초를 두셨사오며
> 하늘도 주의 손으로 지으신 바니이다.
> 천지는 없어지려니와 주는 영존 하시겠고
> 그것들은 다 옷같이 낡으리니
> 의복같이 바꾸시면 바뀌려니와
> 주는 여상하시고 주의 연대는 무궁하리이다.
> 시편 102장 25절-27절

> 내 백성이여
> 내 교훈을 들으며 내 입의 말에 귀를 기울일지어다.
> 내가 입을 열고 비유를 베풀어서 옛 비밀한 말을 발표하리니
> 이는 우리가 들은 바요 아는 바요
> 우리 열조가 우리에게 전한 바라.
> 시편 78장 1절~3절

▲ 들국화

14. 요단 동편의 싯딤지역 전투(민 31:1-20, 주전 1410년경)

싯딤은 여리고 대안의 요단강 동쪽 약 11km에 위치한 지역이다.
이스라엘 백성은 에드레이를 발판으로 모압평지(싯딤지역)에 이르렀다. 그 즈음에 모압왕 발락은 이스라엘을 매우 두려워 하여 메소포타미아의 유명한 술사 발람을 데려와 이스라엘을 저주 하고자 하였다.

이때에 발람은 하나님으로 부터 가지도 말고 이스라엘을 저주도 하지 말라는 계시를 받았다. 그리하여 발락이 보낸 사자에게 하나님의 허락을 받지 못해 가지 못한다고 답변 하였다. 그러나 후하고 존귀하게 대접 할테니 와서 이스라엘을 저주하라는 발락의 간곡한 요청을 받고 발람은 재물에 눈이 어두워 그의 초청을 받아 들였다.(민 22:16-17, 벧후 2:15, 유 1:11)

발람이 나귀를 타고 귀족과 함께 행할때에 하나님의 사자가 칼을 들고 가로 막자 말이 뛰어 밭으로 들어 감으로 채찍질을 했고, 나귀가 좁은 담 사이로 기어 들어 담의 벽에 비비어 발람의 발이 상하게 되자 채찍질 했으며, 나귀가 여호와의 사자를 보고 엎드리니 발람이 노하여 지팡이로 때렸다.

하나님은 나귀의 입을 여시고 "내가 네게 무엇을 잘못 했기에 나를 이같이 세 번 때리느냐?" 라고 말하였다.(민 22:28) 이때에 하나님이 발람의 눈을 밝히시고 사자가 손에 칼을 빼어 들고 길에 선 것을 보게하여 머리를 숙여 엎드리게 하였다.

발락은 발람을 데리고 바알 산당으로 올라 갔다. 이곳에서 이스라엘 진영을 잘 바라 볼 수 있었기 때문 이었다. 이어 발람은 발락에게 제단을 쌓게 하고 번제를 드린 후 발람 혼자서 사태난 산(일명 대머리산)으로 올라 갔으며 하나님은 발람을 통해서 이스엘을 축복하였다.(민 23:11-12) 두 번째로 이스라엘을 일부만 바라 볼 수 있는 비스가산으로 발람을 데리고 갔다. 그 곳에서 또 다시 이스라엘을

◀ 느보산
모세 기념교회
바닥의 모자이크

▲ 느보산의 모세 기념교회

축복 하였다.(민23:20-23) 세 번째로 발락은 발람을 브올산 꼭대기로 데리고 가서 희생 제사를 드렸다. 이때에도 발람은 이스라엘의 장래를 예언하고 축복하였다.(민 23:13-30) 그리하여 발락이 발람에게 내가 그대를 부른 것은 내 원수를 저주하라 함이어늘 그대가 이 같이 세 번 그들을 축복하느냐 하였다. 그런데도 불구하고 발람은 뉘우치지 않고 발락을 가르쳐 이스라엘 앞에 올무를 놓아 우상 제물을 먹게 했고 음행을 하게 하였다.(계 2:14) 그리하여 이스라엘 백성은 싯딤지역에서 남자들이 그 지방의 모압과 아모리 여자들과 음행을 엄청나게 자행하였다. 그들의 음행 때문에 진노의 열병으로 24,000명이 죽고 영적 지도자들이 눈물을 흘리기도 하였다.

회막에서 제사장 엘르아살의 아들 비느하스가 음행한 이스라엘의 시므온 족장 시므리와 미디안 여인 고스비(미디안 두령의 딸)의 배를 꿰뚤어 두 사람을 죽이니 이스라엘 자손에게서 염병이 그쳤다. (민 25:6-9)

미디안 여인 고스비를 죽인 사건은 이스라엘과 미디안간의 치열한 전쟁을 싯딤지역에서 유발하게 되었다.

모세는 각 지파별로 1,000명씩 12,000명을 무장 시켰다. 이어 이스라엘은 미디안의 남자를 다 죽였고 미디안의 다섯왕을 죽이며 브올의 아들 술사 발람도 칼로 쳐 죽였다. 또한 미디안의 부녀자와 아이들을 사로 잡고 가축과 양떼와 재물을 모두 탈취하였다. 그리고 촌락들은 불사르고 초토화 시켰다.

모세는 싸움에서 돌아온 후 천부장과 백부장에게 끌고온 포로 중에 어린아이 일지라도 다 죽이고 여자 일지라도 남자와 동침한 경험이 있는 여자는 다 죽이라고 하였다. 그러나 성 경험이 없어 사내를 알지 못하는 32,000명의 여자는 살려 두었고 이스라엘 남자와 결혼도 허용하였다. (민 31:18)

모세는 싯딤지역에 사는 미디안과 마지막 전투에서 사실상 그의 사명이 종료 되었다.

여호와께서 진노하사 맹세하여 가라사대 애굽에서 나온 자들 중 20세 이상은 한 사람도 내가 아브라함과 이삭과 야곱에게 맹세한 땅을 정녕히 보지 못하리니 이는 그들이 나를 온전히 순종치 아니 하였음이라. 다만 갈렙과 여호수아는 온전히 순종하였음이니라.(민 32:10-12) 오직 갈렙은 그 땅을 볼것이요 그가 밟은 땅을 내가 그와 그 자손에게 주리라 하시고 여호수아는 그리로 들어 갈 것이니 너는 그를 담대케 하라. 그가 이스라엘에게 그 땅을 기업으로 얻게 하시리라 하신 가데스바네아에서의 말씀이 현실화 되었다.(신 1:37-38)

모세가 죽을 때 나이 120세(주전 1527-1406)이나 그 눈이 흐리지 아니 하였고 기력이 쇠하지 아니 하였다.(신 34:7) 그러나 하나님께서 가데스바네아에서 모세에게 반석에 명하여 백성을 위하여 물을 내라 하였으나 혈기를 내서 지팡이를 두번 쳐서 물을 내게 하였다. 이와 같이 하나님의 명령을 거역하고 하나님의 거룩하심과 영광을 가리움으로 인하여 안타깝게도 약속의 가나안 땅을 느보산에서 바라다만 보고 들어 가지는 못하였다.

모세는 이스라엘 백성을 이끌고 출애굽하여 40년간 시내광야 생활을 거쳐 요단 동편의 느보산에 올라 백성에게 축복과 훈계를 하고 눈의 아들 여호수아에게 자리를 물려준 후 약속의 가나안땅을 밟아보지 못하고 죽으니 벧브올 맞은 편 모압땅 골짜기에 장사 되었으나 오늘 날까지 그 묘를 아는 자가 없다. (신 34:1-12)

▼ 느보산 전경

▼ 모세 기념비

● 세례 요한이 참수된 요르단의 마캐루스 요새

- 유다왕 얀네우스는 주전 90년경 험준하고 높은 천연 요새안에 요새를 건설하였다.
- 이스라엘의 두 왕이 두 차례에 걸쳐 로마군에 쫓겨 도망와서 저항하자 파괴 되었다.
- 헤롯대왕은 주전 30년 마캐루스 요새를 재건하였다.
- 헤롯안디바는 자기 생일 잔치날 세례 요한을 이 곳 요새에서 참수하였다.
- 주후 70년 열심 당원들의 최후 방어로 고수했으나 로마군에 의해 점령되어 파괴되었다.

▲ 요르단의 마캐루스산 정상의 요새 유적

▲ 요르단의 마캐루스산

여호수아에게 주신 사명

내 종 모세가 죽었으니
이제 너는(여호수아) 이 모든 백성으로 더불어 일어나
이 요단을 건너 내가 그들 곧
이스라엘 자손에게 주는 땅으로 가라.
너의 평생에 너를 능히 당할 자 없으리니
내가 모세와 함께 있던 것 같이
너와 함께 있을 것 임이라.
내가 너를 떠나지 아니하며 버리지 아니 하리니
마음을 강하게 하라 담대히 하라.
너는 이 백성으로 내가 그 조상에게 맹세하여
주리라 한 땅을 얻게 하리라.
오직 너는 마음을 강하게 하고 극히 담대히 하여
나의 종 모세가 네게 명한 율법을 다 지켜 행하고
좌로나 우로나 치우치지 말라.
그리하면 어디로 가든지 형통하리니
이 율법책을 네 입에서 떠나지 말게 하며
주야로 그것을 묵상하여 그 가운데 기록한대로
다 지켜 행하라 그리하면 네 길이 평탄하게 될 것이라.
네가 형통 하리라.

여호수아서 1장 2절 ~ 8절

IV. 가나안정복시대

(주전 1406년-1390년)

▲ 느보산의 모세기념 교회 바닥에 있는 바잔틴 시대의 모자이크

B. 이스라엘의 시대별 역사와 지리

1. 가나안땅의 12지파 분할 지역도

2. 가나안땅의 분할 경위

여호와께서 모세에게 명하신 대로 여호수아가 그들의 기업(땅의 상속)을 제비 뽑아 열두지파에게 분배해 주었다.(민 26:52-56, 33:54, 34, 16-29)

순차	분배장소	분배 지파수	지파 명	참 고 내 용
1차	요단 동편	두지파와 반지파 $(2+\frac{1}{2})$	○ 르우벤 ○ 갓 ○ 므낫세$\frac{1}{2}$	○ 가축떼가 많던 두지파와 반지파는 전쟁에서 빼앗은 요단 동편 땅에 머물기를 원하여 요단 동편에서 기업으로 받았다.(민 32:1-5, 신 3:12-17) ○ 두지파와 반지파의 무장한 장정은 요단강을 건너 가나안땅 정복에 참여하고, 처 자식과 가축은 분배 받은 요단동편 땅에 남겨 두었다.(민 32:26-27)
2차	길 갈	두지파와 반지파 $(2+\frac{1}{2})$	○ 유다 ○ 에브라임 ○ 므낫세$\frac{1}{2}$	○ 가나안땅 정복 후 5년 뒤에 족장들의 대표들이 모여 길갈에서 제비뽑아 분배 되었다.(수 15-17) ○ 갈렙에게 헤브론을 길갈에서 기업으로 주었다. 이것은 혈통에 의한 것이 아니고 하나님에 대한 믿음의 축복이었다.(수 14:13-14)
3차	실 로	일곱지파 (7)	○ 베냐민 ○ 시므온 ○ 스블론 ○ 잇사갈 ○ 아셀 ○ 납달리 ○ 단	○ 요단 동편과 길갈에서 분배되지 않은 7지파에게 실로에서 제비 뽑아 분배 되었다.(수 18:1-10, 19:51) ○ 시므온지파에게 분배된 땅은 유다의 분깃 중에서 남은 땅을 차지 했으며(수 19:1-8) 그 뒤에 유다지파에 흡수 되었다.(대상 4:24-43) ○ 요단 동편의 두지파와 반지파의 장정은 가나안땅 정복, 전투에 참여한 후 실로에서 최초 분배된 요단땅의 길르앗으로 되돌려 보냈다.(수 22:9)

○ 레위지파 : 레위 자손은 제사장직을 전담하게 되어 땅을 분배 받지 않고 실로에서 레위 자손간에 제비를 뽑아 48개 성읍을 할당 받았다.(수 21:1-45)
　　　　○ 13개 성읍 : 유다, 시므온, 베냐민　　　○ 10개 성읍 : 에브라임, 단, 므낫세
　　　　○ 13개 성읍 : 잇사갈, 아셀, 납달리, 므낫세 $\frac{1}{2}$　　　○ 12개 성읍 : 르우벤, 갓, 므낫세 $\frac{1}{2}$

3. 여리고성의 함락(陷落)(수 6:12-21, 주전 1410년경)

　모세가 느보산에서 죽게 되자 여호수아가 요단을 건너 약속된 가나안 땅을 정복해야 할 사명을 이어 받았다.
　여호수아는 요단동편 싯딤에서 두명의 정탐군을 여리고성에 보냈다. 그들은 기생 라합의 집에 들었을 때에 여리고왕이 끌어내라 했으나 잡히지 않도록 지붕위의 삼대에 숨겨 주었다. 그녀는 여호와께서 상천하지의 유일신 하나님이신 것을 믿고 있었다.(수 2:6)
　라합의 집은 여리고 성벽 위에 있었다. 라합은 정탐군에게 여리고성 공격시에 자신과 그 가족을 구원해 줄 것을 간청 하였다. 이때 정탐군은 말하기를 "우리가 이땅에 들어 올때에 우리를 달아 내리운 네 집의 창에 붉은 줄을 매고 네 가족을 다 네집에 모으라. 그리하면 피를 보지 않고 구원을 받을 것이라"는 맹세를 하였다.(수 2:18)
　라합은 두 정탐군을 그녀의 집 창문에서 줄로 달아 내리우고 산으로 가서 3일간 숨었다가 안전하게 귀환하라고 조언해 주었다.
　두 정탐군은 여호수아에게 돌아와 보고 하기를 여호와께서 그 온 땅을 우리 손에 붙이셨으므로 그 땅의 모든 거민이 우리 앞에 간담이 녹고 있다고 말하였다. 이에 이스라엘 백성이 싯딤을 떠나 요단에 이르러 3일을 유숙한 후 제사장이 언약궤를 메고 백성 앞에 행하니 궤를 멘 제사장들의 발이 물에 잠기자 곧 그 위에서 부터 흘러 내리던 물이 그쳤는데 아담(여리고 북쪽 약 25km상류 : 얍복강 하구)에서 흘러 내리던 물이 온전히 끊어지매 백성이 여리고 앞으로 마른 땅으로 행하여 건넜다.

▲ 와디킬트의 성 죠지 수도원(여리고 인근계곡)

◀ 엘리사의 샘과 종려나무

Ⅳ. 가나안정복시대

▲ 시험산(기념교회)

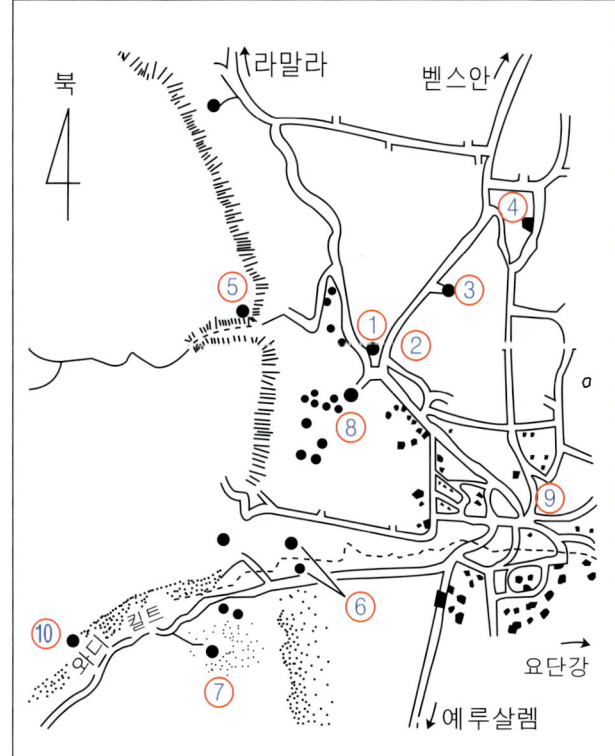

1. 옛 여리고(텔 술탄)
2. 엘리사의 샘
3. 유대교회당(비잔틴시대)
4. 히쌈궁전
5. 예수께서 시험 받은 산
6. 헤롯왕의 겨울별장
7. 키프로스 요새
8. 헤롯시대의 극장과 경기장
9. 현대 여리고
10. 와디킬트

(수 3:17, 주전 1405년)

여호수아는 모맥 거두는 시기로 물이 많았지만 요단강을 마른 땅으로 밟고 건넌 것을 기념 하기 위하여 열두지파의 수대로 열두 돌을 매고 오게 하여 길갈에 세우고 진을 쳤다.(수 4:19-20)

길갈은 성경에 여리고 동편 3km 지점(수 4:19, 신 11:30)이라고 했으나 키르벳 엔 니틀렙(Khirbet en Nietleb)으로 추정 된다.

길갈은 "굴러 버렸다"는 뜻인데 시내광야에서 우상을 섬겼던 수치를 굴러가게 한 것으로 풀이 된다.(신 16:30) 이스라엘 백성이 시내광야에서 할례를 행하지 못했기 때문에 길갈에서 할례를 행하고 여리고 평지에서 첫 유월절을 지켰다.(수 5:12) 또한 이곳에서 그 땅 소산을 먹은 다음 날에 만나가 그쳤으니 이스라엘 사람들이 다시는 만나를 얻지 못하였고 그 해에 가나안 땅 소산의 열매를 먹었다. (수 5:12)

여호수아는 이곳에서 가나안 땅을 제비뽑아 두지파(유다, 에브라임)와 반지파(므낫세 ½)에게 분배(수 14:2)했고 갈렙에게 헤브론을 기업으로 주었으며 이곳 길갈을 작전기지로 삼았다.

여호수아가 길갈에 진을 친 후 여리고 성을 정복하여 가나안땅 점령을 위한 교두보를 확보하려 하였다.(사울은 뒤에 길갈에서 왕에 등극 하였다.)

165

▲ 뽕나무(돌무화과 나무)

여리고는 원어로 "향기"라는 뜻이다. 여리고는 예루살렘으로 부터 북동쪽 약 35km의 요단계곡에 위치한 지구상에서 가장 오래된 성읍으로 해저 255m의 오아시스 지역으로 겨울에 온난하여 종려 나무가 많았기에 종려의 성읍이라 부르기도 한다.

주전 8000년 구석기 시대 부터 사람이 살았고 주전 7000년경에 신석기 도시가 형성된 것으로 밝혀 졌으며 오늘 날까지 17회나 도시가 건설 되었다가 파괴된 곳이다.

여호수아가 여리고성을 점령하기 전에는 아모리 족속의 성읍 이었다. 그 당시 여리고성은 현재의 여리고로 부터 북서쪽 약 2km 지점의 언덕위에 위치했었다.

이스라엘 백성이 길갈에서 출발하여 여리고성의 주위에 와 있다는 소식을 성읍 사람들이 듣게 되자 여리고성의 문은 굳게 닫혔다.(수 6:1)

하나님께서 "너희 모든 군사는 성을 둘러 성 주위를 매일 한 번씩 돌되 엿새 동안을 그리하라 제사장 일곱은 일곱 양각나팔을 잡고 언약궤 앞에 행할 것이요 제칠일에는 성을 일곱 번 돌며 제사장들은 나팔을 불것이며 나팔소리가 들릴 때 백성들은 다 큰 소리로 외쳐 부를것이라 그리하면 그 성이 무너져 내리리니 백성은 각기 앞으로 올라 갈지니라" 하시매 여호수아는 그대로 행하였으므로 여리고성은 무너졌다.(수 6:1-21) 그때에 성중에 있는 것은 다 멸하되 남녀노유와 우양과 나귀를 칼날로 멸하였다.(수 6:21)

그러나 여호수아가 그 땅을 정탐한 두 사람에게 라합의 집에 들어 가서 그들이 그 여인에게 맹세한 대로 살려 주도록 하였다. 그리하여 그녀와 그녀에 속한 모든 것을 이끌어 내어 진 밖에 두게 한 후에 성읍을 불살라 버렸다.(수 6:22-24) 여호수아는 여리고성을 정복한 후 길갈로 이동하여 차후 전투에 대비하였다.

여리고성의 기생 라합은 나중에 살몬의 아내가 되고 보아스의 어머니가 되어 다윗의 조상 할머니(고조모)가 되었다.(마 1:5-16)

4. 아이성 전투(수 7-8, 주전 1406년경)

(1) 제 1차 전투

아이는 여리고 북서쪽 약 22km, 벧엘 동쪽 약 1.5km지점에 위치한 가나안족의 요새였으나 현재는 유적만 남아있다.

여호수아는 여리고성을 무너뜨려 교두보로 삼고 아이성을 점령하기 위하여 길갈에서 정탐군을 보내어 정탐 결과를 보고 받았다.

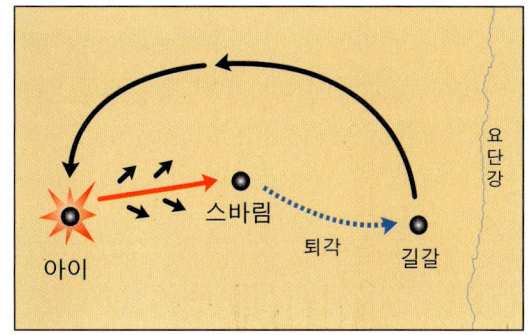

아이성 그들이 소수(실제는 12,000명)이니 많이 올라갈 필요 없으며 2,000-3,000명으로 공격하면 될 것이라는 보고 내용이었다.(수 7:3)

여호수아는 3,000명으로 아이성을 공격 했으나 36명이 사살되고 참패하여 퇴각하게 되자 아이성 군사가 그 근처 채석장인 스바림까지 쫓아와 내려가는 비탈길에서 쳤으므로 이스라엘 백성의 마음이 녹아 물같이 되었다.(수 7:4-5)

(2) 제 2차 전투

아이성의 1차 공격에 실패한 여호수아는 옷을 찢고 장로들과 함께 언약궤 앞에서 땅에 엎드려 머리에 티끌을 무릎쓰고 저물 때까지 기도하였다. 그는 하나님께 요단을 건느게 하여 아모리 사람의 손에 멸망 시키려 하셨느냐고 하며 차라리 요단저편(동쪽)을 족히 여겨 거하였으면 좋았을 것이라는 후회와 원망을 하였다.(수 8-9)

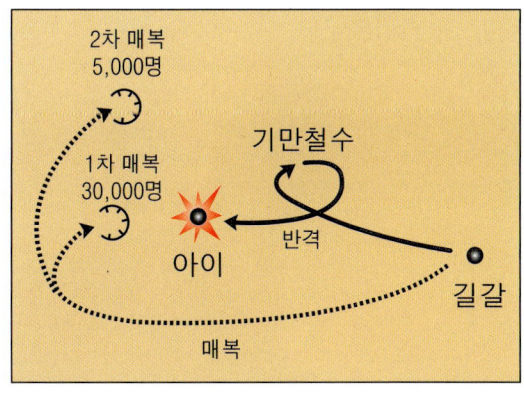

여호와께서 여호수아에게 이르시되 일어나라 어찌하여 엎드렸느냐 너희는 일어나서 백성을 성결케 하여 내일을 기다려라 하셨다.(수 7:10)

여호수아가 아간에게 이르되 어찌하여 우리를 괴롭게 하였느뇨 여호와께서 오늘날 너희를 괴롭게 하시리라 하니 하나님께서 온 이스라엘이 아간을 돌로 치고 물건들도 돌로 치고 불사르고 그 위에 돌무더기를 크게 쌓았더니 오늘 날까지 있더라. 여호와께서 그 극렬한 분노를 그치시니 그러므로 그 곳 이름을 아골 골짜기라 불렀다.(수 7:22-26)

여호수아에게 두려워 말라. 놀라지 말라. 군사를 거느리고 일어나 아이로 올라가라 하셨다.

| B. 이스라엘의 시대별 역사와 지리 |

(수 8:1) 여호수아는 아이성을 1차로 공격 했으나 아간의 범죄로 인하여 참패하고 아간을 아골 골짜기에서 징벌한 후 두 번째로 공격하여 점령하였다.(수 7:2-5, 8:1-29)

여호수아의 아이성 전투는 병법의 진수를 보여주고 있다. 여호수아는 미리 군사를 아이성 서편 벧엘 사이에 매복 시켜 놓은 다음 다른 군사를 아이성을 향해 정면에서 공격하게 하다가 거짓 퇴각하게 하는 기만유인전술(欺瞞誘引戰術)을 전개하였다. 그리하여 적은 도망하는 여호수아 군사를 추적 하도록 유인하여 적을 아이성 안에서 끌어낸 후에 텅빈 성을 매복병으로 하여금 점령하게 하여 불을 지르게 하였다.

그 성읍이 갑자기 불길에 휩싸여 연기가 하늘에 닿는 놀라운 광경을 보고 당황한 아이성 백성들을 오가지 못하도록 만들어 놓고 거짓 도망하던 이스라엘 군사들은 뒤돌아 서서 아이성을 향해 앞에서 공격하고 미리 매복시켜둔 군사는 서편에서 아이성을 공격하며 아이성 골짜기 건너 북쪽에서도 동시에 공격을 감행하여 포위전법으로 공격하니 아무리 강한 적이라 할지라도 무너질 수 밖에 없었다.

▲ 벧 엘(하나님의 집이라는 뜻)

- 아이성 서쪽 1.5km에 위치하고 있다.(현 베이틴마을)
- 아브라함이 단을 쌓았다.
- 야곱이 하란으로 도망 가다가 이곳에서 돌베게로 단을 쌓아 "하나님의 집"이라 이름하였다.
- 여로보암이 금송아지를 둘 만들어 하나는 벧엘에 하나는 단에 두어 우상을 섬겼다.

5. 태양과 달이 멈춘 기브온 전투(수 10:1-27, 주전 1400년경)

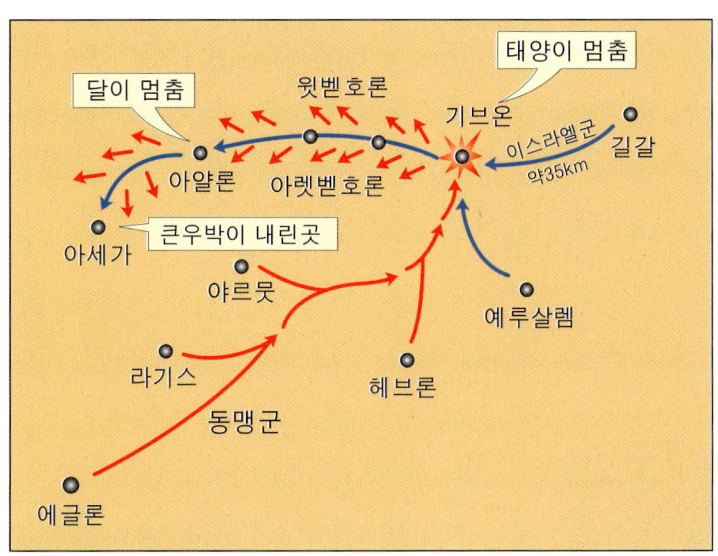

여리고와 아이를 점령하고 에발산에 도착하여 철 연장으로 다듬지 아니한 새 돌로 만든 단위에 번제와 화목제를 드린 후 언약궤 좌우에 절반은 그리심산 앞에 절반은 에발산 앞에 세우고 여호수아가 에발산에서 저주를 선포하고 그리심산에서 축복을 선포한 후 길갈로 돌아와 차후 작전에 대비하고 있었다.

기브온은 고지대(산당:솔로몬이 번제 드린 곳, 사무엘 묘소지역)와 저지대(엘집)의 두 지역으로 구분된다. 고지대의 기브온은 예루살렘 북서쪽 약 10km지점, 해발 900m의 지역이다. 청명한 날씨에는 지중해까지 보이며 예루살렘을 비롯해 사방이 두루 내려다 보인다.

저지대의 기브온(엘집)성읍의 거민들은 여호수아로 부터 점령 시 생명을 보존하기 위해 사자를 길갈에 보내어 기만술책을 꾀하였다.

먼데서 사신으로 온 것처럼 기만 술책을 써서 헤어진 전대, 찢어져 기운 가죽 포도주 부대를 나귀에 싣고 그 발에는 기운 신을 신고, 낡은 옷을 입고, 다 마르고 곰팡이난 떡을 예비하여 가지고 가서 원방에서 왔다며 "우리는 당신의 종이니 이제 우리와 약조 하사이다" 하고 청원하였다.

여호수아가 여호와께 묻지 아니하고 곧 그들과 화친하여 그들을 살려 주고자 하여 언약을 맺고 회중 족장들이 그들과 맹세 하였다. 그러나 언약을 맺은 3일 후에 화친을 맺은 그들의 성읍이 원방이 아니라 가까운 근린에 있다는 사실을 알게 되자 여호와께 묻지 않고 맺어진 맹약에 대한 족장들의 원망도 있었지만 화친의 약속을 지켰다. 그들 지역을 점령했을 때 종으로 삼아 여호와의 단을 위하여 나무를 패며 물 긷는 자들로 삼았다. 그리고 그비라, 브에롯, 기럇여아림 등의 성읍들도 이스라엘 손에서 건져져 죽임을 당하지 않았다.

예루살렘왕 아도니세덱은 기브온 사람이 이스라엘과 화친을 맺었다 함을 듣고 크게 두려워 하여 헤브론왕, 야르뭇왕, 라기스왕, 에글론왕에게 도움을 청하여 아모리 다섯왕의 동맹군으로 기브온과 대진하여 싸우게 되었다.

이때에 기브온 성읍에서 사자를 길갈에 보내어 여호수아에게 구원의 원병을 긴급하게 요청하였다. 여호수아는 즉각 출병하여 밤새도록 올라가 기브온(약 35km 지점)에 갑자기 이르러 동맹군을 크게 도륙하고 벧호론에 올라가는 비탈에서 추격하니 여호와께서 하늘에서 큰 덩이 우박을 아세가에 이르기 까지 내리게 하여 그들이 죽으매 칼에서 죽은 자 보다 우박에 죽은 자가 더 많았다.(수 10:1-11)

　아모리족속과 대적하게 되었을 때 여호수아는 이스라엘 목전에서 "태양아 너는 기브온 위에 머무르라, 달아 너도 아얄론 골짜기에 그리 할지어다" 하고 부르짖어 기도하였다. 그리하여 태양이 머물고 달이 머물러 그쳤다. 그리하여 이스라엘 백성이 그 대적에게 원수를 갚도록 하는 이적이 일어났다. 야살책에도 태양이 중천에 머물러서 거의 종일토록 내려가지 않았다고 기록되어 있다. (수 10:12-13)

▲ 기브온(엘집)

▲ 기브온 저수조

> 마치 독수리가 그 보금자리를 어지럽게 하며 그 새끼 위에 너풀거리며 그 날개를 펴서 새끼를 받으며 그 날개 위에 그것을 업는 것 같이 여호와께서 홀로 그들을 인도하셨고 함께 한 다른 신이 없었도다.
> 　　　　　　　　　　　　　　　　　　　　　신명기 32장 11절-12절

6. 여호수아의 쉐펠라 전투(수 10:28-43, 주전 1400년경)

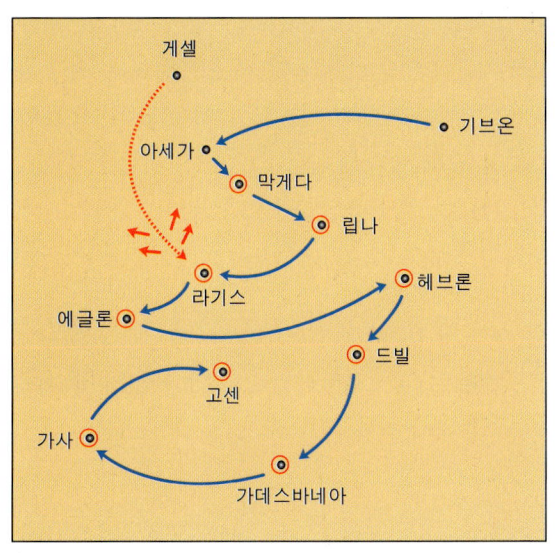

블레셋 평야와 유다 산지 사이의 구릉지대를 "쉐펠라"라고 한다. 쉐펠라의 어원은 "낮은 땅"이라는 뜻이다. 그러나 실제로는 낮은 땅이 아니다. 서부 블레셋 평야 방면에서 바라보면 상당히 높은 산지인데 비해 유다 고지의 산지에서 볼 때는 상대적으로 낮기 때문에 "쉐펠라"라고 부르고 있다. 그리하여 성경에는 20번이나 평지라고 기록되어 있다.

일반 평야지대와 구분하여 편의상 쉐펠라 구릉 지대라 부르고 있다. 쉐펠라 구릉지대는 서부 평야와 동부 산간지 사이의 중간 지대로서 산지에 거주하는 유다인들은 이곳의 블레셋인에 대한 최전방 방어선이었고 블레셋인들은 이곳이 이스라엘인의 정복에 대한 방어의 제일선이었다. 그리하여 구릉지는 영속적으로 어느 한편에 지배된 사실이 없고 양자간에 유혈의 전쟁터가 되었다.

쉐펠라 구릉지대는 남북 길이 45km, 동서 너비 6km, 높이 해발 평균 450m(동부 300-600m, 북부 400m, 남부 500m)로서 남에서 북으로 유다 산지를 향하여 높아진다. 이 지대에는 계곡이 45개에 달한다. 그 중 중요한 계곡은 척추의 갈비뼈 모양의 능선이 형성되어 북으로 부터 아얄론 골짜기, 소렉 골짜기, 엘라 골짜기, 구부린 골짜기, 라기스 골짜기의 다섯 골짜기가 있다.

기브온 전투에서 패한 아모리 다섯왕은 도망하여 막게다의 굴에 숨었다. 여호수아가 굴 어귀를 열고 굴에서 다섯왕을 내게로 끌어내라 하여 끌어냈다. 모든 이스라엘 사람들과 군장(軍長)들에게까지 왕들의 목을 밟게 하고 그 왕을 쳐 죽여 다섯 나무에 매어 달고 석양 때까지 두었다. 그리고 막게다 성읍왕과 모든 사람을 진멸하였다.

이어 막게다에서 립나를 비롯하여 쉐펠라 골짜기의 8개 성읍을 차례로 공격하여 진멸 하였다. 특히 립나에서 라기스를 칠 때에 게셀왕 호람이 라기스를 도우려고 했으나 여호수아에게 진멸 되었다. 그리하여 라기스에서 에글론, 에글론에서 헤브론, 헤브론에서 드빌, 드빌에서 가데스바네아, 가데스바네아에서 가사, 가사에서 고센땅까지 쳐서 고센에서 기브온까지 취하고 길갈진으로 돌아갔다.

여호수아 이후 쉐펠라 지역에서 일어난 격전의 사건을 이해하는 데는 쉐펠라 다섯 골짜기의 지리적 특성을 알아야 한다.

(1) 아얄론 골짜기

이 계곡은 블레셋 평야에서 유다고지로 올라가는 가장 중요한 접근로로서 게셀로부터 벧호론과 기브온을 지나 예루살렘에 이르는 길이다. 이 계곡에서 기브온 전쟁때 여호수아가 적군을 패망시킨 것으로 유명하다. 여호수아가 "태양아 너는 기브온에 머무르라 달아 너도 아얄론 골짜기에 그리 할지어다."(수 10:12)라고 태양과 달에게 명령한 곳이 이 계곡의 기브온 산당이다. 이 동쪽의 넓은 충적층의 골짜기 양측에 기브온과 게셀의 강력한 성읍이 있다.

(2) 소렉 골짜기

예루살렘 북쪽에서 발원하는 케살론 골짜기와 르바임 골짜기가 합류하여 루빈시내가 되어 욥바의 남쪽 14km 지점에서 지중해로 들어간다. 길이가 70km이며 하류는 연중 물이 마르지 않는 편이다. 이 계곡에 딤나, 벧세메스, 소라의 세 성읍이 있다. 이 계곡은 사사 삼손이 영웅적 활동을 한 곳으로 유명하다.

(3) 엘라 골짜기

베들레헴의 남서에 위치하며 오늘날의 에산드 시내가 흐르는 계곡으로 비옥하다. 이 계곡에 소고와 아세가 성읍이 있다. 소고에서 다윗이 블레셋 장군 골리앗을 맞이하여 그를 이곳에서 죽였다. 소고는 솔로몬 왕궁에 식물을 공급하는 성읍이었다.(왕상 4:7) 솔로몬왕 시대에 이스라엘에 열두 관장을 두어 왕과 왕실을 위하여 일년에 한달씩의 식물을 예비하였다가 공급하였다. 르호보암이 유다 방비를 위한 견고한 성읍을 소고와 아세가에 건축 하였으나(대하 11:5-7) 아하스왕때 블레셋이 이를 다시 탈취하였다.

(4) 구부린 골짜기

구약 성경에 "스바다"(사본과 동일지역) 골짜기로 기록 되어 있다.(대하 14:10) 해안 지대에서 헤브론으로 이르는 지름길이다. 유다가 포로되어 간 이후에 에돔 사람들이 유다남방과 쉐펠라에 들어와 정착 했는데 헬라시대에 "이두메"라고 불렸으며 그 중심지는 구부린 골짜기의 마레사였다. 이 골짜기에서 아사왕과 구스사람의 전쟁이 있었고(대하 14:9-15) 르호보암이 마레사에 요새성을 건축 하였다.(대하11:8) 가드 마레셋은 미가의 고향으로 추정된다.(미가 1:14)

(5) 라기스 골짜기

유다의 남서 측면에 위치하고 있으며 아도라임 골짜기등 몇 개의 작은 골짜기들이 지중해로 향하고 있다. 라기스는 유다의 가장 큰 병거성이자 남쪽 쉐펠라 입구에 위치하여 유다 산지를 들어가기 위해서 꼭 거쳐야 하는 성읍이다. 여호수아가 라기스를 점령하여 유다지파에게 주었다.(수 15:39) 르호보암은 이곳을 견고한 요새로 지켰다.(대하 14:9) 유다왕 아마샤가 반역에 몰려 이곳에 도망 왔으나 피살 되었다.(왕하 14:19) 앗수르왕 산헤립이 이곳을 포위하여 히스기야 왕에게 조공 받을 것을 조약 하였다.(왕하 18:12) 바벨론의 느브갓네살이 점령하여 불살랐다.(렘 34:7)

7. 여호수아의 마지막 메롬 물가 전투(수 11:1-23, 주전 1398년경)

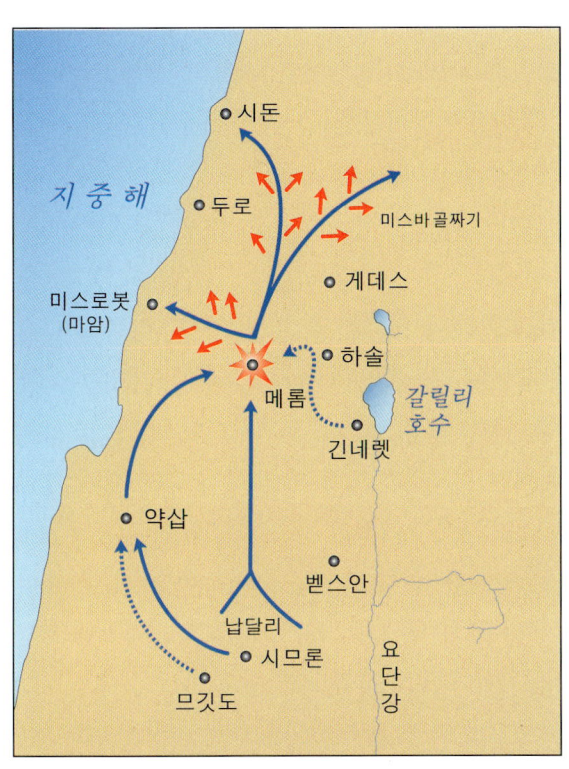

메롬 도시의 소재 규명을 위한 시도는 전혀 근거를 찾지 못하고 있다. 갈릴리 호수 북방 훌레호수라는 주장도 있지만 지도상에 메롬은 통상 훌레호수 서쪽의 하솔을 꼭지점으로 가데스와 메롬을 연결하여 직삼각지역을 이루고 있다.

메롬은 갈릴리를 방어하기 위하여 가나안 사람들이 집결 했던 곳이다.

여호수아가 가나안 땅 남방의 쉐펠라 전 지역을 정복하자 북방에 대한 위협을 느낀 하솔왕 야빈이 주동이 되어 마돈(메롬)왕, 시므론왕, 악삽왕과 북방 산지와 긴네렛 남편 아라바와 서방 돌의 높은 곳에 있는 왕들과 동서편 가나안 사람과 아모리 사람과 헷 사람과 브리스 사람과 산지 여부스 사람과 미스바땅 헬몬산 아래 하위 사람들의 군대를 메롬 물가에 모이게 하니 민중이 해변의 수다한 모래같고 말과 병거도 많았다. 그러나 이스라엘 군대는 메롬 물가를 졸지에 습격하여 격파하고 미스바 골짜기와 시돈과 미스로봇까지 추격하여 한 사람도 남기지 않고 격멸하였다.(수 11:1-9)

하솔은 본래 모든 나라의 머리였더니 여호수아가 점령하여 하솔왕을 칼로 쳐 죽이고 성을 불살랐다. (수 11:10-15)

메롬 물가와 다볼산의 두 전쟁에 대한 시기의 주장이 다르다. 그러나 두 전쟁의 가나안 동맹군의 지휘자는 하솔왕 야빈이다. 그가 죽게된 전쟁은 메롬 물가의 전쟁이다.(수 11:10-11) 그러므로 드보라의 다볼산 전쟁의 승리에 의해 하솔왕 야빈의 쇠퇴를 초래(삿 4:24)했으며 메롬 물가의 전쟁에서 하솔 성읍의 파괴와 야빈의 종말을 분명히 밝혀주고 있다.

메롬 물가의 전투는 여호수아가 행했던 마지막 전투였다. 여호수아는 나이 95세에 이스라엘 백성을 이끌고 요단강을 건너 가나안 땅을 정복 했으나 블레셋 땅을 비롯하여 일부 성읍을 정복하지 못하고 110세(주전 1390)에 죽어 에브라임 산지 가아스산 북쪽 딤낫세라에 장사 되었다.

여호수아는 업적도 많았지만 지도 체제를 확립하지 못해 사사시대에 혼란을 빚게된 아쉬움을 남겼다.

8. 여호수아의 미정복 성읍(삿 1-3)

지파별	미정복 성읍(23)
므낫세 (5)	벧스안 다아낫 돌 이블르암 므깃도
에브라임(1)	게셀
스블론(2)	기드론, 나할롤
아셀 (7)	악고 시돈 알랍 악십 아빅 르홉 헬바(지역미상)
납달리(2)	벧세메스 벧아낫
베냐민(1)	여부스(예루살렘)
블레셋 전지역은 미정복(5) (5성읍:에글론, 아스글론, 가드, 아스돗, 가사)	

여호수아가 죽은 후 가나안땅에 남겨 두신 그 열국을 속히 쫓아내지 아니 하시며 여호수아의 손에 붙이지 아니 하셨음이 이를 인함이었더라.(삿 2:23)

즉, 하나님께서 이스라엘에게 진노하여 이르시되 이 백성이 내가 그 열조와 세운 언약을 어기고 나의 목소리를 청종치 아니하였은즉, ① 열조의 지킨것 같이 나 여호와의 도를 지켜 행하나 아니하나 그들로 시험하려 함이라 하시니라.(삿 2:20-23)

또한 ② 가나안 전쟁을 알지 못한 이스라엘을 시험하려 하시며 이스라엘 자손의 세대 중에 아직 전쟁을 알지 못하는 자에게 그것을 가르쳐 알게 하려 하사 남겨두었고(삿 3:1-2) 남겨둔 이 열국으로 이스라엘을 시험하사 여호와께서 모세로 그들의 열조에게 명하신 명령들을 청종하나 알고자 하셨다.(삿 3:4)

이스라엘 자손이 마침내 가나안, 헷, 아모리, 브리스, 히위, 여부스 등 그들 족속 사이에 거하여 그들 딸들을 취하여 아내로 삼고 자기 딸들을 그들의 아들에게 주며 또 그들의 신을 섬겼다.(삿 3:5-6)

이 정복 성읍지역에는 원주민과 이스라엘이 뒤섞여 거주하게 되어 우상을 섬겼다. 그러나 블레셋 성읍지역은 뒤섞이지 않았다.

하나님이 주신 땅을 완전히 점령하지 못한 성읍들은 지파별로 정복전쟁을 계속하게 하여 훗날 이스라엘을 바른길로 인도하기 위한 하나님의 징계의 도구로 사용되었다.

여호와 하나님께서 이스라엘 백성에게 약속한 가나안 땅을 그들 백성이 완전히 점령 했어야 했지만 그렇지 못하였다. 완전히 점령하지 못하게 한 하나님의 섭리의 두 가지 사실을 분명하게 아는 것은 성서 전체를 이해하는데 큰 도움이 된다.

9. 도피성의 설치(수 20:1-9, 주전 1400년경)

여호와께서 여리고 맞은편 요단가 모압평지에서 모세에게 일러 가라사대 너희가 요단을 건너 가나안 땅에 들어 가거든 너희를 위하여 성읍을 도피성으로 정하여 그릇 살인한 자를 그리로 피하게 하라(민 35:9-11) 하였다.

이는 너희가 보수(報讐:앙갚음) 할자에게서 도피하는 성을 삼아 살인자가 회중 앞에 서서 판결을 받기까지 죽지 않게 하기 위함이니라(민 35:12) 하였고 부지중에 오살(誤殺)한 살인자가 대 제사장의 죽기까지 그 도피성에 유하였다가 대제사장이 죽은 후에는 그 살인자가 자기의 산업의 땅으로 돌아갈 수 있느니라(민 35:28) 하였다.

그리하여 너희에게 줄 성읍 중(레위 48개)에 여섯으로 도피성이 되게하라(민 35:13)하셨다.

여호수아는 가나안땅을 정복한 후·하나님 여호와의 말씀에 따라 실로에서 12지파에게 땅의 분배를 마치고 도피성을 지정 하였다. 그리하여 가나안 땅에 게데스, 세겜, 헤브론등의 3개소를 택하고 요단 동편에 베셀, 길르앗라못, 바산골란 등의 3개소를 택하여 도피성을 세웠다.(수 20:7-8)

◀ 실로의 유적일부

※ 실로
- 벧엘의 동북쪽 약 16km지점 에브라임 지역으로 여호수아가 이곳에서 7지파에 땅을 분배하고 6개 도피성을 지정하였다.
- 여호수아 이후 200여년 동안 법궤가 머물러 있던 종교 및 정치의 중심지였다.
- 블레셋과 에벤에셀(아벡)전투에서 법궤를 빼앗기고 엘리 제사장의 아들 홉니와 비느하스도 전사하게 되니 제사장은 비보를 듣고 의자에서 넘어져 목이 부러져 죽었다.
- 사무엘이 이곳에서 엘리의 뒤를 이어 어머니 한나가 서원한 대로 사사가 되었다.

▲ 도피성의 분포

사사시대의 배경

전에 여호수아가 백성을 보내매
이스라엘 자손이 각기 그 기업으로 가서 땅을 차지하였고
백성이 여호수아의 사는 날 동안과
여호수아 뒤에 생존한 장로들
곧 여호와께서 이스라엘을 위하여 행하신 모든 큰 일을
본 자의 사는 날 동안에 여호와를 섬겼더라.
여호와의 종 눈의 아들 여호수아가 일백십세에 죽으매
무리가 그의 기업의 경내 에브라임 산지 가아스산
북 딤낫 헤레스에 장사하였고
그 세대 사람도 다 그 열조에게로 돌아갔고
그 후에 일어난 다른 세대는 여호와를 알지 못하며
여호와께서 이스라엘을 위하여 행하신 일도 알지 못하였더라...
여호와께서 가나안 전쟁을 알지 못한 이스라엘을
시험하려 하시며 이스라엘 자손의 세대 중에
아직 전쟁을 알지 못하는 자에게
그것을 가르쳐 알게 하려 하사 남겨 둔 열국은...
이 열국으로 이스라엘을 시험하사
여호와께서 모세로 그들의 열조에게
명하신 명령들을 청종하나 알고자 하셨더라.
사사기 2장 6절 ~ 10절, 3장 1절~4절

V. 사사시대
(주전 1375년–1050년)

▲ 유대광야

| B. 이스라엘의 시대별 역사와 지리 |

1. 사사들의 활동

여호수아가 가나안 땅을 정복하고 죽은 후 부족제도에서 왕정 시대가 시작 되기 전까지의 전환기를 사사시대(士師時代)라고 한다.

사사(士師)는 원어로 쇼프팀(שֹׁפְטִים)으로 "판관" 또는 "최고 지도자"란 뜻이다. 당시 부족을 대표한 세습적 지도자가 없던 암흑시대를 대표한 카리스마적 지도자였다.

또한 쇼페트(שֹׁפֵט, 재판관, 사사)는 신탁의 말씀을 선포 하는 하나님의 말씀을 전달 하는 사람을 가리킨다. 이 사사(재판관)의 책임은 판결이 편견이 없이 공정하게 내려져야 하였다. 절대적으로 공의를 실현해야 했고 뇌물을 받지 않아야 했으며 민중들의 압력에 못이겨 부당한 판결을 해서도 안되었다. 모세로 부터 재판제도가 시작되어 (출 18:13-16) 가나안땅 정복 후 사사시대까지 이어져 사무엘도 전국을 순회하며 재판을 하였다.

사사는 선지직(先知職), 제사직(祭司職), 왕직(王職)을 겸한 백성들의 최고 지도자 였다. 사사시대(주전 1375-1050)의 약 325년간에 12명의 사사가 다스렸으며 이스라엘이 위기에 처할 때 마다 백성들을 구원 하였다.(아비멜렉을 패역한 왕으로, 엘리와 사무엘을 각각 선지자와 대제사장으로만 취급하는 견해가 있다.)

사사 명	출신지파	활동기간	개략 연대	전 투 대 상		참조성경
				족 속	왕	
옷 니 엘	유 다	40년	주전1377-1337	메소포타미아	구산리사다임	삿3:8 삿3:9-11
에 훗	베냐민	80년	1319-1239	모 압	에글론	삿3:12-14 삿3:15-30
삼 갈	아 셀	10년	1260-1250			
드 보 라	에브라임	40년	1239-1199	가나안	야 빈	삿4:2-3 삿4:4-5
기 드 온	므낫세	40년	1192-1152	미디안	오렙, 스엡 세바, 살문나	삿6:1-6 삿6:7-8:35
돌 라	잇사갈	23년	1149-1126			삿10:1-2
야 일	길르앗	22년	1126-1104			삿10:3-6
입 다	길르앗	6년	1086-1080	암 몬	암몬왕	삿10:10-12:7
입 산	유 다	8년	1080-1072			삿12:8-10
엘 론	스블론	10년	1072-1062			삿12:11-12
압 돈	에브라임	7년	1062-1055			삿12:13-15
삼 손	단	20년	1075-1055	블레셋		삿13:2-16:31

※ 활동 연대는 개략 연대이며 불확실하다.

2. 여리고 요단나루 전투(삿 3:7-30, 주전 1325년경)

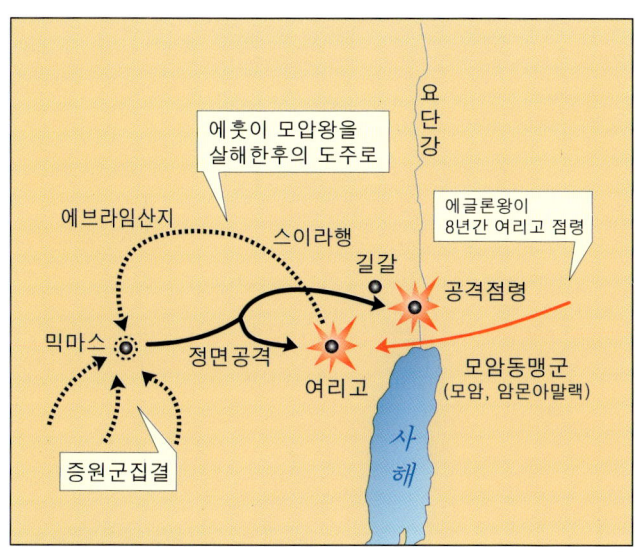

▲ 사사 에훗의 모압인 격멸

▲ 지파별 사사들의 활동지역

이스라엘이 악을 행하여 바알과 아세라를 섬기자 하나님은 진노하여 메소포타미아왕 구산리사다임의 손에 붙여서 8년간 압제를 당하게 하였다. 그러나 첫 번째 사사인 옷니엘(갈렙의 조카)을 통해 구원을 받았다. 그 후 태평한지 40년이 지나자 옷니엘은 죽었다.

이스라엘이 또 악을 행하자 모압왕 에글론이 주동한 암몬과 아말렉의 동맹군에게 여리고는 점령 당하고 이스라엘은 모압의 지배를 받았다. 모압의 지배를 받은지 18년만에 베냐민지파의 아들인 왼손잡이 에훗은 공물을 바치러 여리고에 가서 그곳에서 에글론을 살해한 후에 스이라로 도망하였다. 그리고 에브라임산지에 이르러 그러한 사실을 알리고 군대를 모아 이끌고 요단강 나루에서 모압사람의 퇴로를 차단하고 한사람도 건너지 못하게 하여 10,000명을 죽이고 사사가 되어 이스라엘을 80년 동안 태평하게 다스렸다.

그 뒤에 삼갈이 사사가 되어 소 모는 막대기로 블레셋 사람 600명을 죽여 이스라엘을 구원하였다.

| B. 이스라엘의 시대별 역사와 지리 |

3. 드보라의 다볼산 전투(삿 4장-5장, 주전 1240년경)

드보라는 원어로 "꿀벌"이라는 뜻이다. 그녀는 랍비돗의 아내로 벧엘과 라마 사이에 살았던 이스라엘의 4번째 사사로 최초의 여사사(女士師)이다. 그녀는 이스라엘에 대한 하나님의 구원계획 즉, 가나안으로부터의 구원에 적합한 인물로 선택되었다.

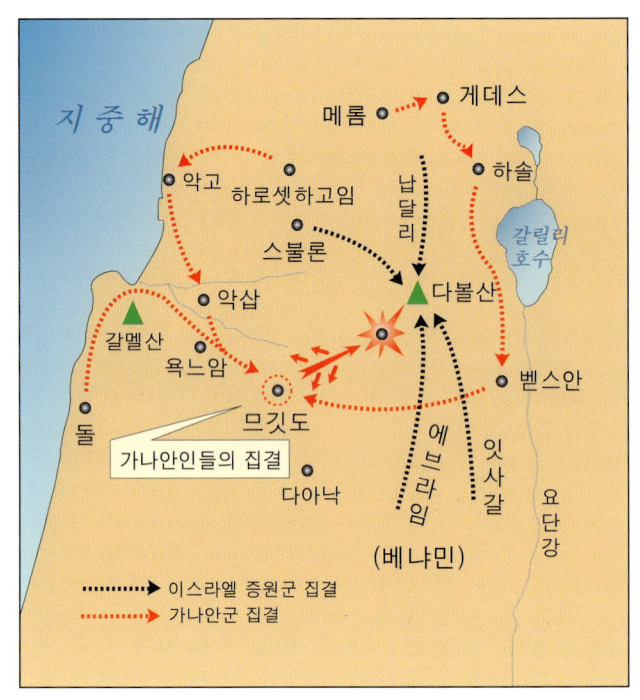

이스라엘의 북쪽지파들이 하솔왕 야빈의 압제를 20년간 심하게 받아 왔다. 이에 즈음하여 드보라는 납달리의 게데스에 있던 바락을 불러 격려하며 이스라엘 지파 연합군으로 가나안과 싸울 것을 결의하고 바락과 함께 게데스로 갔다. (남쪽지파:베냐민, 에브라임, 므낫세, 북쪽 지파:스불론, 납달리, 잇사갈 총:6개 지파)

바락은 드보라와 함께 가기를 청하매 드보라는 군대장관으로 삼은 바락과 함께 스불론과 납달리 군사 10,000명을 이끌고 다볼산으로 올라 갔다.

다볼산은 이스르엘 평원과 계곡의 북쪽지역 해발 588m 높이의 산으로 스불론과 잇사갈 지역의 경계지역이며 사통팔달의 중심적 요충의 산이다.

겐 사람 하벨로 인하여 바락의 다볼산 이동의 정보가 하솔왕 야빈의 군대 장관인 시스라에게 알려지게 되자 시스라는 성읍 동맹군의 군사와 철병거(전차) 900승(대)을 하로셋에서 기손강 부근 므깃도 지역으로 집결하여 다볼산을 목표로 진격하게 되었다. 그러나 폭우로 기손강이 범람하고 이스르엘 평원이 늪지대가 되어 전차 900대의 대 부대는 진퇴양난에 처하였다.

이때에 바락은 다볼산에서 10,000명을 이끌고 내려가 독안에 든 생쥐처럼 곤경에 처한 시스라의 전차 부대를 완전히 칼로 쳐서 파 하고 하로셋 까지 추격하여 전멸시키므로 대승하였다.

시스라는 전차에서 내려 도보로 도주하는 중 평소 알고 지내던 하벨의 아내 장막에서 이불을 덮고 숨어 잠자고 있을때 하벨의 아내 야엘은 왼손으로 장막 말뚝을 잡고 오른손으로 장인(匠人)의 방망이를 들고 그 방망이로 시스라를 쳐서 머리를 뚫게 하되 곧 살쩍을 뚫어 말뚝에 박히게 하여 살해하였다.(사 4:18-21, 5:26)

이 전투로 이스르엘의 평야 지대인 므깃도와 다아낙을 수중에 넣었으며 이때 전쟁에 참가한 이스라엘 백성은 40,000명이나 되었다.(삿 5:8)

드보라는 성전(聖戰-헤렘)의 승리를 하나님께 시(詩)로 찬양(삿 5:2-31)하였으며, 이스라엘 백성은 다볼산 전투 이후 40년간 평화를 누리고 살았다.

▼ 다볼산 전경

- 예수께서 베드로, 야고보, 요한을 데리고 다볼산에 올라갔다.(막 9:2-8)
- 예수님이 변화하셨던 산이라 하여 변환산이라 부르기도 한다.(눅 9:28)

| B. 이스라엘의 시대별 역사와 지리 |

4. 기드온과 미디안의 전투(삿 6:1-8-8:23, 주전 1185년경)

◀ 기드온 300용사의 승리 ▶

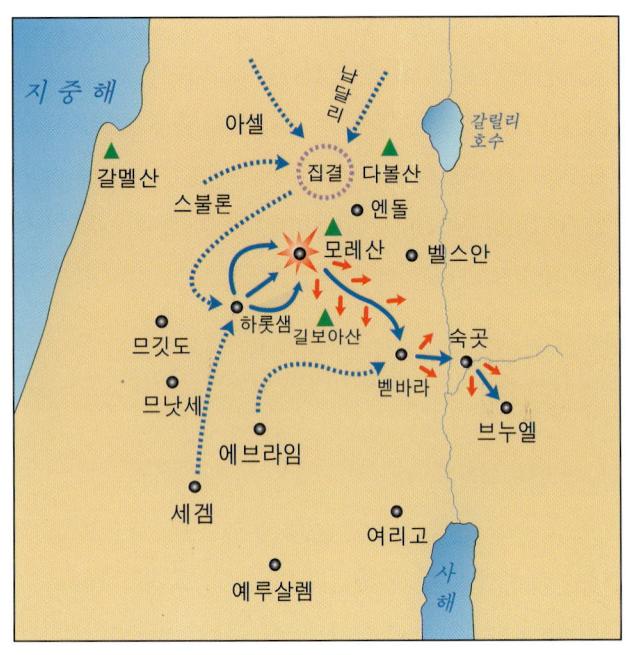

이스라엘은 드보라의 승리 이후 40년(주전 1176-1169)간 태평을 누렸으나 다시 악을 행하므로 미디안의 손에 붙여 7년(주전 1176-1169)간의 고통을 당하게 되었다.

미디안족은 파종기에 자주 침입하여 먹고 살것 하나도 남겨두지 않고 양식과 가축을 다 약탈해 갔다.(삿 6:4) 그 즈음에 또다시 미디안과 아말렉과 동방사람이 합세하여 요단을 건너와 모레산 아래 골짜기에 진을 쳤다.

그들 동맹군 13만 5천명이 골짜기에 누워 있었는데 그 수가 메뚜기 만큼 많고 약대가 해변의 모래 같이 많았다.(삿 7:12) 이때에 여호와께서 오브라에서 이스라엘을 구원하기 위하여 "큰 용사여"하며 기드온을 부르셨다.(삿 6:11-32)

기드온은 므낫세지파 요아스의 아들로 바알신이 극성을 부리던 아비에셀(오브라)에서 태어나 자랐다.

여호와께서 기드온에게 이스라엘을 미디안 수중에서 구하라 하시니 그가 여호와께서 주(主)되시는 표징을 보여 달라 한즉 여호와의 사자가 지팡이를 들고 고기와 무교전병(無酵煎餅)에 대니 반석에서 불이 나와 그것을 태웠다.(삿 6:14-21)

기드온은 여호와를 위하여 단을 쌓고 여호와 살롬(주는 평강의 뜻)이라 하였다.(삿 6:24) 그리고 아비집에 있던 바알의 단을 헐고 그 곳에 여호와의 단을 쌓고 옆에 있던 아세라 상을 찍어서 그 나무로 번제를 드렸다. 그리하여 성읍 사람들은 기드온을 죽이려 했지만 오히려 "여룹바알"(바알을 대항하여 쟁론하는 자란 뜻)이라는 칭호를 받았다.

기드온은 여호와께 또 다시 내손으로 이스라엘을 구원 하시려거든 표징을 보여 달라고 하였다. 그가 원하기를 양털을 타작 마당에 두거든 양털에만 이슬이 있게하여 달라하여 그대로 되니 다시 이번에는 양털은 마르고 그 주위에만 이슬이 있게 하여 달라하니 역시 그대로 되게 하셨다.(삿 6:36-40) 그리하여 기드온은 그 표징을 보고 사명감을 깨닫게 되었다.

기드온과 그를 좇는 백성들이 길보아산의 하롯샘 곁에 진을 치고 미디안은 북편 모레산 앞

골짜기에 진을 치니 서로 대치하게 되었다.(삿 7:1)

기드온이 최초로 집결한 군사의 숫자는 32,000명이었으나 돌아간 자가 22,000명이 되었고 남은 자가 10,000명이었다. 하나님께서 그 숫자도 너무 많으니 시험하여 소수정예의 정병을 선별하는 방법을 가르쳐 주셨다. 그리하여 하롯샘 물가로 나와 물을 마시게 하여 ① 개의 핥는 것과 같이 그 혀로 물을 핥는 자와 ② 무릎을 꿇고 마시는 자를 구분하여 세웠다.

여호와께서 손으로 움켜 입에 대고 물을 핥아 먹은 300명으로 미디안 사람을 네 손에 붙이리니 남은 9,700명은 돌려 보내라 하셨다.(삿 7:1-7)

적과 대치하고 있는 상황하에 무릎을 꿇고, 엉덩이를 들고, 허리를 굽혀, 두손 짚고, 머리를 박아 물에 입을 대고 먹는 자세는 경계심이 없을 뿐 아니라 무릎을 꿇는 것은 적에게 굴복을 의미 하는 것이다. 그러나 아무리 육신적인 갈증이 심할지라도 임전태세의 정신이 확고한 물을 손으로 움켜 입에 대고 핥아 먹은 소수의 300명을 뽑았다. 그리하여 1당 450(300명 대 13만 5천명)의 비율로 전투에 임하였다.

하롯샘 곁에 진을 친 300명을 세 대(三隊)로 나누고 각 손에 나팔과 빈 항아리를 들고 항아리 안에는 횃불을 감추게 하였다.(삿 7:16) 그리고 미디안 진영을 향하여 좌우 양측방을 양날개로 감싸듯이 100명씩 두 대(二隊)로 진출하여 포위하고 정면에서 기드온이 100명과 함께 일대(一隊)로 진출하여 적진에 기습공격을 감행하여 포위하였다.

기습공격 개시 시간은 근무 교대의 취약 시간인 2경 초(밤 10시)로 하여 공격개시 나팔을 불어 세대(三隊)가 일제히 사면에서 항아리를 부수고 나팔을 불었다.

기드온 군사는 오른손에 나팔을 들어 불고 왼손에 횃불을 들고 "여호와를 위하여"를 외치니 온 적군은 놀라 깨어 밤중에 자기들끼리 칼로 치며 죽이고 자중지난을 이루어 아수라장의 참상이 벌어진 후 혼비백산하여 패주하였다.

미디안 동맹군이 패주할 때 납달리, 아셀, 므낫세 지파는 추격하고 에브라임지파(최초 전투에 불참)는 산지를 따라 내려와 벧바라와 요단 나루턱에서 퇴로를 차단하여 두방백 오렙과 스엡을 사로잡아 죽여 목을 잘라 기드온에게 보였다.

요단강을 건넌 후에도 계속 추격하여 숙곳에 이르러 그 곳 사람들에게 식량 지원을 요구했으나 거절했고, 브누엘 사람들도 역시 거절하였다. 기드온은 거절한 그들에게 보복할 것을 경고 하고

▲ 하롯샘

계속 미디안 두 왕 세바와 살문네를 추격 하였다. 그들 두 왕은 기드온의 형제를 살해한 자들이다. (삿 8:18-19)

기드온 300용사는 무려 120,000명을 죽였고 남은 15,000명은 미디안 두 왕과 함께 갈골에 숨어 있다가 기습공격을 받아 두 왕은 사로잡혀 죽고 패잔병은 모두 전멸되었다.

돌아오는 길에 식량 지원을 거절한 숙곳 성읍의 장로들을 잡아 약속대로 징벌했고 브누엘에 가서는 망대를 헐고 그 성읍 사람을 죽였다.

기드온 300용사의 승리로 이스라엘 사람이 기드온을 통치자로 삼았다. 그리하여 기드온을 왕으로 추대하려는 백성들의 청을 거절하고 이스라엘의 5번째의 사사가 되어 40년간(주전 1169-1129)을 치리했으며 나이 많아 죽어서 오브라에 있는 아비 묘실에 같이 장사 되었다. (삿 8:32)

▲ 길보아산

5. 아비멜렉의 잔인한 골육전(삿 9:22-57, 주전 1102년)

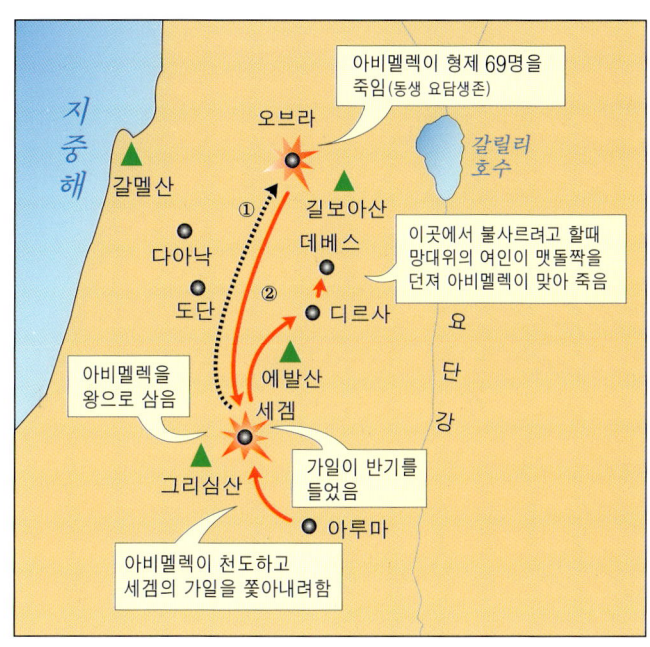

기드온이 죽자 이스라엘 자손이 바알신들을 음란하게 섬기고 바알브릿("언약의 주"라는 뜻)을 자기의 신으로 섬기며 여호와를 외면하고 기드온에게 베푼 은혜를 생각지 않았다.

기드온은 아내가 많아 아들이 71인이 되었고 그 아들 중 세겜이 살고 있던 첩의 아들 아비멜렉이 가나안 족속의 도움을 받아 사사의 세습을 꾀하였다.

그는 오브라에 있는 형제 69인을 죽이고 오직 막내 동생인 요담은 숨어 있어 죽이지 못해 살아 남았다.

아비멜렉의 모계 혈통의 세겜 사람들과 밀로의 모든 족속이 모여 세겜에 있는 기둥 상수리 나무 아래서 아비멜렉을 왕으로 삼았다.

세겜 사람은 아비멜렉에게 "바알브릿 묘(廟)"에서 은 70개를 내어 주었다. 벤 밀로(세겜의 보루)라고도 불리우는 이 가나안묘(廟)의 잔재는 세겜의 발굴에서 그 모습이 나타났다.

아비멜렉의 통치 3년 뒤에 그 형제의 피흘린 죄는 그를 도왔던 세겜 사람들에게 돌아갔다. 에벳의 아들 가알이 아비멜렉을 저주하고 세겜 사람들을 모아 반기를 들어 성읍 장관 스불과 싸우다가 도망 하였고 성문 입구에는 부상으로 엎드린 자가 많았다.

아비멜렉은 세겜과 실로 사이의 아루마에 정주하고 가알을 세겜에서 쫓아내게 하였다. 그러나 잔존 세력인 세겜망대 위의 사람들 남녀 1,000명을 불을 놓아 잔인하게 죽였다.(삿 9:49)

아비멜렉은 데베스(디르사와 동일하다는 주장도 있음)에 가서 진치고 공략하려 할때 성중의 망대에 남녀가 모두 그리로 도망하여 들어가 문을 잠그고 꼭대기로 올라갔다. 아비멜렉은 망대 앞에 이르러 망대를 불사르려고 할 즈음에 한 여인이 맷돌 윗짝을 아비멜렉의 머리 위에 내려 던져 그 두개골을 깨뜨리니 아비멜렉은 자기의 병기든 소년을 급히 불러 "너는 칼을 빼어 나를 죽이라" 사람들이 그 여인에게 죽었다 할까 하노라 하니 소년이 찌르매 그가 곧 죽고 말았다.

그 형제 69인을 죽인 악과 세겜 사람들의 모든 악을 하나님이 갚으셨고 요담의 저주가 그들에게 응하였다. 그리하여 아비멜렉은 통치 3년(주전 1152-1149)만에 비참한 말로를 맞이 하였다.

6. 기브아의 동족 상쟁(삿 19:1-21:25, 주전 1072년경)

이스라엘의 가나안 점령초기는 정치적 암흑기였다. 그때부터 이스라엘에 왕이 없으므로 사람들은 각기 자기 눈에 옳다고 생각되는 대로 행하였다.(삿 21:25)

이때에 에브라임산지의 한 레위인의 첩이 베들레헴의 친가로 간지 4개월이 되어도 돌아 오지 않아 레위인이 직접 베들레헴에 가서 첩을 데리고 돌아 오는 도중 해가 저물어서 기브아의 한 노인집에서 유숙하게 되었다.

그 곳 성읍의 불량배들이 침입하여 레위인의 첩에 행음하여 밤새도록 욕보이다가 새벽 미명에 놓아 주었다.

레위인의 첩은 날이 밝았을 때 문간에서 시체로 발견되어 그 시체를 나귀에 싣고 돌아가서 칼로 시체의 마디를 찍어 열두 덩이로 나누고 그것을 이스라엘 사방의 지파에 두루 보냈다. 기브아의 강간 살인사건은 출애굽 이후 초유의 끔찍한 사건이었다.

기브아의 윤간 만행의 소식을 듣고 각 지파의 회중이 미스바(망대라는 뜻)에 총회로 모여 징벌하기로 합심하여 결의 하였다.

오직 베냐민지파는 미스바의 징벌 결의에 반대하며 대결로 맞서면서 칼 쓰는 자 26,000명, 기브아인 700명(왼손잡이)의 물매돌에 능숙한 자들을 모았다.

이 때에 이스라엘 모든 지파들은 칼 쓰는자 400,000명으로 기브아를 공격했으나 22,000명의 인명 피해를 입고 패하였다. 다시 벧엘에 가서 전열을 정비한 후 이튿날에 2차로 기브아를 공격하였다. 그러나 다시 이스라엘인 18,000의 인명 피해를 입고 패하였다.

이스라엘은 재차 참패하여 벧엘에 가서 울며 금식하고 번제와 화목제를 드렸다. 이어 3차의 기브아의 공격은 사전에 매복병을 배치하고 유인작전으로 공격하다가 철수하면서 기브아의 군대를 성에서 끌어내어 광야와 성읍을 동시에 공략하여 베냐민 군사 25,000명을 격멸 하였고 기브아 성읍은 불태워 버렸다.

이스라엘 모든 지파들은 미스바에 모여 딸을 베냐민 사람에게 주지 않기로 하였다. 그러나 벧엘에 단을 쌓고 번제와 화목제를 드리며 베냐민의 한지파가 없어질까 생각하여 대성통곡하고 후회를 하였다. 그래서 이스라엘 지파들은 미스바 총회에 불참하고 싸움에 동참하지 않은 야베스 길르앗에 12,000명의 군사를 보내어 그 곳 사람을 죽이고 그곳 처녀 400명을 실로의 진으로 끌고 와 베냐민 지파에게 주어 혈통을 잇게 하였다. 그래도 여자가 모자라서 실로의 여자들이 여호와의 절기에 무도(舞蹈)하러 나오면 포도원에 숨었다가 실로의 딸을 잡아 베냐민땅에 데려 가서 아내를 삼도록 하였다.

아름다운 꽃 한송이의 의미는?

7. 입다와 암몬의 전쟁(삿 10:6-12:7, 주전 1101년경)

이스라엘의 사사 돌라(23년 통치)는 대적의 손에서 이스라엘을 구원했고 뒤이어 사사 야일(22년 통치)은 시대적 혼란 없이 상당한 부와 권세를 누린 인물이다.

이스라엘 자손이 두 사사시대 이후에 다시 악을 행하여 이방신들을 섬기고 여호와를 버려 섬기지 아니하므로 블레셋과 암몬의 손에 파하고 요단 동편 길르앗 아모리땅에 거한 이스라엘 자손이 18년 동안 압제를 받았다.

그 때에 암몬 자손이 모여 길르앗에 진쳤고, 이스라엘 자손도 모여 미스바(미스베)에 진쳤다.

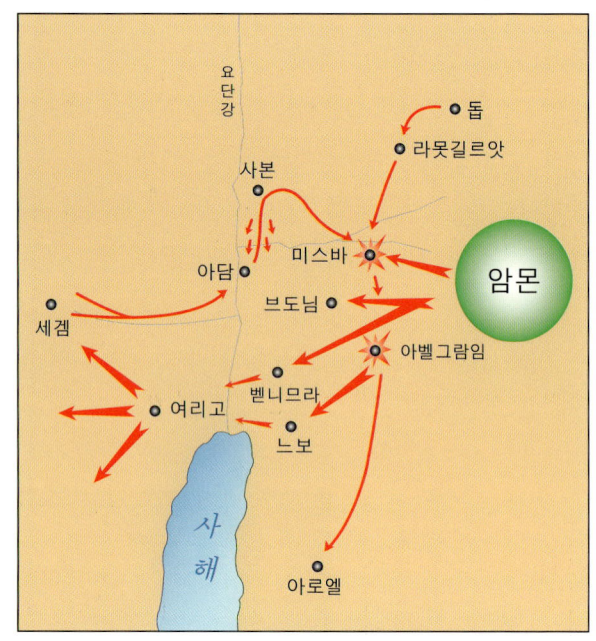

이스라엘은 암몬과 싸워야 할 영도자가 없었으나 길르앗 사람 "큰 용사 입다"가 유력시 됐다. 입다는 길르앗 기생의 아들로 본처의 아들이 자라매 기업을 잇지 못하도록 학대하고 쫓아내어 돕 땅에 잡류들과 함께 살고 있었다.

암몬과의 싸움에 대비하기 위해서 길르앗 장로들이 돕 땅에 가서 입다를 만나 간청하여 데려다가 길르앗 백성이 자기들의 머리와 장관으로 삼았다.

입다는 암몬 왕에게 사신을 보내어 아르논에서 얍복강까지와 광야에서 요단강까지의 옛 땅을 돌려 달라고 요구 했으나 암몬왕은 거절 하였다. 이에 입다는 군대를 이끌고 미스바를 지나 암몬 자손과 싸워 아로엘에서 민닛에 이르기까지 크게 도륙하니 이에 암몬 자손이 항복하였다.

한편 입다의 승전보를 들은 에브라임 사람들은 북으로 가서 입다에게 모압과의 싸움에 자기들과 함께 가지 않은 것에 불만을 품어 불로 너와 네집을 사르겠다고 위협 하였다.

그러나 입다는 길르앗 사람을 다 모으고 에브라임과 싸워 격파 하였다. 이때에 길르앗사람들은 도망하는 에브라임 사람들을 요단강 나루턱에서 지키고 있다가 에브라임 사람들을 구별하여 잡아 죽였는데 이 싸움에서 에브라임 사람 42,000명이 죽었다.

입다가 사사가 된지 6년에 죽으니 길르앗 성읍에 장사되었다.

8. 삼손과 블레셋의 싸움(삿 13:1-16:31, 주전 1075년경)

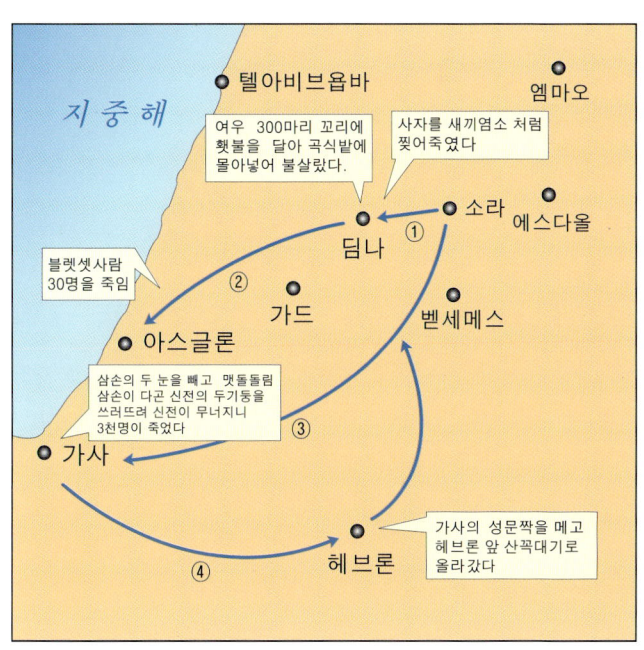

이스라엘은 사사 입다 이후 입산, 엘론, 압돈에 의하여 25년간 평화를 유지했으나 또 다시 여호와의 목전에 악을 행하자 블레셋을 들어서 40년간의 압제를 받게 하였다.

삼손은 소라에서 단지파 마노아의 아들로 모태에서 날 때부터 나실인으로 태어나 하나님께 바쳐졌다.

삼손은 최초의 나실인이다. 나실인은 "성별(聖別)되어 하나님께 바쳐진 자"란 뜻이다. 하나님은 시내산에서 나실인의 서원에 대한 규례를 말씀하셨다.(민 6:1-21) 서원시에는 세 가지 금지사항이 있는데 ①포도에서 나오는 포도주, 독주, 초, 포도즙, 생포도, 건포도등을 먹지 않고, ②머리에 삭도를 대어 머리 카락을 자르지 않으며, ③죽은 자의 시체를 가까이 하는 것을 금하였다.

나실인의 서원은 자발적인 서원(민 6:2, 행 18:9)과 부모에 의한 서원 그리고 하나님의 뜻에 따라 나면서(삿 13:5-7, 눅 1:15)부터 이루어 지는 세 종류의 방법이 있다. 또한 일정 기간 헌신 봉사하는 일시적 나실인과 평생동안 헌신 봉사하는 평생적인 나실인으로 구분된다.

하나님의 뜻에 따라 나실인이 된 삼손은 이스라엘을 구원하고자 소라(해발 354m)에서 딤나(해발 242m)로 내려갔다. 그 곳 포도원에 이르렀을 때 사자를 새끼 염소처럼 찢어 죽였다.

얼마 후에 아내를 삼고자 한 블레셋 여인을 딤나에서 만나고 돌아 오는 길에 전에 사자를 죽인 장소에서 죽은 사자의 몸에 벌떼와 꿀이 있어 꿀을 취하여 먹고 소라에 있던 부모에게도 갖져다 주었다.

삼손은 블레셋 여인과 결혼하고 잔치 자리에서 블레셋 사람 30명들과 수수께끼로 겉옷과 베옷 각각 30벌씩 주기로 하였다. 그리하여 블레셋 사람들은 삼손의 아내를 꾀어 그녀를 통해 해답을 얻어 내어 수수께끼를 풀었다.

이에 삼손은 아스글론으로 내려가 그곳의 블레셋 사람 30명을 죽이고 그들로 부터 옷을 취하여 수수께끼를 푼자들에게 옷을 주고 심히 노하여 자기 아버지 집으로 올라갔다. 그때에 삼손의 장인이 자기 딸을 삼손에게 알리지 않고 삼손의 친구에게 주었다.

　삼손이 며칠 후 자기 아내에게 갔을 때 다른 친구에게 자기 아내를 준 것을 알게 되자 홧김에 여우 300마리를 잡아 그 꼬리에 꼬리를 매고 횃불을 달아 곡식밭과 포도원에 몰아넣어 그 곳을 다 불살라 버렸다. 이 사실을 안 블레셋 사람들이 삼손의 아내와 장인을 불살라 죽이자 삼손은 블레셋 사람을 크게 도륙하고 도망하여 에담 바위 틈에 거하였다.

　그 당시 블레셋이 관할(삿 15:11)하고 있던 유다에 올라와 레히(소라의 남동쪽 3km)에 진을 치고 삼손을 결박하여 끌고 가고자 하였다. 이때 유다 사람 3,000명이 에담에 와서 새 줄로 결박하고 바위 틈에서 끌어내어 블레셋 사람에게 넘겨 주고자 레히에 이르렀다. 때마침 팔에 묶여진 줄이 불탄 삼과 같이 되어 결박에서 풀려진 손으로 나귀의 새 턱뼈로 1,000명을 쳐 죽이고 그 곳 이름을 라못레히라 불렀다. 그러나 목이 말라 죽을 지경에 이르러 하나님께 부르짖으니 우묵한 곳을 터쳐 물이 솟게하여 마시우고 정신을 소생 시켰기에 그 샘 이름을 엔학고레(부르짖는 자의 샘)라 하였다.

　삼손은 가사에 가서 한 기생집에 들어 갔을 때 블레셋 사람이 새벽에 죽이고자 했으나 삼손은 밤중에 일어나 성 문짝들과 두 설주와 빗장을 빼어 어깨에 메고 헤브론 앞 산꼭대기로 올라갔다.

　그리고 소렉 골짜기의 드릴라와 사랑에 빠져 있자 블레셋 방백들이 꾀어서 은 1,100개를 주고 삼손의 힘의 근원을 알아 내고자 하였다.

　삼손은 드릴라에게 세 번이나 계획적으로 거짓말을 해 힘의 근원을 알려주는 것을 회피 했으나 결국에 진실을 말하여 내 머리가 밀리우면 내힘이 내게서 떠나고 나는 다른 사람과 같아진다고 실토 하였다.

　드릴라가 삼손을 자기 무릎에 베고 자게 하고 사람을 불러 그 머리 털 일곱 가닥을 밀고 나니 그 힘이 없어 졌다. 그리하여 블레셋 사람이 삼손을 잡아 그 눈을 빼고 끌고 가사에 내려가 놋줄로 결박 당하게 하여 옥중에서 맷돌을 돌리는 비참한 신세가 되었다.

　블레셋 방백들이 다곤 신에게 제사 드리고 즐거워 하며 축제를 행할 때 삼손을 옥에서 불러 내어 재주를 부리게 하였다. 그때에 삼손은 집을 버틴 두 기둥을 하나는 왼손에 하나는 오른손으로 껴 의지하고 하나님께 부르짖어 "블레셋 사람이 나의 두 눈을 뺀 원수를 단번에 갚게 하소서 블레셋 사람과 함께 죽기를 원하노라"하고 기원하며 힘을 다하여 굽히매 다곤 신전이 무너져 그 안에 있는 방백과 온 백성 약 3,000명이 죽으니 삼손이 죽을 때 죽은 자가 살아 있을 때 죽인자 보다 더욱 많았다. 그리하여 괴력(怪力)의 삼손이 죽자 시체는 소라와 에스다올 사이 그 아비 마노아의 장지에 장사되니 사사가 된지 20년이 되어 그 일생을 마쳤다.

9. 단지파의 라이스 이주(삿 18:1-31, 주전 1074년경)

이스라엘은 사사시대 초기부터 12지파 전체를 총괄하는 중심적 통치체제를 유지할 수 없었고 오직 레위지파의 야훼(여호와)신앙 공동체의 제단을 중심으로 결속되고 있었다.

단지파는 여호수아 때에 제비를 뽑아 그들의 분깃이 지정되었다.(수 19:40-46) 그러나 그 땅을 어느정도 점령 했으나 오래지 않아 아모리 족속과 블레셋 족속에게 빼앗기고 말았다.

단 족속은 최초 분배받은 땅을 버리고 새로운 영토 확보를 위해 소라와 에스다올에서 용맹한 정탐군 5명을 보냈다.

정탐군이 북쪽으로 가던 중 에브라임 산지 미가의 집에 유숙한 후 최북단의 라이스(단)를 정탐 하고 돌아와 결과를 보고 하였다. 그들은 일어나서 치러 올라가자 우리가 그 땅을 본 즉 그 땅은 넓고 그 곳에는 세상에 있는 것이 하나도 부족함이 없다고 하였다. 단지파는 소라와 에스다올에서 600명이 무장을 하고 출발하여 기럇여아림에 진을 친 후 북쪽으로 진행 하다가 정탐군이 머물렀던 에브라임 산지 미가의 집에 들어가 신상과 에봇과 드라빔을 탈취하고 베들레헴 출신의 레위지파 제사장을 강제로 데리고 베드르홉(넓은 곳의 집이라는 뜻) 골짜기에 이르러

▲ 가이사랴빌립보 유적

▲ 텔 단의 유적

그 곳 성읍의 백성을 칼로 치며 불살랐다. 단 자손이 불탔던 성읍을 중건하고 거기 거하며 이스라엘의 소생 그 조상 단의 이름을 따라 그 성읍을 단이라 하니 그 성읍의 본 이름은 라이스였다. 단에 자기들을 위한 신상을 세우고 모세의 손자 게르손의 아들 요나단과 그 자손이 제사장이 되어 하나님의 집(성막)이 실로에 있을 때까지 미가의 신상이 단 자손에게 있었다.

10. 언약궤를 빼앗긴 아벡 전투(삼상 4:1-18, 주전 1050년경)

사무엘은 원어로 "여호와께 구한다"는 뜻이다. 그는 이스라엘의 사사시대의 말기와 왕정 초기 즉, 신정정치와 왕정 정치의 과도기에 마지막 선지자 겸 사사 였다.(행 13:20)

사무엘은 레위지파 엘가나의 두 아내 중 한나에게 라마에서 태어 났다.(삼상 1:20) 한나가 아들이 없자 나실인으로 바칠 것을 서원 한 기도를 통해서 출생한 사무엘은 실로의 엘리 제사장 밑에서 자랐다. (삼상 1:1-2:11)

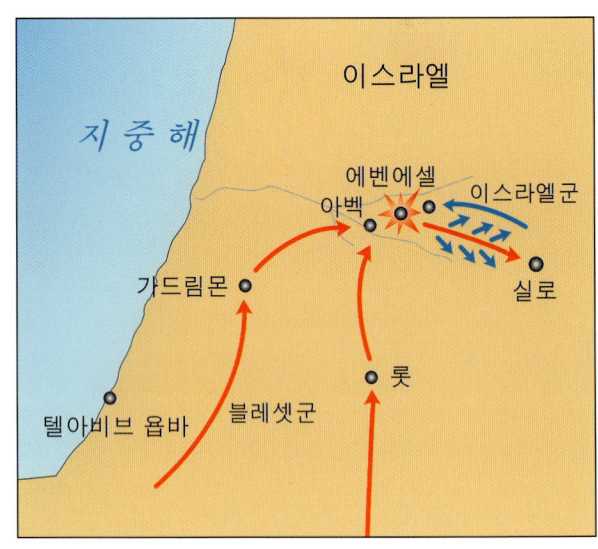

사무엘이 성막에서 여호와를 섬기며 자랄 때 선지자로 부르심을 받았다.(삼상 3:1-8) 그리하여 여호와께서 사무엘을 통해 하신 말씀이 모두 성취 되었다.

엘리 제사장은 나이 98세로 영력이 떨어지고 두 아들 홉니와 비느하스는 회막문에서 수종드는 여인과 동침하는 등 불량자로 여호와를 알지 못하였다.(삼상 2:12-17)

이 때에 이스라엘은 블레셋 사람과 싸우려고 에벤에셀(정확한 위치 미상) 곁에 진치고 블레셋 사람은 아벡에 진을 쳤다.(삼상 4:1)

그러나 블레셋 사람과의 격전에서 이스라엘이 패하여 도망하였고 살육된 자가 30,000명이나 되었다. 더욱 하나님의 궤를 블레셋 사람에게 빼앗겼고 엘리의 두 아들 홉니와 비느하스도 전사하였다. (삼상 4:2-11)

엘리는 두 아들의 죽음과 언약궤를 빼앗겼다는 말을 듣고 자기 의자에서 넘어져 문곁에서 목이 부러져 죽었다. 그리하여 엘리가 죽은 후에 사무엘이 제사장 겸 사사가 되었다

언약궤를 빼앗기자 하나님의 영광이 이스라엘에서 떠났으며 언약궤는 에벤에셀에서 아스돗으로, 아스돗에서 가드로, 가드에서 에그론에 옮겨져 배회하며 블레셋 지역에 7개월간 머물렀다가 유다 지역의 벧세메스로 돌아 왔다.

그 다음 기럇여아림으로 옮겨져 20년간 보존되어 다윗이 예루살렘으로 옮겨가기 까지 이곳에 머물러 있었다.

11. 미스바의 기도 응답 전투(삼상 7:3-15, 주전 1050년경)

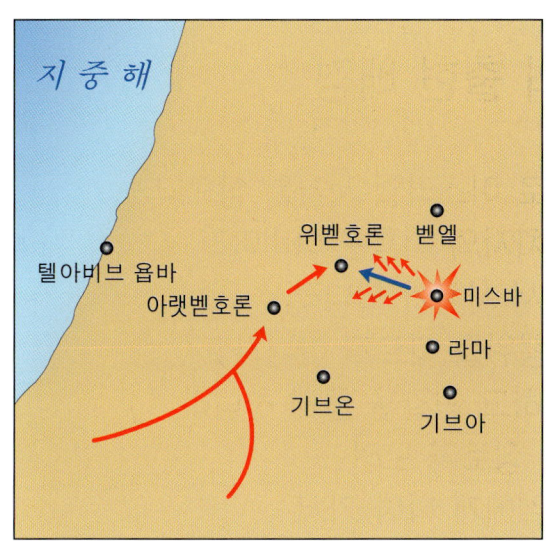

아벡(에벤에셀)전투에서 언약궤를 빼앗긴 이후 사무엘은 이스라엘 온 족속에게 "너의 마음을 여호와께 향하여 그만 섬기라 너희를 블레셋 사람의 손에서 건져 내시리라"하고 온 이스라엘 백성을 미스바(망대의 뜻)에 모아 놓고 기도하매 그들이 미스바에 모여 물을 길어 여호와 앞에 붓고 그 날에 금식하고 거기서 "우리가 여호와께 범죄 하였나이다"하고 회개를 하며 사무엘이 이스라엘을 다스렸다.

이스라엘 백성이 미스바에 모였다 함을 듣고 블레셋 사람이 치러 올라오자 이스라엘 백성은 두려워 하여 사무엘에게 간청하여 쉬지말고 부르짖어 우리를 구원해 달라 하였다.

이때에 사무엘이 이스라엘을 위하여 번제를 드리며 부르짖으매 여호와께서 응답하여 싸우려고 가까이 온 블레셋 사람에게 큰 우뢰를 발하여 그들을 어지럽게 하시니 그들이 패한지라 미스바에서 벧갈까지 추격하여 쳤다. 그리하여 사무엘이 돌을 취하여 미스바에서 센 사이에 세워 가로되 여호와께서 여기까지 우리를 도우셨다 하고 그 이름을 에벤에셀이라 하였다. 이에 블레셋이 굴복하여 빼앗겼던 에그론부터 가드까지 이스라엘의 수중으로 들어 왔고 아모리 사람 사이에도 평화가 있었다. 사무엘은 매년 벧엘, 길갈, 미스바, 라마를 순회하며 40년간 이스라엘을 치리하였다.

미 스 바

기브아 정상에서 세겜 방향으로 내려다 보이는 큰 마을이 사무엘의 고향인 라마(Rama)이다.(삼상 1:19-20) 라마의 가까운 북편에 경비행기의 이착륙이 가능한 예루살렘 비행장이 있다. 이 비행장은 6일 전쟁 이전에 요르단 후세인왕이 예루살렘의 황금사원을 방문할 때 사용되었다. 비행장에서 북쪽으로 예루살렘에서 약 12km지점에 사울을 왕으로 선택하여 뽑은 "미스바"가 위치하고 있다. 미스바는 온 이스라엘이 모여 국민대회를 열고 금식기도로 죄를 고백한 신령한 집회소였다.(삼상 7:3-11) 지금은 텔 나즈바(Tel Nazba)라고 하는 곳이다. 미스바에서 북쪽으로 약 1.5km, 해발 870m지점에 위치한 아랍도시인 라말라(Ramallah)는 팔레스타인의 자치정부가 있는 핵심 도시 중의 하나이다.

왕정(王政)의 출현 배경

사무엘이 늙으매 그 아들들로 이스라엘 사사를 삼으니
장자의 이름은 요엘이요 차자의 이름은 아비야라.
그들이 브엘세바에서 사사가 되니라.
그 아들들이 그 아비의 행위를 따르지 아니하고
이(利)를 따라서 뇌물을 취하고 판결을 굽게 하니라.
이스라엘 모든 장로가 모여
라마에 있는 사무엘에게 나아 가서
그에게 이르되 보소서 당신은 늙고
당신의 아들들은 당신의 행위를 따르지 아니하니
열방과 같이 우리에게 왕을 세워
우리를 다스리게 하소서 한지라.
우리에게 왕을 주어 우리를 다스리게 하라 한 그것을
사무엘이 기뻐하지 아니하여 여호와께 기도하매
여호와께서 사무엘에게 이르시되
백성이 네게 한 말을 다 들으라.
그들이 너를 버림이 아니요
나를 버려 자기들의 왕이 되지 못하게 함이니라...
너는 그들에게 엄히 경계하고
그들을 다스릴 왕의 제도를 알게하라.

사무엘상 8장 1절-9절

VI. 통일왕국시대
(주전 1050년-930년)

▲ 기브온 산당(솔로몬이 일천번 번제 드렸던 곳)
※ 정상의 남쪽에는 사원이 세워져 있고 지하에는 사무엘의 묘가 있다.

1. 사울왕국의 영토

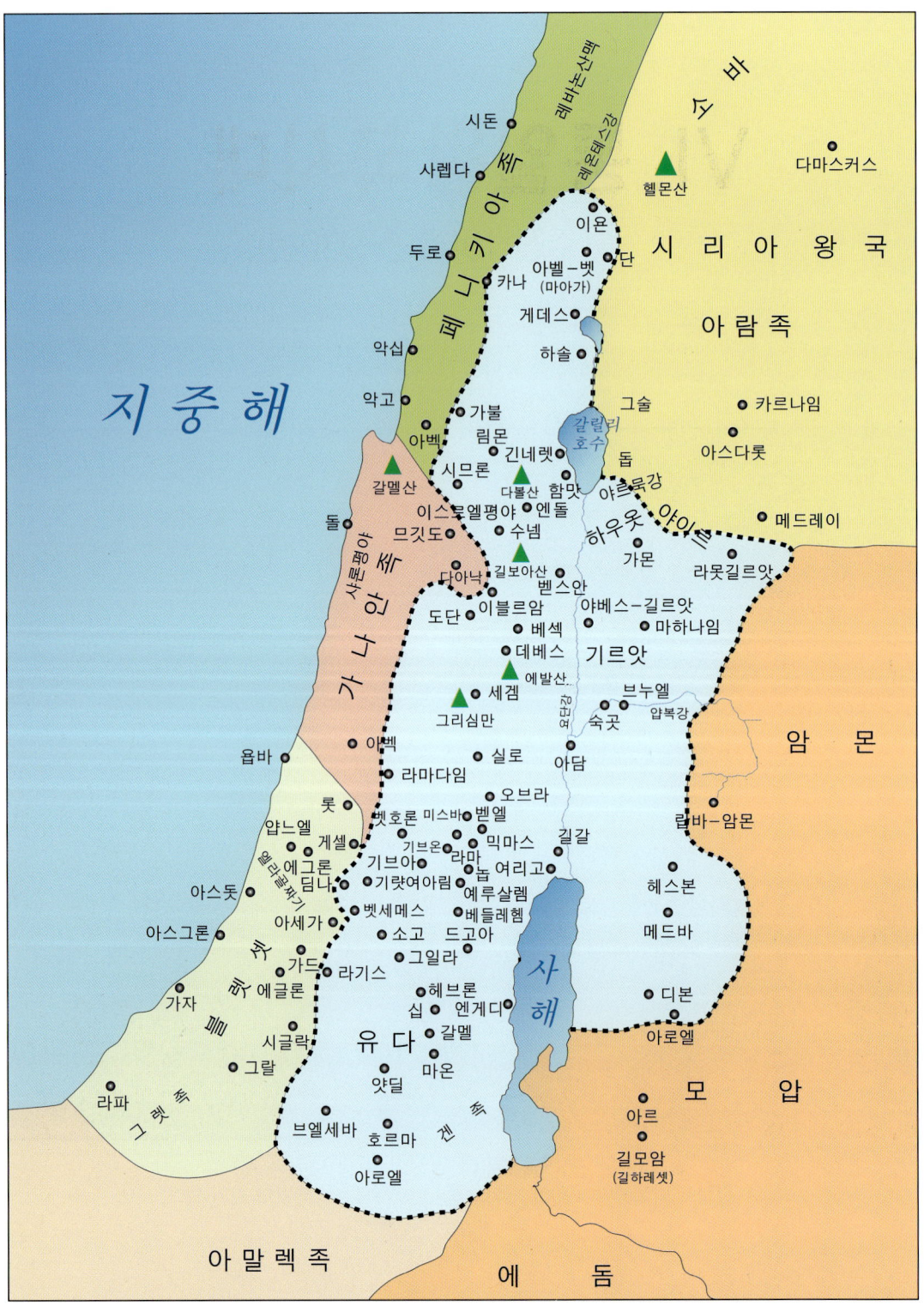

2. 사울의 길르앗 야베스 전투(삼상 11:1-11, 주전 1050년경)

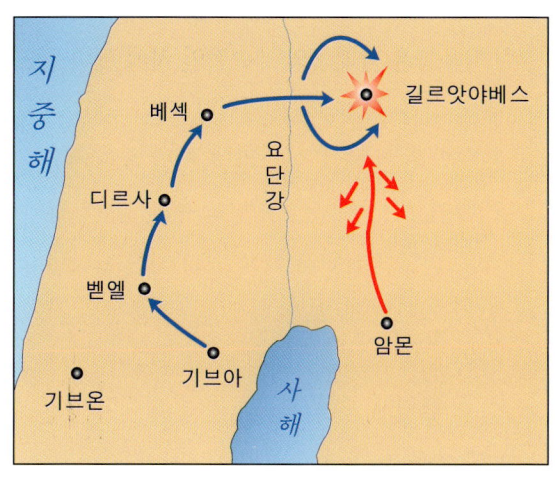

◀ 사울이 길갈에서 왕위에 올랐다 ▶

이스라엘의 지파동맹은 사사에 의해서 유지 되었다. 사사는 매 지파별로 돌아가며 세워지 기를 원했지만 평화시에는 이들의 권한이 매우 제한 되었다.

이스라엘의 지파간의 동맹은 점차 붕괴 되었고 제단 중심의 제사장들은 사명 의식이 희박 하였다. 그리하여 이스라엘은 강력한 카리스 마의 지도력을 가진 구원자가 필요하였다.

이스라엘의 사사시대 말기 아벡 전투를 계기로 블레셋의 지배 지역이 확장되고 있었으나 사무엘의 영적 지도력으로 위기를 잘 극복 하였다. 그러나 사무엘이 늙으매 그의 두 아들 요엘과 아비야가 브엘세바에서 사사가 되었으나 그 행위가 아버지 사무엘과 같지 않고 뇌물을 취하고 판결을 그릇되게 하였다. 그러므로 이스라엘의 모든 장로가 왕을 세워 다스리기를 간청하매 "여호와께서 사무엘에게 이르시되 그들의 말을 들어 왕을 세우라" 하며 허락 하시니 이스라엘의 왕정이 시작 되는 직접적인 계기가 되었다.(삼상 8:1-9)

사울은 베냐민지파 기스의 아들로 기브아에서 태어나 준수하고 키는 모든 백성 보다 어깨 위는 더하였다. 그는 자기 아버지의 잃어버린 암나귀를 찾고자 에브라임 산지를 배회하는 중 사무엘을 만나 기름부음을 받았다. 그리고 사무엘은 왕을 세우기 위하여 이스라엘 지파대로 1,000명씩 미스바에 모여 추첨을 통해서 베냐민지파의 사울을 뽑았고 모든 백성이 왕의 만세를 불렀다. (삼상 10-11) 그리하여 사울은 미스바에서 이스라엘의 초대왕으로 선택된 것이다.

암몬왕 나하스가 이스라엘 백성의 정착지인 요단 동편 길르앗 야베스에 진치고 이스라엘 백성의 오른 눈을 다 빼겠다고 위협하자 길르앗 야베스 장로들이 기브아의 사울에게 사자를 보내어 구원을 요청하였다. 그리하여 사울은 이스라엘 자손 300,000명과 유다 사람 30,000명을 베섹에 소집하여 계수한 후 이끌고 이동하여 3대로 나누어 새벽에 길르앗 야베스를 기습적으로 공격을 감행하여 날이 더울 즈음에 완전히 격멸하여 승리하였다.

사무엘이 백성들과 함께 길르앗 야베스에서 암몬왕과의 전쟁에서 승리한 후 길갈로 가서 여호와 앞에 사울을 왕으로 삼고 화목제를 드렸다.(삼상 11:12-15) 사울은 40세에 왕이 되어 기브아를 수도로 정하고 재임 40년간(주전 1050-1010)에 모압, 암몬, 에돔, 블레셋, 아말렉등 이스라엘 접경에 있는 부족들과 전투로 일관되었다.

3. 사울(아들:요나단)과 블레셋의 믹마스 전투
   (삼상 13-14, 주전 1040년경)

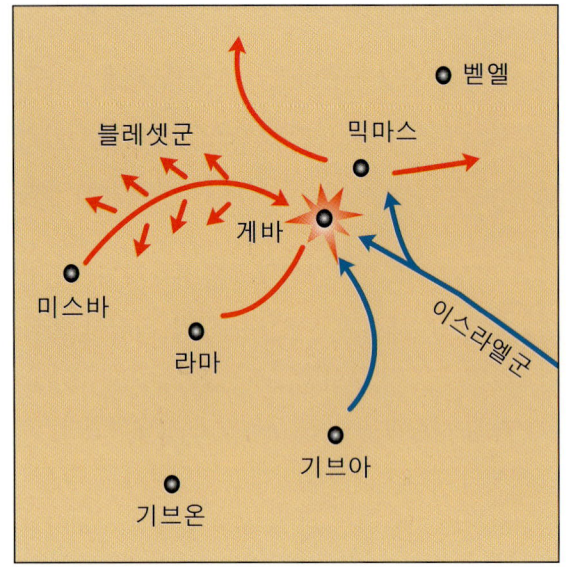

사울왕은 블레셋의 계속적인 지배 세력으로부터 괴롭힘을 당하고 있었다. 그가 왕이 된지 2년이 되는 해에 이스라엘 사람 3,000명을 택하여 그 중에 2,000명을 왕과 함께 믹마스와 벧엘산에 있게 하고 1,000명은 요나단과 함께 기브아에 있게 하고 남은 백성은 각기 장막으로 보냈다. 그리고 요나단이 게바에 있는 블레셋 사람 수비대를 쳤다.

이 때에 블레셋은 반격을 가하기 위해 병거 30,000, 마병 6,000명 그리고 백성을 많이 모아 벧엘 동편 믹마스에 진을 쳤다.

그러자 이스라엘 사람들이 위급함을 보고 절박하여 굴과 수풀과 바위들과 은밀한 곳과 웅덩이에 숨으며 어떤 히브리인은 요단을 건너 갓과 길르앗 땅으로 가되 사울은 길갈에 있고 그를 좇는 모든 백성이 떨고 있었다.(삼상 13:1-7)

이때에 사울이 정한대로 7일을 기다려도 사무엘이 길갈로 오지 아니하자 사울이 직접 망령되게 번제와 화목제를 드렸다. 사울은 백성들이 흩어지고 블레셋이 믹마스에 진치고 나를 치러 길갈로 내려 오겠거늘 하나님께 은혜를 간구치 못하여 부득이 번제를 드렸다고 사무엘에게 변명하였다. 사무엘은 탄식하며 "여호와께서 왕에게 명하신 바를 왕이 지키지 아니 하였으므로 지금은 왕의 나라가 길지 못할것이라 여호와께서 그 마음에 맞는사람을 구하여 그 백성의 지도자를 삼으셨느니라"하며 예언하였다.(삼상 13:14)

블레셋 대군을 앞에 두고 있는 사울의 군대는 겨우 600명 그것도 창과 검을 갖고 있지 못했다. 오직 요나단과 부하 한 소년만 병기를 들고 있었다. 그 이유는 블레셋 군대가 이스라엘 사람의 무장을 해제 하였고 무기를 만들 수 있는 철공소를 철폐시켰기 때문이었다.

블레셋 부대는 믹마스의 어귀에 이르렀다.

요나단이 블레셋 적진으로 건너 가려는 어귀 사이 이편에도 험한 바위가 있고 저편에도 험한 바위가 있는데 하나의 이름은 보세스(Bozez)요 하나의 이름은 세네(Seneh)였다. 지금도 믹마스 언덕에서 바라보면 골짜기 어귀 사이에 험한 바위 2개가 있는데 북쪽에 보세스, 남쪽에 세네로서 요나단이 블레셋을 치기 위하여 이곳을 건너간 지역이라 전해지고 있다.

요나단은 말하기를 "여호와께서 우리를 위하여 일 하실까 하노라 여호와의 구원은 사람의 많고 적음에 달려 있지 아니 하였느니라" 하였다. 그때 부하 소년은 "당신의 마음에 있는 대로 다 행하여 앞서 가소서 내가 당신과 마음을 같이 하여 따르리이다" 하면서 순종하였다.(삼상 14:6-7)

요나단은 사울의 금령(禁令)을 어기고 부하 소년과 단 둘이서 용감하게 블레셋 진영에 침투하여 20명을 죽이고 교란 시켰다. 이때에 기브아에 있던 사울의 파숫군이 바라본 즉 허다한 블레셋 군대가 무너져 이리저리 흩어지고 있었다. 이어서 사울은 기브아에서 제사장 아히야와 함께 법궤를 보호하고 있으면서 백성을 점고한 결과 요나단과 병기 든자가 없어 졌음을 뒤 늦게 알게 되었다.

당시 블레셋과 함께 했던 히브리 사람과 에브라임 산지에 숨어있던 이스라엘 사람들이 나와 서로 합세하여 요나단을 도와 도망하는 블레셋 군대를 추격하여 벧아웬(믹마스 북서:미상)까지 이르렀다.

이스라엘은 적은 숫자였지만 많은 블레셋 군대가 지리멸렬하자 아얄론 골짜기까지 추격하여 승리하였다.

▲ 여리고에서 벧엘(믹마스)지역으로 가는 계곡길

4. 다윗과 골리앗의 엘라골짜기 전투 (삼상 17:1-54, 주전 1010년경)

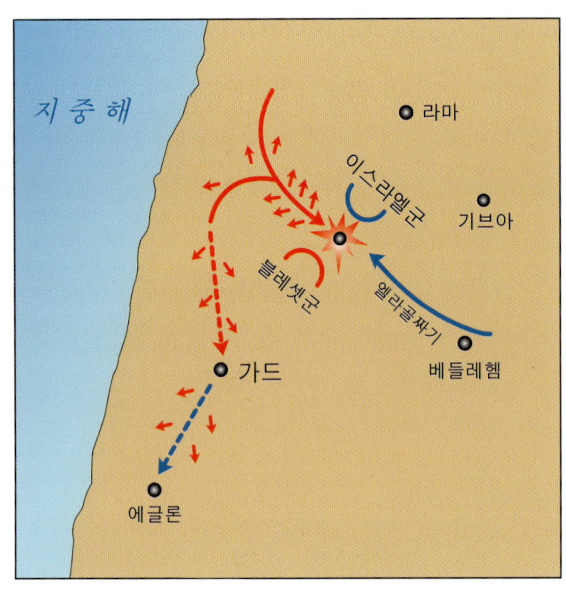

여호와께서 사무엘에게 이르시되 그 용모와 신장을 보지말라 이미 내가 그를 버렸노라. (삼상 16:7)

사람은 외모로 보거니와 나 여호와는 중심을 보느니라(삼상 16:7)하시고 사울로 이스라엘 왕을 삼은 것을 후회하셨다.(삼상 15:36)

사무엘에게 이르시되 내가 이미 사울을 버려 이스라엘 왕이 되지 못하게 하였거늘 너는 (사무엘) 기름을 뿔에 채워 가지고 가라 내가 너는 베들레헴의 이새에게로 보내리니 그 아들 중에서 한 왕을 예선(豫選) 하였음이라 하셨다.(삼상 16:1)

이새의 여덟 아들 중 막내인 양치는 다윗은 빛이 붉고 눈이 빼어나고 얼굴이 아름다웠다. 사무엘이 기름뿔을 취하여 다윗에게 부었더니 이날 이후로 다윗이 여호와의 신에 크게 감동 되었고 그 후에 사무엘은 베들레헴을 떠나 라마로 갔다.(삼상 16:1-13)

여호와의 신이 사울에게서 떠나고 악신이 그를 번뇌케 하여 다윗이 수금을 취하여 손으로 탄즉 사울이 상쾌하여 낫고 악신은 그에게서 떠났다.(삼상 16:14-23)

블레셋 사람들이 군대를 모으고 싸우고자 유다에 속한 소고에 모여 소고와 아세가 사이의 에베스담임(피의 경계선이란 뜻)에 진치매 사울과 이스라엘 사람들이 모여서 엘라 골짜기에 진치니 블레셋 사람은 이편 산에 섰고 이스라엘은 저편 산에 섰으니 그 사이는 엘라 골짜기였다.

골리앗은 가드 사람이었다. 그는 신장이 여섯 규빗 한뼘(약 292cm)이요 머리에는 놋 투구를 썼고 몸에는 어린갑(철비늘의 갑옷)을 입었으니 갑옷의 무게가 5,000 세겔(약 58kg)이며 다리에는 놋 경갑을 쳤고 어깨사이에는 놋 단창을 메었으니 그 창자루는 베틀채 같고 창날은 철 600세겔 (약 6.9kg)이나 되었다.

골리앗은 이스라엘 군대를 향하여 외쳤다. 너희는 사울의 신복이 아니냐 너희는 한 사람을 택하여 내게로 내려 보내라 서로 싸워 지는 자는 종이 되어 이긴자를 섬기게 하자고 하였다. 그러자 사울과 온 이스라엘이 골리앗의 말을 듣고 놀라 크게 두려워하였다.(삼상 17:8-11)

이때에 베들레헴에서 양치고 있던 다윗이 아버지 이새의 심부름으로 전장(戰場)에 있는 그의

▲ 물맷돌

형들(엘리압, 아비나답, 삼마)에게 볶은 곡식 한 에바(약 22ℓ)와 떡 열 덩이를 진으로 속히 가서 주고 치스 열 덩이를 천부장에게 주어 형들의 안부를 살피고 증표를 가져오라 하였다.(삼상 17:17-18)

다윗이 전선에 도착했을 때 골리앗이 전과 같이 외치니 이스라엘 사람들이 도망 하였다. 그러나 다윗은 할례 없는 블레셋 사람이 누구관데 사시는 하나님의 군대를 모욕 하겠느냐고 말하였다.

다윗의 한말을 듣고 사울에게 고하매 다윗을 불렀다. 다윗은 주의 종이 가서 싸우리다 하니 사울이 말하기를 너는 소년이요 싸우기에 능치 못하리라 하였다. 그러나 다윗은 아버지의 양을 지킬 때 사자나 곰이 와서 양떼에서 새끼를 움키면 그것을 치고 그 입에서 새끼를 건져 냈으며 나를 해하고자 하면 그 수염을 잡고 쳐 죽였으니 하나님의 군대를 모욕한 할례 없는 자들을 짐승의 하나 같이 되게 하겠다고 주장하였다.

사울이 다윗에게 이르되 가라 여호와께서 너와 함께 계시기를 원하노라 하고 자기의 군복과 놋 투구를 그 머리에 씌우고 갑옷을 입히며 칼을 군복 위에 차게 하였다. 그러나 다윗이 시험적으로 걸어 보다가 사울에게 말하기를 익숙치 못하니 입고 가지 못하겠다며 벗었다.

다윗은 오직 손에 막대기를 가지고 시내에서 매끄러운 돌 다섯을 골라 주머니에 넣고 손에 물매를 가지고 블레셋 적진으로 갔다.

블레셋 사람이 말하기를 네가 나를 개로 여기고 막대기를 가지고 내게 왔느냐 하며 저주하며 이르되 내가 네 고기를 공중의 새들과 들짐승들에게 줄것이라 하였다.

다윗이 이르기를 너는 칼과 창과 단창으로 내게 오거니와 나는 만군의 여호와의 이름 곧 네가 모욕하는 이스라엘 군대의 하나님의 이름으로 가노라 오늘 여호와께서 너를 내 손에 붙이시리라 또 여호와의 구원하심이 칼과 창에 있지 아니함을 이 무리로 알게 하리라 전쟁은 여호와에 속한 것인즉, 여호와께서 너희를 우리 손에 붙이시리라 하였다.

다윗은 블레셋군의 접근으로 긴박해 지자 손을 주머니에 넣어 돌을 취하여 물매로 던져 골리앗의 이마를 치매 돌이 이마에 박히니 땅에 엎드러 졌다. 다윗이 달려가 골리앗을 밟고 그의 칼을 그 집에서 빼어 칼로 그를 죽이고 그 머리를 베니 블레셋 사람들이 골리앗의 죽음을 보고 도망하니 추격하여 가드와 에그론 성문까지 이르렀고 상한 자가 사아라임 가는 길에서 부터 가드와 에그론 까지 엎드러져 있었다. 그리고 골리앗의 머리는 예루살렘으로 가져가고 갑주는 자기 장막에 두었다.(삼상 17:1-58) 오직 여호와께 속한 전쟁의 결과였다.

사울의 아들 요나단은 다윗을 자기의 생명 같이 사랑 하여 언약을 맺고 그의 옷을 벗어 다윗에게 주며 군복과 칼과 활과 띠도 그리 하였다. 사울은 다윗이 지혜롭게 행하매 군대의 장으로 삼았다. 사울이 전쟁에 승리하여 개선하고 돌아올 때에 여인들이 이스라엘 모든 성에서 나와 노래하며 춤추며 사울을 환영하였다. 이때에 여인들이 "사울의 죽인 자는 천천이요 다윗은 만만이로다"하니 사울이 이말에 불쾌하여 이때부터 다윗을 주목하고 죽이고자 하여 다윗의 수난이 시작되었다. 이튿 날 다윗이 손으로 수금을 타고 있을 때 사울이 창을 던져 다윗을 벽에 박으려 하였으나 다윗이 두번이나 피하여 죽음을 모면하였다.

여호와께서 사울을 떠나 다윗과 함께 계시므로 사울이 그를 두려워 하기에 이르렀다.(삼상 18:12) 사울이 다윗을 천부장으로 삼고 맏딸 메랍을 아내로 줄테니 나를 위해 그 용맹을 내어 블레셋과 싸우라 하였다. 그러나 사울이 약속했던 메랍을 아드리엘에게 주고 대신 둘째 딸 미갈을 다윗의 아내로 주기로 하였다. 그의 딸 미갈을 주는 조건으로 블레셋과 싸워 왕의 원수의 보복으로 블레셋 사람의 양피(생식기의 껍질) 일백(100명)을 원하였다. 사울이 직접 다윗을 죽이지 않고 전장에 내보내어 죽게 하려는 계략이었다. 그러나 다윗이 일어나 가서 블레셋과 싸워 200명을 죽이고 그 양피를 가져다가 왕에게 주니 다윗을 왕의 사위로 삼고 그 딸 미갈을 주었다. 여호와께서 다윗과 함께 계심을 보아 알았고 미갈도 다윗을 사랑하므로 더욱 두려워하여 평생 다윗의 대적이 되었다. (삼상 18:12-29)

▲ 다윗이 격전한 골짜기에 위성 레이다가 세워져 있다.

5. 사울이 전사한 길보아 전투(삼상 28, 31, 주전 1010년경)

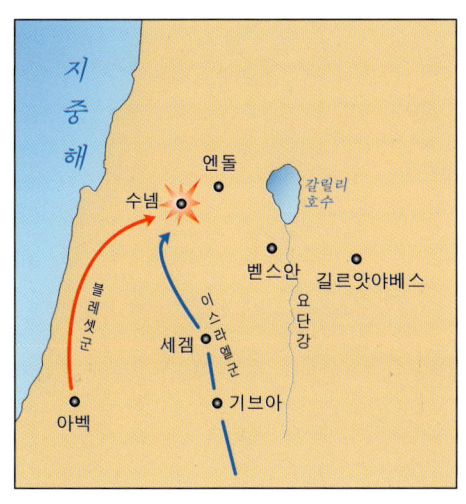

이스르엘 평원 동부와 연결되고 있는 벧스안 까지의 골짜기 물은 요단강으로 흘러 들어간다.

이 골짜기의 남쪽으로 연하여 서쪽에서 동쪽으로 뻗어 있는 길보아산은 길이 32km, 가장 넓은 폭이 14km의 산맥을 형성하여 최고봉의 높이는 해발 546m에 이른다. 길보아산의 북쪽에 나지막한 모래산이 마주보고 있어 그 사이 계곡으로 하롯샘이 흘러 벧스안을 거쳐 요단강에 흘러 들어간다. 이곳에서 사울의 전투가 있을 때 약 160년 전에 기드온 300용사는 미디안과 아말렉의 동맹군과의 전투에서 크게 승리하였다.

블레셋은 기드온에게 미디안과 아말렉이 패한 이후 계속 이스라엘을 괴롭혀 왔다. 블레셋은 이스라엘을 지파간에 격리시키고 해안도로와 벧스안을 장악하려고 모래산 기슭의 수넴에 진을 쳤다. 이때 사울은 길보아산에 진을 쳤으나 블레셋 군대를 보고 두려워 떨었다.

사울은 야간에 변장하고 두 사람을 대동하여 모래산에 적이 진을 치고 있는데도 불구하고 모래산 넘어의 조그마한 엔돌마을에 신접한 한 여인을 찾아갔다. 사무엘이 죽은 후 하나님의 계시를 받을 수 없었기 때문이었다.

사울은 초기에 신접한 자와 박수를 모두 쫓아냈다. 그러나 몸소 신접한 여인을 찾을 만큼 심령이 타락해 있었고 불안해 하였다. 신접한 여인에게 죽은 사무엘을 불러 올리기를 원했을 때 홀연히 나타난 사무엘을 통하여 말하기를 왕위는 다윗에게 넘어가고 전쟁에 패하여 세 아들과 함께 죽을 것이다 라고 하니 졸도하여 넘어지고 말았다.(삼상 28:19) 신접한 여인집에 홀연히 나타난 사무엘 유령의 예언대로 길보아 전투에서 블레셋군에 의해 세 아들 요나단, 아비나답, 말기수아는 죽고 말았다. 또 사울은 크게 패하여 도망하다가 중상을 입게 되었다. 그때에 무할례자인 이방인 손에 죽는 것을 불명예스럽게 생각하여 자신의 병사에게 "네 칼을 빼어 나를 찌르라"했으나 병사는 심히 두려워서 그렇게 하지 못하였다. 이에 사울이 자기 칼을 뽑아 그 위에 엎드려져 죽어 자결한 것이다.(삼상 31:4) 그리고 병기든 병사도 함께 자결하였다.

이튿날 블레셋 사람들이 사울의 머리를 베고 갑옷을 벗기고 자기들의 산당과 백성에게 전파하기 위하여 갑옷은 아스다롯의 신당에 보내고 시체는 벧스안 성벽에 못 박았다. 이스라엘 초대왕 사울(주전 1050-1010)의 비참한 말로였다.(삼상 31:8-10) 그러나 길르앗 야베스 거민들이 사울과 아들들의 시체를 가져다가 불사르고 그 뼈를 야베스 에셀나무 아래에 장사하였다.

6. 다윗과 솔로몬왕국의 영토

7. 다윗의 가족 계보(삼하 3:2-5, 5:14-16, 대상 3:1-8)

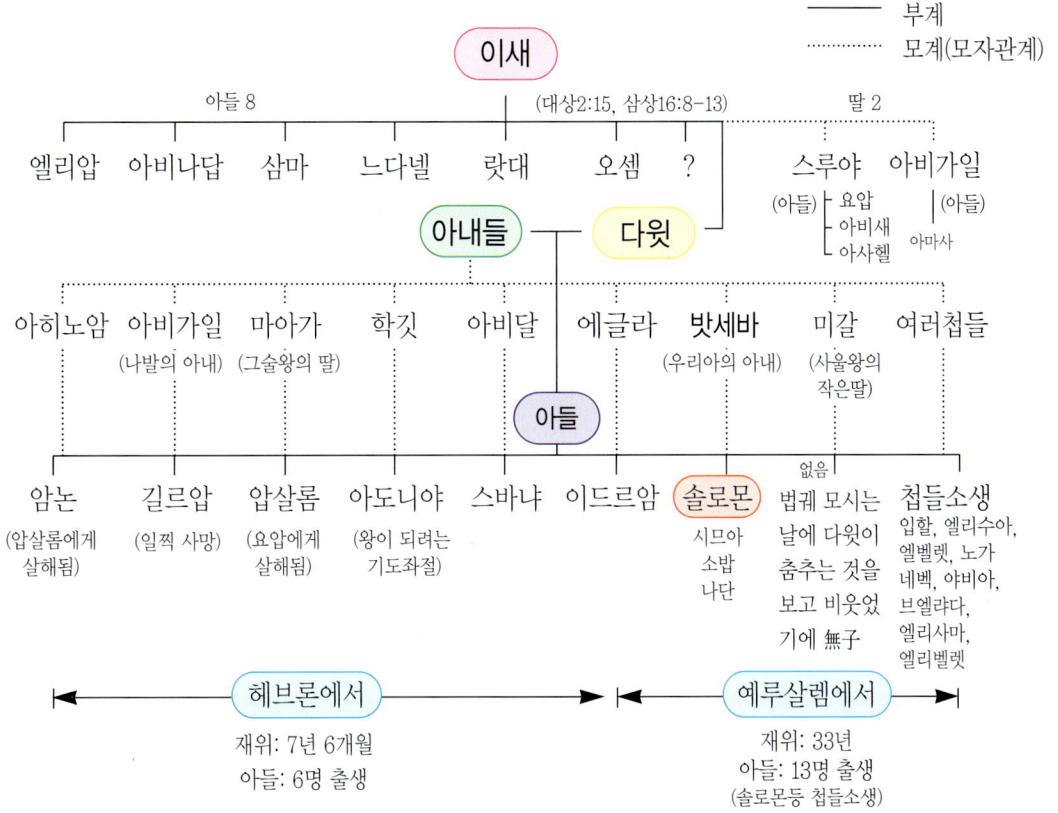

◀ 예루살렘에 세워진 다윗망대
(다윗과는 관련없이 상징적으로 이름만 붙여졌음)

8. 다윗의 도피행적

사울이 다윗을 죽이려 하므로 미갈(다윗의 처, 사울의 딸)이 창에서 달아 내려 도망하게 되어 ① "라마 나욧"에 가서 사무엘과 함께 거하다가 그곳에서 도망하여 나왔다.(삼상 20:1)

요나단과 들에서 만났으며 작별한 후 요나단은 성안으로 들어가고, 다윗은 ② 놉(스코프스산; 히브대학 지역)에 가서 제사장 아히멜락에 이르니 아히멜렉이 떨며 다윗을 영접하였다. 그리고 아히멜렉은 엘라 골짜기에서 죽인 블레셋 사람 골리앗의 칼이 보자기에 싸여 에봇 뒤에 있는 것을 다윗에게 주었다.(삼상 21:1-9)

사울을 두려워하여 놉에서 일어나 도망하여 ③ "가드"의 아기스왕에게 갔다. 그의 신하들이 "사울이 죽인 자는 천천이요 다윗은 만만이로다" 라 하며 무리들이 춤추며 헌화하였다.

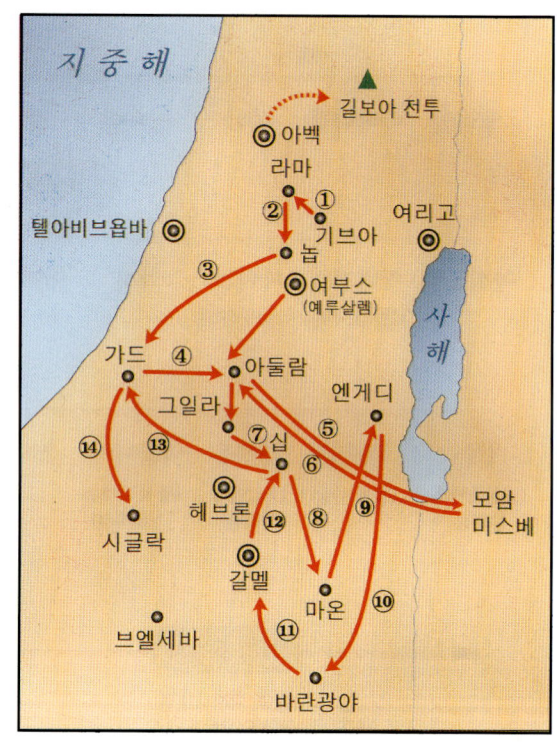

그러나 다윗은 심히 두려워하여 짐짓 미친척(佯狂) 하였으므로 가드왕은 어찌 미치광이를 내 집에 들어오게 했느냐 하며 책망하였다.(삼상 21:10-15)

가드에서 헤브론의 북서쪽 16Km 지점의 ④ "아둘람굴"로 도망하매 그 형제와 아비의 온 집이 듣고는 그리로 내려 가서 그에게로 이르렀고 그곳에서 다윗은 장관이 되었는데 함께한 자가 400명 가량되었다.(삼상 22:1-2)

아둘람굴에서 ⑤ "모압 미스베"로 가서 모압왕에게 청하여 그의 부모(다윗의 증조모 룻이 모압여인 연고)와 모압왕과 함께 있다가 선지자 갓의 말을 듣고 유다땅의 "헤렛수풀"에 이르렀다. 이때에 사울은 에돔사람 도엑의 제보로 아히멜렉과 다윗이 만난 사실을 알게 되어 놉의 제사장 85명을 죽였다. 그러자 아히멜렉의 한 아들인 아비나답이 도망하여 다윗에게 가서 놉에서 학살한 사실을 알렸다.(삼상 22:6-5)

블레셋이 그일라를 쳐서 탈취 했으므로 다윗은 헤브론 북서쪽 14Km 지점의 ⑥ "그일라"로 가서 블레셋과 싸워 그들을 크게 도륙하고 그일라 거민을 구원하였다.(삼상 23:1-5)

사울이 그일라에 있는 다윗을 에워 싸려고 하므로 헤브론 남동쪽 6.5Km 지점의 ⑦ "십 황무지수풀"에 숨어 있었다. 이때에 요나단이 수풀에 들어와 "두려워 말라 내 아버지 사울의 손이 네게 미치지 못할 것이요 너는 이스라엘의 왕이 되고 나는 네 다음이 될 것을 내 아버지 사울도 안다"고 말하고 자기집으로 돌아갔다. 그후 십 사람들이 기브아에 가서 사울에게 다윗이 "하길라산"(지역 미상) 수풀요새에 숨어 있다고 제보하자 다윗이 알아 차리고 사울이 당도 하기전에 이곳을 떠났다. (삼상 23:6-23)

다윗이 바위로 내려 ⑧ "마온 황무지"에 숨어 있었다. 이때에 사울과 그의 사람들이 다윗을 에워싸고 잡으려고 할 때에 그 때 마침 사자가 사울에게 와서 블레셋 사람이 땅을 침노했다고 급보를 하자 다윗을 사로 잡기 직전에 사울은 블레셋 사람을 치러 가야 하였다. 그리하여 그곳 이름을 셀라하마느곳(분리하는 바위)이라 칭하였다.(삼상 23:24-28)

다윗이 위기를 모면한 후 장소를 옮겨 ⑨ "엔게디 황무지"의 요새에 거하며 양의 우리 깊은 곳에 숨어 있었다. 사울이 블레셋 사람을 따르다가 돌아와 3,000명을 거느리고 다윗을 찾으러 엔게디로 왔다. 그가 양의 우리에 이르러 그가 발을 가리우러(① 잠을 자고자, ② 용변을 보고자 : 2설이 있음)들어 갔다. 다윗은 깊은 곳에 있다가 일어나서 사울의 겉옷자락을 가만히 베었다. 그리고 자기 사람들에게 기름 부음 받은 사울을 해하지 못하도록 하였다.(삼상 24:1-22)

사무엘이 죽으매 이스라엘 무리가 애곡하며 라마 그의 집에서 장사한지라 다윗이 일어나 ⑩ "바란광야"로 내려 갔다.(삼상 25:1)

다윗이 바란광야에서 ⑪ "갈멜"로 이동했을 때 악행을 한 나발이 죽으매 그의 아내 아비가일과 결혼하고 또한 아히노암을 취하여 두 사람을 아내로 삼았다. 이때에 사울은 그 딸 다윗의 아내 미갈을 갈림에 사는 라이스의 아들 발디에게 주었다.(삼상 25:39-44, 다윗이 왕이된 후 다시 발디로 부터 빼앗아 왔음)

다윗이 ⑫ 십 황무지로 옮겨 하길라산에 숨어 있을 때에 십 사람들은 또 다시 사울에게 제보하므로 사울이 다시 3,000명을 거느리고 하길라산 길가에 진을 쳤다. 사울이 밤에 진 가운데서 잠자고 있을 때에 다윗이 아비새와 함께 이르렀다. 아비새는 다윗에게 "하나님이 오늘 당신의 원수를 당신에게 붙이셨다"고 말하였다. 그러나 다윗은 두 번째로 여호와의 기름부음 받은 사울을 결정적인 순간에 죽이지 않고 살려 주었다.(삼상 26:1-12) 다윗이 후환을 두려워 하여 가족들과 600명의 부하와 함께 블레셋 땅의 ⑬ 가드로 도망 했을 때 가드왕은 다윗에게 ⑭ "시글락 성읍"을 주었다. (삼하 1:1)

블레셋의 아기스왕이 길보아 전투에서 사울을 칠때에 다윗은 아기스왕을 돕기 위해서 아벡까지 진출 했으나 전장에서 다윗이 블레셋에 대적할까 염려한 블레셋 장관들의 반대로 다윗은 시글락으로 회군하게 되었다. 그때 마침 시글락을 아말렉이 침공하여 다윗이 회군하여 도착하기 전에 불사르고 대소 여인을 다 사로 잡아갔다.

다윗은 아말렉을 추격하여 아말렉 사람이 취하였던 모든 것을 도로 찾고 다윗의 두 아내도 구원하였다.(삼상 29:1-11, 30:1-20) 다윗은 사울이 죽을때 까지 블레셋 땅에 1년 4개월간 지냈다.

9. 다윗왕의 건국초기 전투(삼하 2:8-4:8, 주전 1010년경)

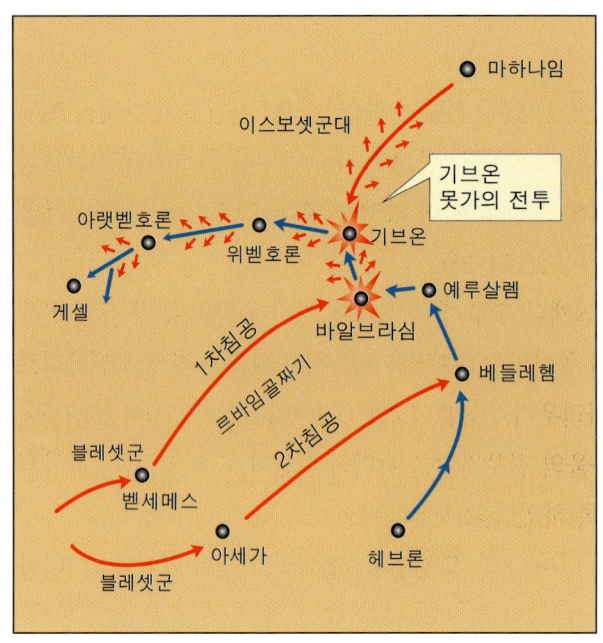

다윗은 베들레헴에서 이새의 여덟째 아들로 태어 났으며 헤브론에서 30세에 왕이 되어 40년간 이스라엘을 다스렸으되 헤브론에서 7년 6개월, 예루살렘에서 33년을 다스렸다.

다윗은 헤브론에서 예루살렘으로 가서 그 곳 거민 여부스 사람을 치고 시온성을 빼앗아 다윗성이라 이름하고 이곳으로 천도하여 밀로에서 부터 안으로 성을 둘러 쌓았다.(삼하 5:6-10) 그리고 기럇여아림에 머물러 있던 법궤를 다윗성으로 옮겨 왔다.

사울이 길보아 전투에서 죽게 되자 다윗은 블레셋땅 시글락에서 헤브론으로 돌아와 주전 1010년에 유다족속의 왕이 되었다. 그러나 사울의 군대 장관으로 있던 아브넬(사울의 4촌 동생)은 길보아 전투에서 살아 남았다. 그는 사울왕국의 정통성을 유지 하고자 다윗이 왕위에 오른지 5년 뒤에 마하나임에서 사울의 넷째 아들인 이스보셋을 이스라엘 왕으로 옹립하여 사울왕의 뒤를 계승(2년 재위)하게 하였다.

그리하여 다윗의 군대장관 요압은 이스보셋 군대와 기브온 못가에서 격돌 하였다. 이때에 이스보셋 군대는 패하여 도망하는 도중 요압의 동생 아사헬을 죽이고 요단을 건너 마하나임으로 퇴각하였다.

요압은 동생 아사헬을 베들레헴에 장사하고 헤브론으로 돌아 왔다. 그후 2년 동안 싸움이 계속 되어 왔으나 아브넬은 이스보셋을 배반하고 다윗과 화친조약을 맺고 돌아가다가 요압에게 피살 되었다. 이어 이스보셋은 레갑과 바아나(레갑 형제)에게 암살되자 이때에 북쪽 지파의 이스보셋 왕국(사울왕국 후신)은 다윗에게 완전히 정복되었다.

다윗이 이스라엘을 장악하고 세력을 확장하게 되자 블레셋은 두려워하여 군대를 이끌고 르바임 골짜기에 진을 쳤다. 다윗은 하나님의 말씀에 의지하여 바알브라심(예루살렘 근처)으로 가서 블레셋을 치고 도망하다 다시 르바임 골짜기에 올라온 블레셋 군대를 후방에서 기습하여 치고 게바에서 게셀까지 추격하여 격멸하였다.

그 후 2차 침입 때에도 다윗은 메댁암마(미상)와 가드 지역까지 빼앗았다. 3차 침입 때에는

VI. 통일왕국시대

이스비브놉이란 블레셋 거인에게 다윗이 살해 될뻔 하였다.

다윗은 블레셋의 경계를 가드, 에글론, 아스돗의 외곽까지 축소시켜 이스라엘을 위협하지 못하도록 하였다. 이에 이스라엘 모든 장로가 헤브론에 회집하여 다윗을 기름 부어 전(全)이스라엘 왕을 삼았다. (삼하 5:3) 그리하여 유다족속의 왕이 명실공히 통일 이스라엘 왕이 된 것이다.

다윗은 유다와 이스라엘의 두 나라를 통일시켰으나 그 나라의 수도를 남방에 치우쳐 있는 헤브론에 둘수가 없었다. 그리하여 남북 중앙의 세겜은 유다족속이 싫어하여 택할 수 없었기 때문에 사울의 고향 기브아와 다윗의 고향 베들레헴의 중간 지역인 예루살렘을 최적지로 생각하게 되었다. 또한 유다 성읍도 아니요 이스라엘 성읍도 아니어서 새왕도의 적지로 결정 하는데 한 요인이 되기도 하였다.

예루살렘은 여부스족의 성읍으로 삼면이 깊은 골짜기로 둘러 싸인 고지대에 위치한 천연 요새지였다. 그러나 다윗은 그 땅 거민을 쳐서 시온성을 빼앗아 이름을 다윗성이라 하고 미로에서 부터 안으로 성을 둘러 쌓았다.(삼하 5:1-10) 그리고 예루살렘을 제의 중심지(祭儀中心地)로 삼고자 기럇여아림에 머물러 있던 하나님의 법궤를 옮겨와 성막속에 안치하였다.(삼하 6:1-5)

※ 기럇여아림은 예루살렘에서 텔아비브로 가는 1번 국도상의 약 13km 지점에서 우회전하여 약 2km 들어가면 된다.
- 기럇여아림은 "산림의 마을" 이라는 뜻이며 유다지파의 땅이었다.
- 기럇여아림의 아랫마을이 아브고쉬이다.

◀ 법궤가 기럇여아림의 아비나답의 집에 20년간 보존되었던 그 집터 위에 세워진 불란서 수녀원내의 기념교회
(예수님과 마리아상이 예루살렘을 향하고 있다.)

10. 다윗의 요단동편 전투
(삼하 8:2, 10:1-14, 12:26-31, 주전 977-995년경)

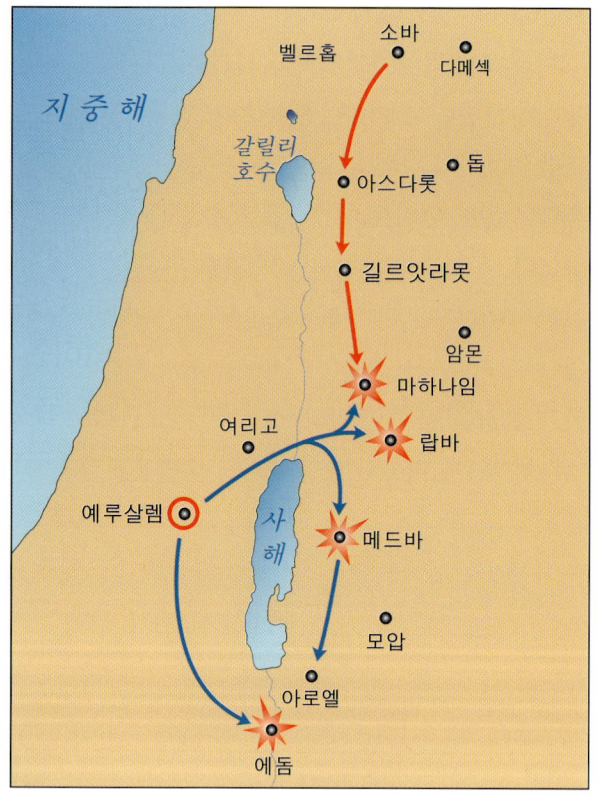

다윗은 가나안땅에서 블레셋을 정복한 후 요단 동편으로 영토를 확장하였다.

이스라엘이 출애굽 후 정착한 요단 동편 땅을 모압과 암몬이 잠식하고 있어 다윗은 그 잃은 땅을 회복 하고자 먼저 사해 남쪽의 염곡에서 에돔 사람 18,000명을 죽이고 그 곳에 수비대를 두어 관할 하였다.

이때에 에돔의 어린 하닷왕은 애굽으로 도망하여 바로의 총애를 입어 왕비의 아우를 아내로 삼아 안락하게 살다가 다윗 이후에 귀환하여 솔로몬의 대적이 되었다.(왕상 11:14-25)

암몬왕 나하스는 야베스길르앗을 취하려다 사울에게 패하였다. 나하스가 죽고 아들 하눈이 왕위에 오르자 다윗이 은혜의 보답으로 조문사절을 보냈으나 정탐군으로 취급하여 모욕적으로 그들의 수염을 절반 깎고 의복의 중동 볼기까지 잘라 돌려 보냈다.

하눈은 다윗의 보복이 두려워 아람 나하라임과 아람 마아가와 소바에 보내어 병거 32,000승(대)과 백성을 은 1,000 달란트를 주고 삯내어 메드바 앞에 진치매 암몬 자손이 그 모든 성읍에서 좇아 모여 와서 이때 성문앞에 진치고 도우러 온 여러왕은 들에서 있었다. 다윗은 요압과 군사를 보내어 앞뒤에 진치고 그 아우 아비새(다윗의 생질:요압의 동생)에 의해 암몬 자손을 대하여 진치게 한 후 요압군사가 싸우려고 아람사람에게 나아가니 저희가 도망하여 암몬 자손은 아람 사람이 도망하는 것을 보고 저희도 아비새 앞에서 도망하여 성으로 들어갔다. 그래서 요압도 예루살렘으로 돌아왔다.(대상 19:7-15)

소바왕 하닷에셀은 사람을 보내 강건너 편에 있는 아람의 원병을 요청하여 그의 군대장관 소박으로 하여금 이스라엘을 치게 하였다. 이때에 다윗은 요단을 건너 진격하여 헬람에서 싸우니 아람 병거 700승(대)과 마병 40,000명을 격멸 하였고 군대장관 소박도 죽였다.(삼하 10:16-17) 그리하여 하닷에셀이 패하게 되자 그의 신복들이 이스라엘에 화친하고 섬기니 아람 사람들이

두려워 하여 암몬을 돕지 않았다.(대상 19:16-19)

 그 후 요압은 여세를 몰아 암몬의 왕도인 랍바를 에워쌌다.(대상 20:1, 삼하 11:1) 다윗은 랍바를 공격하는 동안 다윗성에서 하나님께 큰 죄악을 범하였다.

 다윗은 다윗성의 왕궁 옥상에서 거닐다가 목욕하는 아름다운 여인 밧세바를 보고 현혹되어 그녀를 불러 간음하여 잉태케 하였다. 그녀의 남편 우리아를 전선에서 특별 휴가를 주어 밧세바와 침상을 같이 하게하여 잉태를 감출려고 하였다. 그러나 우리아는 전투기간 중의 금욕생활의 전통을 지키고 전선의 바깥 들에 있는 요압과 왕의 신복들을 생각해서 아내와 침상에 눕는 것을 거절하였다. 한마디로 충성스러운 군인이었다. 그러나 다윗은 우리아에게 편지를 써서 요압에게 보냈다. 그 편지에 써서 이르기를 "너희가 우리아를 맹렬한 싸움에서 죽게하라"하였다.(삼하 11:15) 요압은 다윗의 명령대로 행하여 우리아를 적진에서 다윗의 의도대로 전사 당하게 하였다. 하나님께서는 선지자 나단을 보내어 행인과 부자의 비유로 심히 책망하였다. 또한 간음하여 밧세바에게 잉태된 첫 아이는 출산 후 7일 만에 죽고 말았고 그 후에 태어난 아들이 솔로몬이다. 밧세바의 간음사건을 분깃점으로 다윗의 윤리적, 정치적인 갈등이 시작되었다.

▼ 실로암 못

- 다윗성에 있던 연못으로 아랫연못으로 물이 흘렀다.
- 히스기야왕때 기혼샘과 수로가 연결되었다.
- 예수님이 이곳에서 소경을 눈뜨게 했다.

▼ 기혼샘

- 다윗성 동쪽 기드론 골짜기의 샘이다.
- 솔로몬이 이곳에서 기름 부음 받고 왕이 됨.
- 뒤에 히스기야왕은 성안으로 수로를 파서 실로암 연못으로 연결하였다.(533m)

11. 압살롬 반란의 전투(삼하 15:1-37, 18:1-33, 주전 978년-975년경)

다윗의 아들은 헤브론에서 6명, 예루살렘에서 13명이 태어났다.
압살롬은 헤브론에서 다윗의 셋째 아들로 태어난 자로서 그술왕 달매의 딸 마아가의 소생이다. 그에게는 아름다운 누이 다말이 있었다.(삼하 13:1) 그런데 다윗의 맏 아들이요 압살롬의 이복형인 암논이 다말의 아름다움에 끌려 심화(心火)의 병이 날 정도로 연모하다가 억지로 동침하여 범하게 되었다.(삼하 13:14)

이러한 사실을 알게된 압살롬은 분을 품고 미워하다가 2년 후에 에브라임 곁 바알하솔(예루살렘 북서 24km, 압살롬의 목장)에서 양털 깎는 일에 다윗의 모든 아들을 청하여 놓고 술자리에서 사환을 시켜 맏형인 암논을 살해하고 그술왕 달매(외할아버지)에게로 도망갔다. 이때 다윗은 날마다 그 아들을 인하여 슬퍼하였다.

세월이 3년이 지나자 다윗의 군대 장관인 요압은 술책을 써서 슬기있는 드고아 여인(과부)으로 하여금 다윗에게 비유의 간청을 하게 하여 압살롬을 데려 오도록 하였다. 그러나 압살롬이 2년 동안 예루살렘에 있었으나 왕의 얼굴을 볼수가 없었다.(삼하 14:1-24)

그리하여 압살롬은 요압을 불러 왕에게 고하게 하고자 두 번이나 요압을 불렀으나 응답이 없자 불쾌하게 생각하여 요압 소유의 보리밭에 불을 놓게 하였다. 그리하여 요압은 불을 놓게된 사유를 묻게 되었다. 압살롬이 말하기를 "네가 그술에서 데려 왔으면 왕의 얼굴을 보게 하던가 만일 죄가 있으면 왕이 나를 죽이는 것이 가하다"고 실토를 하였다. 요압은 압살롬의 실토를 들은 그대로 왕에게 고하매 왕이 압살롬을 불러 만나게 되자 기뻐하며 입을 맞추었다.(삼하 14:28-33)

압살롬은 준수하고 미남이었다. 온 이스라엘 가운데 압살롬같이 아름다움으로 크게 칭찬 받는 자가 없으니 저는 발바닥부터 정수리까지 흠이 없고 그 머리털이 무거움으로 년말마다 깎았으며 그 머리털을 달아 본즉 저울로 200세겔(약 2, 3kg)이나 되었다.

예루살렘에 온지 4년만에 압살롬은 왕에게 고하여 헤브론으로 가기를 간청하매 허락하여 보내며 평안히 가라고 하였다. 압살롬은 예루살렘에서 200명과 함께 헤브론에 이르러 본격적인 반역의 계략을 획책하였다.

이스라엘 모든 지파에 두루 정탐을 보내어 이르기를 "너희는 나팔소리를 듣거든 곧 부르기를 압살롬이 헤브론에서 왕이 되었다" 하라 하였다. 그리하여 반기를 들고 스스로 왕이 된 것이다.

예루살렘으로 왕도를 옮긴 것에 불만이 많은 헤브론 사람들이 동조하고, 다윗의 모사(謀士)로 중신이었던 아히도벨을 청하자 동조하는 등 반역의 동참자가 많아졌다.

이에 다윗에게 사자가 와서 고하되 이스라엘 인심이 다 압살롬에게로 돌아 갔다고하자 다윗이 두려워하여 예루살렘에 후궁 열명을 남겨 놓고 모든 신복들과 함께 도피하게 되었다.

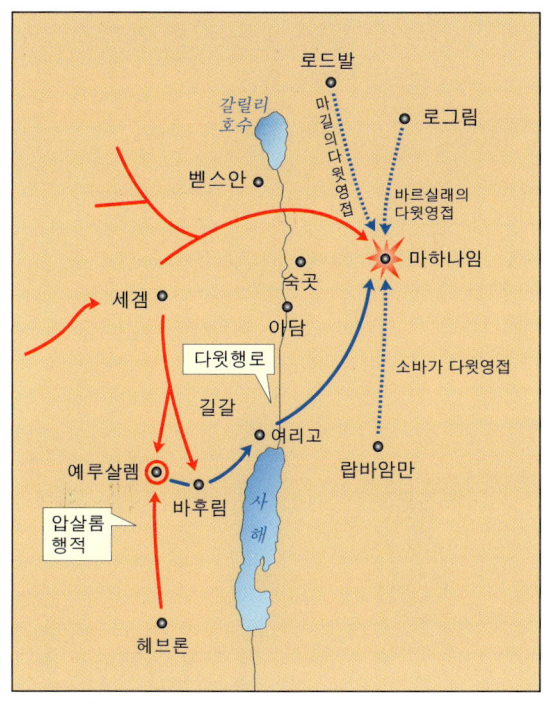

▲ 다윗 도피와 압살롬 추격

다윗은 급히 예루살렘성을 떠나 벧메르악(성근처:미상)에 머물렀다가 기드론 시내를 건너 감람산 길을 머리를 가리우고 맨발로 울며 도망하여 같이한 백성들과 유대 광야 길로 향하였다. 이때 제사장 사독과 아비아달(놉의 제사장 아히멜렉의 아들)은 언약궤를 메고 나왔으나 다윗은 다시 원위치에 갖다 놓게하고 두 제사장들도 예루살렘에 머물게 하였다. 곧 이어 압살롬은 아히도벨과 함께 예루살렘에 입성하였고 다윗의 친구인 후세가 압살롬 만세를 부르며 다윗을 섬긴 것 같이 압살롬을 섬기겠다며 동조를 표명하였다.

다윗이 마루턱(감람산 꼭대기)을 지나 바후림에 이르렀을 때 시므이(사울에게 충성한 자)는 도망하는 다윗을 저주하였다.

아히도벨은 압살롬에게 모략을 말하여 장로들도 옳게 여겼으나 압살롬은 후세를 불러 그의 모략을 듣고자 하였다. 아히도벨의 모략은 12,000명을 데리고 지체없이 다윗의 뒤를 따라 엄습하여 백성이 도망할 때 다윗만을 쳐 죽이는 것이었다. 그러나 후세의 모략은 온 이스라엘을 단에서 브엘세바까지 백성을 모아 왕이 전쟁에 나가 다윗을 엄습하기를 이슬이 땅에 내림 같이 시간적 여유를 갖는 것이었다. 압살롬은 후세의 모략을 아히도벨의 모략보다 낫게 생각하여 아히도벨의 좋은 모략을 파하기로 작정하게 되었다.

하나님께서 압살롬에게 화를 내리시려고 다윗의 첩자인 후세의 모략을 택하게 하신 것이다.(삼하 17:1-14) 이에 후세는 두 제사장 사독과 아비아달에게 압살롬이 자기의 모략을 작정했으니 몰살하지 않도록 사람을 빨리 보내어 다윗이 오늘 밤에 광야 나룻터에서 자지말고 요단을 건너 가게 하라고 하였다.

마침 요나단과 아이마아스(제사장 사독의 아들)가 예루살렘에 들어 가지 못하고 에느로겔 가에 머물고 있을 때 한 소년이 신고 하여 잡으러 왔으나 도망하여 바후림(예루살렘 동부 약 2.4k지역)의 어떤 계집종이 자기집 뜰의 우물속에 숨겨 주었다. 그들을 찾던 자들이 예루살렘으로 돌아 가자 우물에서 나와 다윗왕에게 가서 고하여 "빨리 일어나 물을 건너 가소서" 하니 모든 백성과 함께 한 사람도 낙오없이 요단강을 건넜다.

압살롬을 돕던 아히도벨의 모략은 첫 번째로 부왕의 후궁을 간통 하는 것이었다.(삼하 16:20-23)

그리하여 그대로 실현 되었다. 그러나 두 번째로 후새의 모략에 의해 자기의 모략이 시행되지 못했음을 분통히 여겨 고향에 돌아가 목매어 자살하였다.

이에 압살롬은 아마사(요압의 이종)로 요압을 대신하여 군장(軍長)을 삼아 길르앗땅에 진을 쳤다. 그러나 다윗은 마하나임에서 지파 연합 세력을 규합하여 천부장과 백부장을 세워 백성의 삼분의 일은 요압에게, 삼분의 일은 아비새에게, 삼분의 일은 잇대(가드사람)에게 주어 3대로 편성 하여 에브라임 수풀에서 싸우니 압살롬이 패하여 살륙된 자가 20,000명에 이르렀다. 그날에 수풀에 죽은 자가 칼에 죽은 자 보다 많았다.

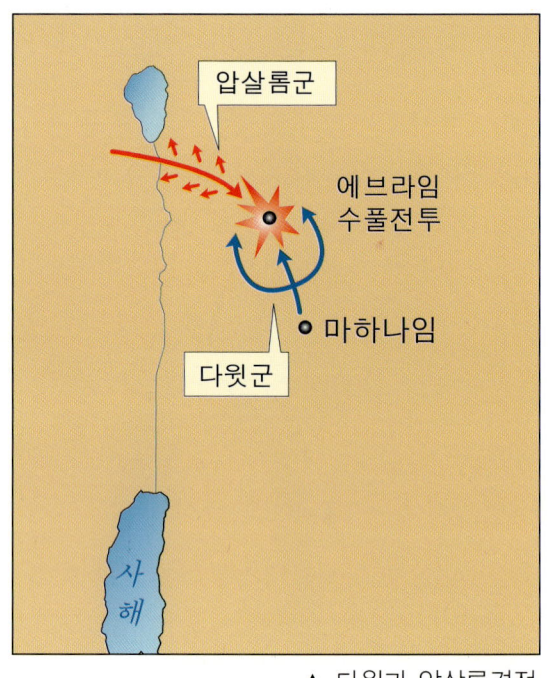

▲ 다윗과 압살롬격전

에브라임 수풀에서 패하여 도망하던 압살롬은 노새를 탔는데 노새가 큰 상수리나무 번성한 가지 아래로 지날 때에 압살롬의 머리털이 나뭇가지에 걸려 저가 공중에 달리고 노새는 아래로 빠져 나가 압살롬만 상수리 나무에 대롱 대롱 달려 있었다. (삼하 18:9-10)

다윗은 누구든지 압살롬을 해하지 말라고 하였다.(삼하 18:12) 그러나 요압은 창으로 압살롬의 심장을 찔렀고 요압의 병기를 맡은 소년 열명이 압살롬을 에워싸고 쳐 죽였다.(삼하 18:14-15) 그리하여 다윗은 압살롬의 사망 소식을 듣고 슬퍼하였다.

압살롬이 살았을 때에 자기를 위하여 한 비석을 가져 세웠으니 이는 저가 자기 이름을 전할 아들이 없음을 한탄 함이라. 그러므로 자기 이름으로 그 비석을 이름하였으며 그 비석이 예루살렘의 기드론 골짜기에 세워져 있어 압살롬의 비라 부르고 있다. 이 비는 오늘 날 불효의 상징탑으로 세워져 유대인들에게 교훈의 비가 되고있다.

다윗은 예루살렘으로 환궁을 결정하고 요단강을 건널 때 다윗을 저주했던 시므이는 요단강을 건너 다윗에게 나와 사죄한 후 영접했고 유다족속과 베냐민 족속들이 길갈에 많이 모여 영접하였다.

길르앗 사람 바르실래는 거부인 고로 다윗이 마하나임에 유할 때 공궤하였다. 그가 다윗왕을 보내어 요단을 건네려고 로글림에서 내려와서 함께 요단에 이르렀다. 다윗은 그에게 보답 하고자 예루살렘에 같이 가자고 권하였다. 그러나 나이가 80세라 나이가 많아 왕에게 오히려 누를 끼칠까 한다며 사양하고 자기 아들 김함을 다윗과 함께 가게 하였다.

다윗은 예루살렘에 귀환하여 도피 당시 왕궁에 남아있던 후궁 10명을 별실에 가두어 먹을 것만 주고 죽는 날 까지 생과부로 지내게 하였다.(삼하 20:3)

12. 다윗에 대한 세바의 반역 봉기(삼하 20:1-26, 주전 977년경)

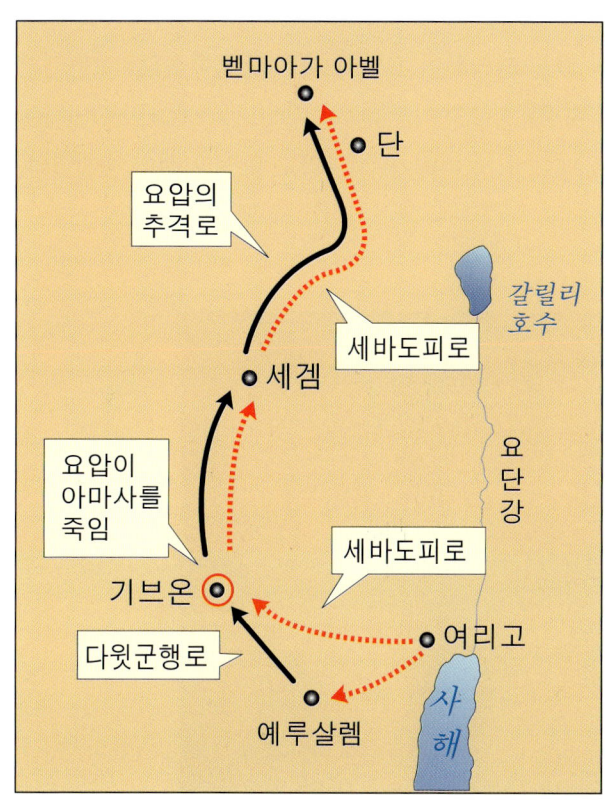

다윗은 압살롬의 반란을 진압하고 아들이 죽어 비탄에 잠겨 있을 때에 요단에서 베냐민 족속 비그리의 아들 세바가 다윗에게 반기를 들고 일어났다. 세바는 요단에서 나팔을 불며 "우리는 다윗과 함께 할 분의(分誼)가 없으며 이새의 아들과 함께 할 업이 없도다. 이스라엘아 각각 장막으로 돌아가라" 하매 이스라엘 사람들이 다윗을 좇기를 그치고 세바를 좇았다. 그리고 유다 사람만이 왕에게 합하여 요단에서 예루살렘까지 좇았다. 그리하여 다윗의 유다 지파와 열지파간의 대립이 심화 되었다. (삼하 20:1-2)

다윗은 예루살렘에 돌아와 세바의 반란을 진압하기 위하여 아마사에게 "3일 이내에 유다 사람을 소집하라"했으나 지체되었다. 그리하여 아비새에게 명하여 "세바가 압살롬보다 우리를 더 해(害) 하리리" 하며 주의 신복을 거느리고 쫓아 가라고 하였다.

요압의 사람들이 아비새를 따라 세바를 쫓으려고 예루살렘에서 나와 기브온 큰 바위 곁에 이르렀을 때에 아마사가 맞으러 나왔다. 이때에 요압이 칼로 아마사의 배를 찔러 죽였다. 유다 사람을 3일 이내에 소집하라 하였으나 지체된 책임을 씌워 죽이고 군대 장관인 요압 자신의 지위를 확실히 하기 위한 두 번째의 일이다.(상하 20:7-10)

요압과 그 동생 아비새는 세바를 추격하니 아벨, 벧마아가, 베림의 사람들이 그들을 따랐다. 드디어 벧마아가와 아벨로 가서 세바를 포위하고 그 성읍을 향하여 해자(垓子) 언덕 위에 토성을 쌓고 성벽을 헐고자 하였다.

이에 아벨성의 한 지혜로운 여인은 요압에게 이르기를 "옛 사람들이 아벨에 가서 물을 것이라 하고 그 일을 끝내었나이다. 나는 이스라엘에 화평하고 충성된 자의 하나이어늘 이스라엘 가운데 어미 같은 성읍을 멸하여 여호와의 기업을 삼키고자 하느냐"고 말하였다.(상하 20:19)

요압은 답변하기를 결단코 삼키거나 멸하려 하지 않고 오직 세바만 내어 주면 이 성읍에서 떠나

| B 이스라엘의 시대별 역사와 지리 |

가리라 하였다. 그러자 이 여인이 요압에게 세바의 머리를 성벽에서 당신에게 내어 던지리라 하였다.(삼하 20:21)

　이에 여인은 요압에게 약속한 그 지혜를 모든 성읍의 백성에게 설득하여 공감을 얻게 되자 세바를 죽여 그 머리를 베어서 요압에게 던졌다. 그리하여 요압이 나팔을 불매 아벨 성읍에서 물러가 각기 장막으로 돌아 가고 요압은 예루살렘으로 돌아갔다. 한 지혜로운 여인으로 인하여 반란의 두목인 세바 한 사람의 죽음으로 성읍내에 인명 피해가 한 사람도 없었고 성이 파괴 되지 않았으며 세바의 반란은 종식 되었다.(삼하 20:22)

▲ 압살롬의 탑

※ 예루살렘성 기드론 골짜기의 겟세마네 교회에서 남쪽으로 약 70m 지점에 세워져 있다.(탑의 하단부 : 약 3.6㎡, 높이:6.3m)

13. 다윗왕가의 마지막 반란(왕상 1-2, 주전 971년경)

아도니야는 압살롬 다음에 태어난 다윗의 넷째 아들로 어머니 학깃의 소생이다. 그는 체용(體容)이 심히 준수했으며 다윗에게 한번도 섭섭하게 한일이 없었다.

다윗왕이 나이 많아 늙으니 이불을 덮어도 따뜻하지 아니 하였다. 그리하여 여러곳에서 아리따운 동녀(童女)들을 구하고, 미인의 고장인 수넴의 동녀 아비삭을 왕의 품에 누워 따뜻하게 하고 봉양하게 하였다. 다윗에게 파란만장 했던 한 평생의 수명이 다한 년수였다.

이때에 아도니야가 다윗의 군대장관 요압과 제사장 아비아달과 모의 하여 에느로겔 근방 소헬렛돌 곁에서 양과 소와 살찐 송아지를 잡고 왕자 곧 자기의 모든 동생을 청하여 아도니야 왕 만세를 불렀다.

아도니야는 왕이 된것을 선포한 장소에 동생 솔로몬의 추종 세력인 제사장 사독과 여호야다의 아들 브나야(다윗의 호위대장)와 선지자 나단 그리고 시므이, 레이, 다윗의 용사등 반대 세력은 초청하지 않았다.

아도니야는 다윗의 아들 중 가장 연장자이기 때문에 당연히 솔로몬 보다 자신이 왕이 되어야 한다고 생각 하였다. 또한 맏 아들 암논은 압살롬에게 죽었고, 둘째 아들 길르압은 요사했으며 셋째 아들 압살롬은 반역으로 죽었으니 넷째인 아도니야가 왕위의 계승 서열 1번으로 추종세력들은 생각 하였다.

아도니야가 왕이 되자 선지자 나단이 솔로몬의 모친 밧세바에게 아도니야의 반란 사실을 알리고 난 후 밧세바와 나단은 다윗에게 반란 사실을 고하여 솔로몬이 왕이 된다는 맹세의 약속을 상기 시켰다. 이 자리에서 다윗은 "내가 하나님 여호와를 가리켜 네게 맹세하여 네 아들 솔로몬이 정녕 나를 이어 왕이 되고 나를 대신하여 내 위에 앉으리라 하였으니 내가 오늘날 그대로 행하리라 하였다. 그리고 말하기를 주의 신복을 데리고 솔로몬을 나의 노새에 태우고 기혼으로 인도하여 내려가고 거기서 제사장 사독과 선지자 나단은 저에게 기름을 부어 이스라엘 왕을 삼고 너희는 양각을 불며 솔로몬 만세를 부르고 저를 따라 올라오라 저가 와서 내 위에 앉아 나를 대신하여 왕이 되리라 내가 저를 세워 이스라엘과 유다의 주권자가 되게 하기로 작정하였다."는 확답을 받고 그대로 다윗의 뜻대로 행하여 솔로몬이 기혼샘에서 기름 부어 왕이 되었다.(왕상 1:33-39) 그리하여 솔로몬이 집권하자 아도니야 세력은 흩어졌고 아도니야는 반역죄로 처형되었다.(왕상 2:25)

요압은 다윗의 군대장관의 신분임에도 화친을 맺고 돌아가는 아브넬을 자기 동생 아사헬을 죽인 원한으로 공의를 무시하고 살해하였다.(삼하 3:27,31) 또한 압살롬의 반란때에 다윗이 압살롬을 죽이지 말라 했으나 에브라임 수풀에서 살해 했으며, 압살롬의 반란때에 요압 자신을 대신하여 군대장관이 되었던 아마사를 다윗이 반란군 진압의 군장으로 중책을 맡기자 불만을 품고 기브온 큰 바위 곁에서 죽였다. 결국 아도니야의 반란을 주도하다가 솔로몬에게 피살되고 말았다. (왕상 2:28-34)

다윗은 이스라엘 왕이 된지 40년간 영토를 확장하는 등 업적도 많았지만 전쟁에서 피를 많이 흘리게 했고, 교만으로 인하여 인구 조사를 실시 했기 때문에 성전을 건축 하고자 했지만 하나님께서 허락지 않으셨다.(대상 28:3)

그러나 잘못을 진심으로 회개했기 때문에 하나님의 마음에 합한자라 불리웠고 예수 그리스도의 조상이 되었다. 다윗의 나이 70세(주전 1040-970)에 죽어 그 열조와 함께 다윗성에 장사 되었다. (왕상 2:10-11)

현재 다윗왕의 무덤은 다윗성에 있지 않고 시온산 마가의 다락방 건물의 아래층에 위치하고 있다. 주후 12세기 부터 이곳을 다윗의 무덤으로 전해 오고 있다.

▲ 다윗의 무덤(마가의 다락방 건물 아래층)

14. 솔로몬의 생애(왕상 1장-11장, 주전 993-932년경)

솔로몬은 "평화롭다는 뜻"이다.
그는 다윗의 아홉번째 아들로 우리아의 아내 밧세바를 취하여 왕궁에서 태어났다. 다윗처럼 고난과 역경을 겪지 않고 선지자 나단으로 부터 여디디야(하나님의 사랑받는 자란 뜻)란 이름까지 붙여주는 등 신앙교육을 잘 받고 성장하여 21세에 부왕으로 부터 이스라엘 대국의 왕위를 이어 받았다. 왕은 많은 궁녀들과 호화스러운 궁정생활, 행정구역 개편, 활발한 국제교류와 무역활동, 국토의 정비 및 신장, 정신문화 창달 등의 괄목할만한 많은 업적을 남겼으나 말년에 실정(失政)을 하였다. 그러나 40년간 부귀 영화와 지혜까지 겸비한 왕으로 평가 되고있다.

다윗이 죽기 전 솔로몬이 집권하게 되자 마자 여호야다의 아들 브나야는 솔로몬의 형 아도니야를 쳐 죽이고 이스라엘의 군대장관 아브넬과 유다 군대장관 예델의 아들 아마사를 칼로 쳐 죽여 반대 세력을 숙청하고 제사장 아비아달을 추방 시켰다. 그리하여 솔로몬은 요압을 대신하여 브나야를 군대 장관으로 삼고 아비아달을 대신하여 사독을 제사장으로 삼았다. 이러한 숙청 사실을 다윗은 알지 못하였다.(왕상 2)

솔로몬은 왕으로 취임 후 기브온 산당에서 일천번 번제를 드릴 때 하나님께서 꿈에 나타나 이르시되 "내가 네게 무엇을 줄꼬 너는 구하라" 하시니 솔로몬은 "종은 작은 아이라 출입 할 줄을 알지 못하고 주의 빼신 백성 가운데 있나이다. 주의 백성을 재판하여 선악을 분별하게 하옵소서" 하고 겸손한 마음으로 지혜를 구하였다. 그리하여 하나님께서 가상히 보시고 부귀까지 겸하여 주셨다. (왕상 3:3-15)

두 여인의 창기가 한집에 살고 있었다. 한 여인이 아이를 낳자 다른 여인도 삼일 뒤에 아이를 낳았다. 한 여인의 아이가 죽으니 산 아이와 바꿔 놓았다. 두 여인 서로가 산 아이가 자기 아이라고 다투며 재판장에 섰다.

솔로몬은 "칼을 가져오라" 하였다. 그리고 "산 아이를 칼로 짤라 두 쪽으로 나눠 반은 이에게 반은 저에게 주라" 하였다. 이때에 한 여인은 "저에게 주어 아무쪼록 죽이지 마옵소서" 하였다. 다른 한 여인은 "내것도 되게 말고 네것도 되게 말고 나누게 하라"고 하였다. 솔로몬은 두 여인의 말을 듣고 판결을 내렸다. 즉, 산 아이를 죽이지 말라고 한 그 여인에게 산 아이를 주라고 하였다. 참된 모성애가 무엇인가를 보여준 판결의 결과였다. 그리하여 모든 백성들이 하나님의 지혜로 판결함을 보고 두려워 하였다.(왕상 3:16-28)(오늘 날까지 모든 통치자, 법조인, 법학도들에게 귀감이 되고 있다)

솔로몬의 지혜는 당대의 으뜸이요 동방에서 단연 뛰어났다. 그의 인생의 지혜를 집대성한 그의 3,000수의 잠언은 솔로몬의 지혜가 함축되어 있다. 사울이 기브아에서 초라한 초기 왕국을 건설하고 다윗이 예루살렘에서 종교적, 정치적, 정신적인 중심지를 만들었고, 솔로몬은 지혜를 바탕으로 한 정신문화의 예루살렘을 만들었다.

솔로몬은 하수 이편을 딥사에서 가사까지 모두 다스리므로 하수 이편의 모든 왕이 다 관할 된바 되매 저기 사방에 둘린 민족과 평화가 있었다.(왕상 4:24)

또한 예루살렘성을 확장하고 유리한 국제교류와 무역을 기반으로 20년간에 걸쳐 성전을 건축하는데 7년, 궁전건설에 13년이 소요 되었다.(왕상 9:15) 궁전은 왕 자신의 호화별궁 뿐 아니라 1,000명의 처첩을 위하여 후궁전을 세웠다.

모든 백성의 빗발치는 반대 여론에도 불구하고 대 궁전의 유지비, 호화생활의 막대한 소비, 거대한 공사비등으로 인하여 재정 적자가 누적되어 위기로 몰고 갔다.

솔로몬은 중과세를 부여하고 지파연합을 타파하여 중앙독제정치의 기반을 확고히 하고자 하였다. 그리하여 여호수아에 의해 분배된 12지파의 땅을 12 행정구역으로 개편하여 열두 지방관장(장관)을 임명하여 관할케하는 통치체제로 전환하였다.(왕상 4:7-19)

12관장들은 왕과 왕실을 위하여 식물 1개월분을 1년에 한번씩 돌아가며 준비해서 왕궁에 공급토록 하였다.(왕상 4:7)

솔로몬의 악정은 도를 넘기 시작하였다. 예루살렘에 성전과 궁전, 거대한 마병장이 건설 되었고, 여러 곳의 국고성, 병거성, 마병성 그리고 므깃도의 마병장 건축 또한 하솔, 다낙, 게셀의 요새화를 위한 노력 동원에는 노예뿐 아니라 이스라엘 백성을 강제로 노력 동원을 하였다.(왕상9:22) 그리고 병거성에는 병거 1,400대, 마병성에는 마병 12,000을 두었다.

그리고 솔로몬에게 역사(役事)를 감독하는 두목 550인을 세워 백성을 다스렸다. 이 가운데는 뒤에 북 이스라엘 왕이 된 여로보암이 포함되어 있었다.

솔로몬은 왕의 재산과 지혜가 천하 열왕보다 큰 자였다.
솔로몬의 세금의 중수(重數)가 666 달란트(약 22,800kg)나 되었고 금을 쳐서 만든 200개의 방패를 만들었는데 매 방패에 금이 600세겔(약 6. 9kg)이며 작은 방패 300(약 510kg)에 매방패 3마네(약 1.7kg)였다. 또 상아로 큰 보좌를 만들어 정금으로 입혔다. 그리고 솔로몬이 마시는 그릇은 다 금그릇이었다.(왕상 10:14-21)

스바의 여왕이 방문하여 솔로몬의 지혜를 시험하고 금 120달란트와 향품과 보석을 솔로몬 왕에게 주었고 또 답례로 예물을 주어 받아 가지고 돌아갔다. 또한 다시스 배로 3년에 1차씩 금과 은과 상아와 잔나비와 공작을 실어왔다.(왕상 10:14-25) 솔로몬은 한마디로 말해서 부와 사치의 극치를 이루었다.

솔로몬은 바로의 딸 외에 모압, 암몬, 에돔, 시돈, 헷의 많은 이방 여인을 끌어들여 후비가 700인이요 빈장(궁녀)이 300인이나 되었다. 그녀들이 시돈의 여신 아스다롯, 암몬의 밀곰, 모압의 고모스, 암몬의 몰록 등 여러 신을 들여와 자기 신에게 분향하고 제사하였다. 그리하여 솔로몬의 마음이 하나님 여호와를 떠나 저에게 진노 하셨다.

하나님께서 말씀하시기를 "네가 나의 언약과 내가 네게 명한 법도를 지키지 아니하였으니 내가 결단코 이 나라를 네게서 빼앗아 네 신복에게 주리라. 그러나 네 아비 다윗을 위하여 네 세대에 이 일을 행치 아니하고 네 아들의 손에서 빼앗으려니와 한지파를 네 아들에게 주리라" 하셨다. (왕상 11:1-13)

솔로몬 왕국의 붕괴와 아들대에 있을 분열에 대한 분명한 계시였다. 솔로몬은 예루살렘에서 온 이스라엘을 다스린 날수가 40년이었고 나이 60세에 죽어 그 열조와 함께 다윗성에 장사되고 그 아들 르호보암이 대신하여 왕이 되었다.

▼ 암만의 야외 원형극장

- 암만(Amman)은 요단강에서 동쪽으로 약 75km지점, 아라비아 고원 서쪽 끝, 해발 약 800m의 지대에 자리잡고 있다. 암만은 지금의 요르단(Jordan)의 수도이다. 요르단은 남한 크기와 비슷한 9만 1,000㎢의 면적에 인구는 475만명에 불과하다. 제 2차 세계대전이 종식되자 1945년 아랍연맹에 가입했으며, 1946년 요르단을 수도로 하여 트란스(동)요르단 하심왕국으로 독립하였다.
- 성서에 암만은 랍바이며 랍바는 암몬의 왕성(王城)이었다. 다윗이 암몬성을 공격할때 죄악을 범하였다. 우리아의 아내 밧세바를 간통하고 그 남편 우리아를 랍바성의 전쟁에서 전사하게 하여 아내로 삼았다. 밧세바의 첫째 아들은 출생 후 7일만에 죽었으며 둘째 아들이 솔로몬이다.

남북분열의 원인

솔로몬이 여호와의 눈 앞에서 악을 행하여
그 부친 다윗이 여호와를 온전히 좇음같이 좇지 아니하고
모압의 가증한 그모스를 위하여
예루살렘 앞 산에 산당을 지었고
또 암몬 자손의 가증한 몰록을 위하여
그와 같이 하였으며
저가 또 이족(異族) 후비(처첩 1,000명)들을
위하여 다 그와 같이 한지라
저희가 자기의 신들에게 분향하며 제사 하였더라.
솔로몬이 마음을 돌이켜 이스라엘 하나님 여호와를 떠나므로
여호와께서 저에게 진노 하시니라
여호와께서 일찌기 두 번이나 저에게 나타나시고
이 일에 대하여 명하사 다른 신을 좇지 말라 하셨으나
저가 여호와의 명령을 지키지 않았으므로
여호와께서 솔로몬에게 말씀하시되
네게 이러한 일이 있었고
또 네가 나의 언약과
내가 네게 명한 법도를 지키지 아니하였으니
내가 결단코 이 나라를 네게서 빼앗아
네 신복(여로보암)에게 주리라.
그러나 네 아비 다윗을 위하여
네 세대에는 이 일을 행치 아니하고
네 아들(르호보암)의 손에서 빼앗으려니와
오직 내가 이 나라를 다 빼앗지 아니하고
나의 종 다윗과 나의 뺀 예루살렘을 위하여
한 지파(베냐민)를 네 아들에게 주리라 하셨더라.
열왕기상 11장 6절-13절

VII. 분열왕국시대

(주전 931년 – 586년)

▲ 늦은 겨울비가 내린 후의 예루살렘 서쪽 계곡

B. 이스라엘의 시대별 역사와 지리

1. 분열된 남북 왕국의 영토

2. 북 왕국 멸망 후 남 유다의 영토

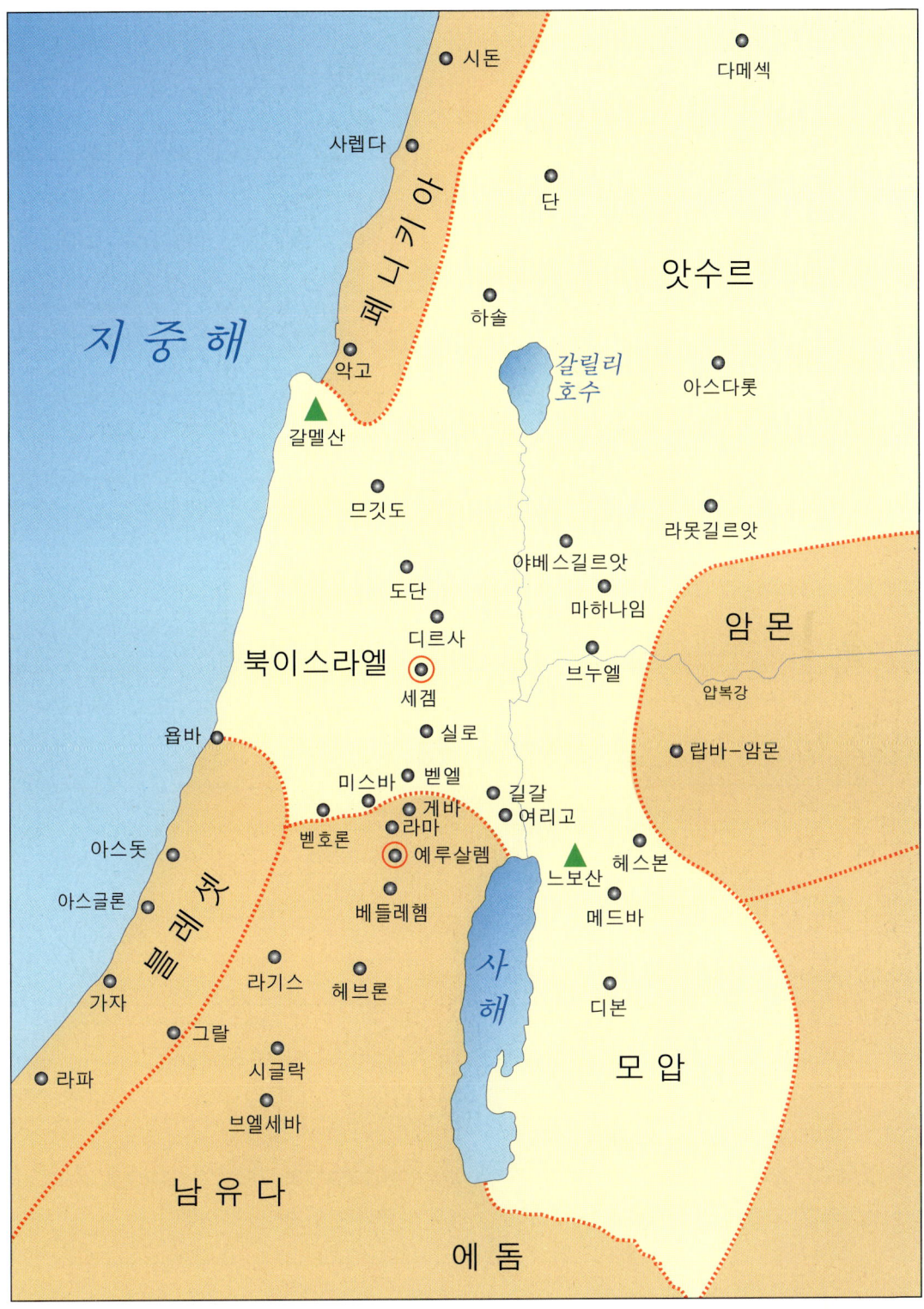

| B. 이스라엘의 시대별 역사와 지리 |

3. 남북왕조의 통치기간 일람표

남 유다 (주전 931년 – 586년, 345년)				북 이스라엘 (주전 931년 – 722년, 209년)			
순위	왕 명	기 간	통치기간	순위	왕 명	기 간	통치기간
1대	르호보암	931-913	17년	1대	여로보암	931-910	22년
2대	아비얌(아비야)	913-911	3	2대	▼ 나 답	910-909	2
3대	▲ 아 사	911-870	41	3대	바아사	909-886	24
4대	▲ 여호사밧	873-648	25(35)	4대	▼ 엘 라	886-885	2
5대	여호람	853-841	8(32)	5대	▼ 시므리	885	7일(자살)
6대	아하시야	841	1(22)	6대	오므리	885-874	12
7대	아달랴(여)	841-835	▼ 7	7대	아 합	874-853	22
8대	△ 요아스	835-796	40(7)	8대	아하시야	853-852	2
9대	▲ 아마샤	796-767	29(25)	9대	▼ 여호람(요람)	852-841	12
10대	△ 웃시야 (아사랴)	790-740	52(16)	10대	예 후	841-814	28
				11대	여호아하스	814-798	17
11대	▲ 요 담	750-731	16(25)	12대	요아스	798-782	16
12대	아하스	735-715	16(20)	13대	여로보암 2세	793-753	41
13대	▲ 히스기야	715-686	29(25)	14대	▼ 스가랴	753-752	6월
14대	므낫세	686-642	55(12)	15대	▼ 살 룸	752	1월
15대	아 몬	642-640	▼ 2(22)	16대	므나헴	752-742	10
16대	▲ 요시야	640-609	▼ 31(8)	17대	▼ 브가히야	742-740	2
17대	여호아하스	609	3월(23)	18대	▼ 베 가	752-732	20
18대	여호야김	609-579	11(25)	19대	호세아	732-722	9
19대	여고냐 (여호야긴)	579	3월(18)				
20대	시드기야	597-586	11(21)				

• 북 이스라엘 ← 앗수르에게 멸망 : 주전 722년
• 남 유다 ← 바벨론에게 멸망 : 주전 586년
• 북 이스라엘 멸망 136년 후 남 유다 멸망

※ 남 왕국은 20명의 왕 가운데 선행의 왕이 8명(비교적 선행 2명, 살해 3명)이 있었으나 북 왕국은 19명의 왕 가운데 8명이 악행의 왕으로 살해되고 선행의 왕이 한 사람도 없었다.

( ) 괄호안은 즉위시 나이   ▲ 선행의 왕   △ 비교적 선행의 왕   ▼ 살해된 왕(암살)

4. 남 왕국의 군사적 승패의 연도

개략연대	남 유다의 왕	적 대 국	적대국의 왕	공 격 자	승 리 자
주전 925	르호보암	애 굽	시삭 1세	애 굽	애 굽
912	아비얌	북 이스라엘	여로보암	남 유다	남 유다
900	아 사	에디오피아(애굽)	세 라	애 굽	남 유다
895	아 사	북 이스라엘	바아사	북 이스라엘	남 유다
853	여호사밧	수리아	벤하닷 1세	남 유다	수리아
853	여호사밧	에돔, 모압, 암몬		에돔, 모압, 암몬	남 유다
850	여호사밧	모 압		모 압	모 압
845	요 람	에 돔		에 돔	에 돔
845	요 람	립 나		립 나	립 나
842	요 람	블레셋, 아라비아		블레셋, 아라비아	블레셋, 아라비아
841	아하시야	수리아	하사엘	남 유다	수리아
796	요아스	수리아	하사엘	수리아	수리아
794	아마샤	에 돔		남 유다	남 유다
790	아마샤	북 이스라엘	요아스	남 유다	이스라엘
785	웃시야	블레셋, 아라비아		남 유다	남 유다
743	웃시야	앗수르	다글랏빌레셋 3세	앗수르	앗수르
738	요 담	암 몬		남 유다	남 유다
735	아하스	북이스라엘, 수리아	베가, 르신	북이스라엘, 수리아	남 유다
735	아하스	에 돔		에 돔	에 돔
735	아하스	블레셋		블레셋	블레셋
733	아하스	앗수르	다글랏빌레셋 3세	앗수르	앗수르
715	히스기야	블레셋		남 유다	남 유다
701	히스기야	앗수르	산헤립	앗수르	남 유다
650	므낫세	앗수르	아스르바니팔	앗수르	앗수르
609	요시야	애 굽	느 고	남 유다	이집트
607	여호야김	모압, 수리아		모압, 수리아	
605	여호야김	바벨론	느부갓네살	바벨론	바벨론
597	여호야김	바벨론	느부갓네살	바벨론	바벨론
586	시드기야	바벨론	느부갓네살	바벨론	바벨론

| B. 이스라엘의 시대별 역사와 지리 |

5. 북 왕국의 군사적 승패의 연도

개략연대	북 이스라엘의 왕	적 대 국	적대국의 왕	공 격 자	승 리 자
주전 925	여로보암	수리아	르손	수리아	수리아
925	여로보암	블레셋		블레셋	블레셋
925	여로보암	모압		모압	모압
912	여로보암	남 유다	아비얌	남 유다	남 유다
909	나답	블레셋		북 이스라엘	블레셋
895	바아사	남 유다	아사	북 이스라엘	남 유다
890	바아사	수리아	벤하닷 1세	수리아	수리아
885	시므리	내란	오므리	오므리	오므리
881	오므리	내란	딥니	오므리	오므리
877	오므리	모압		북 이스라엘	북 이스라엘
853	아합	수리아	벤하닷 1세	수리아	북 이스라엘
853	아합	수리아	벤하닷 1세	북 이스라엘	북 이스라엘
853	아합	앗수르	살만에셀 3세	앗수르	북 이스라엘
853	아합	수리아	벤하닷 1세	북 이스라엘	수리아
850	여호람	모압	메사	모압	모압
845	여호람	수리아	벤하닷 1세	수리아	북 이스라엘
845	여호람	수리아	벤하닷 1세	수리아	북 이스라엘
841	여호람	수리아	하사엘	북 이스라엘	수리아
820	예후	수리아	하사엘	수리아	수리아
810	여호아하스	수리아	하사엘	수리아	수리아
798	요아스	수리아	벤하닷 2세	북 이스라엘	북 이스라엘
795	요아스	수리아	벤하닷 2세	북 이스라엘	북 이스라엘
796	요아스	수리아	벤하닷 2세	북 이스라엘	북 이스라엘
790	요아스	남 유다	아마샤	남 유다	북 이스라엘
780	여로보암2세	수리아	벤하닷 2세	북 이스라엘	북 이스라엘
735	베가	남 유다	아하스	북 이스라엘	남 유다
733	베가	앗수르	디글랏벨레셀 3세	앗수르	앗수르
722	호세아	앗수르	살만에셀 5세	앗수르	앗수르

6. 선지자들의 활동 연대와 선지자 활동 상황

◀ 주전 722년 북 이스라엘 멸망 이전 ▶

남 유다왕		개략연대	선지자		북 이스라엘
여호람	◀	845	오바댜 (옵 1장)	▶	요 람
요아스(여호아스)	◀	835	요 엘 (욜 1장-3장)	▶	예 후
아마샤, 웃시아 (함께집권)	◀	782	요 나 (욘 1장-4장)	▶	여로보암 2세
웃시야, 요담, 아하스, 히스기야	◀	760-720	호세아 (호 1장-14장)	▶	여로보암 2세, 스가랴 스가랴, 살룸, 므나헴 브가히야, 베가, 호세아
웃시야(아사랴)	◀	760	아모스 (암 1장-9장)	▶	여로보암 2세
웃시야, 요담, 아하스 히스기야, 므낫세	◀	739-685	이사야 (사 1장-66장)	▶	베가, 호세아
요담, 아하스 히스기야	◀	737-690	미 가 (미 1장-7장)	▶	베가, 호세아

◀ 주전 722년 북 이스라엘 멸망 이후 ▶

남 유다왕		개략연대	선지자		외국의 왕
므낫세	◀	650	나훔 (나 1장-3장)	▶	앗수르 : 앗수르바니발
요시야	◀	640	스바냐 (습 1장-3장)	▶	
요시야, 여호아하스 여호야김, 여호와긴 시그기야 프로민의 총독:그달랴	◀	627-580	예레미야 (렘 1장-52장)	▶	바벨론 : 나보폴라살, 　　　　 느부갓네살
여호야김(엘리아김)	◀	609	하박국 (합 1장-3장)	▶	바벨론 : 나보폴라살
여호와김(엘리아김) 여호야긴(여고냐) 시드기야	◀	605-530	다니엘 (단 1장-12장)	▶	바벨론 : 느부갓네살, 네리글릿살, 라바시마르둑 에윌므로닥, 나보니더스 메데바사:고레스 (캄비세스인 듯함)
시드기야	◀	593-570	에스겔(겔 1장-48장)	▶	바벨론 : 느부갓네살
총독 : 스룹바벨	◀	520	학개(학 1장-2장)	▶	메대 : 다리오 1세
총독 : 스룹바벨	◀	520-485	스가랴(슥 1장-14장)	▶	메데바사 : 다리오 1세
총독 : 느헤미야	◀	433	말라기(말 1장-4장)	▶	메데바사 : 다리오 2세

| B. 이스라엘의 시대별 역사와 지리 |

> ### 선지자들의 활동
>
> 　선지자(Prophet)란 말은 헬라어 프로페테스(προφήτης)에서 나왔는데 프로(προ, "앞에, …을 위하여")와 페미(φημί "말하다")의 합성어이다.
> 　선지자란 미리(앞서) 선포하는 사람이며 하나님의 이름으로 대언하여 말하는 사람이다. 구약 성서에 선지자에 해당하는 히브리어는 셋이 있다. 즉, 나비(נָבִיא), 로에(רֹאֶה), 호제(חֹזֶה)는 그 당시 환상의 특성이나 습성이 지니고 있는 뉘앙스에 의해 구별된다.
> 　모세에 의해 언급된(신 18:15) 약속 가운데 선지자는 나비(נָבִיא)라는 단어로 불리워 졌다. 나비(נָבִיא, 증거하는 자)는 선지자의 사명을 가장 잘 드러내 주는 말로 쓰였다.
> 　성서의 예언의 기원은 영감의 현상에서 유래 되었다. 고대 이교도의 마술과 구별되는 것으로 사람의 뜻으로 된 것이 아니고 하나님은 선지자를 부르시고 영감으로 감동케 하셨다. 오직 성령의 감동 하심을 입은 사람이 영감으로 말씀한 것을 그 받은 그대로 정확하게 전달하게 하셨다.
> 　구약의 예언은 통상 세 가지로 구분된다.
> ①이스라엘의 운명에 관한 예언(하나님의 심판) ②메시아적 예언(구주의 오심) ③종말론적 예언(마지막 하나님 나라 건설)로 구분한다. 또한 예언의 시점(時點)에 따라 세 가지로 ①이미 성취된 예언 ②성취 되어가는 중에 있는 예언 ③아직 성취되지 않은 예언 등으로 분류된다.
> 　○ 대선지자(4)　：①이사야 ②예레미야 ③에스겔 ④다니엘
> 　○ 소선지자(12)：①호세아 ②요엘 ③아모스 ④오바댜 ⑤요나 ⑥미가 ⑦나훔 ⑧하박국 ⑨스바냐 ⑩학개 ⑪스가랴 ⑫말라기

(1) 이사야

　이사야는 "여호와의 구원"이라는 뜻이다.
　아마샤왕의 형제이며 요하스왕의 손자(사 7:3-16)인 귀족 출신 아모스의 아들로 이사야는 주전 770년경 태어나 예루살렘에서 거하며 일생 동안 험한 베옷을 입고 주전 739-685년경 까지 60여 년간 유다의 웃시야, 요담, 아하스, 히스기야 등 4대왕에 걸쳐 선지자로 활동하였다.
　그가 주전 700년경에 기록한 이사야서는 ① 두 왕국에 대한 하나님의 심판(1장-35장) ② 히스기야왕에 대한 역사적 사건(36장-39장) ③ 구속에 대한 위로 등에 대한 예언을 기록한 대선지서이다.
　이사야서는 그 문체의 아름다움과 복음주의로 예수님에 대한 예언이 가장 많이 기록되어 다른 선지자가 따르지 못한다.(마 3:3)

(2) 예레미야

예레미야는 "여호와께서 떨어 뜨린다"는 뜻이다.
예루살렘 북쪽 베냐민 땅 아나돗에서 제사장 힐기야의 아들로 주전 640년경 태어난 예레미야는 일생을 결혼 하지 않고 살았다.(렘 1:1) 예루살렘의 구원을 위해 많은 눈물을 흘렸기에 눈물의 선지자라 부른다. 그는 나이 20세에 예언자로 소명을 받아 요시야왕(640-609) 13년부터 시드기야왕 11년까지 즉, 남 왕국이 바벨론에 멸망하게 되는 주후 586년까지 40년 동안 사역한 수난의 선지자이다.

예레미야에 대한 죽음의 기록은 없으나 전설에 의하면 애굽으로 끌려가(렘 43:5-7) 돌에 맞아 죽었다고 한다.

주전 600년경에 기록한 예레미야서는 ① 유다 왕국에 대한 예언(1장-45장) ② 열방에 대한 예언(46장-51장) ③ 예루살렘의 멸망에 대한 예언 등에 대한 기록의 대선지서이다. 또한 예레미야 애가는 주전 586년 예루살렘이 멸망된 직후에 요시야왕의 죽음과 예루살렘의 멸망을 비탄하여 애가를 지었으며 ① 예루살렘의 파멸을 슬퍼하고(1장) ② 어린이들이 길거리에서 굶주림(2장) ③ 징계를 받으나 하나님의 사랑과 자비를 회상함(3장) ④ 선지자와 제사장들의 죄악으로 백성들이 고난을 받음(4장) ⑤ 하나님의 은혜와 구원을 기원하는 등에 대한 기록의 애가이다.

(3) 에스겔

에스겔은 "하나님께서 강하게 하심"이라는 뜻이다. 사독 자손 제사장 부시의 아들로 태어난 에스겔은 주전 597년 (유다 멸망 11년전) 유다왕 여호야긴과 함께 바벨론에 포로로 잡혀가 그발 강변 델아빕("홍수의 언덕"이라는 뜻)에 거하며 선지자로 부름 받아 22년간 예언 활동을 하며 이스라엘이 영광 가운데 회복 되리라 예언하였으므로 소망의 선지자라 부른다. 그는 예레미야의 영향을 받았다.

그는 그룹 천사 환상을 통하여 하나님을 체험하고 주전 565년에 기록한 에스겔서는 ① 유다와 이스라엘에 대한 하나님의 말씀(1장-24장) ② 열방에 대한 하나님의 말씀(25장-32장) ③ 회복 될 이스라엘의 환상(33장-48장) 등에 대한 기록의 대선지서이다.

에스겔은 하나님의 뜻에 철저히 순종한 선지자로 하나님의 뜻을 나타내기 위하여 백성의 범죄한 횟수대로 좌편으로 누어 390일, 우편으로 누어 40일을 지냈으며(겔 4:4-8) 머리털과 수염을 깎고(겔 5:1), 행구를 챙겨 집안의 물건을 싣고 이사하여 패역한 백성의 생각을 바꾸게 하였다.(겔 12:3-13) 또한 하나님 말씀에 감동되어 손뼉을 치고 발을 구르며 말하였다.(겔 6:11)

(4) 다니엘

다니엘은 "하나님은 우리의 심판자"란 뜻이다.
다니엘은 유다 왕족으로 예루살렘에서 출생한 선지자로 주전 605년경(유다 멸망 19년전) 세 소년 하나냐(사드락), 미사엘(메삭), 아사랴(아벳느고)와 함께 바벨론으로 잡혀갔다. 그들은 느부갓네살의 시동(侍童:시중을 드는 아이)으로 선발되어 3년간 갈대아인의 학문과 방언을 배웠으나 왕이 주는 포도주와 육식을 먹지 않고 채식을 하며 신앙을 더럽히지 않았다.(단 1:3-16) 세 소년 사드락, 메삭, 아벳느고의 이름은 아람어로 바꿔 주어 부른 이름이다.

느부갓네살의 잊은 꿈을 알려 주고 두 번 해몽까지 해 주었다.(단 2, 4) 그 후 바벨론의 마지막왕 벨사살왕이 메대의 다리오왕에게 포위되어 있을 때(550년)에 연회장 벽에 사람의 손이 나타나 글자 쓴 것을 읽어주고 그 뜻을 해석한 후 세째의 고위직 치리자가 되었다.(단 5)

메대의 다리오왕이 전국에 총리 셋을 두었고 다니엘은 그 총리 중 한 사람이 되었다. 다른 총리와 방백들이 음모하여 다리오왕 이외의 다른 신을 숭배하지 못하게 하는 조서를 내렸으나 이에 따르지 않고 다니엘은 집의 열린 창에서 예루살렘을 향해 전에 행하던 대로 하루에 세 번씩 무릎을 꿇고 기도 하였다. 그는 하나님을 섬기는 일로 다리오왕에 의해 사자굴에 던져 졌으나 하나님이 천사를 보내 사자의 입을 봉함으로 살아났고 오히려 참소한 자들이 사자굴에 던져져 사자가 뼈까지도 부숴 뜨렸다. 이 일로 인해 다리오왕은 조서를 내리고 온 백성이 하나님을 찬양 하였다.(단 6:10-27)

벨사살왕 원년(550년)에 네 짐승에 대한 환상, 3년(547년)에 수양과 수염소에 대한 환상, 다리오왕 원년(538년)에 70이레(70×7)에 대한 환상, 고레스왕 3년(536년)에 전쟁에 관한 환상을 볼 때 마다 다니엘은 근심하고 병들어 앓아 누웠다.(단 7-10)

바벨론 함락 직후인 고레스 9년 주전 536년경에 기록된 다니엘서는 ① 다니엘의 경력(1장) ② 이방인들의 꿈과 환상을 다니엘이 해석(2장-7장) ③ 이스라엘 장래에 대한 환상(8장-12장) 등에 대한 기록의 대선지서이다.

(5) 호세아

호세아는 "여호와는 구원이시다"라는 뜻이다.
호세아는 잇사갈의 21대 자손이며 브에리의 아들로 태어났다. 그는 이사야, 아모스, 미가 선지자와 동시대의 인물로 주전 785-725년의 60년간 유다 웃시야와 히스기야왕 때와 북 왕국의 여로보암 2세때에 선지자 중 가장 오래 예언활동을 한 선지자이다.(호 1:1)

주전 715년 호세아서를 기록하여 하나님께서는 인간의 패역함에도 불구하고 택하신 백성을 얼마나 사랑하시는가를 음란한 여인 고멜을 아내로 둔 호세아의 가정을 통해서 범죄한 이스라엘에게 사랑을 전하며 회개를 촉구하였다.

고멜은 하나님과의 언약 관계를 저버리고 각종 우상 숭배와 범죄를 일삼던 이스라엘 백성을 상징하며 끝까지 아내를 버리지 않고 돌아 오기를 촉구하는 호세아는 하나님을 상징한다. 이러한 비유적 내용은 ①음란한 아내와 신실한 남편과의 관계(1장-3장) ②음란한 이스라엘과 신실한 하나님과의 관계(4장-14장) 등에 대한 기록의 소선지서이다.

(6) 요 엘

요엘은 "여호와는 하나님"이라는 뜻이다.
요엘은 브두엘의 아들로 태어났다. 요엘서의 기록은 언제 어디서 예언 했는지 알려져 있지 않으나 요엘서를 통해서 주전 835-796년경 유다왕 웃시야의 시대로 추정된다.

요엘서의 네가지 해충(팟종이, 메뚜기, 늣, 황충)은 하나님께서 장차 바벨론, 페르샤, 헬라, 로마의 네 나라가 연이어 예루살렘을 침공 할 것을 상징하며 예언 되었다.(욜 1:1, 2:28-32, 행 16-21)

요엘서는 자연적 재앙을 통해서 "여호와의 날"을 예표 하면서 회개하여 장차 임할 여호와의 영광에 참여할 것을 촉구하고 있다. 그 내용은 ①메뚜기와 가뭄으로 유다에게 임한 재앙(1장) ②임박한 여호와의 날과 구원의 약속(2장) 등에 대한 기록의 소선지서이다.

(7) 아모스

아모스는 "무거운 짐진자"란 뜻이다.
아모스는 베들레헴 남쪽 10Km지점 돌 많은 드고아에서 소를 치던 목자겸 뽕나무를 재배하고 있던 자였다.(암 7:14)

그는 고향 유다를 떠나 북 왕국 이스라엘의 벧엘에서 당시의 왕 여로보암 2세의 정치와 종교적 타락을 공박 하였다.(암 7:7-9)

아모스서는 여로보암 2세(739-753)와 유다 웃시야(790-740)의 통치 중간기인 주전 760년 이후 기록으로 우상 숭배와 방종으로 얼룩진 북 이스라엘의 멸망을 선포 함으로써 하나님의 심판을 피할 수 없다고 경고 하였다. 그러나 주위에 있는 이방 민족이 먼저 심판을 받게 되고 그 후에 이스라엘과 유다를 다시 회복시킬 것을 예언하였다.

그 내용은 ①여덟나라에 대한 예언(1장-2장) ②이스라엘의 현재, 과거, 미래에 대한 설교(3장-6장) ③심판에 대한 다섯가지 환상(7장-9장)에 대해 기록되어 있다.

(8) 오바댜

오바댜는 "주의 종"이라는 뜻이다.
오바댜는 선지자로서 애돔에 대한 예언으로 구약에서 가장 짧은 성서이다.

주전 586년에 기록된 오바댜서는 첫째 에돔의 멸망을 예언하고 있는데 그 근본 원인은 환란이 있을 때 이스라엘을 돕지 않았을 뿐 아니라 야곱의 형 에서의 후예이면서도 열국과 손을 잡고 이스라엘을 침략했기 때문이다. 둘째는 이스라엘이 지난 날 상실했던 영토를 되찾으며 포로들이 다시 귀환하게 되리라는 약속의 메시지이다.

그 내용은 ① 에돔이 받아야 할 심판의 이유(1절-16절) ② 이스라엘이 얻을 축복(19절-21절)에 대해 기록되어 있다.

(9) 요 나

요나는 "비둘기"라는 뜻이다.
요나는 스블론땅 나사렛의 북동쪽 5km지점 가드헤벨 사람 아밋대의 아들로 태어나 주전 825년 여로보암 2세때 이방 나라로 파송된 선지자이다.

하나님께서 요나에게 명하여 앗수르의 수도 니느웨로 가서 그 죄악을 책하고 장차 멸망할 것을 예언하라 했으나 니느웨 사람과 감정이 좋지 않았으므로 하나님의 명령을 거역하고 다시스(지중해 연한 중요 무역시장, 스페인에 있는 "타르네데서스"라는 설이 있음)로 도망 가다가 폭풍우를 만나 죄인 하나를 제비 뽑아 물속에 던지는 그 제비에 뽑혀 바다에 던져졌다. 이 때에 여호와께서 큰 물고기를 예비하여 요나를 삼키게 하여 고기 배속에서 3주야를 지내게 되었다.(욘 1장)

요나가 그 가운데서 회개하고 기도 할때에 고기는 요나를 육지에 토하여 냈다.(욘 2장) 요나가 니느웨로 가서 40일이 지나면 무너지리라 외쳐 선포하자 니느웨 왕과 성 주민들이 회개 하였다. (욘 3장)

요나가 성밖에 나가서 어느 박 넝쿨이 벌레에 씹혀 말라 죽어 버리는 지라. 요나가 심히 안타까와 할 때 여호와의 말씀이 "네가 하루 났다가 시들어지는 박 넝쿨도 그렇게 아끼거든 내가 이 큰 성 니느웨의 12만명을 아끼지 않겠느냐"고 일깨워 주셨다.(욘 4장)

예수께서 죽었다가 사흘만에 살아나실 것을 요나를 들어 예표로 말씀 하셨다.(마 12:39)

주전 760년경 기록된 요나서는 ① 니느웨 선교를 포기한 요나(1장-2장) ② 니느웨의 회개를 촉구 (3장-5장) 등에 대한 기록의 소선지서이다.

(10) 미 가

미가는 "누가 여호와와 같으랴"의 뜻이다.

미가는 블레셋 지경의 모레셋에서 태어난 평민 출신이다. 그는 이사야와 호세아와 같은 시대의 예언자로 요담, 아하스, 히스기야의 통치기간인 주전 742-687년경 북 이스라엘이 멸망하기 직전까지 활동 하였다.

주전 700년경 유다땅에서 기록된 미가서의 특이한 것은 메시야의 베들레헴 탄생에 대한 예언으로 확증되어 오늘 날까지 적용되고 있다.

미가서는 ①이스라엘 백성과 지도자들에 대한 심판(1장-3장) ②메시야 탄생의 예언(4장-5장) ③하나님의 변론과 미가의 답변(6장-7장)에 대한 예언의 소선지서이다.

(11) 나훔

나훔은 "위로자"란 뜻이다.

나훔은 엘고스 사람이다. 그는 주전 663-612년경에 예언자로 활동 하였다. 엘고스는 어느 지역인지 분명치 않아 유다 남부지역 혹은 갈릴리의 한 동리라는 추정의 양론이 있다.

주전 612년경 앗수르 제국이 막 멸망할 때 니느웨 멸망의 예언을 기록한 나훔서는 요나서의 니느웨의 회개를 촉구한 것과 차이점이 있다.

요나의 회개 촉구로 니느웨가 회개하자 심판을 거두어 들이셨는데 그 후 7여년이 지난 나훔의 시대에 이르러서는 더욱 패역하고 교만하여 돌이킬수 없는 심판을 자초하게 된 것이다. 그 내용은 ①니느웨의 멸망이 선포됨(1장) ②니느웨 멸망에 대한 상징(2장) ③니느웨가 멸망할 필요성(3장) 등이 기록되었다.

(12) 하박국

하박국은 "씨름하는 자"란 뜻이다.

하박국에 대한 개인적인 사적은 전연 알수 없다. 그러나 예레미야보다 전대의 이사야에게서 영향을 받은 것으로 추측된다.

그는 요시야왕의 말기인 주전 612-605년경 기록한 하박국은 사도 바울이 가장 중대한 교리의 기초로 삼은 말씀은 하박국에서 인용 하였으니 곧 "의인은 믿음으로 말미암아 살리라"한 말씀이다.

하박국의 내용은 바벨론에게 망하기 전 유다에 대한 예언으로 죄에 대한 징벌, 바벨론의 멸망, 하나님의 영광이 가득할 때가 올 것을 노래하고 마친다.

(13) 스바냐

스바냐는 "하나님이 숨기시다"라는 뜻이다.

스바냐는 히스기야의 현손(玄孫, 고손자)이며 구스의 아들로 태어났다. 그는 예레미야와 동시대인으로 요시야의 통치 기간 중(주전 640-609)에 활동(주전 640-630)한 선지자로서 그 당시 유다 백성들은 므낫세와 아몬의 영향을 받아 각종 우상숭배와 죄악에 젖어 있었는데 이에 하나님께서는 스바냐를 통해 "여호와의 날"이 임박했음을 경고하며 회개를 촉구하고 있는데 그 뒤에 요시야왕이 종교 개혁을 한것도 스바냐의 적극적인 활동에 기인하였다.

주전 630년경 요시야왕의 종교개혁(주전 622)이 일어나기 전에 유다땅에서 기록된 하박국은 ① 다가오는 유다의 최후(1장) ② 인접한 민족들에게 내리는 심판(2장) ③ 왕국의 축복을 받은 이스라엘(3장)등에 대한 기록의 소선지서이다.

(14) 학개

학개는 "쾌락 또는 경축일"이라는 뜻이다.

학개에 대한 개인 출신 배경은 분명히 알려지지 않다. 그는 스가랴와 동시대 사람으로 어떤 축제일에 출생 한듯하다.(슥 6:14)

주전 586년 유다왕국의 멸망으로 예루살렘이 파괴되고 백성이 바벨론에 포로된 후 주전 538년 고레스왕이 유다인의 본향 복귀와 성전 재건을 허락하였다. 그리하여 양을 치던 스룹바벨은 유다의 현지 총독으로 임명되어 동족 5만명을 인솔하고 고국으로 귀환할 때 느부갓네살이 약탈해 갔던 성전 기명을 찾아 가지고 예루살렘으로 귀환하였다.

학개는 유다 총독 스룹바벨과 대제사장 여호수아가 귀환할 때 함께 귀국하여 성전의 재건(520-516)을 위하여 백성을 향해 예언하고 독려하여 완성하였다.

그 당시 솔로몬 성전 파괴 이전의 모습을 직접 보았던 그가 예언 활동을 한 시기는 노년기(80여세)로 추정된다.

주전 520년경 솔로몬 성전을 재건하다가 중단한지 15년이 되는 시기에 예루살렘에서 기록된 학개서는 성전의 재건을 외면하고 무관심하여 물질과 자금을 문제시하는 백성들에게 학개 선지자는 두 가지를 역설하였다. 그것은 바로 ① "시작하는 것"과 ② "멈추지 않는 것"이었다. 그 내용은 ① 성전 재건에 대한 학개의 호소(1장) ② 제 2성전 건축의 영광(2장) ③ 순종에 대한 현세와 미래에 대한 축복(3장) 등에 대한 예언의 기록이다.

(15) 스가랴

스가랴는 "여호와께서 기억하심"이라는 뜻이다.

스가랴는 제사장 출신의 가문 베레갸의 아들로 태어났다. 그는 바벨론 포로에서 귀환하여 성전 재건의 시작 15년 만에 중단되자 학개와 함께 백성을 독려하고 성전 재건을 촉구하였다.

주전 520년경 예루살렘에서 기록된 스가랴서는 그 내용에 있어 탄생과 예언의 상징적 표현 등으로 난해한 점도 있으나 그리스도의 초림과 재림에 관계되는 사건들을 밝혀주는 면에서 구약성서 중에서 가장 메시야적이며 계시적이고 종말론적으로 평가 되고 있다. 그 내용은 ①메시야 왕국에 대한 환상(1장-6장) ②금식에 대한 문제(7장-8장) ③메시야에 대한 예언(9장-14장) 등에 대한 예언의 기록이다.

(16) 말라기

말라기는 "나의 사자"라는 뜻이다.

말라기는 학개와 스가랴와 함께 남 왕국 유다에 대한 포로 후기의 선지자이다. 말라기가 활동했던 시기는 학개와 스가랴 보다 뒤의 사람으로 성전은 이미 오래전에 완공 되었고 제사장직과 예배도 여러해 전에 시행되고 있었다. 그러나 에스라와 느헤미야가 개혁한 뒤 얼마 지난 후 이스라엘 백성이 타락해 있을 때였다.

유다 백성은 감격적인 바벨론 포로 귀환이 있은 후 100여년이 지나는 동안 처음에 가졌던 뜨거운 신앙이 식어지고 안일과 형식과 타성에 빠져 들어갔다. 그리하여 형식주의, 외식주의와 십일조와 재물에 대한 속임수, 율법에 대한 무시, 심령의 무감각이 성행하였다.

주전 433년경 예루살렘에서 기록된 말라기는 백성들에게 포로 생활 중 몸에 배었던 모든 이방적인 잔재들을 떨쳐 버릴 것을 강력히 촉구하면서 하나님께로 향한 순수한 신앙으로 돌아설 것을 강조하고 있다. 그 내용은 ①이스라엘에 대한 하나님의 사랑(1장) ②제사장들과 백성들을 책망하심(2장) ③이스라엘을 향하신 하나님의 약속(3장-4장) 등에 대한 예언의 기록이다.

> 너는 두루마리 책을 취하여 내가 네게 말하던 날 부터 오늘까지 이스라엘과 유다와 열방에 대하여 네게 이를 모든 말을 그것에 기록하라.　　　　예레미야 36장 2절

| B. 이스라엘의 시대별 역사와 지리 |

7. 남 유다와 북 이스라엘의 분열(왕상 11장-12장, 주전 931년경)

이스라엘은 다윗과 솔로몬 통치기간(다윗:1010-970, 솔로몬:993-932)중에 가장 강대국으로 영토를 확장하여 트란스 요르단과 시리아 지역 일부까지 속국으로 삼아 지배 하였다. 그러나 솔로몬왕 말기에 여호와의 언약과 법도를 지키지 않았기 때문에 이스라엘이 붕괴되고 나라가 분열 될 것이 예정되었다.(왕상 11:1-13)

솔로몬은 1,000명의 이방 여인의 처첩을 두어 이방신을 섬기는 결정적인 타락에 빠졌고, 무서운 과세와 중노동으로 인하여 백성들에게 불평불만이 편만하였다.

르호보암은 솔로몬과 암몬여인 나아마 사이에서 태어난 아들이다.(왕상 14:31) 르호보암은 41세에 이스라엘의 4대왕(제위 17년)으로 솔로몬이 죽자 왕위를 계승하였다. 다윗왕가와 유다족속은 세습적 왕위 계승에 하등의 문제점이 없었으나 북쪽 10지파는 무조건 한 왕조를 따르지 않고 르호보암의 왕위 계승을 조건으로 무거운 조세의 감면과 강제노동의 의무규정 완화를 들고 나왔다.

르호보암은 신임을 묻기 위하여 예루살렘에서 세겜으로 갔다. 그리고 왕은 경험이 풍부한 노인과 젊은 세대인 소년들의 노소 양측의 의견을 수렴하기 위해 논의를 하였다. ①노인측은 "왕이 백성의 종이 되어 백성을 섬기고 저희들은 영영히 왕의 종이 되리라"하였다. 그러나 ②소년측은 왕에게 고하여 말하기를 "왕은 나의 새끼 손가락이 내 부친의 허리보다 굵으니 내 부친이 너희로 무거운 멍에를 메게 하였으나 이제 나는 너희 멍에를 더욱 무겁게 할지라. 내 부친은 채찍으로 징치하였으나 나는 전갈로 너희를 징치하리라 하소서"하고 솔로몬 보다 더욱 탄압할 것을 강조하는 의견을 제의하였다.

모든 백성이 3일 후에 르호보암에게 나와 모였다. 왕은 백성들에게 "소년들의 제의"를 받아 들여 선포 하였다. 이 때에 온 이스라엘 백성이 이 말을 듣지 아니하고 이새의 아들 다윗과 무슨 관계가 있느냐 하며 불만을 토로하고 르호보암에게 장막으로 돌아가라 하였다.(왕상 12:1-16)

르호보암왕은 역군(役軍)의 감독 아도니람(아도람)을 보내어 유세(諭說)를 하고자 하였으나 돌로 쳐서 맞아 죽게 되자 르호보암은 수레에 올라 황급히 예루살렘으로 도망하였다.(왕상 12:18-19)

이스라엘의 10지파는 반란을 일으켜 여로보암이 애굽에서 돌아왔다 함을 듣고 저를 공회로 청하여다가 온 이스라엘의 왕으로 삼았다.(왕상 12:20) 그리하여 이스라엘은 두 왕국으로 분열 (주전 931년)되어 소 왕국으로 전락되었다.

여로보암은 솔로몬왕때 솔로몬의 심복인 느밧의 아들로 어머니 스루아에게서 사마리아 스레다 에서 태어났다.(왕상 11:26) 그는 성장 후 솔로몬의 신임을 얻게 되어 미로의 건축과 성벽수축에 감독의 중책을 맡게된 유능한 인물이었다. 그러나 실로 사람 선지자 아히야가 그가 입은 새 옷을

12조각으로 찢어 여로보암에게 주며 예언을 하였다.

여호와의 말씀이 이 나라를 솔로몬의 손에서 찢어 빼앗아 열지파를 네게 주고 이스라엘 모든 지파 중에서 뺀 성 예루살렘을 위하여 한 지파(베냐민)를 솔로몬에게 주리라 하였다.(왕상 11:29-33) 이러한 아히야의 예언을 인하여 솔로몬은 여로보암을 죽이려 하매 애굽왕 시삭에게 망명 하였다. 그 망명지는 성경에 기록이 없으나 고센땅의 "자가지그"로 전해오고 있다.

그는 애굽왕의 공주 아노와 결혼 했었다. 여로보암은 솔로몬이 죽게 되자 세겜으로 돌아와 선지자 아히야의 예언대로 이스라엘의 왕이 되었다.

솔로몬왕이 죽을 때까지 사용했던 "이스라엘"의 국호는 북 왕국은 "이스라엘 왕국"이라는 이름을 원했고 남 왕국은 유다족속 중심의 "유다 왕국"으로 불렀다. 그리하여 분열된 왕국을 "북 이스라엘"과 "남 유다왕국"으로 구분하여 부르게 되었다. 그러나 남북 두 왕국은 모두 유일한 "히브리 민족"의 정통성이 있다고 각각 주장하였다.

8. 르호보암의 요새성읍 건축(대하 11:5-12, 주전 928-920년경)

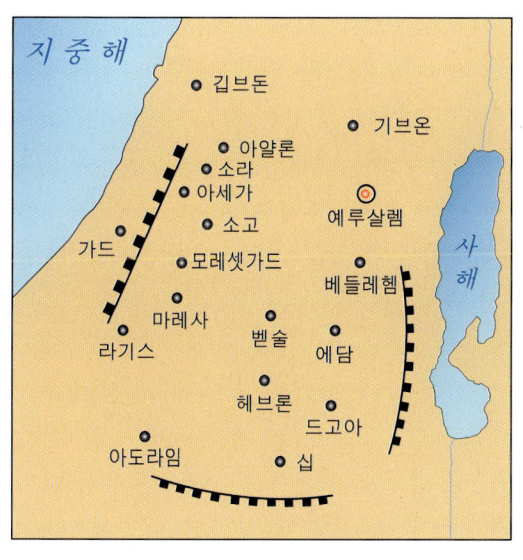

남 유다왕 르호보암은 개국 초기부터 북 이스라엘과의 국경분쟁과 애굽의 침입에 대한 방비 대책이 시급하였다.

르호보암이 예루살렘에 거하여 유다땅에 방비하는 성읍들을 건축하였으니 곧, 베들레헴, 에담, 드고아, 벧술, 소고, 아둘람, 가드, 마레사, 십, 아도라임, 라기스, 아세가, 소라, 아얄론, 헤브론 등 15개 성읍이다. 이들 성읍은 유다와 베냐민 땅에 건축한 견고한 성읍이었다.(대하11:5-10)

르호보암의 통치 초기부터 요새 성읍 건축이 시작 되었으나 애굽왕 시삭의 침입이 있은 후 요새화를 가속화 하여 건축한 것으로 판단된다.

요새 성읍은 예루살렘 방어를 고려하여 유다땅에 동서남북의 4방으로 요새 성읍을 구축하였다. 유다 방어를 위한 성벽은 서쪽으로 블레셋 경계지역의 해안도로 접근로에 쌓았고, 남쪽의 네겝 접근로와 동쪽의 계곡 접근로 지역을 따라 쌓았다. 그러나 북쪽의 북 이스라엘과의 경계지역에 성벽을 쌓지 않은 것은 애굽왕 시삭의 재차 침침을 대비하는데 비중을 더 둔것이다.

당시 르호보암왕의 통치기간에 북 이스라엘은 국력이 약화되었고 남 유다왕국은 강성해 가는 대조적인 경향 이었다. 그리하여 르호보암왕은 부왕(솔로몬)의 고토를 회복하고자 하는 꿈이 있었을 것이다.

| B. 이스라엘의 시대별 역사와 지리 |

9. 애굽왕 시삭의 예루살렘 침공(왕상 14:25-28, 대하 12:2-12, 주전 924년경)

▲ 므깃도와 마하나임까지 침공

르호보암이 나라가 견고하고 세력이 강하매 여호와의 율법을 버리고 범죄하였으므로 여호와께서 진노하시니 애굽왕 시삭이 르호보암 5년에 예루살렘을 침범하게 되었다.

시삭 군대는 병거 1천 2백승과 마병 6만명이며 애굽에서 시삭을 좇아 나온 무리가 셀 수 없이 많았다

예루살렘을 취한 시삭으로 인하여 유다 방백들이 예루살렘에 모였는데 선지자 스마야가 나와 말하기를 "여호와의 말씀이 너희가 나를 버렸으므로 나도 너희를 버려 시삭의 손에 붙였노라" 하였다.

애굽왕 시삭은 예루살렘 성전과 왕궁의 보물을 몰수이 빼앗고 솔로몬이 만든 금방패도 탈취해 갔다.

솔로몬왕 이후 솔로몬 성전 안에 있던 법궤의 행방을 오늘 날까지 알 수가 없다. 한 전설에 의하면 시삭이 예루살렘을 침범하여 성전 안의 보물과 금방패를 탈취해 갈때에 법궤를 가져가 그들의 수도 타니스의 신전에 보관 했었으나 그 후의 행방은 모른다는 것이다.

성경에는 예루살렘을 침략하여 보물을 탈취해 간 사실만이 간략하게 기록 되었다. 그러나 이집트의 룩소에 있는 카르낙 신전의 탑에 기록된 비문에 시삭의 출정 중에 정복했던 지역의 목록이 발견되었다. 그 정복된 목록 가운데 므깃도, 브니엘, 마하나임등이 포함되어 있었다. 또한 므깃도에서도 시삭의 석비가 발견 되었으며 므깃도를 침범한 사실이 기록되었다.

북 이스라엘의 여로보암은 왕이 되기 전 애굽의 시삭에게 망명했었다. 그러나 시삭이 예루살렘의 침범에 만족치 않고 이어 북방으로 진출하여 여로보암왕의 북 이스라엘을 침범했다는 사실을 알 수 있다. 또한 정복지역 목록에 남방의 이름도 나오는데 시삭은 에시온게벨을 향해 남쪽으로 진출하였다. 이는 유다와 아라비아의 교역을 단절시키기 위한 것이었다. 그러나 시삭 군대는 자국 내정의 취약성 때문에 남 유다와 북 이스라엘의 점령지에서 철수하게 되었다.

10. 유다의 아사왕과 구스인 세라의 전쟁(대하 14-16, 주전 900년경)

남 유다의 아비야왕이 죽으매 뒤를 이어 그 아들 아사가 왕위(3대)를 계승하였다. 그가 왕위에 즉위하자 10년간 평안하였다.(대하 14:1)

아사왕은 그 하나님 여호와 보시기에 선하고 정의를 행하여 이방 제단과 산당을 없이하고 주상을 훼파하며 아세라상을 찍고 모든 성읍에서 산당과 태양상(太陽像)을 없이하매 그 땅이 평안하니 여러 해 싸움이 없었고 견고한 성읍들을 유다에 건축하였다.(대하 14:2-6)

아사왕의 군사는 유다 중에 큰 방패와 창을 잡는자 30만명과 베냐민 중에 작은 방패를 잡으며 활을 당기는 자 28만명의 용사를 예비하였다.(대하 14:8) 그러나 구스사람 세라가 유다를 치려고 군사 100만명과 병거 300승을 거느리고 마레사에 이르렀다. (대하 14:9) 이때에 아사왕은 마레사의 스바다 골짜기에 진치고 하나님 여호와께 부르짖어 가로되 "여호와여 강한 자와 약한 자의 사이에는 주 밖에 도와줄 자가 없사오니 우리 하나님 여호와여 우리를 도우소서 우리가 주를 의지하오니 주의 이름을 의탁 하옵고 이 많은 무리를 치러 왔나이다. 여호와여 주는 우리 하나님이시오니 원컨대 사람으로 주를 이기지 못하게 하옵소서"하고 간구하니 여호와께서 구스사람을 아사와 유다사람 앞에서 쳐서 패하게 하시니 구스사람들이 도망하였다.(대하 14:10-12) 그리하여 그 구스사람을 그랄까지 추격하여 격멸하니 살아 남은자가 없이 패망했으며 노략한 물건이 심히 많았다. 또한 그랄 사면의 모든 성읍을 치고 그 가운데 있는 많은 물건을 노략하고 또 짐승 지키는 천막을 치고 양과 약대를 많이 이끌고 예루살렘으로 돌아왔다.(대하 14:13-15)

아사왕은 오뎃의 아들 선지자 아사랴의 예언을 듣고 마음을 굳게하여 무릇 이스라엘 하나님 여호와를 찾지 아니하는 자는 대소남녀를 무론하고 죽이는 것이 마땅하다고 하였다.(대하 15:1-13) 아사왕은 모친 마아가가 아세라의 가증한 목상을 만들었으므로 그 태후(황제의 살아있는 어머니)의 자리에서 폐위까지 하고 그 우상을 찍고 빻아 기드론 시냇가에서 불살랐다. 그리고 부친과 자기의 구별한 물건 곧, 은과 금과 기명들을 하나님의 전에 드리니 이때부터 아사왕 35년까지 다시는 전쟁이 없었다.(대하 15:14-19)

북 이스라엘의 여로보암은 22년간 통치 하다가 죽으매 그 아들 나답이 왕위에 올라 2년간 다스렸다. 나답이 왕위에 오른 때는 남 아사왕 2년이 되던 해이다.

나답은 부왕에 이어 악을 행하였다. 나답왕은 블레셋의 깁브돈성을 에워 싸고 싸우고 있을 때에 잇사갈 족속 아히야의 아들 바아사가 모반하여 나답을 죽였다. 그리하여 남 아사왕 3년에 바아사는 디르사에서 북 이스라엘의 제 3대왕이 되었다. 바아사는 왕이 된후 유다에게 빼앗겼던 옛 땅을 찾고자 획책 하였다.(왕상 15:25-28)

남 아사왕 36년에 북 바아사왕은 유다를 치러 와서 라마에 요새를 건축하자 아사왕은 다메섹의 아람왕 벤하닷에게 은금(銀金)을 보내어 벤하닷으로 하여금 이스라엘왕 바아사와 맺은 약조를

| B. 이스라엘의 시대별 역사와 지리 |

깨뜨려 바아사를 떠나게 하고 이스라엘 열두 성을 치되 이욘과 단과 아벨마임과 긴네렛 온 땅과 납달리의 모든 국고성을 쳤다. 그리하여 바아사는 라마의 건축을 중단하고 디르사로 돌아가게 되자 아사왕은 바아사가 건축하던 돌과 재목을 옮겨 게바와 미스바에 요새를 건축하였다.(대하 16:1-6, 왕상 15:17-22)

이 때에 선견자 하나니는 아사왕에게 "아람왕을 의지하고 왕의 하나님 여호와를 의지하지 아니한 고로 아람왕의 군대가 왕의 손에서 벗어 났나이다"하고 또한 "구스사람과 룹(북 아프리카 민족) 사람의 군대도 병거와 마병이 많았지만 왕께서 여호와를 의지한 고로 여호와께서 왕의 손에 붙이셨다"는 사실을 환기시켰다. 이제 왕이 망령되이 행하였은즉 이후부터는 왕에게 전쟁이 있으리라 하였다. 그러자 아사왕이 노하여 선견자 하나니를 옥에 가두고 몇 백성을 학대하였다.

아사가 왕이 된지 39년에 그 발이 병들어 심히 중하나 여호와께 구하지 아니하고 의원에게 구한 고로 재위 41년에 죽어 열조의 무덤에 장사되었다.(대하 16:7-14)

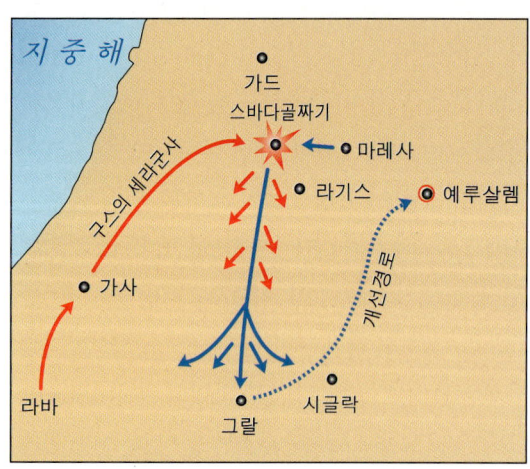

▲ 구스인 세라와의 전쟁

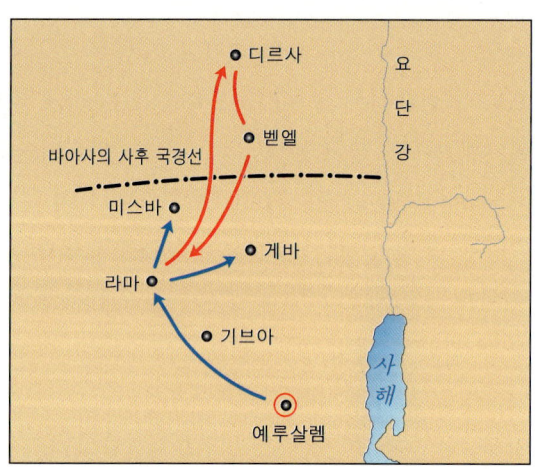

▲ 아사와 바아사간의 전쟁

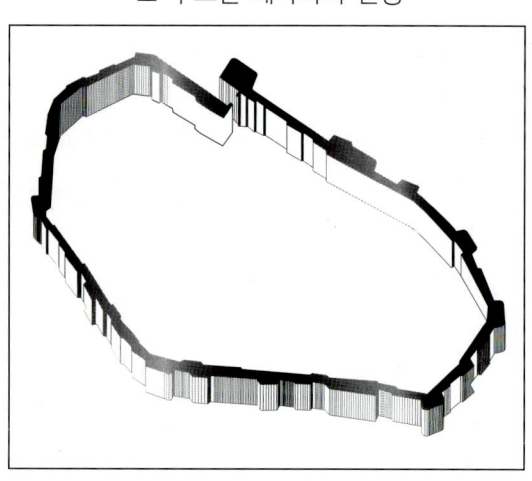

▲ 아사시대의 미스바 축성계획(모형)

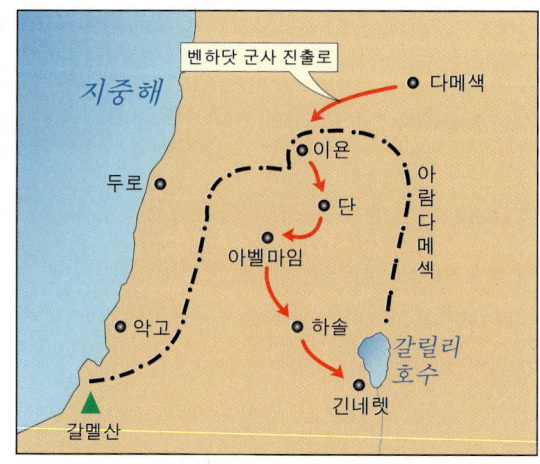

▲ 아사의 지원군, 벤하닷의 격전

11. 남 아비야와 북 여로보암의 상쟁(대하 13:1-21, 주전 911년경)

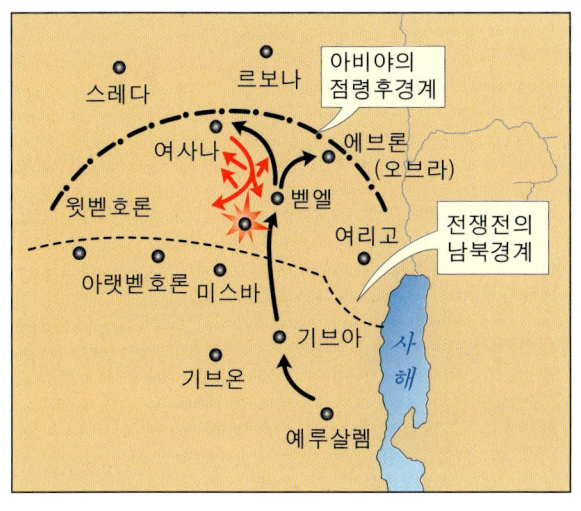

남 유다는 르호보암의 뒤를 이어 그 아들 아비야가 왕위를 계승하였다. 이 때의 북 이스라엘은 여로보암왕 18년이 되는 해였다. 여호보암은 주를 배반하고 난봉과 비류(匪類)가 모여 좇으므로 스스로 강하여지자 르호보암이 어리고 마음이 연약하여 능히 막지 못하였다.

그러나 아비야(야비얌)는 왕이되어 "너희(여로보암)가 아론 자손된 여호와의 제사장과 레위 사람을 쫓아내고 이방 백성의 풍속을 좇아 제사장을 삼고, 무론 누구든지 수송아지 하나와 수양 일곱을 끌고 와서 장립(제사장 직분 받는 것)을 받고자 하는자 마다 허무한 제사장이 될 수 있다"고 강조 하였다. 여로보암은 세겜에서 왕이 되자 마자 백성들이 예루살렘으로 내려가서 제사를 드리러 가는 것을 막고 벧엘과 단에 각각 금송아지를 만들어 놓고 제사를 행하게 하며 산당을 짓고 레위인이 아닌 자를 제사장으로 삼았다. 그리하여 레위인 제사장과 많은 백성들이 남 유다왕국으로 내려가 망명을 하게 되었다. 따라서 남 유다왕국은 강성해지는 계기가 되었고 북 이스라엘은 쇠퇴하게 되는 원인이 되었다.(왕상 12:25-33)

남 유다와 북 이스라엘간의 르호보암과 여로보암 사이에 미미한 전쟁이 있었지만 아비야 3년에 동족상잔의 남북전쟁이 발발하였다. 아비야는 통치한지 3년이 되자 "여호와께서 소금 언약으로 이스라엘 나라를 영원이 다윗과 그 자손에게 주시겠다"는 언약을 상기하면서 택한 바 싸움에 용맹한 군사 40만을 예비하였다. 그러나 여로보암은 택한바 큰 용사 80만으로 아비야의 군사보다 배가 되는 군사로 대진하였다.(대하 13:1-3)

아비야는 "하나님이 우리와 함께 하사 우리의 머리가 되시고 그 제사장도 우리와 함께 하여 경고의 나팔을 불어 너(여로보암)를 공격 하느니라 너는 하나님 여호와와 싸우지 말라 형통치 못하리라" 하고 경고하였다. 그러나 여로보암은 군사를 유다의 뒤를 둘러 매복병을 배치하였다. 이에 유다 사람들이 앞뒤에 적병이 있음을 보고 여호와께 부르짖고 제사장은 나팔을 불며 유다 사람이 소리를 지를 때에 하나님께서 여로보암과 온 이스라엘을 아비야와 유다 앞에서 쳐서 패하게 하시므로 항복하니 유다 자손이 승리하였다. 그리하여 크게 도륙하여 죽은 자가 50만이 되었다. 이때에 쫓아가 빼앗은 성읍은 벧엘, 여사나, 에브론 등이었다. 아비야 때에 여로보암이 다시 강성하지 못하고 죽었으며 아비야는 점점 강성하자 아내 14명을 취하여 아들 22명과 딸 16명을 낳았다.

12. 북 이스라엘의 시므리와 오므리의 모반
(왕상 16:8-27, 주전 886-853경)

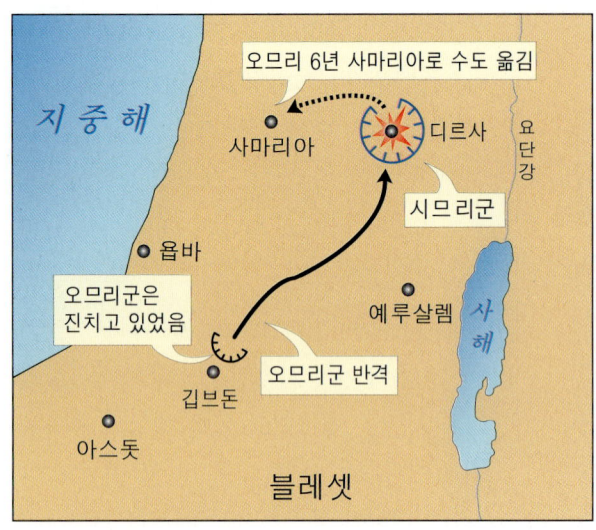

▲ 시므리 반란에 오므리의 반격전

◀ 북 이스라엘의 구테타 ▶

여호와의 말씀이 하나님의 아들 선지자 예후에게 임하여 바아사를 꾸짖어 가라사대 저가 여로보암을 본받아 모든 악을 행하여 여호와께서 격동하여 그 집을 치시니 바아사에게 속한 성읍에서 죽은 자를 개가 먹고, 들에서 죽은 자를 공중의 새가 먹었다. (왕상 16:1-4) 그리하여 바아사(재임 24년)가 죽어 디르사(세겜 북동쪽 약 11km 지역)에 장사되고 그의 아들 엘라가 대신하여 왕이 되었다.

엘라(재임 2년)가 왕이 된 후 디르사에서 궁내 대신 아르사의 집에서 연회 중 취흥에 빠져 있을 때에 그의 심복인 군대의 한 장관 시므리가 왕을 모반하여 쳐 죽이고 왕이 되었다. 그가 왕이 되어 바아사 족속과 친구를 하나도 남기지 않고 죽였다. (왕상 16:5-14)

시므리가 디르사에서 왕이 된지 7일이 되었을 때 백성들이 블레셋 지역의 깁브돈을 향하여 진을 치고 있었다. 이때 진중 백성들이 시므리가 모반하여 왕을 죽였다는 말을 듣게 되자 그날에 백성들이 진에서 군대 장관 오므리로 왕을 삼았다. 그리하여 오므리는 백성을 이끌고 깁브돈에서부터 올라와 디르사를 포위 하였다. 궁성에 있던 시므리가 성이 함락됨을 보고 왕궁 위소(衛所)에 들어가 불을 지르고 그 곳에서 불에 타 자살하니 그의 7일 천하는 끝이났다. (왕상 16:15-23)

그 때에 이스라엘 백성은 절반은 오므리를 좇았고 절반은 기낫의 아들 디브니를 좇아 둘로 나뉘어 졌으나 오므리가 승리하여 디브니가 죽으매 오므리가 왕이 되었다. 한마디로 구테타의 반복이었다.

오므리왕은 이스라엘 역대왕 중에 그의 치적은 눈부셨다. 북 왕국을 "오므리 땅"이라고 부를 정도로 튼튼히 하였다.

이스라엘왕국의 수도를 바아사왕이 디르사로 정하여 옮긴 후 엘라, 시므리, 오므리까지 약 40년간 이곳에서 통치 했으나 오므리왕은 12년간의 재임 중 디르사(6년)에서 사마리아(6년)로 옮겼다. 사마리아라는 이름은 오므리왕이 세멜이라는 사람으로부터 산의 부지를 은 2달란트를 주고 산 후 그 소유주의 이름을 따서 히브리어로는 "소므론" 희랍어로는 "사마리아"로 부르게 되었다. (왕상 16:23-24)

오므리(재임 12년)는 치적도 많았지만 여호와 보시기에 선왕(先王)들 보다 더욱 악을 행하므로 노를 격발하게 되어 죽으니 사마리아에 장사되고 그곳에서 그의 아들 아합이 대신하여 왕이 되었다.(왕상 16:28)

사마리아성은 아합왕과 여로보암 2세 기간 중에 가장 전성기 였으나 주전 722년 앗수르에 의해 멸망될 때에 파괴 되었다.(왕하 18:10-12)

그 후 앗수르에게 멸망된 후에 마케도니아 알렉산더 대왕이 점령(주전 332)하여 사마리아인을 축출 하였으나 일부 사마리아인이 남아 혼혈족이 되었다. 그리하여 2차에 걸친 앗수르와 마케도니아의 외침으로 인해 유대인들은 사마리아인을 이방시하였다.

또한 유대인들이 바벨론 포로에서 귀환하여 느헤미야가 예루살렘 성전을 건축할 때 산발랏과 사마리아 사람들이 방해하며 일방적으로 그리심산에 자신들의 성전을 건축하였다.(스 4:1-6)

사마리아지방은 여호수아가 가나안 땅을 정복할 당시 12지파 가운데 에브라임, 므낫세 반지파에게 준 땅이 예수님 당시도 사마리아 지방이었다.(수 16장 -18장)

유대인들은 사마리아인의 혼혈족과 성전 건축 방해의 두 가지 이유로 반목 질시가 계속 되었고 상종도 하지 않았다. 그래서 유대인들은 예루살렘에서 갈릴리 지방을 왕래할 때 가까운 사마리아 지방을 피하여 멀리 요단 강변길로 우회하여 돌아 다녔다.

그러나 예수님은 사마리아에 가서 말씀을 선포 하셨고 스데반의 순교 후 사마리아 지방에 빌립, 베드로, 요한 등이 교회 설립의 기초를 만들었다. (행 8:1-25)

◀ 사마리아의 유적

13. 북 이스라엘과 아람의 전쟁(왕상 20:1-43, 22:1-40, 주전 853년경)

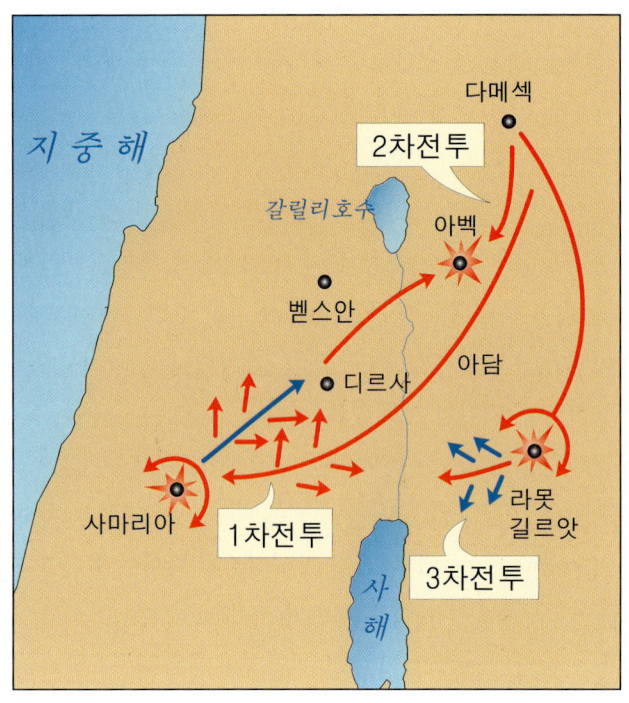

▲ 아합과 벤하닷의 전투

이스라엘 오므리왕은 아들 아합을 시돈왕 엣바알의 딸 이세벨과 정략적인 국제 왕실간의 결혼을 시켜 동맹관계를 맺었다.

유다 아사왕 38년에 북 이스라엘 왕이 된 아합은 사마리아에 궁전을 개축 확장하여 심지어 "상아궁"을 건축하고 므깃도에 궁전과 말 500여필의 마굿간을 지었으며 하솔을 요새화하여 방비를 튼튼히 하였다.

또한 정략적인 결혼으로 페니키아의 두로 및 시돈과 무역을 활성화하여 경제적인 이익을 추구 했으나 왕비 이세벨로 하여금 바알신이 공공연히 이스라엘에 침투되어 혼합 종교 정책을 펼치므로 사마리아에 바알신의 단을 쌓고 아세라 목상을 만들어 이스라엘을 파국으로 몰고가자 여호와의 노를 격발하였다. 이 때에 아합왕가를 격렬하게 규탄한 선지자 엘리야가 등장하였다.(왕상 17:1)

그 당시 아람왕 벤하닷은 동맹 왕들을 규합하여 이스라엘을 괴롭혀 오다가 3차에 걸친 전쟁을 유발하였다.

제 1차 전투는 아람왕 벤하닷이 그의 동맹왕 32인과 같이 말과 병거를 이끌고 이스라엘의 사마리아성을 포위하였다.(왕상 20:1) 벤하닷은 성 중의 아합에게 이르기를 "네 은(銀) 금(金)은 내것이요 네 자녀들의 아름다운 자도 내 것이라"하며 호언하였다. 그리고 사신을 보내어 협상을 종용하였다. 이때 아합은 방백의 소년 230명과 모든 백성 7,000명을 예비하였다.

그러나 벤하닷은 그를 돕는 왕 32명과 더불어 장막에서 술을 마시고 취해 있었다. 이러한 절호의 기회에 아합은 성에서 나가 적군을 쳐 죽이자 벤하닷은 말을 타고 도망하게 되고 그 뒤를 따라 도망하는 아람 사람들을 추격하여 크게 도륙하고 승리하였다.

제 2차 전투는 벤하닷이 아람 사람들을 정비하여 야르묵강 부근 아벡으로 올라와서 진을 치고 이스라엘과 대치하니 이스라엘 사람은 염소 새끼의 두 작은 떼와 같고 아람사람은 그 땅에 가득하여 중과 부적이었다. 이때에 선지자 한 사람(미가야로 추정)이 여호와 말씀으로 아합에게 이르기를

"내가 이 큰 군대를 다 네 손에 붙이리니 너희는 내가 여호와 인줄 알리라" 하였다.

이어 적과 대치한 후 7일이 되어 접전이 있자 이스라엘 군사가 하루에 아람 보병 10만명을 죽이니 그 남은 자가 아벡성으로 도망하여 들어가 27,000명이 무너지자 벤하닷은 성읍의 골방에 들어가 숨었다.(왕상 21:26-34)

이때 벤하닷이 아합에게 "나의 생명을 살려 달라"고 간청하니 아합은 벤하닷에게 형제의 맹약을 하고 살려 주어 승리하였다. 그러나 선지자는 아합에게 고하되 여호와의 말씀이 "내가 멸하기로 작정한 사람(벤하닷)을 네(아합) 손으로 놓았은 즉 네 목숨은 저의 목숨을 대신하고 네 백성은 저의 백성을 대신 하리라"하여 패전을 예고하였다.

제 3차 전투는 아람왕 벤하닷과 3년 전에 체결한 아벡의 맹약을 파기하고 길르앗 라못을 이스라엘에게 돌려 주지 않았다. 그 당시 아합왕은 유다왕 여호사밧과 조약을 맺어 남북관계를 더욱 강화하기 위해 아합의 딸 아달랴를 여호사밧의 아들 여호람에게 결혼을 시켰다.(왕하 8:18)

아합은 사돈간인 여호사밧과 군사 동맹을 맺어 길르앗 라못의 탈환을 기도하였다.(왕상 22) 아합의 보호를 받던 열광적인 예언자 400명은 아람과의 전쟁에 승리를 예고 했으나 여호와의 예언자 미가야만 아합의 패전을 예고하자 그를 옥에 가두었다. 그리고 아합은 여호사밧과 동맹군으로 출정 했으나 전멸하고 미가야의 예언대로 적중하여 아합은 전쟁에서 입은 상처로 죽게 되자 트란스 요르단의 북부지역은 또 다시 아람의 수중에 넘어갔다.

열 사람이 다 깨끗함을 받지 아니하였느냐 그 아홉은 어디 있느냐(눅 17:17)

14. 엘리야 선지자의 활동(왕상 17-21, 주전 870-850년경)

(1) 디셉에서 출생하였다(왕상 17:1)

엘리야는 "여호와는 하나님이시다"라는 뜻이며 엘리야는 길르앗의 디셉에서 태어났다.(왕상 17:1) 그는 북 이스라엘의 최대의 선지자로 몸에 털이 많았고 허리에 가죽 띠를 띠고 다니며 아합왕(7대)과 아하시야왕(8대)시대의 종교적 암흑기에 여호와(야훼)의 신앙 회복을 위해 많은 활동을 하였다.

(2) 그릿 시냇가에 이르러 예언대로 시냇물이 말랐다(왕상 17:2-7)

아합왕에게 엘리야는 말하기를 "내 말이 없으면 수년 동안 우로(雨露)가 내리지 않으리라" 예언하였다. 이때 하나님께서 엘리야를 보호하기 위해 "너는 여기서 떠나 동으로 가서 요단 앞 그릿 시냇가에 숨고 그 시냇물을 마시라 내가 까마귀들을 명하여 너를 먹이게 하리라" 하시니 그릿 시내에 머물매 까마귀들이 아침에 떡과 고기를 저녁에도 떡과 고기를 가져 왔고 시냇물을 마시니 땅에 비가 내리지 아니하므로 얼마 후에 그 시내가 말랐다.(왕상 17:1-7)

(3) 시돈의 사르밧에서 이적을 행하였다(왕상17:8-24)

여호와께서 엘리야에게 "일어나 시돈에 속한 사르밧으로 가서 한 과부집에서 유하라 그녀를 명하여 공궤하게 하리라" 하였다. 그리하여 엘리야는 사르밧 과부의 집에 가서 그녀를 만나 네 손에 떡 하나를 내게 가져 오라 하였다. 그녀는 당신의 하나님 여호와의 사심을 가리켜 맹세하노니 나는 떡이 없고 다만 통에 가루 한 웅큼과 병에 기름 조금 뿐이라 내가 나뭇가지 두엇을 땔감으로 주워다가 나와 내 아들을 위하여 음식을 만들어 먹고 그 후에는 죽으리라 하였다. 심히 곤궁한 과부는 가루 떡을 구어 먹고 모자간에 동반하여 죽고자 하였다.

엘리야는 그녀에게 두려워 말라 가서 네 말대로 작은 떡 하나를 만들어 내게 가져오라 그 후에 너와 네 아들을 위하여 만들라 여호와가 비를 지면에 내리는 날까지 그 통의 가루는 다 하지 아니하고 그 병의 기름은 없어지지 아니 하리라 말하였다. 그리하여 그녀가 가서 엘리야의 말대로 하였더니 그녀의 가족과 엘리야는 여러 날(3년 반) 먹으니 통의 가루가 마르지 아니하고 병의 기름이 마르지 아니 하였다.(왕상 17:1-16) 또한 2일 후에 그 과부의 아들이 병들어 죽으매 그 아이를 안고 다락에 올라가 침상에 누이고 아이 위에 몸을 세 번 펴서 엎드리고 부르짖어 "하나님 여호와여 원컨대 이 아이의 혼으로 그 몸에 돌아 오게 하옵소서" 하고 간절한 능력의 기도를 통해서 살려 주었다.(왕상 17:17-24)

(4) 갈멜산에서 바알 선지자와 대결하였다(왕상 18:19-46)

　그 후 3년이 지나자 하나님께서 엘리야에게 말씀하시되 아합에게 가서 내가 지면에 비를 내릴 것을 보이라 명하였다. 그리하여 엘리야는 아합의 궁내 대신 오바댜를 만나 그로 하여금 아합왕에게 고하여 만나기를 원하였다. 그러나 오바댜가 꺼려하다가 아합에게 고하여 만나게 되었다. 엘리야는 아합에게 참 하나님과 거짓 신을 가려내자 하며 바알 선지자 450인과 아세라 선지자 400인을 갈멜산으로 모아 내게로 나오게 하라고 하였다. 그러자 아합왕은 그들 선지자 850인을 갈멜산으로 모았다. 그리하여 두 송아지를 가져다가 각각 한 마리를 택하여 제물로 삼고 각기 자기의 신에게 기도하여 불로 응답함을 보자 하여 먼저 바알과 아세라 선지자가 정오가 지나도록 외쳤으나 바알신의 응답이 없자 피가 흐르기 까지 칼과 창으로 몸을 상하게 하며 저녁 소제 드릴 때 까지 몸부림 쳤다. 그러나 불의 응답이 없었다. 이어 엘리야가 열두 돌로 단을 쌓고 여호와께 부르 짖을 때 여호와의 불이 내려와 제물과 도랑의 물까지 모두 태워 버렸다. 그리고 즉시 백성들을 시켜 바알과 아세라 선지자를 기손 시내로 끌고 내려가 모두 쳐 죽였다.(왕상 18:19-40)

　엘리야가 아합에게 이르되 올라가서 먹고 마시소서 큰 비소리가 있나이다 하며 갈멜산 꼭대기로 올라가 꿇어 엎드려 그 얼굴을 무릎 사이에 넣고 기도하며 사환에게 지중해 바다편에 올라가 바라 보라 하였다. 그리하여 여섯 번이나 올라가 보아도 아무 징조가 없었다. 그러나 일곱번째 올라가 바라 보았을 때 지중해 바다 상공에 손만한 작은 구름이 일어났다. 조금 후에 구름과 바람이 일어나서 하늘이 캄캄하여 지며 큰비가 내렸다. 엘리야가 아합에게 비에 막히지 않도록 비 오기전에 미리 떠나라고 예고해 주어 아합이 마차를 타고 이스르엘로 가니 엘리야가 아합 앞에서 달려갔다.

▲ 갈멜산에 세워진 엘리야 기념상
(손에 든 칼 끝이 휘어져 있다)

▲ 동상앞에 세워진 엘리야 기념교회

(5) 브엘세바와 호렙산에 피신하였다(왕상 19:1-21)

아합이 엘리야의 모든 행한 일과 모든 바알 선지자를 칼로 쳐 죽인 것을 이세벨에게 고하였다. 그러자 엘리야는 신변에 위협을 느끼고 생명을 위해 도망하여 유다의 브엘세바에 이르러 사환은 그 곳에 머물게 하고 혼자 하루길 쯤 되는 광야로 들어가 로뎀나무 아래 앉아서 죽기를 구하여 여호와께 지금 내 생명을 취하옵소서 하고 하나님께 생명을 전적으로 맡겼다.

로뎀나무 아래 누워 자고 있을 때 사자가 두 번 나타나 이르기를 엘리야를 어루 만지며 일어나 먹으라 하여 본즉 머리 맡에 숯불에 구운 떡과 한병의 물이 있어 먹고 마신 후 누웠다. 또 다시 엘리야를 어루 만지며 일어나 먹으라 네가 길을 이기지 못할까 하노라 하였다. 이에 먹고 마시어 힘을 얻게 되니 40주야를 행하여 하나님의 산 호렙에 이르렀다.

그 곳의 굴에 거할 때 여호와께서 강한 바람과 지진과 불(火)등의 세가지를 보이고 세미한 음성을 들려 주었다. 그리고 여호와께서 엘리야에게 이르시되 너는 네 길을 돌이켜 다메섹에 가서 하사엘에게 기름을 부어 아람왕이 되게 하고 님시의 아들 예후에게 기름을 부어 이스라엘 왕이 되게 하며 아벨므홀라 사밧의 아들 엘리사에게 기름부어 너를 대신하여 선지자가 되게하라 하였다. (왕상 19:1-18)

(6) 아벨므홀라에서 엘리사를 만났다(왕상 21:17-29)

엘리야가 호렙산을 떠나 아벨므홀라에서 열두 겨리 소를 앞 세우고 밭을 갈고 있는 엘리사에게 겉 옷을 그의 위에 던져 후계자로 삼아 따라 오게 하니 그가 엘리야를 수종 들었다.

아합은 아람왕 벤하닷과의 전쟁에서 승리한 후 이세벨의 모략에 따라 궁전 가까이에 있는 포도원의 주인 나봇을 죽이고 포도원을 빼앗았다. 그리하여 엘리야는 아합왕에게 나타나서 개들이 나봇의 피를 핥는 곳에서 네 피 곧 네 몸의 피도 핥으리라 하였다.(왕상 21:17-19) 그러나 왕이 회개했으므로 재앙이 미루어져 아들에게 임하였다.(왕상 21:27-29)

(7) 사마리아에서 왕이 죽을 것을 예언하였다(왕하1:9-17)

아합이 죽은 후 그의 아들 아하시아가 왕위를 계승하였다. 그는 왕궁 다락 난간에서 떨어져 병들어 재위 2년(886-885)만에 죽었다.

그 당시 왕이 병 들었을 때 사자 오십부장과 함께 50명씩 두 번 보내어 엘리야를 오라고 했으나 하늘에서 불을 내려 살라 죽이고 왕에게 가지 않았다. 그러나 세 번째로 오십부장과 50인을 보냈을 때 엘리야는 그들과 함께 왕에게 가서 왕이 죽을 것을 예언 하였다.(왕하 1:9-16) 그의 예언대로 왕이 죽으니 아들이 없으므로 여호람이 대신하여 왕이 되었다.(왕하 1:17) 이 때는 유다왕 여호사밧의 아들 여호람이 왕이 된지 2년이 되는 해다.

(8) 여리고에서 요단강을 건너 강가에서 승천하였다(왕하 2:1-11)

▲ 엘리야의 활동 경로

엘리야는 하나님의 명령에 따라 길갈로 갔으며 그 곳에 엘리사를 머물게 하려 했으나 엘리사는 엘리야를 따라 벧엘로 갔고 그 곳에서도 머물기를 바랬으나 여리고까지 끝가지 엘리사는 엘리야를 떠나지 않고 따랐다.

여리고에서 요단강을 건넌 후 요단 강가에서 승천 하기 전에 엘리사에게 무엇을 구하느냐 물으니 당신의 영감이 갑절이나 있기를 원한다 함으로 내가 승천하는 것을 보면 성취 되리라 하고 엘리야가 겉옷을 떨어 뜨리고 홀연히 불수레와 불말이 두 사람을 갈라 놓고 엘리야는 회오리 바람을 타고 승천 하였다.(왕하 2:1-1)

하나님과 동행한 에녹은 하나님이 그를 데려 가게 되어 육신의 죽음을 보지 않고 승천하였다. (창 5:24) 그리고 아브라함 이후 유일하게 선지자 엘리야가 죽음을 보지 않고 승천 하였다. 그리하여 성서에 오직 두 사람 에녹과 엘리야만이 죽음을 보지 않고 승천한 인물로 기록되어 있다.

▲ 엘리야가 불말을 타고 승천한 땅의 무너진 유적

15. 엘리사 선지자의 활동
(왕상 19:19-21, 왕하 12:1-8-8:7, 주전 850-800년경)

(1) 아벨므홀라에서 출생하였다(왕상 19:19-21)

엘리사는 "하나님은 구원이시다"라는 뜻이며 아벨므홀라에서 사밧의 아들로 태어났다. 그가 소 열두겨리로 밭을 갈고 있을 때 엘리야가 지나 가다가 겉옷을 벗어 던지며 부르니 농기구를 불살라 버리고 소 한겨리를 잡아 삶아 백성에게 주어 먹이고 엘리야를 수종들며 제자가 되었다. 그는 북 이스라엘왕 아합통치 후기시대부터 요아스의 통치 때(주전 850-800)까지 선지자로 활동하였다.(왕상 19:16, 왕하 13:14-21)

(2) 여리고의 샘물을 변화 시켰다(왕하 2:1-22)

엘리사는 엘리야의 제자가 된지 8년 후에 요단 건너 강변에서 엘리야가 승천할 때 엘리야에게서 떨어진 겉옷으로 요단 강물을 쳐서 갈라지게 하고 건너 왔다.(왕하 2:13-14) 이때 여리고에 있던 선지자의 생도들이 땅에 엎드려 엘리사를 영접하였다.(왕하 2:15) 그리고 여리고 사람들이 엘리사에게 말하기를 성읍의 터는 아름다우나 물이 좋지 못하여 토산(土産)이 익지 못하고 떨어 진다고 하였다. 이말을 듣고 엘리사는 새 그릇에 소금을 담아 가져오라 하여 물 근원에 던지니 그 물이 고쳐져서 다시 죽음이나 토산이 익지 못하고 떨어짐이 없었다. 오늘 날까지 그 물 근원을 "엘리사의 샘"이라하고 아랍인들은 "슐탄의 샘"이라 부른다.

(3) 벧엘을 거쳐 갈멜산으로 갔다(왕하 2:23-25)

여리고에서 벧엘로 올라 가고 있을 때 젊은 아이들이 벧엘성에서 나와 엘리사를 조롱 하여 말하기를 "대머리여 올라 가라, 대머리여 올라 가라"고 외쳤다. 이때 엘리사는 여호와의 이름으로 저주하매 수풀에서 암콤(牝熊) 두마리가 나와서 아이들 42명을 찢어 죽였다.(왕하 2:23-24) 이곳에서 갈멜산을 거쳐 사마리아로 갔다.

(4) 사마리아에서 에돔광야에 이르러 이적을 행하였다(왕하 3:16-20)

이스라엘왕 아합이 죽은 후 모압왕 메사는 조공을 바치지 않고 배반하였다. 그리하여 이스라엘은 모압에 출정하였다.

엘리사는 사마리아에서 에돔광야로 내려가서 아합의 아들 여호람과 남 유다 여호사밧의 연맹군과 함께 모압 원정을 가다가 남 유다 속국인 에돔군대까지 동원하여 연합군으로 모압 정벌에 임하였다. 연합군이 행군한지 7일이 되자 먹을 물이 없었다. 이때 엘리사가 "내가 당신과 무슨 상관이 있느냐"라고 했으나 유다왕 여호사밧의 낯을 보아 골짜기에 개천을 파라 하여 물을 마시게 해 주었다.

모압왕은 연합군과의 대전에서 전세가 극렬하여 위기에 처하게 되자 왕은 자기의 아들을 산제물로 바치는 잔인하고 극악한 짓을 자행함으로 이스라엘 연합군은 믿음과 사기가 위축되어 퇴각하게 되었다. 그리하여 모압의 수도 길하레셋을 점령하지 못하고 연합군이 퇴각한 것은 불신앙적 행위였다. 또한 어느 지역인지는 분명치 않으나 선지자 생도의 아내 중 한 과부는 빚을 갚지 못해 두 아들을 채주(債主)가 종으로 삼고자 할때 엘리사는 이적을 행하여 한 병의 기름밖에 없었지만 모든 이웃의 그릇을 빌려 오게하여 기름을 부어 채워주고 그 기름을 팔아 빚을 갚고 남은 것으로 과부와 두 아들이 생활 할수 있도록 해주었다.(왕하 4:1-7)

(5) 수넴과 갈멜산을 왕래하며 이적을 행하였다(왕하 4)

엘리사가 수넴에 이르니 한 귀한 여인이 영접하여 그 여인집에 자주 유숙 하였다. 엘리사가 사환게 하시를 통해 그여인을 불러 물어 보니 아들이 없고 그 남편은 늙었다. 이때 엘리사는 1년이 되면 아들이 있으리라 하니 그 말대로 잉태하여 아들을 나았다. 그런데 그 아이가 자라매 어느날 어머니 무릎에 앉았다가 죽었다. 엘리사가 갈멜산에서 이 소식을 듣고 사환에게 내 지팡이를 가지고 가서 그 아이 얼굴에 놓으라하니 그대로 놓았다. 엘리사가 뒤이어 방에 들어가 문을 닫고 여호와께 기도하니 아이의 살이 차차 따뜻해 지고 일곱번 재채기를 하고 눈을 뜨며 살아났다. (왕하 4:1-37)

(6) 길갈과 아벨므홀라에서 이적을 행하였다(왕하 4-6)

엘리사가 다시 길갈에 이르렀다. 그 땅에 흉년이 들었는데 선지자의 생도들이 엘리사 앞에 앉았다. 자기 사환 게하시에게 큰 솥을 걸고 생도를 위히여 국을 끓이고고 하였다. 힌 사람이 야등 넝쿨과 들외를 썰어 넣어 끓인 국을 먹다가 해로운 독(들외의 독성)이 있어 먹지 못하게 되자 엘리사가 가루를 가져오라 하여 솥에 던지고 퍼다가 무리에게 주어 먹게 하니 해로운 독이 없게 되었다. (왕하 4:38-41) 또한 보리떡 20개와 한자루의 채소로 100명을 먹이고도 남게 하였다.(왕하 4:42-44)
아람왕의 군대장관 나아만은 큰 용사이나 문둥병자였다. 그가 엘리사의 집에 찾아와 엘리사의 말을 듣고 요단강에 일곱 번 몸을 잠그니 그 살이 여전하여 어린 아이의 살 같아서 깨끗하게 되었다. 그러나 엘리사의 사환 게하시가 나아만이 주고 간 은 두 달란트와 옷 2벌을 취하여 감추고 챙긴고로 나아만의 문둥병이 게하시에게 옮겨 발하니 흰 눈같이 되었다.(왕하 5:1-27)
요단강 근처에 세워진 여리고 선지학교의 학생수가 점차 증가하자 거처를 증축하기 위하여 재목을 취하고자 요단으로 학생들과 함께 갔다. 그들이 나무를 벨 때 한 학생의 도끼가 자루에서 빠져 물에 빠졌다. 이때 엘리사가 나뭇가지를 베어 물에 던져서 도끼를 떠오르게 하는 이적을 행하였다.(왕하 6:1-7)

(7) 도단과 사마리아성을 에워싼 적을 예언과 기도로 물리쳤다(왕하 6)

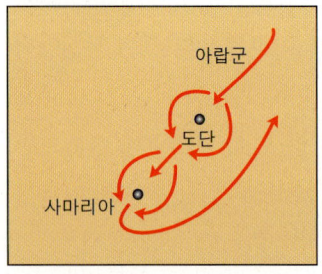

엘리사가 도단에 있을 때 아람왕 벤하닷 1세가 이스라엘왕 여호람을 치기 위하여 여러 번 왔을 때 엘리사가 왕에게 예고 해 주어 미리 방비를 하게 하였다. 그리하여 아람왕 벤하닷은 엘리사를 사로잡기 위하여 성을 에워 쌌다. 그러나 엘리사가 기도하니 불말과 불수레가 산에 가득하여 그를 둘렀다. 이때 아람사람이 내려 왔지만 엘리사의 기도로 저들의 눈을 어둡게 만들어서 저들을 유인하여 사마리아에 이르게 하였다. 다시 기도하여 저들의 눈을 열게하고 그 곳에서 죽이지 않고 먹고 마시게 하여 돌려 보냈다.(왕하 6:8-23) 이 후 아람왕 벤하닷이 온 군대를 모아 사마리아를 에워 쌌다. 그리하여 성중은 크게 기근이 극심하여 물건이 비싼 값으로 매매 되었다. 이때 여인들이 자식의 고기를 삶아 먹는 비참한 상황이 벌어졌을 때 엘리사는 이스라엘 사람에 대한 긍휼의 선포로 식량값이 폭락 되리라고 예언하였다.(참조 : pg 246 북 이스라엘 "아합"과 아람 "벤하닷"의 전쟁)

(8) 수넴에 이르러 기근을 명하였다(왕하 8)

엘리사는 사마리아에서 위기를 극복하고 그전에 아들을 살려준 수넴 여인에게 와서 이르되 여호와께서 기근을 명하시매 이땅에 7년 동안 임하리라 하였다. 그리하여 여인은 권속들과 함께 7년간 블레셋 사람의 땅에 우거 하다가 돌아와 자기집에서 살았다.(왕하 8:1-5)

(9) 다메섹에서 왕을 삼게하고 모압에서 죽었다(왕하 8, 13)

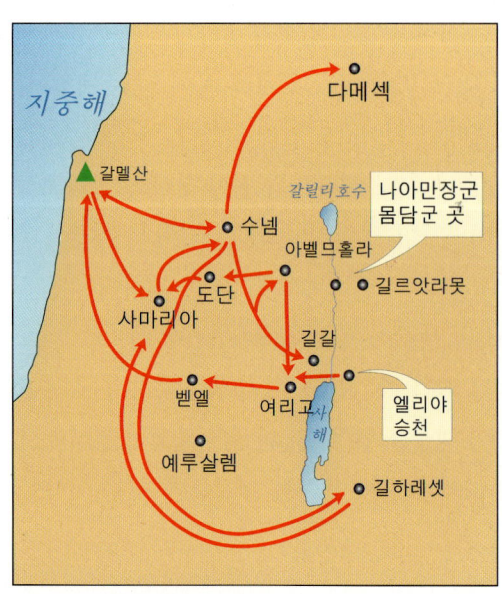

▲ 엘리사의 활동 경로

엘리사가 다메섹에 갔을 때 아람왕 벤하닷이 병들었었다. 벤하닷의 신하 하사엘은 예물을 가지고 와서 병이 낫겠는지 물었다. 엘리사가 말하되 "왕이 정녕 나으리라 그러나 여호와께서 저가 정녕 죽으리라" 하셨다 하였다.

하사엘이 왕에게 그대로 고하고 이튿날에 하사엘이 이불을 물에 적시어 왕의 얼굴에 덮으매 왕이 죽은지라 저가 대신하여 왕이 되었다.(왕하 8:7-15)

그 후 행적은 연결할 수 없으나 소년 선지자 생도를 길르앗 라못으로 보내어 여호람의 장관 중 한 사람인 예후에게 기름부어 왕을 삼게 하였다. 그리고 이스라엘 요아스왕이 죽을 병이 들어 찾아와 슬퍼하자 아람을 3번 쳐서 승리 하리라 예언한 후 엘리사는 죽어 모압지경에 장사 되었다.
 마침 사람을 장사하는 자들이 죽은 자의 시체를 엘리사의 묘실에 던지매 시체가 엘리사의 뼈에 닿자 곧 회생하여 일어서는 이적이 나타났다.(왕하 13:16-21)

16. 북 이스라엘의 모압 출정(왕하 3:1-27, 주전 850년경)

모압왕 메사는 양치는 자로 새끼양 10만의 털을 이스라엘에 조공으로 바쳤다. 그러나 이스라엘왕 아합이 죽은 후 여호람 때에 조공을 바치지 않고 배반하였다. 그리하여 여호람은 유다왕 여호사밧에게 함께 모압을 칠 것을 요청하였다.

 모압의 침공에 뜻을 같이 한 이스라엘왕, 유다왕, 에돔왕 등 세왕의 연합군은 에돔 광야의 길로 행한지 7일에 군사와 생축이 먹을 물이 없을 때 엘리사를 통해 물을 내게하여 먹였다.

 모압 사람은 일찍이 일어나서 해가 물에 비취므로 맞은편 물이 붉어 피와 같음을 보고 피로 생각하고 적의 왕들이 싸워 서로 죽인 것으로 착각하였다. 이어 노략하러 가자하고 이스라엘 진에 진격해 들어갔다. 그러나 이스라엘군이 일어나 모압 사람을 치고 추격하여 모압의 수도 길하레셋 성읍을 침공 점령하였다. 길하레셋은 오늘 날 카락(Karak)이라 부른다.

 모압왕이 전세가 극열하매 칼찬 군사 700인을 거느리고 포위망 탈출을 위하여 비교적 허약한 에돔왕 측으로 돌격하고자 했으나 뜻을 이루지 못하자 자기 뒤를 이어 왕이 될 맏아들을 취하여 번제로 드렸다. 모압의 우상은 그모스인데 자기 자식을 그모스에게 불살라 번제물로 바치는 우상숭배의 방법이었다.

 이스라엘 왕은 모압왕이 그렇게 악독한 죄를 범하자 여호와의 진노가 내려 무서운 재앙이 있을 것 같은 두려움 때문에 저희가 떠나 각기 고국으로 돌아갔다.(왕하 3:27)

 이것이 후일 유다의 3대 선왕(三大善王)중 한 왕인 여호사밧에게 엘리사가 함께 한 길하레셋 전투이다.

| B. 이스라엘의 시대별 역사와 지리 |

17. 모압 동맹국의 유다 침공(대하 20:1-30, 주전 853년경)

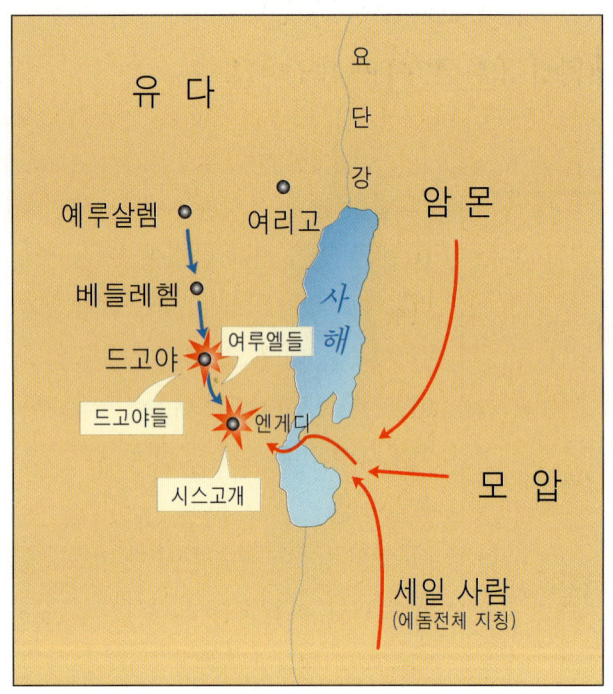

▲ 찬송으로 승리한 유다의 여루엘 전투

유다왕 여호사밧의 통치 말기에 모압, 암몬, 마온의 동맹군이 사해를 건너 유다 땅 엔게디를 침공하였다.(마온:에돔의 세일산 산지의 "마안"성읍)

이에 여호사밧이 두려워하여 온 유다 백성에게 금식을 선포하고 하나님께 간구하였다. 이때 레위 사람 야하시엘에게 임하여 가로되 "여호와께서 너희에게 말씀하시기를 이 큰 무리로 인하여 두려워하거나 놀라지 말라 이 전쟁이 너희에게 속한 것이 아니라 하나님께 속한 것이라" 하였다.

그리고 내일 시스고개(예루살렘 가는 엔게디 고개)로 올라가 골짜기 어귀 여루엘 들 앞에서 적과 만날 때 이 전쟁에서 싸울 것 없이 항오를 이루고 서서 너희와 함께 한 여호와가 구원하는 것을 보라 하였다. 그리하여 여호사밧은 온 유다와 예루살렘의 거민과 함께 엎드려 경배할 때 레위 사람들은 서서 큰 소리로 이스라엘 하나님 여호와를 찬송하였다. 이때 이스라엘 백성이 일찍이 일어나 드고아 들로 나갈 때 노래하는 자를 택하여 거룩한 예복을 입히고 군대 앞에서 행하며 여호와께 감사와 자비하심이 영원함을 찬송하게 하였다. 그 노래와 찬송이 시작될 때 여호와께서 복병을 두어 유다를 치러온 암몬사람, 모압사람, 세일산 사람을 치게 하시므로 패하게 되었다. 그리하여 암몬과 모압자손이 일어나 세일 거민을 쳐서 진멸하고 저희가 피차 살육하여 시체 뿐이었다.

여호사밧은 여루엘 들에서 승리한 후 전리품이 너무 많아 사흘동안 취하였다.

제사일에 브라가 골짜기(드고아 서쪽:약 6km)에 모여 여호와를 송축하고 예루살렘으로 돌아와 여호와의 전에서 비파와 수금과 나팔로 송축하였다.

이방 모든 나라가 여호와께서 이스라엘 적군을 치셨다 함을 듣고 하나님을 두려워한 고로 여호사밧의 나라가 태평하였다.(대하 20:1-23)

18. 남북 연합군과 아람과의 전쟁, 예후의 반란
(왕하 6:24-9:27, 대하 22:1-12, 주전 845년경)

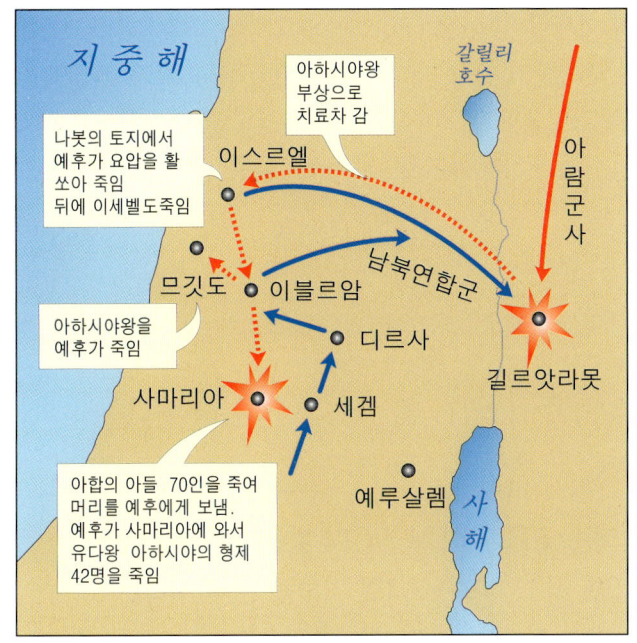

북 이스라엘왕 아합의 아들 요람(여호람) 12년에 유다왕의 말째아들 아하시야가 왕위에 올랐다. 그리고 엘리사가 기름부은 하사엘이 "네가 아람왕이 될 것이다"는 예언을 듣고 아람왕 벤하닷을 죽이고 왕이 되었다.

그 후 아하시야왕은 아합의 아들 요람왕과 함께 길르앗 라못으로 가서 아람왕 하사엘과 싸우다가 부상을 당하였다. 그리하여 라마(길르앗라못의 한 성읍)에서 이스르엘로 치료하려고 돌아왔다. 이때 아합의 아들 요람왕이 병이 있어 아하시야가 요람을 방문하였다.

아하시야가 부상하여 이스르엘로 돌아왔을 때 길르앗 라못에서 님시의 아들 예후는 요람의 군대 장관이었으나 아합의 집을 멸망시킬 심판의 도구로써 엘리사의 생도에 의해 기름부음을 받고 왕이 되었다.(왕하 9:1-7)

이어 예후가 병거를 타고 이스르엘로 내려가니 이스라엘왕 요람과 유다왕 아하시야가 병거를 타고 각각 나봇의 토지에서 맞이 하였다. 예후는 요람을 향하여 "네 어미 이세벨의 음행과 술수가 이렇게 많으니 어찌 평안이 있으랴"하니 곧 요람이 도망하자 예후가 활을 쏘아 염통을 꿰뚫으니 엎드러져 죽었다. 또한 유다왕 아하시야가 이를 보고 동산 정자길로 도망하니 예후가 쫓아가며 죽이라 하자 이블르암 가까운 구르 빗탈길에서 치니 저기 므깃도까지 도망하여 그곳에서 죽었다. (왕하 9:16-28)

한편 이스르엘에 있던 이세벨은 그곳의 내시에 의해 창밖으로 내어 던져져 예후가 보는 앞에서 죽였다. 그러자 이사벨의 피가 담과 말에 튀었고 말에 탄 예후는 이세벨의 시체를 밟았다. 그리고 장사를 지내려고 시체를 찾으니 두골과 발과 손바닥 밖에 발견되지 못하였다. 엘리야 선지자가 개들이 이세벨의 고기를 먹게 되리라한 예언이 적중했으며 그 시체는 이스르엘 토지에 버려져 밭의 일부가 되었다. 그리고 난 후 예후는 사마리아에 있는 아합의 아들 70인을 죽이게 하니 그 머리를 광주리에 담아 이스르엘에 있는 예후에게 보내왔다.(왕하 10:1-7)

이러한 예후가 사마리아로 가서 만나게된 유다왕 아하시야의 형제 42인을 사로잡아 죽였다. (왕하 10:12-14)

예후는 바알의 목상을 헐며 바알의 당을 훼파하여 변소를 만들기 까지 했으나 벧엘과 단에 있는 금송아지를 섬기는 죄에서는 떠나지 아니하였다.(왕하 10:26-29) 그러나 여호와께서 예후에게 이르시되 "나 보기에 정직한 일을 잘 행하여 아합의 집에 다 행했으니 네 자손이 왕위의 4대에 이르리라" 하셨다.

예후는 28년간의 재임 후 그 열조와 함께 사마리아에 장사되고 그 아들 여호아하스가 대신하여 왕이 되었다.(왕하 10:30-36)

> 너희는 거하는 땅을 더럽히지 말라. 피는 땅을 더럽히나니 피 흘림을 받은 땅은 이를 흘리게 한 자의 피가 아니면 속할 수 없느니라. 너희는 너의 거하는 땅 곧 나의 거하는 땅을 더럽히지 말라. 나 여호와가 이스라엘 자손 중에 거함이니라.
>
> 민수기 35장 33절 -34절

> 너희는 스스로 씻으며 스스로 깨끗케 하여 내 목전에서 너희 악업을 버리며 악행을 그치고 선행을 배우며 공의를 구하며 학대 받는 자를 도와주며 고아를 위하여 신원하며 과부를 위하여 변호하라 하셨느니라.
>
> 이사야 1장 16절 -17절

19. 아람왕 하사엘의 유다와 이스라엘 침공(주전 815-810년경)

(1) 남 유다왕 요아스 때(왕하 12:1-21)

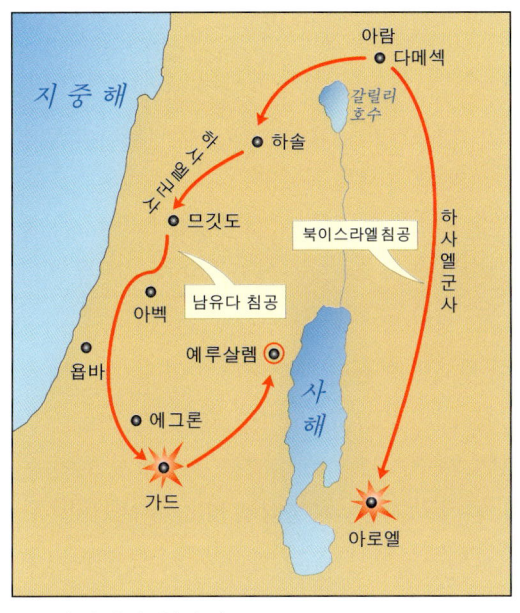
▲ 하사엘의 침략경로

남 유다왕 여호람의 왕비 아달랴는 이스라엘왕 아합의 딸로 그 어미 이세벨의 피를 받아 잔인한 성격의 소유자였다. 그녀는 아들 아하시야왕이 죽은 후 왕자들을 다 죽이고 스스로 왕위에 올라 7년간(845-839)을 재임한 유일한 여왕이었다. (왕하 8:26, 대하 21:6, 22:2)

그러나 아하시야의 어린 아들 요아스는 고모 여호세바에게 구원을 받아 6년간 성전에서 숨겨져 자랐다.(대하 22:11) 당시 제사장 여호야다가 왕자 요아스를 세워 왕을 삼으니 백성 들이 즐거히 만세를 불렀다. 이런 사실을 안 아달랴는 반역이라 외치다가 백부장들에게 끌려가 죽임을 당하였다. (왕하 11:1-16, 대하 22-23)

요아스는 즉위 23년에 성전을 수축하고 종교 개혁을 실시했으나 주전 815년 아람의 하사엘이 아모스의 예언대로(암 1:3) 유다를 침략하여 가드까지 이르렀다. 이어 예루살렘을 향해 진격하자 요아스는 성전 곳간과 왕궁에 있는 많은 양의 금을 취하여 하사엘에게 조공을 바쳐 예루살렘 침공을 중단케 하여 멸망을 모면하였다.

(2) 북 이스라엘 여호아하스 때(왕하 13:1-9)

유다왕 요아스 23년에 북 이스라엘 예후의 아들 여호아하스가 왕이 되어 17년간 통치하였다. 여호와 보시기에 악을 행함으로 이스라엘을 향하여 노를 발하여 아람왕 하사엘의 손과 그 아들 벤하닷의 손에 붙이셨다. 그리하여 여호와께서 이스라엘을 찢으시매 하사엘이 그 사방을 치되 요단동편 길르앗 온 땅 곧 갓사람과 르우벤 사람과 므낫세 사람의 땅 아르논 골짜기에 있는 아로엘 에서 부터 길르앗과 바산까지 였다.(왕하 10:32-33) 요단동편의 모든 이스라엘 지역은 이미 예후때 아람의 하사엘의 수중으로 넘어 갔다. 그리하여 북 이스라엘은 아람의 속국이나 다름 없었다. 그리하여 아람왕 하사엘은 이스라엘을 계속 학대하고 이스라엘 백성을 진멸하여 타작 마당의 티끌같이 되게하고 보병 10,000명과 마병 50명과 병거 10승 외에는 여호아하스에게 남겨두지 않았다.(왕하 13:7)

| B. 이스라엘의 시대별 역사와 지리 |

20. 유다왕 아마샤의 에돔-셀라 출정
(왕하 14:7, 8:14, 17:22, 주전 786경)

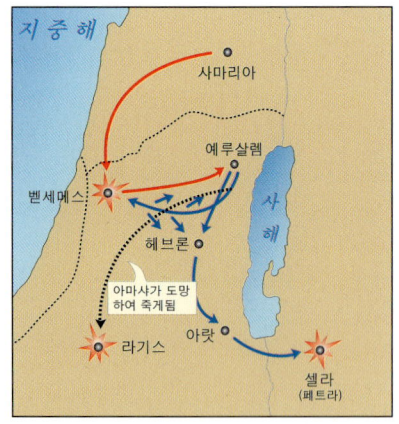
▲ 아마샤와 요아스 전투

북 이스라엘왕 요아스 2년에 남 유다의 아마샤가 25세에 요아스의 뒤를 이어 왕위에 올랐다. 이때 북쪽의 아람-다메섹은 앗수르에게 항복하고 앗수르의 지배하에 들어가는 계기가 되었다. 그리하여 남북의 왕국은 다같이 번영을 누릴 수 있는 기회를 맞이하게 되었다.

유다왕 아마샤는 아람-다메섹이 쇠퇴하게 되자 에돔과 아라바 지역을 지배하고자 하였다. 그리하여 염곡에서 셀라(에돔수도: 페트라)를 쳐서 취하고 에돔사람 10,000명을 바위 꼭대기에서 밀어 떨어뜨려 몸이 부숴지게 하여 죽이고 이 곳 이름을 욕드엘(하나님은 멸하심의 뜻)이라 하였다.(왕하 19:7, 대하 25:12) 그러나 에돔지역에 대한 지배를 놓고 남북 왕국은 군사적 대결을 유발하게 되었다. 그리하여 아마샤는 북 이스라엘을 자극하게 되어 요아스는 군대를 동원하여 유다의 벧세메스로 진격하여 유다와의 격전에서 아마샤를 생포하고 예루살렘성의 일부를 파괴한 후 여호와의 전(殿)과 왕궁 곳간에 있는 금은과 모든 기명을 취하고 사람은 볼모로 잡아 사마리아로 돌아갔다. 그러나 이스라엘은 유다를 정복하지 않고 지배권을 행사하다가 남북 왕국간에 동맹이 맺어지기도 하였다.

아마샤는 선왕 요아스의 행한대로 다 행했지만 산당을 헐지 않고 백성이 산당에 제사하고 분향하며 전적인 하나님 중심이 아니었다. 그래서 예루살렘에서 모반이 있어 라기스로 도망했으나 그곳에서 반군에 의해 죽어 시체를 말에 실어다가 예루살렘의 열조와 함께 장사 되었다.(왕하14:19-20)

▲ 페트라의 붉은 바위산의 벽을 굴착하여 만든 사원

▲ 페트라 암벽계곡

21. 유다왕 웃시야의 정복활동(왕하 15:1-7, 대하 26:1-23, 주전 767년경)

유다왕 아마샤의 뒤를 이어 그 아들 웃시야(아사랴)는 16세에 왕위(재위 52년)에 올랐다.

웃시야는 장기간 통치하며 남쪽지역을 정복하여 다윗왕국 때의 땅을 회복하였다.

먼저 블레셋 사람과 싸우고 가드, 야브네, 아스돗의 세성을 파괴하였다. 그리고 아스돗 땅과 블레셋 지역에 성읍을 건축하였다.

웃시야는 군대장관 하나냐의 수하에 족장의 큰 용사 2,600명과 군사 307,500명의 군사력을 보유하여 정복활동에 임하여 싸우게 하였다.

그리하여 블레셋의 정복에 이어 아라비아와 마온(에돔지역 마안성읍)사람을 쳐서 암몬사람이 조공을 바치게 하고 애굽 변방까지 정복하여 영토를 넓혔다.

또한 홍해만 지역(현 아카바만)에 엘롯(엘랏)을 건설하여 교역의 발판으로 삼았으며 거친 땅에 망대를 세우고 물 웅덩이를 많이 파서 여러 산야에 목축과 농사에 진력하였다.

그러나 웃시야는 유다가 강성해 지자 마음이 교만하여 악을 행하고 여호와의 전에 들어가 향단에 분향하려 하였다. 오직 아론의 자손 제사장만이 성소에 들어가 행하여야 할 분향을 웃시야왕 자신이 행하려고 향로를 잡고 제사장에게 노를 발할 때 향단 곁 제사장 앞에서 웃시야의 이마에 문둥병이 발하였다. 그리하여 웃시야는 죽는 날까지 문둥이가 되어 별궁에서 지냈다.

그래서 그의 아들 요담이 왕궁을 관리하며 백성을 치리 하다가 웃시야가 죽었으나 문둥이라 하여 열조의 묘실에 들어가게 못하고 그 묘실에 접한 땅에 장사하였다.(대하 26:1-23)

22. 북 이스라엘과 아람-다메섹 전쟁
(왕하 14:23-29, 주전 790년-770년경)

▲ 여로보암 2세와 벤하닷 전투

유다 왕 아마샤와 이스라엘 왕 요아스가 죽은 후 웃시야가 유다 왕(재위 52년)으로, 여로보암 2세가 이스라엘왕(재위 41년) 으로 각각 왕위에 올랐다. 이 두 왕은 지혜가 있고 정치에 능한 통치자로서 그들의 장기간의 통치는 영토 확장과 번영의 시대를 대표하고 있다.

남북 두 왕국의 영토는 다윗왕국의 전성기에 흡사한 경계선에 이르도록 확장 하였다. 그러나 정복과정에 관하여는 분명하게 알려져 있지 않다.

아람-다메섹과의 전투는 요아스 재위 시에 아합때 처럼 아벡에서 있었으나 아람이 패배 하였다. 그리고 두 지역 전투는 가르나임과 로드발에서 있었다.

트란스 요르단 전 지역이 다시 이스라엘의 관할하에 들어 갔고 아람-다메섹 전 지역을 자기 나라에 병합시켜 이스라엘의 국경을 레바논 골짜기의 하맛 어귀까지 확장하였다.

이러한 두 왕국의 번영은 사회적인 도덕의 타락과 종교적인 부패를 가져와 두 왕국에 파멸의 요인이 되었다. 당시의 부패상은 소선지서의 아모스와 호세아서에서 잘 드러나고 있다.

> 나는 인애를 원하고 제사를 원치 아니하며 번제보다 하나님을 아는 것을 원하노라. 저희는 아담처럼 언약을 어기고 거기서 내게 패역을 행하였느니라.
>
> 호세아 6장 6절 -7절

23. 북 이스라엘과 아람 동맹군의 유다 침공
(왕하 16:1-9, 대하 28:16-21, 주전 734년경)

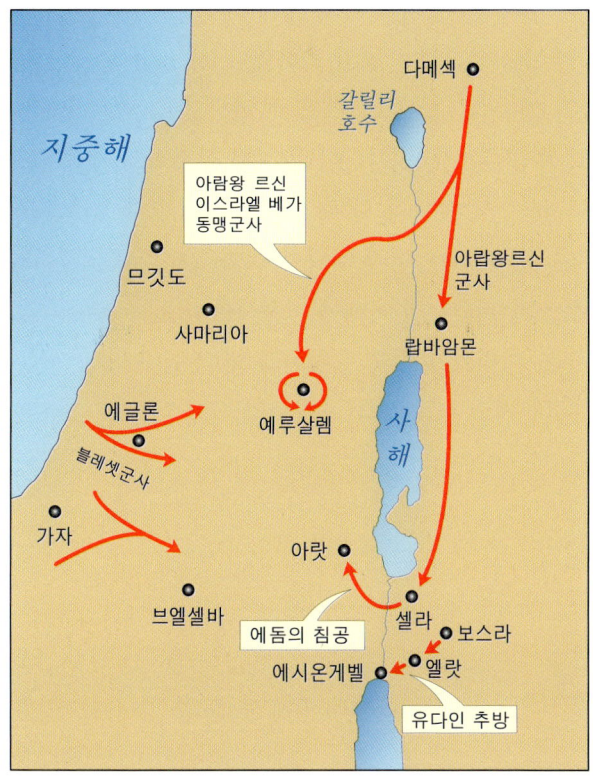

▲ 베가와 르신의 유다 침략

북 이스라엘왕 베가 14년에 유다왕 요담의 뒤를 이어 아들 아하스가 20세에 왕위(재위 16년)에 올랐다. 요담은 하나님 앞에서 정도를 행하였으므로 점점 강해졌다(대하 27:6)고 기록 될만큼 나라를 잘 다스렸다. 그러나 아하스는 유다 열왕 가운데 가장 극심한 우상 숭배와 타락성을 보였다.

유다왕 아하스는 재위 중 앗수르왕 디글랏 빌레셀의 지원을 받아 북 이스라엘로 진출하려 하였다. 그러나 북 이스라엘왕 베가는 아람과 동맹하여 앗수르를 치려고 하였다. 남북왕국은 서로 상반되게 외세의 지원에 의존하려 하였다.

북 이스라엘왕 베가는 아람왕 르신과 연맹으로 앗수르에 맞서고자 준비하고 있었다. 그리고 유다도 함께 참여 하기를 원하였다. 그러나 유다가 거절하자 베가와 아람왕 르신은 예루살렘에 올라가 다브엘(한 관리로 신분 미상)의 아들을 왕으로 세우려 하였다.(사 7:6) 이때 아람왕 르신과 베가의 동맹군은 예루살렘을 포위 했으나 승리하지 못하였다. 당시 아람왕 르신은 엘랏에서 유다 사람을 쫓아내고 엘랏을 회복하였다. 이때에 에돔 사람들은 해방을 맞아 도리어 유다를 침공 하였다.(왕하 16:6, 대하 28:18) 또한 블레셋 사람들마저 남방 성읍과 유다의 쉐펠라를 기습하여 굴복시킬 기회를 잡았다.(대하 28:18)

이러한 위기의 상황하에 유다왕 아하스는 앗수르왕 디글랏 빌레셀에게 사자를 보내어 아람왕과 이스라엘왕이 치니 구원해 줄 것을 청하여 여호와의 전과 왕궁 곳간에 있는 은금을 취하여 앗수르 왕에게 예물로 보냈다. 그리하여 디글랏 빌레셀은 구원의 요청에 응하여 다메섹을 쳐서 취하고 아람왕 르신을 죽였다.(왕하 16:9)

이어 아하스가 다메섹에 올라가서 앗수르왕 디글랏 빌레셀을 만난후 앗수르 신전에 현혹 되자 그 신전과 그 제도를 도입하여 예루살렘에 우상의 전당을 세웠다.(왕하 16:10) 그리고 우상 숭배와 타락성을 보였다.

남 유다는 앗수르에 의해 구원을 받았지만 결국 앗수르에게 훗날 동족인 북 이스라엘이 멸망하게 되는 빌미를 제공하였다.

북 이스라엘과 아람의 두 나라를 연기나는 두 부지깽이 그루터기에 불과하다고 비유하며 이 두 나라 보다 앗수르가 더 위험하다는 이사야의 경고를 유다왕은 알지 못하였다.(사 7:4)

아하스 시대에 이사야 선지자는 임마누엘의 예수 그리스도 탄생을 예언하였다. 아하스왕은 하나님의 능력을 신뢰하지 않고(사 7:12) 오히려 앗수르를 의지하여 위기를 극복하려 했음에도 불구하고 하나님은 메시야 탄생의 예언을 주셨다. "주께서 친히 징조를 너희에게 주실것이라, 보라 처녀가 잉태하여 아들을 낳을 것이요 그 이름을 임마누엘이라 하리라."(사 7:14) 이는 한 아이가 우리에게 났고 한 아들을 우리에게 주신 바 되었는데 어깨에는 정사를 메었고 그 이름은 기묘자라 모사라 전능하신 하나님이라 영존하는 아버지라 평강의 왕이라 할 것임이라(사 9:6)는 그리스도의 동정녀 탄생은 그의 탄생 약 700년 전의 아하스 시대의 이사야가 예언한 그대로 성취되었다.

24. 블레셋의 유다 침공(대하 28:18, 주전 734년경)

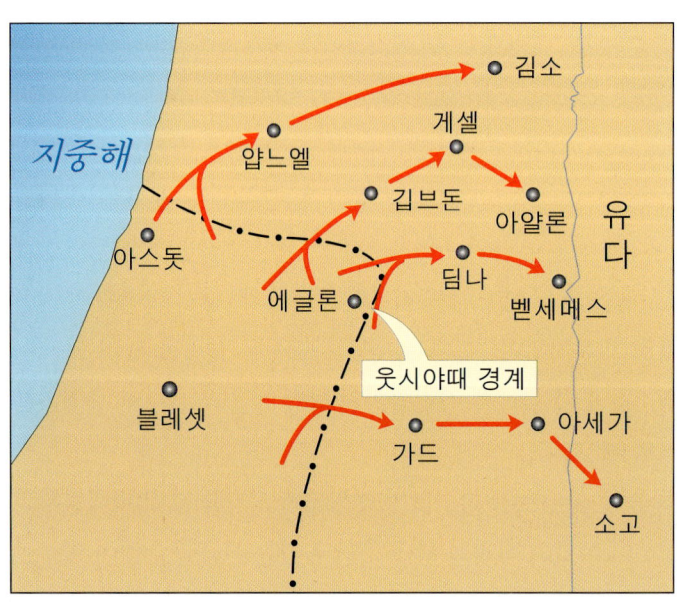

유다왕 아하스는 앗수르왕 디글랏 빌레셀에게 도와 주기를 원했으나 에돔왕 르신이 다시 유다를 치고 백성들을 사로 잡아 갔다.

이때 블레셋 사람들은 유다의 평지와 남방 성읍들을 침략하여 벧세메스, 아얄론, 소고, 딤나, 김소 등을 취하여 점령하였다.

유다 아하스왕은 각 성읍에 산당을 세워 다른 신에게 분향하여 그 열조의 하나님 여호와의 노를 격발케 하였다. 그리하여 아하스가 죽으매 그 열조의 묘실에 들이지 아니하고 예루살렘성에 장사 하였고 그 아들 히스기야가 대신 왕이 되었다.

25. 앗수르의 침공과 북 이스라엘의 멸망
(왕하 17:1-23, 주전 734-722년경)

▲ 베가, 호세아와 디그랏 빌레셋의 전투

북 이스라엘 예후왕(10대)이후 여로보암 2세(13대)까지 약 200년 동안 북 왕국은 가장 전성기를 이루었다. 그러나 여로보암 2세(재위 41년)가 죽게 되자 그 아들 스가랴가 왕위에 올랐으나 여호와께 악을 행하여 6개월간 통치하다가 살룸이 모반하여 백성 앞에서 쳐 죽이고 대신 왕이 되었다.(왕하 15:8-10) 살룸왕은 사마리아에서 1개월을 통치 하다가 군대 장관 므나헴이 디르사에서 사마리아로 올라 가서 살룸을 쳐 죽이고 대신 왕(재위 10년)이 되었다. 그러나 여호와 보시기에 악을 행하여 아이 밴 부녀의 배를 가르는 등 많은 죄악이 평생 떠나지 않았다.(왕하 15:17-18) 므나헴이 죽은 후 그 아들 브가히야가 왕위(재위 2년)에 올랐으나 역시 악을 행하여 그의 장관 베가가 반역하여 길르앗 사람 50명과 더불어 브가히야를 죽이고 대신하여 왕(재위 20년)이 되었다.

이와 같이 북 이스라엘이 혼란의 암흑기를 맞이 하게 될 때 앗수르는 세력 확장에 고개를 들었다. 앗수르왕 디글랏 빌레셋의 행동은 민첩하여 주전 734년에 블레셋을 침공하여 가사를 점령한 사실이 앗수르 비문을 통해서 확인 되었다. 이때 가사왕 하눈(Hanun)은 이집트로 도망 했으며 디글랏 빌레셋은 계속 진격하여 이집트 국경 지대에 상주 수비대를 두어 이집트와 점령지 왕들 간의 관계를 단절시켰다.

그 후 2년 뒤에 베가왕(재위 20년)은 아람왕과 연맹으로 유다와 앗수르를 제압하려 했으나 그 무지로 인하여 앗수르왕 디글랏 빌레셋의 침공을 받아 이욘, 아벨벧마아가, 야노아, 게데스, 하솔, 길르앗, 갈릴리, 납달리등의 전 지역이 정복되고 백성을 사로 잡아 앗수르로 끌고 갔다.(왕하 15:29) 그리하여 갈릴리지역을 거의 상실하고 사마리아만 남아 국력이 극히 약화되었다. 이때 베가왕에게 호세아 (재위 9년)가 반역하여 쳐죽이고 왕이 되었다.

호세아는 초기에 친 앗수르 정책을 취했으나 앗수르왕 디글랏 빌레셋이 죽고 그 아들 살만에셀 5세가 왕위를 계승하자 앗수르를 배반하고 해마다 바치던 조공을 바치지 않고 어리석게도 이집트에게 동맹을 청하였다. 그 당시 이집트는 분열의 진통속에 북 이스라엘을 도울수 없었다.

이때 호세아는 9년의 통치기간에 악을 행하였으므로 여호와께서 앗수르의 살만에셀 5세를 보내사 사마리아성을 포위 하였고 포위한지 3년 후에 그 성을 함락시켰다.(722년)

그리고 왕을 앗수르로 잡아가고 백성들을 사로 잡아가 여러 성읍에 분산 시켰다.(왕하 18:9-12) 실재의 사실은 살만에셀 5세가 사마리아 성을 포위하고 있던 중 죽게되자 그 뒤를 이어 그 아들 사르곤 2세(주전 722-705년)가 왕위에 올라 사마리아성을 함락 시켰다는 주장이 있다.

결국 북 이스라엘은 여로보암부터 호세아까지 19명의 왕 중에 8명이 살해 되는 등 악을 행했던 209년간의 역사에 종말을 고하고 주전 722년에 앗수르에게 멸망되었다.

▲ 이스라엘의 베두인 여인들

26. 앗수르 사르곤 2세의 침공과 주민 분산정책
(왕하 17:20-24, 주전 722-712년경)

앗수르왕 살만에셀 5세가 사마리아를 포위하고 있던 중 죽게되자 사르곤 2세가 왕위에 올랐다. 사르곤 2세의 연대기에 의하면 "짐은 치세초 1년에 사마리아를 포위하여 그 성을 점령하였다. 그리고 그 곳 주민 27,290명을 잡아갔고 50대의 전차도 왕국의 전력으로 몰수하였다. 또한 짐의 심복을 총독으로 임명하여 그들 위에 두었으며 앗수르인과 한가지로 조세와 조공을 바치게 하였다"고 기록되었다.

앗수르는 북 이스라엘을 정복했지만 남 유다는 앗수르에게 걸림돌이 되었다. 그리하여 주전 721년에 남 유다 지역은 아니지만 이디오피아 사바쿠(Shabak)의 후원에 의해 블레셋지역의 아스돗 반란을 진압하기 위하여 침공하였다.

▲ 사르곤 2세의 침공

사르곤 2세는 군대 장관을 아스돗으로 보내어 아스돗을 쳐서 정복하고(사 20:1) 아스돗얌, 깁브돈, 에글론, 가드 그리고 아세가를 정복하였다.

다음 해는 가사와 라빠(랍바:아둘람굴의 서남에 위치)를 정복하고 가사왕을 돕기 위한 이집트군을 맞아 격파하여 이집트로 부터 조공을 받았다.

따라서 사르곤 2세는 사마리아 사람들의 반란 지원을 막기 위하여 북 이스라엘 주민을 앗수르 변경과

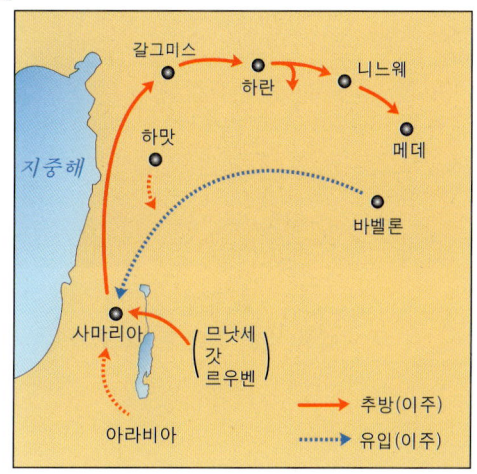

▲ 북 이스라엘 주민 분산경로

정복한 메대의 성읍으로 이주 시켰다. 반면에 이주로 인한 공백의 북 이스라엘 지역에는 바벨론, 구다, 아와, 하맛, 스발와임의 앗수르 국민을 옮겨다가 이스라엘 자손을 대신하여 사마리아 여러 성읍에 두매 저희가 사마리아를 차지하여 그 성읍에서 거주하게 하였다.(왕하 17:3-6, 22-24)

또한 주전 716년에는 아라비아 사람들도 북 이스라엘로 이주해 오게 되어 그 후 사마리아는 여러 혼혈족이 되어 그들의 풍속에 순화되어 갔다. 이때부터 유다인들은 사마리아인들을 이방시 하기 시작 했으며 유다인들이 바벨론에서 주전 537년 귀환하여 예루살렘 성전을 건축할 때 사마리아인들은 반대 하면서 일방적으로 그리심산에 따로 성전을 건축하게 되었다.(스 4:1-6)

그 후 주전 330년경 마케도냐의 알렉산더 대왕이 사마리아를 점령하여 사마리아인을 축출하고 자기 국민을 사마리아에 이주 시키므로 자연히 혼혈이 되어 버렸다. 그때부터 사마리아를 더욱 이방시하고 이족시 하게 되었다. 이러한 증오와 질시는 예수님 시대까지 지속되었다.

▲ 예루살렘의 야드바쉠(육백만 학살 추모관)의 추모 부조
※ 유대인들은 바벨론 포로때 부터 디아스포라의 역사적 수난이 시작된 민족이다.

27. 앗수르 산헤립의 침공과 히스기야의 출정
(왕하 18:1-20, 20:21, 대하 29-32, 주전 711-701년경)

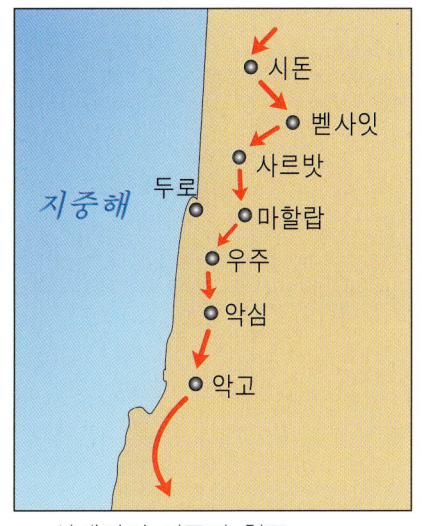

▲ 산헤립의 시돈땅 침공

북 이스라엘의 마지막왕 호세아 3년에 남 유다왕 아하스의 뒤를 이어 그 아들 히스기야(재위 29년)가 25세에 왕위에 올랐다.

이때 유다는 대부분의 영토는 주변의 에돔에게 빼앗기고 앗수르의 봉신국으로 조공을 바쳐 경제적으로 심한 어려움과 사회적 도덕의 타락 그리고 종교적 부패가 극에 달하게 되자 선지자 이사야와 미가는 신랄하게 책망하였다. 그리하여 히스기야는 통치 초기 종교개혁을 먼저 단행하였다.(왕하 18:1-8)

당시 이집트는 국경에 이르기 까지 앗수르의 위협을 느끼고 유다, 에돔, 모압, 블레셋의 성읍들에게 원조해 줄 것을 약속하며 앗수르와 대항 하도록 권유 하였다. 한편 유다에서는 앗수르와의 대결 여부에 대한 찬성과 반대의 양론이 대두되고 있었다. 그러나 이사야 선지자는 이집트와 구스가 앗수르에게 멸망할 것을 예언하고 이집트를 의지 하는 것이 헛되다는 것을 선포 하였다.(사 20:1-6)

앗수르왕 사르곤 2세는 그들 왕조의 가장 유력한 왕 중의 한 사람으로 왕위에 있을때 수도를 아슈에서 갈라(니므롯)로 옮겼다가 또 니느웨 북쪽 16km지점에 있는 둘사르킨(콜사밧)에 도시를 건설하고 수도를 정하였다.

사르곤 2세는 주전 711년에 앗수르 군대를 북 이스라엘 땅에 보내어 바벨론왕 므로닥 발라단과 히스기야의 반 앗수르 음모를 분쇄하고 므로닥발라단을 바벨론에서 추방한 후 바벨론의 환영을 받은 왕이 되었으나 주전 705년에 암살을 당하였고 그 뒤를 이어 그 아들 산헤립(주전 704-681)이 왕위에 올랐다.

히스기야왕은 산헤립이 왕위에 오른 것을 좋은 기회로 판단하여 앗수르에게 바치던 조공을 거절하고 독립의 쟁취를 도모하였다.

히스기야는 예루살렘에 터널을 파서 성밖의 기혼샘의 물을 성안에 있는 실로암 연못으로 끌어들이는 대규모의 토목공사(533m)를 하였다. 이 토목공사는 산헤립의 침략을 예상하여 예루살렘 성이 포위 될지라도 적에게 기혼샘물의 사용을 거부하고 성안에서 물을 사용하여 장기전에 대비할 수 있도록 하였다. 또한 예루살렘 성벽의 확장 공사를 대대적으로 시행하였다.(사 22:10)

그러나 산헤립은 히스기야 14년(주전 701)에 유다를 침공하기 위하여 먼저 두로왕을 폐위 시키고 남쪽 악십과 악고까지 진출하였다. 남쪽으로 계속 남하하여 아벡을 경유하여 욥바, 벧다곤을 차례로 점령하여 유다와 이집트의 연합군을 격멸하고 아스글론과 에글론의 항복을 받은 후 진격하여 라기스를 점령하였다.(왕하 18:13, 19:8)

산헤립의 니느웨 비문의 부조에 의하면 정복된 지역 가운데 라기스를 비롯하여 46개 성읍이 언급 되었으며 에글론, 믹마스, 게바, 라마, 기브아, 아나돗, 맛메나, 게빔, 놉, 예루살렘 등이 포함되었다.

앗수르 침공의 무참한 살육전으로

▲ 산헤립의 블레셋 및 유다침공

정복한 라기스에 산헤립이 머물고 있을 때 히스기야는 위기 극복을 위하여 산헤립과의 협상으로 산헤립이 요구한 은 300달란트와 금 30달란트를 여호와의 전과 왕궁 곳간에 있는 것과 기둥에 입힌 금까지 벗겨 주었다. 그러나 산헤립의 야욕은 은금에 만족하지 않고 유다를 속국으로 만들고자 하였다. 그리하여 산헤립이 다르단, 랍사리스, 랍사게 등에게 명령하여 대군을 거느리고 예루살렘으로 진격하게 하고 예루살렘성을 포위하여 회유하고 압박하였다.

이때 히스기야는 "새장에 갇힌 새"처럼 되어서 옷을 찢고 굵은 베를 입고 하나님의 전에 들어가 기도 하며 장로들에게 굵은 베옷을 입혀 이사야에게 보냈다.

이사야를 통해 "여호와의 말씀에 내가 한 영을 저의 속에 두어 저로 풍문을 듣고 그 본국으로 돌아가게 하고 또 그 본국에서 저를 칼에 죽게 하리라 하셨다"하였다. 그러자 랍사게는 이사야의 말대로 소문을 듣고 예루살렘의 포위망을 풀고 자기 왕인 산헤립 진지로 돌아 가는 도중 왕 산헤립은 라기스를 떠나 립나에서 구스왕 디르하가와 싸우고 있었다. 그리하여 립나에서 왕을 만났다. 이때에 이사야를 통해 "하나님 여호와의 말씀이 네(히스기야)가 앗수르왕 산헤립 까닭에 내게 기도 하는 것을 들었노라"하였다.

그 얼마 후 밤에 여호와의 사자가 나와서 앗수르 진에서 군사 18,500명을 격멸하여 아침에 일찍이 일어나 보니 다 송장이 되었다. 이어 산헤립이 니느웨에 가더니 그들 우상의 신 니스록의 묘에 경배할 때 아드람멜렉과 사레셀이 산헤립을 쳐 죽이고 아라랏 땅으로 도망하매 그 아들 에살핫돈이 대신 왕이 되었다.(왕하 19:35-37)

히스기야가 병으로 죽을 지경이 되매 낯을 벽을 향하고 심히 통곡하며 여호와께 기도 하였다. 그리하여 이사야를 통해서 "하나님의 말씀이 내가 네 기도를 들었고 네 눈물을 보았노라 내가 너를 낫게 하리니 네가 3일만에 여호와의 전에 올라 가겠고 내가 네 날을 15년을 더 할것이며 이 성을 앗수르왕의 손에서 구원하고 네가 나를 위하고 다윗을 위하므로 이 성을 보호하리라" 하셨다. 여호와께서 왕에게 징조로 보이기 위하여 이사야가 여호와께 간구하매 아하스의 일영표 위에 나아 갔던 해 그림자로 십도를 물러가게 하는 이적을 행하였다.(왕하 20:8-11)

히스기야 재위 시에 주변국의 침입을 모면한 후 유다왕국이 강대해 졌다. 이때에 히스기야가 병들었다함을 듣고 바벨론왕 부로닥발라단의 편지와 예물을 가지고 내방한 바벨론 사자들에게 히스기야가 각국으로부터 받은 예물과 보물을 자랑하였다. 이 일로 이사야로 부터 책망과 바벨론에게 포로가 될 것에 대한 예언을 들었다.(왕하 20:12-17, 사39:1-7) 그리고 그의 자랑과 그 아들의 범죄가 여호와의 심판을 불러 일으켰다. 그러나 그의 간절한 기도를 들으시고 히스기야의 생명을 15년 연장시켜 주었으며 죽어서 조상과 함께 자고 그 아들 므낫세가 왕위에 올랐다.

▲ 히스기야 터널에서 발견된 실로암 석비   ▲ 석비의 비문

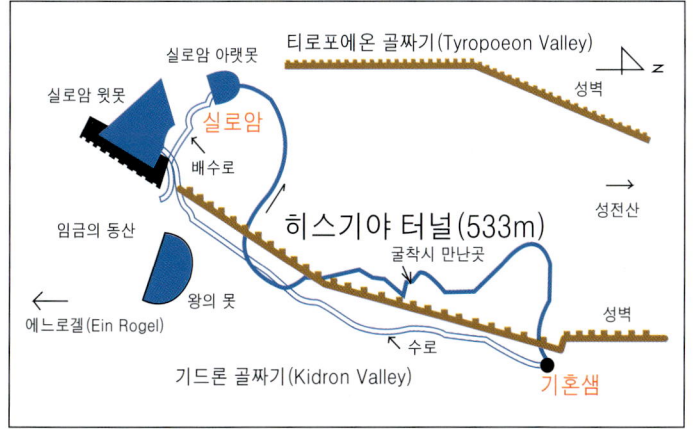

◀ 히스기야 터널 평면도

히스기야왕은 앗수르의 산헤립의 침공에 대비 하기 위하여 터널을 뚫어 성밖의 기혼샘물을 성안의 실로암못까지 끌어들여 장기전에 대비하였다.

28. 앗수르의 멸망과 애굽 느고의 출정
(왕하 23:29-30, 대하 35:20-24, 주전 686-609년경)

▲ 유다 말기의 므깃도 전투

히스기야의 뒤를 이어 12세에 왕위에 오른 므낫세는 유다왕(주전 626-642)으로는 드물게 55년간의 장기 통치를 하였다.

북 이스라엘의 역대 왕 중에서 가장 악을 행한 왕이 여로보암 1세 였다면 남 유다의 므낫세도 여로보암에 못지 않은 악한 왕이었다. 그는 통치기간 대부분 우상 숭배와 백성 탄압으로 일관하였다. 므낫세는 유다를 멸망으로 몰고 간 장본인이었다.(왕하 23:26-27)

부왕 히스기야가 헐어버린 산당을 다시 세우며 이스라엘 아합을 본받아 바알을 위하여 단을 쌓으며 아세라 목상을 만들며 하늘의 일월성신을 숭배하고 또 그 아들들을 불 가운데로 지나가게 하며 점치고 사술을 행하며 신접한 자와 박수를 신임하여 여호와 보시기에 악을 많이 행하여 그 진노를 격발하였다.(왕하 21:2-6)

여호와께서 므낫세와 그 백성에게 이르셨으나 저희가 듣지 아니한 고로 앗수르왕의 군대 장관들로 와서 치게 하심에 저희가 므낫세를 사로잡고 쇠사슬로 결박하여 바벨론으로 끌어 갔다.(대하 33:10) 그러나 므낫세는 포로가 된 환란을 당한 후 하나님께 간구하여 회개한 고로 그 기도를 하나님께서 받으시고 들으셔서 다시 예루살렘으로 돌아오게 하셨다. 그리고 다윗성밖 기혼 서편 골짜기 안에 외성을 쌓고 성을 견고히 하며 늦게 나마 하나님 여호와를 섬겼다. 그가 죽자 그 아들 아몬이 왕위(주전 642-640)에 올랐으나 부왕의 악을 답습하게 되어 2년 후에 자신의 신복에게 살해 되고 그의 아들 요시야가 8세에 왕위(주전 640-609)에 올라 31년을 통치하였다.

요시야는 다윗, 히스기야 다음가는 유다의 훌륭한 왕으로 기록되었다. 요시야는 성전 수리 중 우연히 모세의 율법서인 신명기 법전을 발견하였다. 율법의 근간이 되는 것은 신명기 12장-26장 이었다. 이 신명기 율법을 중심으로 종교개혁을 대대적으로 단행하였다.

이 종교개혁 정책에 선지자 스바냐와 예레미야가 적극적으로 협력하고 지원하였다. 또한 요시야의 통치 초기에 강대국인 앗수르는 쇠퇴하기 시작하였다. 그리하여 요시야는 앗수르의 간섭을 받지 않고 단기간 독립할 수 있었다.

앗수르는 앗슈르바니팔(성경에 오스납발 "스 4:10", 주전 669-631)때부터 쇠퇴하기 시작하여 그가 죽게 되자 급속히 국력이 약화되었다. 이때 애굽의 제 26왕조 창시자인 싸메티커스 1세(주전 663-609)가 반기를 들자 갈대아(신바벨론)와 인접 국가들도 반기를 들어 앗수르의 종말을 재촉하였다. 그리고 앗수르는 주전 612년에 바벨론과 메대의 동맹군으로 수도 니느웨를 3개월간 포위 끝에 함락되자 신사르이스쿤왕은 도망하다 죽었다. 그 뒤를 이은 앗슈르발릿 1세는 하란으로 수도를 옮겨 명맥을 겨우 유지 하다가 주전 610년에 바벨론에게 멸망되었다. 그러나 애굽과 앗수르는 동맹을 맺고 있어 빼앗긴 니느웨를 탈환 하고자 하였다. 애굽왕 느고는 주전 609년에 신 바벨론을 제압하고 앗수르를 도우려고 북진하게 되었다.(왕하 23:29의 "앗수르왕을 치고자"의 기록은 원문에 "앗수르왕을 도우고자"로 되어있음) 이때 반 앗수르 정책을 펴온 유다왕 요시야가 애굽왕 느고의 군대를 막으려고 므깃도에 진출 하였다. 이때 유다왕 요시야는 므깃도에서 활에 맞아 중상을 당하여 예루살렘에 이르렀으나 후에 죽었다. 그리하여 예레미야는 애가를 지어 슬퍼 하였다.

요시야가 죽자 둘째 아들 여호아하스(23세)를 왕으로 삼았지만 애굽왕 느고는 하란 전투에서 바벨론에게 패하고 돌아올 때에 출영나온 여호아하스를 하맛 땅 립나에 가두어 은 100달란트와 금 1달란트를 벌금으로 내게하고 유다의 지배권을 계속 행사하여 여호아하스를 왕으로 인정하지 않고 왕이 된지 3개월만에 퇴위시켜 애굽으로 끌고 가 죽였다.

애굽왕 느고는 요시야의 첫째 아들 엘리아김(25세)을 새 왕으로 세웠으며 그 이름을 여호야김으로 고쳤다. 그 후 여호야김(재위 11년)은 애굽왕에게 많은 조공을 바치기 위하여 막대한 세금을 부과 하였다.(왕하 23:28-35)

므깃도는 주전 3000년경 부터 끊임없는 전쟁의 소용돌이 속에 휩싸여 왔었다.

주전 4세기까지 무려 24번이나 파괴 되었다가 다시 재건된 흔적을 발견할 수가 있다. 그래서 므깃도는 고대로부터 "전쟁터의 상징"처럼 여겨왔다. 따라서 성경에 아마겟돈이라는 이름으로 종말에 있을 마지막 날의 전쟁터로 계시 되었다.(계 16:16)

므깃도 언덕을 히브리어로 할 므깃도(Har Meggido)라고 하며 희랍인들은 이를 "아마겟돈"이라 불렀다. 므깃도의 솔로몬의 병거성은 애굽의 바로 시삭에 의해 주전 923년경에 파괴 되었고 그 후 오므리왕과 아합왕이 재건한 성이 주전 722년에 앗수르에게 완전히 파괴되었다. 주전 322년 알렉산더 대왕이 팔레스타인을 점령할 때 파괴되어 성으로서의 생명이 끝이 났고 그 후 사람이 정착한 사실이 없다. 주후 1798년에 나폴레옹 군대가 주둔했고, 1917년 영국의 알렌비 장군이 오스만 터키를 몰아내는 군사기지로 사용했으며, 1948년 이스라엘 독립당시 아랍동맹군을 맞아 싸운 곳이다.(참조: pg 274 므깃도 유적)

29. 바벨론과 앗수르 동맹의 갈그미스 전쟁
(왕하 24:7, 렘 46:2-12, 주전 605-604년경)

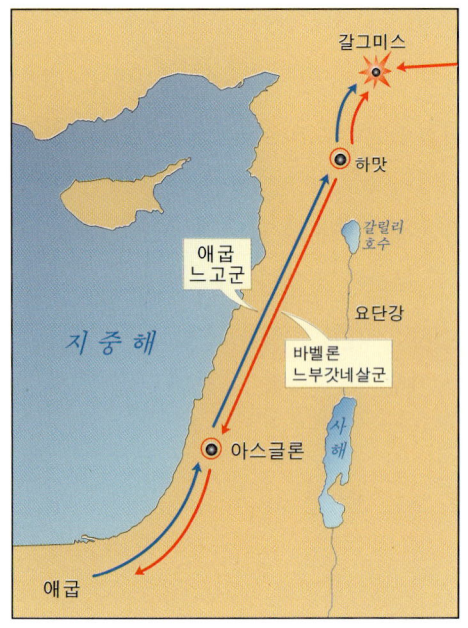

▲ 바벨론 스룹바벨과 애굽 느고의 전투

애굽왕 느고는 신 바벨론에게 빼앗긴 앗수르의 수도 니느웨의 탈환을 돕고자 북진하다가 므깃도에서 유다왕 요시야를 죽이고 하란까지 진출하여 하란에서 패했지만 수리아지역과 팔레스타인 지역은 애굽의 영향권 안에 있었다. 이때 하란을 점령한 바벨론의 나보폴라살왕이 병들어 죽자 그 아들 느부갓네살이 왕위(주전 605-562)에 올랐다. 느부갓네살은 새 바벨론 제국의 창건자가 되는 계기가 되었다. 그는 애굽의 영향권에 들어가 있는 지역을 원치 않았다. 그리하여 유다의 여호야김 4년 주전 605년에 느부갓네살왕은 하란 서쪽에 있는 갈그미스에서 애굽왕 느고를 격파시켰다.

애굽과 앗수르의 동맹군은 갈그미스에서 패하여 하맛에 이르러 전열을 재정비 하고자 했으나 추격해 온 바벨론 군대에 전멸됐다. 이 갈그미스 전쟁에서 바벨론은 완전히 승리한 후 수도를 니느웨로 옮겼으며 근동지방의 중심지로 만들었다. 애굽의 느고는 팔레스타인 지역에서 그 세력을 잃은채 애굽으로 퇴각하자 바벨론은 팔레스타인 지역을 지배할 수 있는 영향력을 확보하게 되었다. 그리하여 주전 604년 바벨론의 느부갓네살왕은 남쪽으로 진격하여 블레셋 평원과 아스글론을 파괴하고(렘 47:5-7) 주요 인물을 바벨론으로 끌고 갔다. 그 다음해 유다 여호야김은 느부갓네살에게 충성할 것을 다짐하고 봉신국이 되었다.(왕하 24:1)

▼ 므깃도 유적 전경

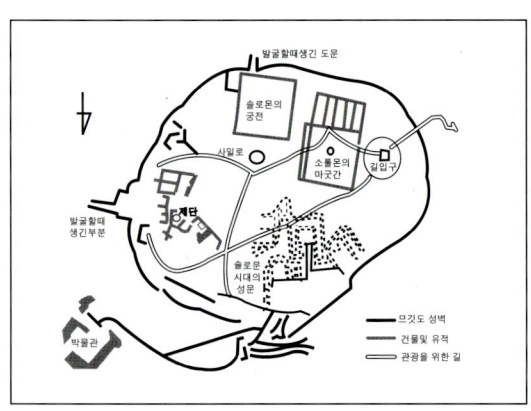

30. 바벨론에 의한 유다 왕국의 멸망
(왕하 25:1-21, 대하 36:17-21, 주전 601-586년경)

◀ 느부갓네살에 의한 시드기야의 최후 ▶

바벨론의 느부갓네살왕은 갈그미스 전투에서 승리한 후 애굽왕 느고를 완전히 제압하기 위하여 애굽 국경까지 진격 했으나 피차 쌍방에 많은 피해를 입게 되자 느부갓네살은 퇴각하여 1년간 재정비 중에 있었다.

유다의 여호야김은 느부갓네살에게 충성을 다짐했으나 3년을 섬기다가 배반하였다.(왕하 24:1) 이 소식을 들은 느부갓네살은 주전 597년에 갈대아, 아람, 모압, 암몬 등 여러자손의 부대와 동맹하여 유다를 침공 하였다.(왕하 24:2) 저들이 유다 성읍을 차례로 짓밟아 라맛라헬, 벧술, 벧세메스, 라기스, 드빌, 아랏이 정복되었으며 라기스와 아세가는 최후까지 버텼다. 곧 이어 바벨론의 주력부대가 진격하여 예루살렘을 포위 하였다.

이때 여호야김은 자기 부하의 손에 살해 당했으며 그의 아들 여호야긴(여고냐)이 18세에 왕위 올랐다. 여호야김이 느부갓네살에 나아가매 왕으로 인정하지 않고 왕이 된지 3개월 만에 바벨론으로 끌고갔다. 또한 모든 방백과 모든 용사 7,000명과 공장과 대장장이 1,000명 등 많은 백성을 바벨론으로 사로 잡아갔다. 이때 에스겔과 다니엘도 잡혀갔다. 이때가 바벨론의 제 1차 침공이었다.

바벨론왕이 여호야긴의 숙부(요시야 셋째아들) 맛다니야를 여호야긴을 대신하여 왕으로 삼고 그 이름을 고쳐 시드기야라고 하였다. 시드기야는 21세에 왕위에 올라 바벨론에 충성을 맹세하였다. 그는 재위 11년(주전 597-586)동안 여호야김의 모든 행위를 본받아 여호와 보시기에 악을 행하였다.

유다의 시드기야는 다소 국제정세가 호전되자 국수주의자들의 조언에 따라 바벨론과의 봉신관계를 파기하는 어리석은 선언을 하였다.

예레미야는 예루살렘의 구원을 위해 많은 눈물을 흘렸기에 눈물의 선지라 부른다. 그는 바벨론에게 항복하면 살고 항복하지 않으면

▲ 느부갓네살의 침공

죽는다고 예언했고(렘 38:17-18) 바벨론 포로생활을 마치고 고향땅으로 다시 모이게 될 것도 예언하였다.(렘 32:1-44) 그러나 반역죄로 고발당하여 많은 고난을 받았다.(렘 38:1-6)

시드기야는 친 애굽파와 반 바벨론자들로 인하여 애굽에 신뢰를 걸고 있었다. 그러자 느부갓네살은 주전 586년 시드기야 9년 10월 10일에 모든 군대를 이끌고 예루살렘을 치러 올라 와서 진을 치고 사면으로 토성을 쌓고 18개월간 포위하고 압박하였다. 그리하여 성 중에 기근이 심하여 양식이 떨어지자 성벽의 구멍을 뚫고 밤에 왕의 동산쪽(현, 정원무덤)으로 시드기야와 군사가 도망하여 아라바길로 갔다. 이때 갈대아 군사가 시드기야를 쫓아가서 여리고 평지에서 잡아 립나(하맛지방)의 바벨론왕에게 끌고 갔다. 시드기야의 아들들도 같이 잡혀가 느부갓네살 앞에서 죽이고 시드기야의 두 눈을 빼고 사슬로 결박하여 바벨론으로 끌어 갔다.(왕하 25:1-7)

느부갓네살은 예루살렘 정복 1개월 후 모든 건물을 파괴하고 불살라 폐허로 만들고 수많은 주민을 바벨론으로 포로로 끌어 갔다. 이때에 전설에 의하면 성전 안에 안치 되었던 법궤도 행방을 알수 없게 되었다는 것이다. 이때가 바벨론의 제 2차 침공이었다.

남 유다왕국은 초대 르호보암왕으로 부터 20대 시드기야왕까지 345년간의 역사에 종말을 고하며 주전 586년에 바벨론에게 멸망되었다.

유다가 폐망하자 많은 주민이 포로로 끌려 갔는데 또 다른 반란에 대비한 조치였다. 주전 582년에도 주민 4,600명이 바벨론으로 끌려 갔다.(렘 52:28-30)

유다인 바벨론 포로들은 대부분 닙풀(Nippur)과 바벨론 근처 그발강가의 여러 마을에 정착 하였다. 또한 바벨론은 멸망한 유다의 내정을 아히감의 아들 그달랴를 총독으로 삼아 미스바에서 통치 하였다. 그러나 그는 과격파에게 살해 되었다. 이 사건으로 바벨론의 보복을 두려워 하여 많은 유다인들이 애굽으로 피난 하였다. 애굽의 남부 지역의 엡(Yeb)에 유다 군기지를 건설한 사실이 고문서를 통해서 전해져 오고있다.

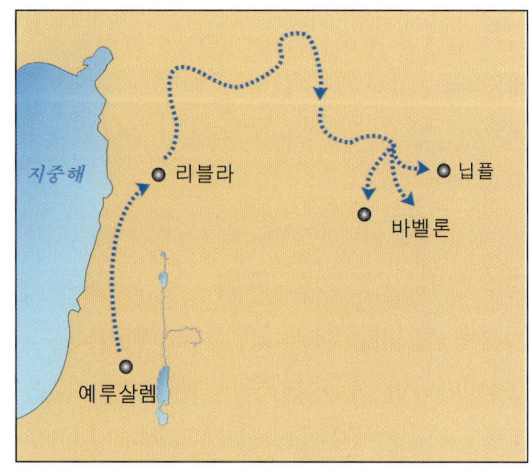

▲ 바벨론으로 끌려간 포로의 경로

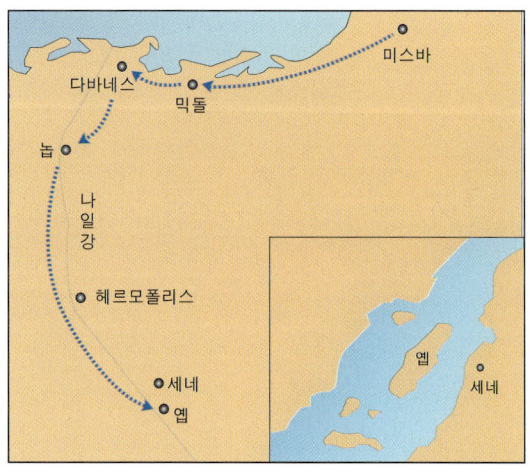

▲ 애굽으로 유다인의 피난경로

31. 바벨론 치하의 유다와 에스겔의 환상지역
(겔 40:10-47:48, 주전 586-539년경)

바벨론의 초대왕 나보폴라살의 뒤를 이어 왕이 된 그 아들 느부갓네살(Nubuchadnezzar)은 다니엘의 예언한 금머리 처럼(단 2:36-38) 그의 43년간의 통치기간은 황금시대를 이루었다.

이때 애굽의 영향하에 있던 유다 왕국은 바벨론의 지배 권하에 들어가 변화를 맞아 마침내 느부갓네살에게 멸망 되었고 유다의 수 많은 백성들이 세 차례에 걸쳐 바벨론으로 끌려가게 되었다.

유다의 주요 성읍들은 잔인하게 파괴 되었고 그 땅과 정착지역은 "남겨둔 사람들"이 재빨리 점령하게 되자(겔 40:10) 끌려간 포로들과 추방된 유대인들에게 분노를 자아냈다.(겔 21-27) 유다땅 중부 산지 지역의 주민들이 사라졌으나 바벨론 사람들이 정착하지는 않았다.

이 공백 지역은 점차 에돔 사람들이 장악했는데 그들은 아람족속의 압력 때문에 집단을 이루어 살았다. 그리고 남부 유다 산지로부터 오늘의 벧-술지역까지 "이두매" 지역이 되었다.

바벨론에 포로가 된 유다인들은 바벨론의 닙풀과 그발 강가의 곳곳에 흩어져 농경사회를 이루어 정착하면서 그들의 영적이고 종교적인 유산을 보존하고 "약속의 땅으로의 귀환"의 꿈을 펼쳐 나갔다. 이것은 에스겔의 환상에서 나타났는데 에스겔은 여호야긴(19대왕, 3개월 재위)과 함께 바벨론에 포로로 끌려 갔었다. 에스겔은 고국 성지의 열두지파에 대한 환상을 보았다. 열두지파가 서로 인접하여 유업을 받아 가나안 땅의 옛 경계와 일치된 상태에서 정착하게 되는 것으로 에스겔은 당시(주전 565)의 바벨론 성읍 몇개를 포함하여 그 시대의 지명과 경계선들을 그의 기록 에스겔서에서 현실화 하였다.

32. 시온땅으로 유다백성의 귀환
(스 1:1-6:22, 스 7:1-8:31, 느 1:1-13:31, 주전 537-445년경)

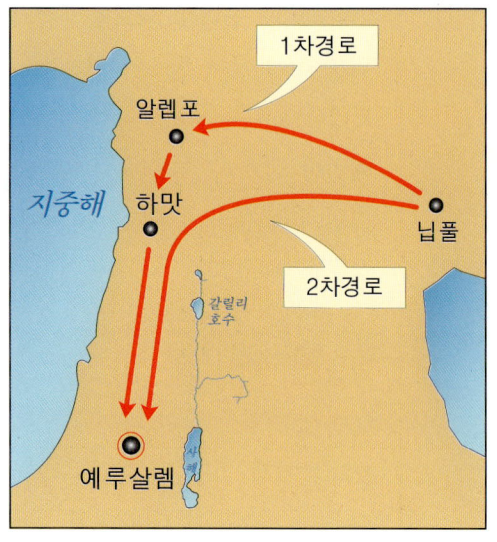

고레스왕은 예루살렘으로 돌아가 성전을 재건하기를 바라는 유다인 들에게 돌아가도 좋다는 조서를 내렸다.(대하 36:22, 스1:1-4)

유다 백성이 바벨론의 포로로 유배된지 70여년(최초 귀환 50년)만에 예레미야의 예언(렘 29:10)대로 페르시아 고레스왕의 유화 정책에 의해 포로들에 대한 자유 귀환이 시작되어 3차에 걸쳐 시온 땅 이스라엘 본국의 예루살렘으로 돌아오게 되었다. 이스라엘 백성들이 바벨론의 여러 강변에 앉아서 시온을 기억하며 울었다고 하였다.(시 137:1) 이러한 눈물의 기도에 대한 소망은 성취되었다.

⊙ 1차 귀환(스:1-6:22)

유다인에게 귀환의 해방령을 내린 후 스룹바벨을 총독으로 임명했으며 1년 뒤인 주전 537년에 1차 귀환으로 스룹바벨과 대제사장 예수아의 주도로 수사와 닙풀지역으로 부터 유다인 42,360명을 비롯하여 50,000여명이 귀환하였다.

귀환로는 당시 통상로인 유프라데스강을 따라 북서쪽으로 올라가 알렙포, 하맛을 거쳐 아래로 내려 왔을 것으로 추정되며 4개월 정도 소요되었다. 제 1차 귀환은 사실상 포로생활 50년만이었다. 이때 예루살렘에 도착한 유다인들은 학개와 스가랴의 외침과 같이 성전의 재건에 전력하여 비로소 성전이 파괴 된지 70여년 만인 주전 515년에 제 2성전이 완성되었다. 그러므로 성서의 예레미야서 29장 10절에 "바벨론에서 칠십년이 차면 돌아 오게 하리라"는 예언은 제 2성전의 재건에 촛점이 맞추어 진 것이다.

⊙ 2차 귀환(스 7:1-8:36)

페르시아왕 아닥사스다 1세때에 학사 겸 제사장인 에스라의 인도로 모압 자손과 요압 자손등 1,400명이 주전 458년에 귀환 하였다. 이들은 아하와로 흐르는 강에 모여 그곳에서 3일간 장막에 머물러 있으면서 금식을 선포하고 기도한 후 귀국길에 올랐다. 귀국길은 1차 귀환 때와 달리 통상로를 따라 귀환하지 않고 위험하지만 짧은 근거리길을 택한 것으로 추정된다. 그리고 예루살렘에 도착하여 에스라는 백성들을 모아 놓고 예루살렘의 관원이 될 수 있도록 율법을 가르쳤다.

⦿ 3차 귀환(느 1:1-13:31)

아닥사스다 1세 제 20년 니산월(양력3-4월)에 아닥사스다의 환관이며 술관원인 느헤미야가 유다 총독으로 임명되어 에스라가 떠난 13년 후인 주전 445년에 귀환 하였다. 당시 귀환로는 에스라가 돌아 왔던 길로 추정된다. 왜냐하면 당시 예루살렘성이 훼파된 것을 알고 느헤미야가 심히 슬퍼한 것으로 보아 왕의 허락을 받은 즉시 가장 빠른 길을 택했을 것으로 추정된다.

느헤미야는 예루살렘 성곽 중수에 전력하여 52일 만에 완성 하였다.(느 6:15-16) 성벽을 수축할 때 가장 반대한 자가 사마리아의 총독 산발랏이었다.

제사장 겸 학사였던 에스라는 영적인 신앙의 영역을 담당하였고 느헤미야는 정치 및 군사적인 영역을 맡았다. 그리고 귀환하지 않은 상당수의 유다인들은 주로 닙풀을 중심으로 그대로 정착하여 살았다.

국가	새 바벨론	메 데 · 바 사					
즉위년도	← 605년	539년	530년	521년	485년	465년	423년
통치자	↑ 느부갓네살왕 ↓ 벨사살왕	↕ 고레스왕	↕ 캄비세스왕	↕ 다리오 1세	↕ 아하수에로왕 (에스더를 왕후로 삼음)	↕ 아닥사스다 1세	↕ 다리오 2세
포로	↑ 유다인 포로기간 ↓ (약 50년)	↕ 스룹바벨 **1차 귀환** (스1-3)	• 예루살렘 현지 총독 임명됨(538년) • 고레스왕 칙령으로 귀환(537년) • 귀환하여 성전 재건(515년)			↕ 에스라 **2차 귀환** (스7-10)	↕ 느헤미야 **3차 귀환** (느1-2)
귀환년도	586년 ←50년간→	**537년** ←	········ 약 80년간 ········			→ **458년** ←13년간→	**445년**

◀ 엔게디의 들염소

33. 바벨론의 몰락과 페르시아의 발흥
(단 5:1-2, 단 8:1-4, 주전 539-332년경)

주전 562년에 느부갓네살이 죽은 후 후계자 3명(에윌므로닥, 네르갈사레셀, 라비시말둑)이 7년간 왕국을 유지해 나갔다.

첫 번째 후계자 에윌 므로닥(Evil-Meroduch)은 여호야긴을 감옥에서 풀어주고 자유를 주었다. (왕하 25:27-30) 그러나 에윌므로닥은 2년 후인 주전 560년에 반역으로 살해되고 처남인 네르갈 사레셀(Nergal-Sharezer, 렘 39:3)이 4년간 통치하였다. 그 후 그 아들 라바시 말둑(Labash-Malduk)이 왕위에 올랐으나 9개월 만에 음모에 의해 살해되고 음모자인 하란의 나보니두스(Nabonidus)라는 귀족이 주전 556년에 왕위에 올랐다. 그는 페르시아만과 애굽의 중간지점인 데마(Tema)를 제 2의 수도로 정하고 11년간 통치하였다.

그리고 그 아들 벨사살이 부왕으로서 바벨론궁에서 나누어 나라를 다스렸다. 다니엘서 5장 1-2절의 느부갓네살이 부친이라고 한 것은 벨사살의 어머니가 느부갓네살의 딸로 벨사살의 외할아버지를 지칭한 것이다.

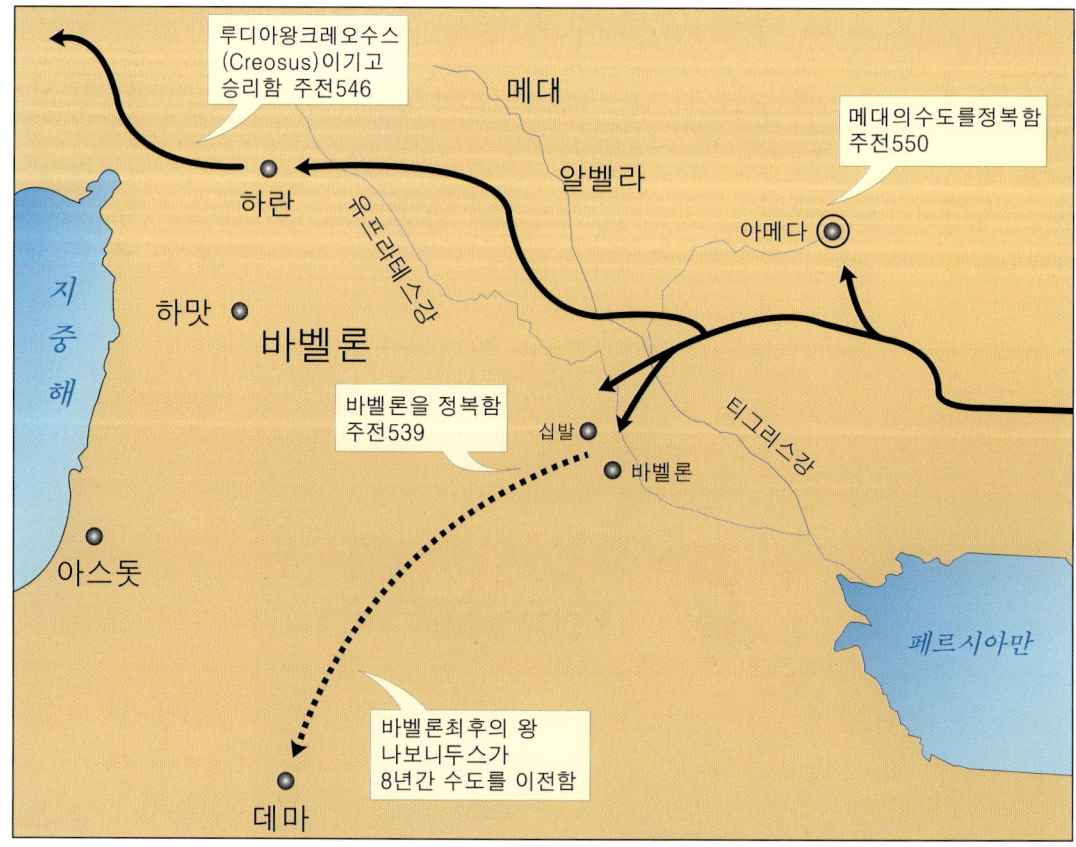

다니엘은 벨사살왕의 연회장 벽에 사람의 손이 나타나 글자 쓴것을 읽어주고 그 뜻을 해석한 후 세 총리 중 한사람이 되었다.(단 5장) 그후 나보니두스는 아라비아 별장에서 죽고 벨사살왕은 메대족속 아하수에로의 아들 다리오에게 살해 되었다. 이로서 바벨론은 다리오의 통치하에 있다가 주전 539년에 일어난 페르시아의 고레스에게 완전히 멸망되었다. 이때 페르시아는 메대를 정복했으나 부왕의 왕실 궁중정략 결혼으로 인하여 속국으로 삼지않고 관대한 정책을 취했으며 포로들에게 귀환을 허락하였다.(스 1:1-4:24)

페르시아(바사)의 고레스 2세때에 그 번영이 절정에 달했으며 고레스 2세의 아들 캄비세스 2세(CambysesⅡ)는 애굽까지 정복하였다.(주전 525년) 그러나 귀국 길에 죽고 반란에 의해 가우마타(Gaumta)가 수산(수사)에서 왕위에 오르면서 페르시아는 쇠퇴하기 시작하였다.

가우마타는 반란으로 왕위에 올랐으나 2개월 만에 귀족들에게 암살 당하고 다리오(Darius)가 귀족의 추대로 왕위에 올랐다. 왕위에 오른 다리오는 유럽의 다뉴브강까지 이르러 헬라와 격돌했으나 마라톤 전투에서 패하였다.(주전 491년)

다리오 1세의 사후에는 사치와 향락에 빠져 국방이 점점 약화 되었는데 다리오의 뒤를 이어 왕위에 오른 아하수에로(Xerxes-썰서스, 주전 486-465, 스1:1,4:6)는 에스더를 왕후로 삼았고 에스더 사건이 있은지 4년 후(즉위 7년)에 살라미 해전에서 크게 패하였다.

그 후 아닥사스다 1세의 즉위 20년이 되던 해(주전 445)에 느헤미야가 예루살렘 성곽 수축의 일을 감독하기 위하여 유다의 예루살렘으로 돌아 오게 되었다.(느 2:1-12)

그 후 다리오 2세, 아닥사스다 2세, 무네몬 3세, 오커스, 알세스, 다리오 3세로 이어 졌으나 주전 331년에 헬라의 알렉산더에게 알벨라에서 대패한 후 그의 부하에게 왕이 살해 당해 200년간의 페르시아(바사)의 역사적인 번영은 막을 내렸다.

이제 가서 백성 앞에서 서판에 기록하며 책에 써서 후세에 영영히 있게 하라.

이사야 30장 8절

B. 이스라엘의 시대별 역사와 지리

너희에게는 의로운 해가 떠올라서 송아지 같이 뛰리라(말 4:2)

주 전 445년		주 전 4년
하나님의 뜻을 펴시기 위해 사용한 열방들	→ 구약에서 신약으로 →	**그리스도의 강림 직전 사건들**
페르시아 고레스의 선포와 유대인의 귀환 **그리이스** 헬라어를 확산시킨 알렉산더의 정복 **로 마** 세계적인 국가설립 불변의 법률 제정 우수한 도로망 건설 **유 대** 흩어져 살던 유대인들이 유일신 사상, 메시야 소망, 성서를 전파	**팔레스타인의 정치적 변화** 1. 페르시아의 지배(B.C. 539-323) 2. 알렉산더 대왕의 통치 　(B.C. 332-323) 3. 이집트와 시리아를 다스린 　알렉산더 후계자들의 지배 　(B.C. 323-166) 4. 마카비 영도하에 유대의 독립 　(B.C. 166-63) 5. 로마의 통치(B.C. 63) **종교·문화적 변화** **사회적 변동** 유대인들이 흩어져 살게됨 **종교적 분파** 바리새파, 사두개파, 엣세네파 **문 헌** 칠십인역 성경과 외경(B.C. 270-50) **건 축** 헤롯 성전 건축시작(B.C. 19)	주님보다 먼저 올 사람에 대한 예고 (눅 1:5-17) 메시아의 탄생에 대한 예고 (눅 1:26-35) 세례 요한의 전파 (마 3:1-6)

VIII. 신구약중간시대

(주전 445년-주전 4년)

▲ 이스라엘 국립 박물관의 성서전당 지붕
(쿰란에서 발견된 사해사본이 담겨 있던 항아리 뚜껑을 상징)

| B. 이스라엘의 시대별 역사와 지리 |

1. 신구약 중간의 침묵기

유다 백성들은 하나님께서 약속하신 삶의 터전을 잃고 바벨론과 페르시아를 거쳐 헬라, 로마로 이어지는 열강들의 지배를 겪으면서 과거의 전통과 새로운 사조들과의 충돌 및 갈등을 통하여 다양하고 복잡한 사상을 낳게 되었다. 이러한 역사적 배경은 이스라엘의 새로운 종교와 전통으로 발전하게 되었다.

흔히 이 기간을 "신구약 중간기"(The Intertestamental Period)라 부르게 된다. 이 기간은 이스라엘 백성이 바벨론의 포로생활을 거쳐 본토로 귀향하게 된 후 그로 인하여 발생한 사회 구조 및 사상 체계의 변화 그리고 헬라, 로마로 이어지는 새로운 지배 체제와 헬레니즘과의 충돌로 인하여 발생한 문화적 변화, 나아가 예루살렘의 멸망 등 약 400년간의 과정에서 매우 복잡하고 다양한 변화를 경험하게 되는 기간이다.

이 기간은 구약의 말라기에서 신약의 마태복음에 이르는 한 공백기간으로 "침묵기"라 부르기도 한다. 그 당시에는 예언을 하거나 말씀을 기록할 선지자도 없었기 때문에 성서에 기록이 없다. 그러나 이스라엘에 관한 역사적인 사실은 세계사 속에 분명하게 기록으로 남아있다.

◀ 요르단의 페트라 유적

역사의 기록과 유적은 남아 있으나 구약과 신약의 중간시대는 침묵하고 있다.

2. 그리스 제국과 알렉산더의 원정(헬레니즘시대, 주전 359-323년경)

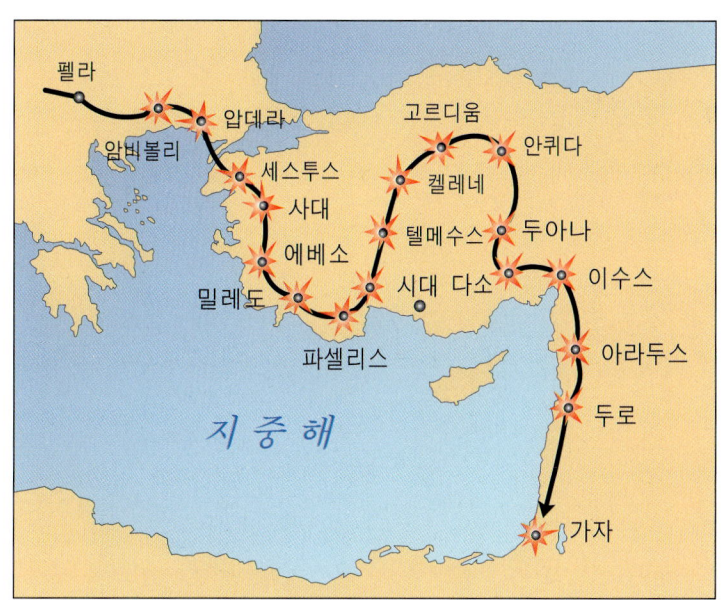

▲ 알렉산더의 애굽 원정

마케도니아왕 필립 2세는 그리스의 도시국가를 지략과 무력으로 통일시킨 후 계속적으로 침략을 받았던 페르시아 제국을 정벌하기 위하여 동정(東征)계획을 세웠다.

그는 그리스와 마케도니아 연합군을 편성하여 페르시아 정복을 준비 하던 중 암살(주전 336)되었다. 그러나 그 아들 알렉산더가 나이 20세에 왕위에 올라 부왕의 야망을 급진적으로 발전 시켰다.

마케도니아의 알렉산더 대왕은 주전 333년경 35,000명의 군대를 이끌고 소 아시아를 향해 출정하여 정복하고 이어 페르시아 제국을 격파하여 승리하였다. 이것은 이스라엘(유다)에 대한 페르시아 지배에 종지부를 찍게 되는 계기가 되었다.

알렉산더는 계속해서 그의 군대를 시리아로 진군시키고 페니키아를 통과 지중해 연안을 따라 질풍노도 처럼 군사적 세력 확장에 박차를 가하였다. 강력한 해양국 두로는 천연 요새와 해안 기지에서 7개월 동안 완강하게 저항했으나 알렉산더는 특수장비로 바다에서 파상적으로 공격을 감행하여 두로 요새를 완전히 파괴하였다. 그 후 지중해 연안의 남쪽에 위치한 가자 점령에 막강한 군사력으로도 2개월간을 싸워야 하였다.

이스라엘 땅에서 두로와 가자만이 저항다운 저항을 했으나 가자 점령 이후 애굽으로 들어가는 관문이 열려 힘들이지 않고 애굽을 정복(당시 24세, 주전332)하게 되었다. 그 후 알렉산드리아 (Alexandria)는 헬라 문화로 꽃 피우는 항구 도시로 발전 하였다.

알렉산더 대왕은 예루살렘을 통과 했으나 파괴 하지 않았다. 전설에 의하면 알렉산더는 예루살렘의 제사장들의 고매한 모습을 보고 깜짝 놀라 성전 파괴는 물론 기물에도 손대지 않았다고 한다. 알렉산더 대왕은 당대 유명한 철학자 아리스토텔레스의 문하에서 철학과 과학을 배웠다. 그는 비록 군인이었지만 지성적 판단으로 예루살렘을 보호한 것 같다.

알렉산더 대왕은 애굽을 정복한 후 다시 주전 331년에 북쪽을 향해 돌진하여 페르시아 제국의 심장부로 진입해 들어갔다. 그는 아벨라 근처에서 페르시아왕 다리오 3세를 격파하였다. 그리하여 페르시아를 완전히 장악하고 바벨론에 입성한 후 계속해서 인도의 국경까지 진격하였다.

그때 마침 군사 가운데 열병이 퍼지고 장마가 계속되자 군대를 되돌려 페르세폴리스(Persepolis, 주전 324)로 돌아와 머물다가 다시 바벨론으로 돌아와 아라비아 원정을 준비 하던 중 33세(주전 356-323)의 젊은 나이로 갑자기 죽어 일생을 마쳤다.

그는 가장 젊은 나이로 가장 넓은 영토를 정복한 후 짧은 인생의 삶으로 애석하게도 요사(夭死)하였다.

알렉산더는 자기가 정복한 땅에 알렉산드리아라는 자기 이름을 붙인

▲ 알렉산더의 이스라엘 정복

도시를 70개나 건설하여 그리스문화의 거점으로 삼아 헬레니즘 문화의 형성에 큰 구실을 하였다.

마케도니아인이 페르시아인을 대신해서 오리엔트의 지배자가 되자 헬라 문화와 헬라풍 생활양식이 오리엔트의 모든 식민지로 번져 나갔다. 이때부터 헬라문화와 사상과 예술이 동방문화와 융합함으로 독특한 새로운 문화가 형성되었다. 이 새 문화가 오리엔트 전 영토로 확산되면서 세계를 통합하게 되는 문화권이 성립되었다. 이 문화를 헬레니즘(Hellenism)이라 한다

알렉산더 대왕은 유대교와 그 종교 의식을 용납하였다. 이 때부터 애굽과 페니키아 등 여러 도시에서 유대교는 철저히 헬라화 되면서 성장하였다.

헬레니즘 문화는 애굽의 알렉산드리아 항구도시의 건설로 부터 확산되어 신약성서가 헬라어로 쓰여진 것도 우연한 일이 아니다.

또한 알렉산드리아에서 히브리어로 쓰여진 구약 성서를 헬라어로 번역한 70인역(LXX)은 기독교 문화를 전 세계에 보급하고 복음을 전파하는데 절대적으로 기여 하게 되었다.

이 모든 것이 헬라시대에 이루어지고 변화된 역사적 사실이다.

3. 프톨레미와 안티오쿠스 3세의 팔레스타인 지배(주전 320-200년경)

알렉산더 대왕이 짧은 기간에 많은 영토를 점령한 후 갑작스럽게 죽게되자 점령지 관할을 비롯하여 정치적으로 대 혼란이 몰아 닥쳤다.

헬라제국은 그가 죽은 후 알렉산더 4세(알렉산더의 비-소생)와 아리다오스(알렉산더의 이복동생)의 공동 통치가 이루어 지는 동안 당시 총독인 안티파트로스의 섭정이 이루어 졌다.

이때 여러 장군들 사이에 권력 투쟁이 격렬해 지자 총독 안티파트로스의 아들 카산더 장군이 패권을 장악하여 승리 하였다. 그는 알렉산더 대왕의 이복 누이동생과 결혼하고 왕위에 올랐다. 카산더는 자기에게 반기를 들었던 알렉산더 4세, 아리다오스, 알렉산더의 대비인 오림피아, 왕비인 록사나 등을 모두 살해하여 왕통이 단절되고 세력 다툼으로 40여년 동안 혼란이 지속 되었다.

알렉산더 대왕이 점령한 영토는 주전 274년경에는 대체로 세 개의 왕국으로 분할 되었다. 즉, ①마케도니아를 비롯하여 유럽과 그리스 일부는 안티코너스 왕조가 ②애굽과 리비아 지역은 프톨레미 왕조가 ③시리아-팔레스타인과 페르시아-소아시아 지역은 셀루커스 왕조가 관할 통치하게 되었다.

프톨레미 왕조가 지중해를 중심으로 해상권을 장악 하면서 애굽의 바로들과 함께 전제 군주 정치를 하였다. 그는 애굽의 관할권을 확고히 굳히게 되자 애굽 본토를 안전하게 방어하기 위한 정책으로 팔레스타인을 손에 넣고자 하였다.

그리하여 주전 320년 니카놀(Nicanor)을 육군 선봉 대장으로 세워 해안 도로를 따라 북쪽으로 진격하게 하고 자신은 바다로 해상공격을 감행하여 마침내 팔레스타인을 장악하였다.

그 후 세 왕조의 출현으로 팔레스타인 지배에 각축전이 벌어졌다.

지리적으로 프톨레미 왕조와 셀루커스 왕조 사이에 위치한 팔레스타인은 주전 320년 부터 프톨레미의 지배를 받아 오다가 주전 200년 부터는 셀루커스의 지배에 들어갔다.

팔레스타인은 정치적으로 일종의 자치구로서 게루시아(Gerousia)라 부르는 원로 회의에 의해

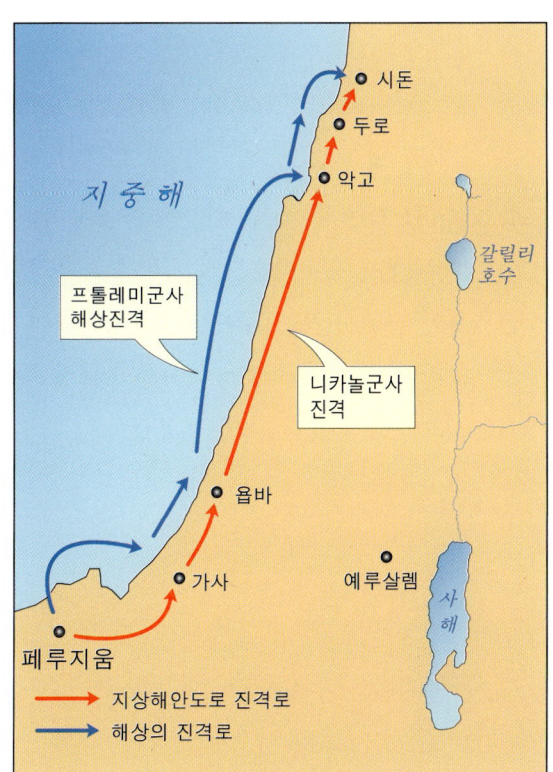

▲ 프톨레미의 팔레스타인 정복

통치 되었다.

수리아의 안티오쿠스 3세는 주전 220년 레바논 골짜기에 침입했고, 주전 218년에 실루기아를, 1년 뒤에는 시돈, 두로, 악고의 항복을 받은 후에 다볼산도 점령하였다.

그 후 동맹국인 나바테아의 빌라델피아 공격을 도와 주고 다시 악고로 돌아와 애굽 군대와 접전을 앞두고 형세가 불리할 것으로 판단되자 거라사, 예루살렘, 악고, 두로 등 팔레스타인을 프톨레미에게 내주고 퇴각하였다.

그러나 안티오쿠스 3세는 빼앗긴 팔레스타인을 재차 공격하여 주전 200년에 가사까지 진격하여 점령하였다. 그러나 다시 프톨레미 군대에 의해 패하여 퇴각 하였다.

프톨레미 군대는 예루살렘을 점령하고 파니아스(가이사랴 빌립보)까지 진격

▲ 안티오쿠스의 팔레스타인 정복

하였다. 그러나 안티오쿠스 3세는 미리 퇴각하여 파니아스에서 기다리고 있다가 접근하는 프톨레미 군대를 결정적으로 격멸했다 결국 프톨레미의 잔존 군대가 시돈으로 도망하자 추격한 후 계속적으로 여세를 몰아 나타네아, 아빌라, 가다라를 경유하여 예루살렘으로 진격하였다.

유다인들은 안티오쿠스 3세의 군대에 필요한 물자를 공급한 대가로 종교의 자유권을 보장 받고 30여년간 셀루커스 왕조의 통치하에 평정을 유지하였다.

4. 유다의 마카비 반란과 독립쟁취(주전 167-134년경)

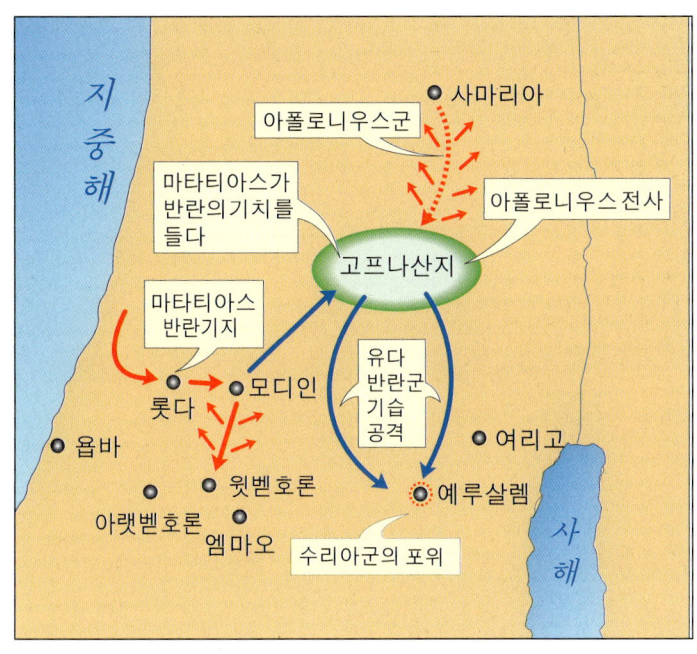

팔레스타인의 유다인들은 수리아의 셀루커스 치하에서 30여년 동안 비교적 평온을 유지하였다.

그러나 안티오쿠스 3세(주전 223-187)의 로마 원정을 위한 그리스 전쟁에서 패하게 되자 셀루커스 왕조는 기반이 흔들리게 되었다.

안티오쿠스 3세는 유다인들의 종교적 독립성을 존중하였다. 그러나 그의 아들 셀루커스 4세(주전 187-175)는 정치적 목적으로 종교적 통합을 위하여 제우스신에 대한 종교적 통일정책을 취하여 팔레스타인의 유다인들에게 종교적 탄압을 가하였다.

또한 안티오쿠스 4세(주전 175-163)는 유다인에 대한 박해를 위해 칙령을 내려 이에 따르지 않는 자는 사형에 처한다고 엄명하였다. 그는 유다 고유의 절기 행사를 금했으며, 율법서는 압수 하여 불에 태웠다. 물론 할례도 엄격히 근하였다. 이 때기 유다인들에게 가장 수난의 시기였다. 더욱 20,000명의 군대를 예루살렘에 배치하여 약탈, 파괴, 살상 등으로 유다인이 8,000명이나 죽었다. 그리하여 유다인에 대한 박해는 결국 유다인들로 하여금 반란을 유발시켰다.

유다인의 최초 반란은 주전 167년에 예루살렘에서 욥바로 가는 도중의 룻다 지역의 모디인 (Modiin)이라는 산간의 작은 촌에서 촉발 되어 제사장 마타티아스(Mattathias)는 그 아들과 함께 제우스 신에 제사하는 자들을 죽이고 제단을 파괴한 후 다섯 아들과 고프나 산지로 도망하였다. 그 곳에서 율법에 열심인 정통파 하시딤(Hasidim)과 합류하여 예루살렘의 헬라파 유다인과 맞서 싸웠다.

그러나 마타티아스가 죽게되자 그의 셋째 아들 유다스 마카비(Judas Maccabius, 주전 166-159)가 반란군의 지휘관이 되었다. 이때에 마카비는 반란군을 진압 하기 위하여 출동한 총사령관 겸 사마리아 주둔군 사령관 아폴로니우스를 고프나 산지에서 살해하고 승리를 거두었다.

마카비의 반란이 점점 확산되자 시리아의 사령관 세론은 군사를 이끌고 룻다와 모디인을 거쳐 벧호론 언덕까지 이르렀다. 그러나 마카비 반란군의 기습으로 800명이나 사살되었다.

이때에 안티오쿠스 4세는 4만명의 보병과 7,000명의 기병으로 마카비 반란군의 진압을 위하여 엠마오 근처에 진을 쳤다. 마카비는 미스바에서 의용군을 모집하여 엠마오의 남쪽에 진을 치고 대치하였다. 그 당시 반란 진압군의 장군들은 반란군의 수색을 위하여 여러 곳으로 분산되어 있었다. 이 틈을 타서 반란군은 엠마오의 수리아 군사의 진지를 기습 공격하여 승리를 거두고 얌니아와 아소도 방향으로 도망하는 적을 추격하다가 멈추고

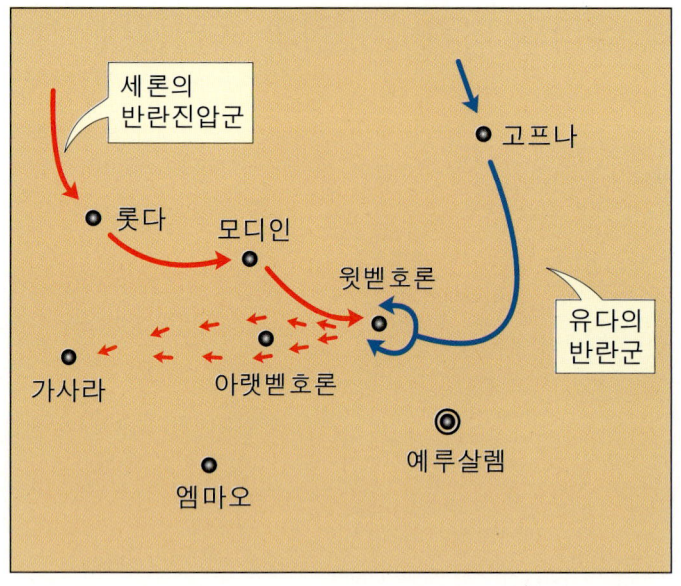

▲ 벧호론 전투(주전 166년경)

엠마오의 적진으로 돌아와 불지르고 적을 소탕하고 있었다. 이때 반란군 수색에 허탕치고 돌아오던 수리아 군사들은 자신들의 진지가 불타고 있는 것을 바라보자 전의를 상실하고 해안으로 퇴각하였다. 이어 마카비는 몇 차례의 출정에서 여러 성읍의 유다인들을 구출하고 점령하였다.

시리아의 군대 장관 리시아는 반란 진압에 실패하자 주전 165년에 정예군 60,000명과 5,000명의 기병을 이끌고 에돔을 거쳐 벧술에 진을 쳤다. 이때에 마카비는 10,000명의 군사로 벧술에서 5,000명을 사살하고 승리 한 후 예루살렘으로 돌아와 우상을 파괴하고 성전을 정결하게 하였다.

마카비 형제의 계속되는 승리는 반란의 정도를 넘어 남쪽의 이두메(에돔), 동쪽의 길르앗, 북쪽의 갈릴리, 서쪽의 블레셋까지 점령하게 되어 세력이 확산되었다.

그러나 안티오쿠스 4세가 죽고 그 아들 안티오쿠스 5세(주전 164-162)가 9세의 어린 나이에 왕위에 오르자 섭정자 리시아는 다시 100,000명의 보병과 20,000명의 기병 그리고 32마리의 코끼리의 편대를 이끌고 내려와 예루살렘을 포위하였다. 그러나 본국의 정치적 혼란으로 포위를 풀고 귀환하였다.

마카비는 유다의 완전 독립을 위해 주전 160년에 신생 로마와 우호조약을 체결하고 적과 싸우다가 주전 159년 엘리아(Eleasa)전투에서 전사 하게 되자 그의 동생 요나단(Jonathan)이 반란군의 지휘관이 되었다.

요나단은 그의 형 마카비와 달리 비상한 외교술로 국제 정치의 변화에 적절히 대처 하였다. 그리하여 셀루커스 왕조의 데메트리오 1세(주전 162-150)보다 안티오쿠스 왕가의 알렉산더 발라스(Alexander Balans, 주전 150-145)에게 더 접근 하면서 실리를 취하였다. 또한 로마 및 스파르타와

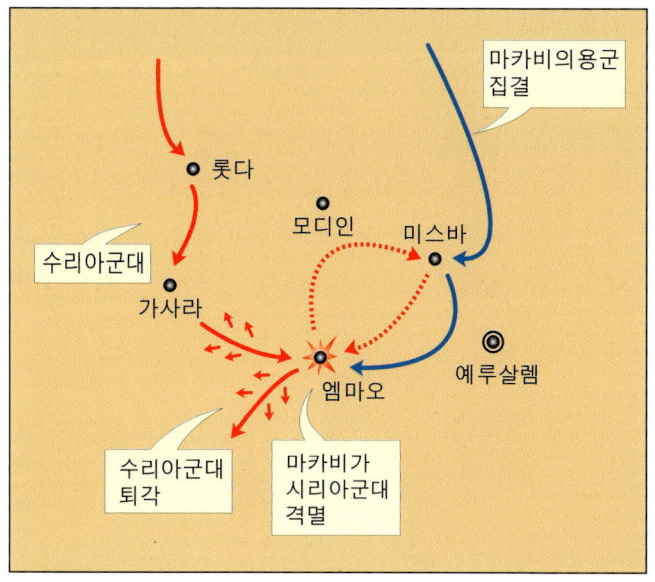
▲ 엠마오 전투

관계를 맺으며 적절히 대처 하였다. 그리고 여러 전투에서 승리하면서 평화의 기간도 맞이 하였다.

요나단은 주전 152년에 예루살렘 성을 수축하고 초막절을 맞아 스스로 사제복을 입고 주전 150년에는 왕으로서 자색옷을 입었다. 이것은 하스몬 일가가 유다의 공식적인 통치권을 가지게 된 점에서 큰 의미가 있다.

당시 왕이 되려던 시리아의 야전군 사령관 트리폰 (Tryphon)은 요나단을 매우 강력한 경쟁자로 인식하면서 주전 143년에 벧스안 즉, 스키로폴리스 전투에서 요나단을 포로로 잡아서 처형하였다.

요나단의 뒤를 이은 막내 동생 시몬(Simon)은 요나단과는 정 반대로 데메트리오 2세와 동맹을 맺으면서 유다의 독립을 완전히 인정 받게 되었다. 또한 시몬은 백성들로 부터 대대적인 환영을 받고 군대장관, 국가의 지도자, 그리고 대제사장으로 투표하여 공식적으로 인정 받았다. 그리하여 사실상의 하스몬 왕조는 합법화 되었다.

최초의 모디인에서 반란 이후 33년간의 전쟁이 끝나고 주전 586년 예루살렘이 멸망한 이후 약 444년 만에 처음으로 주전 142년에 다시 독립국가를 세우게 된 것이다.

마카비와 그 아들 다섯 형제가 영웅적으로 싸우던 33년간의 마카비 전쟁은 주전 134년 시몬의 죽음으로 막을 내렸다.

그러나 이로부터 79년에 걸친 하스몬 왕국의 자유로운 시대가 열리게 된 것이다.

그리하여 하스모니아 시대는 주전 166-63년까지 약 100년간을 유지하다가 하스모니아 왕가의 내분(주전 68-63)으로 폼페이에 의해 로마 관할의 역사적 비운을 맞게 되었다.

5. 하스몬 왕조와 로마의 지배시작(주전 142-63년경)

마카비에 이어 두 형제인 요나단과 시몬은 팔레스타인의 유다인들과 함께 주전 142년에 독립을 쟁취하였다. 이렇게 해서 마카비의 선조인 "하스몬가"에서 연유된 하스몬 왕조가 출범 되었다. 그리하여 하스몬 왕가의 독립은 마카비 전쟁의 결과로 얻어졌음은 분명하였다. 그러나 독립 이후에도 여전히 주변 국가들의 팔레스타인 지역의 영토권 주장은 계속되었다. 하스몬 왕조 4명의 왕에 관련된 집권 및 배분 배경을 살펴 보기로 한다.

(1) 요한 힐카누스(Hyrcanus, 주전 134-104년)

프톨레미의 아브보스에 의한 시몬의 암살은 온 유다인에게 큰 충격을 주었다. 아브보스는 시몬 자신이 여리고의 사령관으로 임명한 그의 사위였다.

시몬이 그의 두 아들과 함께 여리고에서 피살 된 것은 주전 134년의 일이다. 그러나 게셀의 사령관으로 있던 시몬의 아들 요한 힐카누스는 피함으로써 위기를 모면하고 살아남아 반대파를 처형하였다. 그는 백성들의 열렬한 지지를 얻어 스스로 왕이라 하고 대제사장, 민족지도자 그리고 최고 사령관의 지위를 확보하여 유다의 통치자가 되었다.

힐카누스는 통치자로 취임한 후 3년에 걸친 전쟁을 거치면서 영토를 확장해 나갈 기회를 얻었다. 그는 치세 초기에 셀루커스 왕조인 안티오쿠스 7세의 군대에 의해서 예루살렘이 포위되어 고전도 했으나 그후 셀루커스 제국은 사실상 해체되었다. 그리하여 하몬왕조는 약 30년간 번영을 누렸으며 사마리아와 이스르엘 평원의 지배권을 확보하고 요단동편의 마다바(Madaba), 사모가(Samoga), 이두메 지역의 아도라(Adora), 마리사(Maritsa)등지를 점령하여 하스몬 왕조의 기반을 튼튼히 하였다. 또한 그리심산 산정의 사마리아 성소를 파괴하고 성소에서의 이교행위를 배제하였다. 그러나 힐카누스가 31년간 통치를 마치고 늙게 되자 그의 후계자인 아리스토불루스 1세가 왕위에 올랐다.

(2) 아리스토불루스 1세(AristoblusⅠ, 주전 104-103년)

아리스토불루스 1세는 정적을 숙청하기 시작하여 정권을 놓고 자기와 경합을 했다 해서 자기 어머니를 투옥하고, 형 안티고누스를 살해 했으며, 동생 알렉산더 얀네우스를 구금하였다.

그는 무자비 하고 야만적이며 친 헬라적인 인물로서 왕위에 오른지 불과 1년도 채 못되어 앓다가 죽었다. 실력자였던 왕비 살로메 알렉산드라는 감금 되어 있던 시동생 알렉산더 얀네우스를 석방 시킨 후 그와 결혼(신 23:5-10)하고 곧 왕으로 옹립하였다.

(3) 알렉산더 얀네우스(Alexander Janneus, 주전 103-76년)

그는 갈릴리의 가다라, 블레셋 평야의 가자, 라파아, 중부 요르단에 이르는 영토를 확장하고 가장 넓은 하스몬 왕조의 영토를 다스렸다. 그는 선왕과 마찬가지로 사두개파를 지지 했기 때문에 바리새파와 수차례 충돌을 빚었다. 그리하여 바리새파 6,000명을 살해하고 자기의 반대파가 배푼 향연에 참석한자 800명을 십자가에 처형하였다.

알렉산더 얀네우스의 적대 세력 8,000명이 그날밤 예루살렘을 빠져 나가 도망 하였다. 아마도 그들의 일부는 사해 서쪽에 자리잡고 종말을 대망하며 살게 된 엣세네파 일 것으로 추정된다.

유다인의 혐오를 불러 일으킨 27년간의 통치는 그가 49세의 나이로 열병(사이열)으로 죽게 되자 그의 아내 살로메 알렉산드라가 64세에 왕위에 올랐다.

(4) 살로메 알렉산드라(Salome Alexandra, 주전 76-67년)

살로메 알렉산드라는 자기 남편의 학정을 비판한고로 백성들로 부터 호감을 얻었다.

바리새파는 알렉산드라와 화친한 후 그녀의 통치를 적극적으로 도왔다. 다른 통치자들 보다 더 종교적이고 율법을 정확히 해석하려고 노력한 바리새파 사람들을 좋아했기 때문이었다. 그리하여 바리새파가 사두개파보다 우위를 확보하게 되었다.

살로메 알렉산드라는 알렉산더 얀네우스와의 사이에 두 아들을 두고 있었다. 장자인 힐카누스 2세는 대제사장으로 임명되어 있었으며 차남인 아리스토불루스 2세는 온순한 성격으로 일을 맡기지 않았다.

살로메 알렉산드라가 9년간의 통치 말기에 병들어 있자 두 아들간에 암투가 벌어져 내란이 일어났다. 그러나 극적으로 합의되어 동생 아리스토불루스 2세가 왕이 되고 형 힐카누스는 왕의 형으로 남아 있었다.

6. 유다인에게 미친 3대 종파의 영향

유다교에서 분파된 바리새파와 사두개파의 사회적, 정치적, 종교적인 견해와 영향은 역사적인 관점에서 이해 되어야 한다. 이 두 종파는 집단의 구성체로서 마키비 반란 후에 등장하였다. 엣세네파도 한 분파로 출현 하기 전부터 오랫동안 경건파로 교의를 지키면서 발전해 왔다. 이 세 종파의 영향은 로마의 정치적 및 문화적인 배경에서 출현되었다.

(1) 바리새파(Pharisees)

바리새란 어원은 히브리어 "페루심"과 헬라어 "파라사이오이"의 "분리된자", "분리주의자"란 뜻인데 그들의 적대자들이 호칭 한데서 유래 되었다.

유다인들은 바벨론 포로 기간 중에 성전의 제의가 불가능하게 되자 민중 공동체의 기반을 율법(토라)에 두었다. 그 후 포로에서 귀환하여 제 2성전을 건설하고 제사장들의 제의가 부활 되었으나 율법 중심의 생활은 변함이 없었다. 오히려 에스라, 느헤미야의 개혁 이후에도 공동체의 회당(시나고그) 안에서 율법 해석과 발전은 율법 학자들에 의해서 민중들에게 큰 권위와 영향력을 주게 되었다.

셀루커스 왕조의 안티오쿠스 4세(주전 175-163)의 종교 탄압을 위한 유다교 금지령에 항거하여 마카비 반란이 발단 되었으며 이 반란에 참가한 자들은 "하시딤"의 율법 학자들에 의해 영향을 받은 자들이다. 이들은 순수한 종교의 자유를 위해 반란에 참가한 자들로 바리새파의 원조가 되었다.

하스몬 왕조의 살로메 알렉산드라 여왕 재위시(주전 76-67)에 바리새파의 최고 지도자 시몬 벤슈타는 산헤드린 의장으로 임명 받아 랍비 전승을 계승하여 율법의 재확립에 온 힘을 기울였다. 그리고 율법을 잘 지키기 위하여 유전(탈무드)을 지키도록 하였다. 또한 역사상 최초로 학교를 세워 의무 교육 제도를 제정하고 부모에 의한 자녀 교육의 책임을 부여하여 유다 공동체를 교육을 통해 유다교의 우월성을 보장하고 헬레니즘의 이질적인 문화에 동화되지 않는 유다인을 만드는 데 있었다.

바리새파는 율법에 있어서 최고 최대의 엄정한 해석자로 자처하며 지도적 종파로 군림 하였다. 그들은 모든 일을 하나님의 섭리와 운명으로 돌렸다. 그리고 그들은 정직하게 행동 하느냐, 못하느냐는 주체자가 결정해야 하며 운명은 그가 행동한데서 얻어지는 결과라고 생각 하였다. 또한 모든 영혼은 후패하지 않는다고 생각하며 내세에 대하여 의인의 부활과 악인의 심판 그리고 음부를 믿었다. 바리새파는 검소하고 경건한 생활 양식을 따르고 미식이나 호화스러운 생활을 배격 하였다. 그들은 자기파의 명령을 절대 준수하고 연장자를 존경하며 서로 사랑하고 조화를 중요시 하였다.

예수님 당시에 바리새인들은 회당과 학교를 장악하고 대중들로 부터 존경을 받기도 했지만 조상들의 율법을 엄격하게 준수하는 것을 과장 했으며 실제 생활에 대한 영향력은 거의 행사하지 못하였다. 그리하여 예수께서 바리새인들의 위선에 대한 질책을 자주 하셨다.(행 23, 막 7)

(2) 사두개파(Sadducees)

사두개의 어원은 헬라어 "쉰디코스"의 "의로운"이란 뜻인데 쉰디코스는 최고 의회의원을 가리켰다. 그 명칭은 솔로몬시대의 사독에서 유래되었다는 주장도 있다.(삼하 8:17)

셀루커스 왕조의 안티오쿠스 3세 재위 시(주전 223-187)에는 종교적 자유가 보장되었고 헬라 문화를 거부하며 오직 율법의 신앙만을 지키고자 하는 유다주의가 태동되었다. 그러나 안티오쿠스 4세(별명:에피파네스, 주전 175-163년)는 제우스신에 대한 종교적 통일 정책을 취하여 선왕 때의 종교의 자유를 깨고 유다인을 탄압하게 되자 이에 편승하여 유다인 헬라파들이 발호(跋扈)하게 되었다. 그리하여 안티오쿠스 에피파네스의 헬라파 정책을 지지했던 당파들이 사두개파의 원조가 되었다. 그 반면에 사두개인의 헬라파와 헬레니즘에 저항하는 바리새파가 출현하여 대립하게 되었다.

사두개파는 요한 힐카누스왕과 알렉산더 얀네우스왕 때에 정권을 장악하여 바리새파를 박해하였다. 그 후 살로메 알렉산드라의 통치때에 정권을 장악한 바리새인과 제휴하여 정치에 가담하였다.

사두개파의 특색은 전혀 운명을 믿지 않는데 있다. 이들은 운명을 신의 권한 밖에 두었으며 신의 권한을 축소하였다. 선악도 인간의 선택에 좌우된다고 생각하며 누구든지 자기 자유의지로 선악을 행한다고 주장하였다. 그들은 오직 모세 오경만을 믿었다.

그들은 사후의 영혼 불멸과 악인의 심판 그리고 음부를 믿지 않았다. 또한 인간의 영혼은 육체와 동시에 죽는다고 믿었기 때문에 부활을 믿지 않았다.

사두개인은 제사장과 귀족계급에 속하여 권력층의 소수와 상류층에만 호응을 받게 되자 교만하여 친절성과 인간미가 없었으며 민중의 고통은 생각지 않았다. 오직 권력 집단과 결속하여 부를 누리는 데만 관심을 가졌다. 사두개파는 주후 70년 예루살렘 멸망과 함께 사라졌다.

(3) 엣세네파(Essenes)

엣세네란 "의인"이라는 아랍어인데 헬라어로 번역하면 "엣세네"이다. 엣세네인은 태어날 때부터 유다인이어야 한다.

엣세네파는 임박한 종말론적인 긴장 속에서 공동의 금욕생활을 하며 메시야에 대한 대망과 엄격한 규율을 지켰다.

엣세네파의 가르침은 신에 맡기는 것이 최고의 덕목으로 신에 대한 경외사상은 아주 엄격하였다.

새벽 미명에 누구와도 말하기 전에 기도를 드리고 일자리로 돌아갔다.

　일정한 장소에 모여 냉수로 몸을 씻고 마포 옷을 입었다. 율법에 금한 음식은 절대로 먹지 않았다. 그들은 영혼을 육체보다 귀중하게 여기며 기쁨으로 영혼의 희열을 맛보았다. 육체는 낡아지고 썩어 없어지지만 영혼은 영원 불멸하므로 소중히 여겼다.

　인간의 육체적 쾌락은 악으로 생각하고 물리쳤다. 그리하여 매사에 정욕을 억제하고 절제 했으며 결혼을 천시하여 결혼을 하지 않고 교육을 통해 순종하는 아이를 양자로 삼았다.

　또한 물질적인 부를 경시하며 모든 재산은 피차 공동관리하여 어느 누구도 더 많이 소유할 수 없었다. 그들에게는 가난도 없고 부의 과잉도 없었다. 그리하여 종파에 가입하려면 자기 재산을 전부 헌납해야 하고 모두가 한 형제가 된 공동체에서 세습적으로 상속하였다.

　그들은 한 곳에 오래도록 거주하는 것이 아니라 여러 곳에 분산된 공동체에 옮겨가며 생활하였다. 여행 시에는 아무것도 소유하지 않았으나 산적을 방어하기 위하여 자체방어 수준의 무기를 휴대하기도 하였다.

　1947년 쿰란 동굴에서 발견된 쿰란 사본(사해사본)의 자료와 고고학적 고증을 통해서 그들의 정체는 분명하게 밝혀졌다.

　엣세네파의 약 4,000명은 결혼도 하지 않고 철저하게 신을 경외하였다. 그리고 서로 봉사하고 노동을 신성시하며 깨끗한 양심으로 경건하게 일생을 살아갔다.

(4) 기타(열심당, 헤롯당, 서기관)

　유다교의 3대 종파에 이어 예수님 당시 주요 사회계층 및 분파들이 생겨났다.

그 중 **열심당**은 헤롯대왕(주전 6년)때에 조직되어 주후 73년 마사다 항전때 까지 존속되었다. 그들은 로마 압제로부터 유다를 회복할 위대한 지도자를 정치적 메시야로 고집하였다. 그리하여 유다인들에 의해 로마인들을 몰아 내고자 결성된 극단주의적인 민족주의자들이었다. 그들은 메시야의 존재를 믿었으나 예수님이 하나님께로부터 보냄 받은 메시야임을 부인하였다.

　또한 **헤롯당**은 정치적 분파로 헤롯왕조의 출현에 따라 조직되어 점차 세력화된 무리들로 특히 헤롯 안디바 시기에 위세를 떨쳤다. 헤롯당파들은 예수를 정치적 견제 세력으로 간주하며 로마로부터 자신들의 실추된 세력을 회복하려는 큰 야망을 품고 그 거침돌이 되는 예수를 적대시 하였다. 그리하여 복음서에는 예수를 살해하려는 의도가 자주 묘사되었다.

　그 외에도 **서기관**들이 있다. 서기관들은 전문적인 율법 해석자들로 율법을 존중하고 고수하며 하나님의 말씀에 철저히 순종하였다. 그러나 율법을 재 해석한 예수의 권위를 부정하고 전통을 부정했다는 이유로 예수를 메시야로 인정하지 않았다. 그들은 대부분 바리새파인들이 주축이 되었다.

▲ 예루살렘의 성 인네 교회(상)와 베데스다 언못(하) 유석

※ 예루살렘성 사자문으로 들어 가자마자 우측에 있다. 성모 마리아가 태어난 곳으로 그 어머니 안네를 기념하기 위해서 세운 교회이다. 베데스다 언못은 예수님이 38년된 병자를 고쳐 준 성스러운 연못이다.

> 예루살렘에 있는 양문 곁에 히브리 말로 베데스다라 하는 못이 있는데 거기 행각 다섯이 있고 그 안에 많은 병자, 소경, 절뚝발이, 혈기 마른자들이 누워 물의 동함을 기다리니.... 거기 38년 된 병자가 있더라... 예수께서 가라사대 일어나 네 자리를 들고 걸어 가라 하시니 그 사람이 곧 나아서 자리를 들고 걸어 가니라.
>
> 요한복음 5장 2절-9절

| B. 이스라엘의 시대별 역사와 지리 |

예수께서 죄인을 구원 하시려고 세상에 임하셨다 하였도다(딤전 1:15)

자기를 부인하고 자기 십자가를 지고 나를 좇을 것이니라(막 8:34)

IX. 신약시대
(주전 4년-)

▲ 베들레헴의 별

예수께서 탄생한 동굴안의 장소에 은으로 만든 큰 별이 있다.
별의 둘레에는 "이곳에서 동정녀 마리아에게서 그리스도가 탄생하셨다"는 문구가 새겨져 있다.
별은 14각의 뿔로 되어 있는데 인류 구원의 십자가 길 14개처와 아브라함으로 부터 다윗까지 14대,
다윗부터 바벨론으로 이거 할 때까지 14대, 그후부터 예수까지 14대를 상징적으로 나타낸다.(마1:1-7)

| B. 이스라엘의 시대별 역사와 지리 |

1. 예수님 시대의 이스라엘

| IX. 신약시대

▲ 베들레헴의 예수님 탄생 기념교회

▲ 목자들의 들판 기념교회

▲ 헤로디움(Herodium)

- 베들레헴의 동쪽 1.5km지역으로 구약시대 부유한 보아스 소유의 밭이었다. 이삭을 줍던 룻과 보아스와의 사랑이 이루어진 곳이다.
- 목자들이 양치던 들판에서 다윗 동네의 구주 탄생의 기쁜 소식을 전해 준 곳이다.

- 베들레헴의 남동쪽 9km지점의 요새화 된 궁성이다.
- 헤로디움은 해발 758m의 산으로 유대광야를 비롯 전지역을 내려다 볼수 있는 전략 요충지이다.
- 유대인이 수난을 당할때마다 저항의 요새였다.
- 이곳에 헤롯대왕이 죽어 묻혔다고 전해오고 있으나 찾을 길이 없다.

2. 성 가족의 피난노정(Route of The Holy Family in Egypt)

성경에 "저희(동방박사)가 떠난 후에 주의 사자가 요셉에게 현몽하여 가로되 헤롯이 아기를 찾아 죽이려 하니 일어나 아기와 그의 모친을 데리고 애굽으로 피하여 내가 네게 이르기까지 거기 있으라 하니 요셉이 일어나서 밤에 아기와 그 모친을 데리고 애굽으로 떠나가 헤롯이 죽기까지 있었으니 이는 주께서 선지자로 말씀하신 바 애굽에서 내 아들을 불렀다함을 이루려 하심이니라." (마 2:13-15)

헤롯이 아기 예수를 찾아 죽이려 하였으므로 요셉이 마리아와 함께 아기 예수를 모시고 애굽으로 피난길에 올랐다. 성모 마리아는 아기 예수를 품에 안아 나귀를 타고, 요셉은 나귀 고삐를 잡고 걸으며 베들레헴을 떠났다.

그러나 성경에 예수님의 피난의 노정에 대하여는 기록되어 있지 않고 헤롯이 죽은 후에 이스라엘 땅의 나사렛으로 돌아 왔다는 사실은 기록되어 있다.(마 2:20) 그러나 콥틱교회와 여러 자료를 통해서 애굽의 피난 노정이 밝혀져 있다. 이와 같이 밝혀진 내용의 신빙성에 대한 논란의 여지는 있지만 옷토 매이나더스(Otto Meinadus)의 저서인 "애굽에 내려오신 성 가족"(The Holy Family in Egypt, Aucpress, 1986)의 기록과 콥틱교회에서 도시(圖示)한 노정들이 동일하다.

또한 성 가족은 베들레헴을 떠나서 주로 고대 유적이 있던 곳을 들리고 그 곳에서 머물러 있었다는 사실에도 부합되고 있다.

성 가족은 최초 베들레헴을 떠나 아스글론, 가자, 라파(지금의 국경)를 지나 시나이 반도의 엘 아리쉬(El Arish), 페루지움(Pelusium)을 거쳐 애굽땅으로 갔다. 고센땅의 자가지그(Zagazig), 빌베이스(Bilbeis), 사마누드(Sammanud), 사카(Sakha) 그리고 사막의 오아시스인 와디 엘 나투룬(Wadi el Natrun)에 잠깐 머물러 있다가 카이로의 엘 마타리아(El mataria, 옛 헬리오포리스)와 올드카이로(아부사르가 교회)에 얼마동안 머무른 후에 나일강변의 마아디(Maadi)에서 배를 타고 남쪽으로 내려가며 여러 군데를 경유 했는데 사마루트(Samalut), 엘 테일(El Tair), 엘 미니아(El Minya), 베니하산(Bani Hassan), 엘 아슈무네인(El Ashumunein), 다이루트(Dairut), 엘 쿠세아(El Qusiya)를 거쳐 마지막으로 애굽의 배꼽이라고 부르는 중앙 지점의 엘 무하라크(El Muharraq, 지금의 수도원)에 도착하여 수 개월 머물러 있다가 이스라엘로 되돌아 갔다.

성 가족이 애굽에 머물러 있던 기간에 대하여는 주장이 엇갈리고 있으나 통상 3년 6개월의 주장이 많은 편이다.

(1) 엘 아리쉬(El Arish)

▲ 엘 아리쉬 성 죠지교회

이스라엘과 이집트 국경인 라파(Raffa)에서 45km, 카이로에서 285km 지점, 시니이 반도의 북쪽 지중해 연안에 위치하여 시나이 반도를 총괄하는 행정 도시로 시나이 반도에서 제일 큰 도시이다. 예수님이 머물렀던 곳에는 꼭 방문 기념교회가 세워져 있다. 엘 아리쉬의 중심가에 역시 콥틱교회가 세워져 있다.

로마 통치시대는 죄수들이 코가 잘린 채 이 척박한 땅에 보내져 평생 살게 했다고 한다. 코를 벤 이유는 죄수를 감시할 필요 없이 사막에 살도록 해서 내륙으로 들어오면 쉽게 식별하기 위해서 였다고 한다.

1897년 제 1차 시온주의 총회에서 "여기 나는 유대 국가를 세웠노라"고 선언 하면서 "빠르면 5년 늦으면 50년 안에는 모든 사람들이 그것을 확인하게 될 것이다"라고 예언하였다.

시온주의자 헤르츨(T. Herzl)은 영국의 지지를 얻기 위하여 노력하였다. 그 결과 1903년에 영국

정부는 2개안인 "우간다안"과 "엘 아리쉬안"을 제시하였다.

① 우간다안은 풍부한 자원, 설탕, 면의 생산지로 유럽인들에게는 아프리카의 노른자위라고 일컬어지던 우간다 땅에 유대국가를 세우는 것이다.

② 엘 아리쉬안은 영국령 지중해 남동쪽에 유대인 자치구를 두겠다는 이집트의 엘 아리쉬를 염두에 두고 유대국가를 세우는 것이었다.

헤르츨(T. Herzl)은 영국이 제시한 우간다안(1안)에 대하여, 우간다는 시온이 될 수 없고, 엘 아리쉬안(2안)에 대하여, 우리는 이집트로 가지 않을 것이라고 선언하였다.

유대 국가의 건설은 팔레스타인 땅만을 목적으로 한다. 선조들의 땅을 향한 염원은 결코 변치 않고 계속될 것이라고 밝혔다.

이곳은 우기철에만 비가 내리고, 연중 거의 비가 내리지 않는다. 그래서 지하수 개발과 수로건설 사업이 활발하다. 중동전쟁을 통해 이스라엘이 점령했을 때 이스라엘인들에 의해 뿌린 땀의 대가로 많은 발전이 있었으나 2차에 걸쳐 반환되어 이집트 땅이 되었다.

시나이반도는 2차 중동전쟁시 5개월간 그리고 3차 중동전쟁(6일 전쟁)시 15년간을 이스라엘이 점령한 땅이었다.

사막이 남쪽으로 펼쳐져 있는 무성한 대추 야자의 도시로 그 넓은 지중해의 수평선과 해변의 백사장 그리고 푸른 물결은 한결 아름다움을 더해 준다. 이러한 자연의 정취를 고려하여 호텔들이 해변가에 많이 들어서 있다.

엘 아리쉬 사람들은 한국인에 대단히 우호적이다. 그 이유는 이곳에 한국의 기술진으로 화력 발전소가 건설되어 사막 도시의 밤을 밝혀주고 있고, 또한 시나이 반도에 한국인에 의해 도시가 건설되기 때문이다.

(2) 페루지움(Pelusium)

수에즈 운하의 엘 콴타라(El Quantara) 나루터에서 약 40km, 엘 아리쉬에서 약 110km지점에 위치해 있다. 지금의 이름은 엘 파라마(El Farama)이며 성경에 기록된 이름은 "다바네스"이다.

성경에 선지자 예레미야와 네리아의 아들 바룩을 영솔하고 애굽땅에 들어가 다바네스에 이르렀으니 그들이 여호와의 목소리를 청종치 아니함이 이러하였더라(렘 43:6-7)라고 기록되어 있다. 예레미야 선지자가 이곳에 내려와서 얼마간 머물렀던 곳으로 바로왕의 궁전이 있던 곳이다.(렘 43:9)

▲ 페루지움 유적의 돌기둥

애굽의 제 27왕조의 프삼메티코스 3세(Psammetichos Ⅲ)때에 페르시아왕 캄비세스(Cambyses Ⅱ, 주전 530-522)의 침략을 받아 주전 525년에 페루지움에서 애굽 군대가 격멸되고 헬리오포리스와 멤피스가 점령되어 애굽은 페르시아의 지배에 들어가게 되었다. 페루지움은 폼페이(Pompey, 주전 106-48)가 암살된 곳이기도 하다.

폼페이(Gnaeus Pompey)는 로마 말기 주전 70년과 52년 두 차례에 콘술(Consul, 집정관)이 되었다. 그는 오랜 세월 동안 로마를 괴롭힌 싸움에서 종지부를 찍게한 장군으로 업적도 높이 평가되었다. 그러나 카이사르(Caesar, 황제)와 대립하던 원로들의 충동으로 카이사르와 싸웠으며 이탈리아에서 쫓기게 되었다. 그 뒤 동방에서 세력을 결집 했지만 주전 48년 그리스 북쪽 데살로니가의 도시 파르사루스(Fharsalus)의 회전에서 카이사르에게 대패하여 이집트로 도망가던 중 당시 로마군 사령관 아킬라스(Achillas)와 루시어스 셉티머스(Lucius Septimus)의 두 사람이 폼페이를 페루지움에서 맞이하여 환영하는 척하면서 주전 48년 9월 28일에 암살하였다.

성 가족이 오셨을 당시의 페루지움은 바로(Pharaoh)의 궁전이 있었던 곳이며, 매우 중요한 항구 도시였다. 예수님은 이곳에서 얼마간 머물러 있었을 것으로 짐작이 간다. 지금은 이곳의 입구 근처에서도 두드러진 유적조차 발견되지 않고 해안을 따라 넓은 사막의 모래밭만 펼쳐져 보인다. 옛 궁전의 한 돌기둥이 안내 표석처럼 세워져 있어 그곳을 따라 들어가 옛 유적의 궁전터를 발견하게 된다.

▲ 마리아 기념교회(자가지그)

페루지움은 2000년 전에 옛 궁전이 있었으며 중요한 항구 도시였다. 더구나 예수님이 머물러 계셨던 곳이었다. 그러나 오늘 날 광활한 사막으로 변하게 한 자연의 힘과 인류역사의 흐름을 통해서 무상함을 느끼게 한다.

(3) 자가지그(Zagazig)

시나이 땅에서 오늘날 수에즈 운하(당시는 운하가 아님)를 건너 만잘라 호수(Manzala Lake) 아래쪽으로 해서 나일 삼각주 평야로 들어오는 길은 아브라함, 요셉이 들어왔던 길이며 미디안 상인들이 왕래 했던 길이다.

성 가족은 페루지움에서 이 길을 따라 고센 땅에 들어와 자가지그 지역인 텔 엘 바스타(Tel el Basta) 마을을 방문하였다. 성경에 아웬과

| B. 이스라엘의 시대별 역사와 지리 |

비베셋의 소년들은 칼에 엎드러질 것이며 그 성읍 거민들은 포로될 것이라(겔 30:17)고 에스겔이 하나님의 심판을 예언한 비베셋은 지금의 가자지그이다.

　비베셋은 제 22왕조의 애굽왕 시삭에 의해 건설된 도시이며 여로보암이 솔로몬에게 쫓기게 될 때 망명하여 이곳에 와서 머물렀던 곳이다.

　자가지그는 고센의 델타지방에서 큰 도시이다. 성 가족은 자가지그에서 약 2km 남서쪽의 텔 엘 바스타(Tel el Basta) 마을을 방문하였는데 마을 사람들이 푸대접을 하므로 이곳에서 떠나 빌베이스(Bilbeis)로 갔다고 한다.

　텔 엘 바스타에는 옛 신전터와 널려 있는 비석들이 있는 유적을 볼 수 있다.
이곳에는 시가지 중심에 허술한 성 마리아 교회가 세워져 있다. 마침 교회에 모여 공부하고 있던 천진한 아이들의 눈망울은 귀엽기 그지 없었다.

　자가지그는 카이로에서 기차 편으로 갈 수 있고 육로로는 빌베이스에서 돌아 들어가면 된다.

▼ 마리아 기념교회
(현지 어린이들과 저자)

(4) 빌베이스(Bilbeis)

▲ 빌베이스 성 죠지교회

성 가족은 텔 엘 바스타(Tel el Basta)에서 하루 동안 걸어서 오늘날 빌베이스에 도착하였다.

성 가족이 빌베이스에 도착 했을 때 마침 장례식이 있었는데 예수님이 죽은 자를 불쌍히 여겨 살려줌에 온 마을 사람들이 성 가족을 크게 환영했다는 전설이 있다.

중세시대에 이르기 까지 수많은 순례자들이 빌베이스를 찾아 마리아 나무아래서 경배하곤 했는데 그 후 나폴레옹 군사들이 잘라 버리려고 도끼로 찍었을 때 첫 도끼자국에서 피가 나오는 것을 보고 겁을 먹고 도망쳤다고 한다. 이 마리아 나무는 주후 1850년 고목이 되어 잘라져 화목이 되고 말았다는 전설이 전해지고 있다. 지금의 빌베이스에는 성 죠지교회가 세워져 있다.

빌베이스는 카이로에서 이스마일리아 까지 연결되는 운하의 좌편 도로변에 위치해 있고 이스마일리아와 빌베이스의 중간에는 숙곳이 위치하고 있다. 카이로에서 빌베이스까지는 승용차 편으로 1시간 소요된다.

(5) 사마누드(Samanoud)

성 가족은 빌베이스(Bilbeis)에서 이곳 사마누(Samanoud)로 오게 되었다. 작은 마을인 사마누드에 성 마리아 교회가 세워져 있다. 이 교회 울안 뒤편에는 성 가족이 우물물을 사용했다고 전해 오는 마리아 우물이 있다.

로마의 기독교 박해시대에 성 아바눕(St. Abanoub)은 12세 소년으로 순교하여 성인으로 추숭(追崇)되었으며 이곳에 그를 위해 세워졌던 교회의 터 위에 성 마리아 교회가 세워졌다. 그래서 성 마리아 교회 또는 성 아바눕 교회라고 부른다. 교회 안에는 성 아바눕의 유해와 8,000명의 많은 순교자 유해가 안치되어 있다.

사마누드를 방문하려면 카이로에서 철도 아니면 육로를 이용하여 탄타(Tanta)에서 하차하여, 이곳에서 사마누드행 합승 택시를 이용하면 편리하다.

▲마리아 기념교회(아바눕 교회)

(6) 사카(Sakha)

▲ 성 가족 방문 기념교회

성 가족은 사마누드(Samanoud)에서 얼마 멀지 않은 북서쪽의 카프르엘 쉐이크(Kafr el sheikh)의 사카(Sakha)에 도착하여 여독을 풀었다.

사카를 순례하고자 하면 카이로에서 알렉산드리아행 기차를 타고 탄타(Tanta)역에서 기차를 갈아 타던가 하차하여 육로를 이용하는 방법이 있다. 사카의 다음역이 카프르엘 쉐이크이다. 사카역에서 하차하여 역에서 마을 안으로 약 100m 들어가면 성 가족 방문 기념교회인 성 마리아 교회가 세워져 있다.

교회 안에는 아기 예수님의 오른편 발자국이 있는 바위 돌이 유리상자(Casket:가로 1m×세로 60cm×폭 60cm)에 보존되어 있다. 그 상자안에 기도제목의 쪽지를 많이 써서 넣기도 한다.

성 가족은 이곳에서 남서쪽의 광활한 사막의 오아시스에 위치한 와디 엘 나투룬(Wadi el Natrun)으로 이동하였다.

▲ 교회내에 보존된 예수님의 족적(足跡)

(7) 와디 엘 나투룬(Wadi-el Natrun)

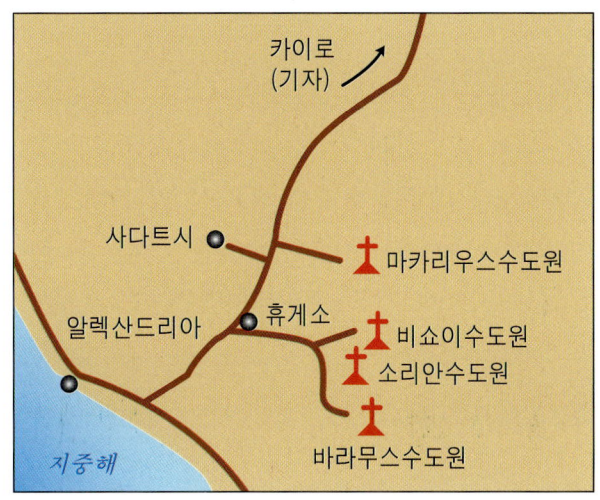

와디 엘 나투룬은 사막 가운데 있는 일종의 오아시스로서 약간 저지대에 있는 광활한 사막 지역안에 있다.

성 가족은 카프르엘 쉐이크의 사카에서 이곳으로 와서 얼마간 머물러 있었다.

와디 엘 나투룬에 4개의 수도원이 세워진 것은 성 가족의 방문과 관련이 깊다. 이곳에 처음으로 세워진 성 바라무스 수도원(Monastery of St. Baramus)을 비롯하여 성 마카리우스 수도원(Monastery of St. Macarius), 성 비쇼이 수도원(Monastery of Bishoi) 그리고 소리안 수도원(Monatery of Sourian)이 세워져 있다.

알렉산드리아는 이집트 초기 기독교의 중심지로 활발하였다. 그러나 주후 6세기경부터 로마 제국의 기독교 박해가 극심해지자 알렉산드리아에서 이곳 와디 엘 나투룬으로 피신하여 모여 들게 되었다.

▲ 마카라우스 수도원 교회

성 마카리우스(St. Macarius, 주후 300-390)는 수도원의 창시자인 성 안토니(St. Anthony, 주후 251-355) 대주교의 제자로써 또 다른 제자인 성 암몬(St. Ammon)의 도움을 받아 나투룬 사막에 수도원을 세웠다.

이곳에 최초로 세운 수도원은 주후 340년에 성 마리아의 이름으로 세워 졌으나 로마의 성인 이름을 따서 성 바라무스 수도원이라 불렀다.

성 마카리우스 수도원은 주후 360년 마카리우스의 나이 60세에 세운 수도원으로 그는 이곳에서 죽는 날까지 30년동안 수도생활을 하며 제자들을 길러낸 콥틱교회의 성자 중 한사람이다. 그가 세상을 떠난 후 유해는 이곳 수도원에 안치 되었다.

성 마카리우스는 이곳에 마카리우스 수도원과 바라무스 수도원을 세웠으며 4개의 수도원 중

성 마카리우스 수도원은 제일 큰 수도원이다.

콥틱교회의 교황은 반드시 수도원에서 수도사 생활을 해야 하는데 성 마카리우스 수도원에서 많은 교황이 배출 되었다.

성 마카리우스 수도원에는 여러개의 교회가 있는데 성 마카리우스 교회에서 주로 예배의식을 행한다. 이 교회에는 성 마카리우스 유해가 안치되어 있고, 왼편 지하동굴에 세례요한의 유해와 엘리사의 유해가 발견되어 교회 안쪽에 안치되어 있다. 그러나 현재 이스라엘 사마리아에 세례 요한의 무덤이 전해 오고 있기도 하다. 세례 요한의 유해는 교황 아다나시우스가 20세 때에 이스라엘에서 알렉산드리아로 이장 했었는데 그 후 기독교 박해시 이곳으로 옮겨 왔다고 한다. 성 마가의 유해도 함께 이곳에 안치 되었으나 알렉산드리아로 옮겨 갔다고 한다. 그러나 현재 콥틱 교황청 경내의 성 마가교회의 성묘(聖廟)에 그의 유해가 안치되어 있다.

필자는 이 곳 마카리우스 교회에서 새벽 5시부터 예배가 시작되어 동참하게 되었다. 예배가 약 2시간에 걸쳐 진행되는 동안 여명이 밝아 오고 창밖의 울창한 고목 나무 숲에서 참새떼들이 요란하게 지저귀기 시작하였다. 사막 가운데 나무 숲 속에서 참새떼들이 새 아침을 찬미하는 듯한 그 아름다운 선율은 마음속 깊이 감동을 주었다. 영원히 잊을 수 없는 한 순간이었다.

성 마카리우스 교회의 바로 맞은 편에 49순교자 교회가 있다. 이 교회 안에는 기독교 신앙을 위하여 목숨을 바친 49분의 순교자 뼈가 한 곳에 묻혀 있는 무덤의 교회인데 마음이 숙연해 지는 곳이다.

이곳에는 종 탑 바로 옆에 도서관이 있다. 알렉산드리아 도서관에서 옮겨와 소장하고 있는 성경 사본을 비롯해서 많은 장서를 볼 수 있다. 약 6,000권의 성경 사본이 있었으나 영국과 프랑스 등지로 유출되어 지금은 약 500권 밖에 되지 않는다고 한다.

성 가족은 이곳에서 카이로의 엘 마타리아로 가게 되었는데 가는 도중에 기자사막에 있는 피라미드를 보았을 것으로 짐작이 된다.

▲ 소리안 수도원 교회

▲ 바라무스 수도원 교회

▲ 비쇼이 수도원 교회

카이로에서 알렉산드리아까지 개척된 사막 도로의 약 95km 지점의 우측에 사다트시가 자리 잡고 있다. 사다트시로 들어가는 진입로를 기점으로, 성 마카리우스 수도원은 그 기점에 못 미쳐서 좌측으로 굽어 들어가고, 성 비쇼이 수도원 등 3개 수도원은 그 기점을 지나 휴게소(Rest House)에서 좌측으로 굽어 들어간다.

성 마카리우스 수도원에서 성 바라무스 수도원까지는 약 26km이고 성 바라무스 수도원에서 성 비쇼이 수도원까지는 약 6km이며 성 비쇼이 수도원과 소리안 수도원은 인접해 있다.

와디 엘 나투룬의 수도원을 순례할 경우 승용차가 편리하다. 대중 교통수단을 이용하려면 사막의 주도로에서 입구지점 까지는 큰 불편이 없으나 주 도로에서 수도원 까지는 대중 교통수단의 이용이 불가능하다.

(8) 카이로(Ciro)

① 마타리아, 헬리오폴리스(HelioPolis)

성서에 관련된 카이로는 요셉으로 부터 시작된다. 애굽에 종으로 팔려(주전 1898, 17세)간 요셉은 바로의 꿈을 해몽해 줌으로써 바로로 부터 사브낫바네아(하나님께서 말씀하심, 유대인들은 비밀을 들어내는 자라 함)라는 이름을 받고 총리직(주전 1885년, 30세)에 까지 오르게 된다.

요셉은 온(On)이라는 도시의 제사장 보디베라의 딸 아스낫과 결혼을 하였다. 온(On)은 당시 고센의 수도였다. 온은 태양신을 섬기던 도시로 신전이 있었으며 그 후 희랍인들은 태양의 도시라는 뜻으로 헬리오폴리스(HelioPolis)라고 불렀다. 그러나 지금의 카이로 북동쪽 카이로 공항 근처에 있는 헬리오폴리스는 옛 온(On) 땅이 아닌 것으로 보고 있다.

모세도 헬리오폴리스에서 주전 1527년에 출생했다고 전해 오고있다. 최근에 헬리오폴리스가 현재의 엘 마타리아 들판이라고 추정하고 있다. 엘 마타리아는 지금의 헬리오폴리스에서 북서쪽

▲ 방첨탑(Obelisk)

으로 약 5km 지점에 위치하고 있다. 엘 마타리아에서 옛 유적을 볼 수가 있다. 제 19왕조 때의 바로인 세티 1세의 태양의 신전 터와 제 12왕조 때의 바로인 세소스트리스 1세의 방첨탑(方尖塔)이 옛 헬리오폴리스를 입증해 주고 있다. 또한 엘 마타리아는 예수님의 성 가족이 애굽으로 피난했을 때 와디 엘 나투룬에서 이곳으로 와서 잠깐 쉬셨던 곳이기도 하다.

2,000년전 성 가족이 이곳에 오셨을 때는 그곳은 폐허의 들판이었고 거기에 한 그루의 뽕나무가 있어 그 그늘에서 성 가족이 예수님과 함께 쉬셨다고 전해오고 있다.

엘 마타리아 역에서 멀지 않은 시가지에 위치한 울타리 담장 안에 뽕나무가 보존되어 있어 뜻있는 방문자들은 볼 수 있다. 이곳 인접 지역에는 카톨릭에서 성 가족 방문 기념교회를 세웠고 교회 벽에는 예수님의 피난 배경을 생생하게 그린 화폭을 여러 장 부착해 놓았다.

1987년 10월에 개통된 전철을 이용하면 대단히 편리하다. 무바라크역(람세스역)에서 탑승하여 아홉번째 역인 엘 마타리아에서 하차하면 된다.

② 성 마가 기념교회(The Church of St. Mark)

▲ 마가복음을 기록한 "마가"의 기념교회

콥트(Copt)는 이집트에 사는 고대 이집트인으로 그리스도의 단성설을 신봉하는 사람들을 말하며 그 명칭은 그리스어의 아이깁티오이(Aigiptioi, 이집트인)에서 나온 아랍어의 킵트(Kibt) 또는 쿱트(Kubt)에서 유래되었다.

콥틱(Coptic)은 콥트인 혹은 그들이 사용하는 말을 지칭한다. 콥틱교회는 주후 451년 칼케돈 종교회의에서 로마 카톨릭 교회로 부터 분리되어 나갔다. 그 이유는 로마 카톨릭 교회에서는 예수 그리스도의 인성과 신성의 두 가지를 주장했던 반면 콥틱 교회는 신성만을 고집하여 주장한 것이다. 그리하여 로마 카톨릭에서 떨어져 나와 독자적인 길을 걸어왔다.

콥틱교회는 자기들의 교회 원년을 주후 284년으로 한다. 이 해는 로마 황제 디오클레시안(Diocletian)이 즉위한 해이다. 교회 역사에서는 이 황제의 통치기간을 "순교자의 시대"라고 부르는데 극심한 박해로 인하여 콥틱교인들이 많이 순교 하였다. 그리하여 콥틱교회에서는 순교자의 시대가 시작되는 해를 콥틱교회의 공식적인 출발의 원년으로 삼고 있다.

이집트는 이슬람 국가임에도 콥틱교인이 750만명에 달한다. 전체 인구의 15%를 점하고 있는 셈이다. 이집트의 종교는 국가의 정책과 시민의 모든 생활을 좌우한다. 아버지의 종교에 따라 자녀의 종교가 결정된다. 신분증에도 종교의 표시를 한다. 콥틱교회는 이러한 종교의 탄압에도 굴하지 않고 있다. 콥틱교인들은 오른 손목 안쪽 중앙부분에 하늘색의 작은 십자가의 문신을 하여 평생 변함없는 콥틱교인임을 자부하고 있다.

카이로에는 콥틱교회의 총 본산인 교황청이 있고 그 안에 콥틱교회의 성 마가교회가 세워져 있다. 성 마가교회는 카이로(람세스) 중앙역에서 약 3km 지점의 아밧시아 거리(Abassia Street)에 위치하고 있다. 카이로 시민들은 성 마가교회 보다는 콥틱 교황청이라고 하면 쉽게 이해한다.

마가 요한은 사도 바울과 전도여행을 떠났던 최초의 선교사였고 마가복음을 기록 하였다. 마가 요한이 알렉산드리아에서 최초 복음을 전파하고 교회를 세운 것이 시작이 되어 이집트의 곳곳에 십자가가 세워져 있고 오늘 날까지 기독교인들이 믿음을 지키고 있다.

교황청 안에는 여러 개의 건물이 세워져 있다. 교황청 앞에 주후 1200년경에 세워진 성 루이스(Rowis)교회가 있고 그 인접지역에 주후 1968년에 성 마가교회가 2층으로 웅장하게 건축 되었다. 이 교회의 2층 전체가 본당이며 1층은 성 마리아교회, 성 비쇼이교회 등의 교회와 용도별 부속 사무실이 있다. 성 마가교회의 뒤편 지하층에는 마가의 성묘(Shrine)가 있어 성 마가의 유해가 안치되어 있다. 알렉산드리아서 순교한 후 여러 곳에 유해가 흩어졌다가 이곳에 안치 되었다고 한다.

▲ 예수님이 쉬셨다는 뽕나무

▲ 성가족 방문 기념교회

(9) 구 카이로(Old Cairo)

▲ 바벨론 성채의 일부

① 바벨론 성채(Fortress of Babylon)

올드 카이로를 가는 길은 여러 가지 방법이 있으나 단체 순례가 아니면 전철을 이용하면 편리하다. 무바라크(람세스역)역에서 헬완행을 타고 일곱 번째 역인 마리기르기스(Marigirgis)에서 하차하면 된다.

역 구내에서 나오며 바라보면 바로 길 건너에 바벨론 성채, 그 오른편 옆에 알무알라카 교회, 왼편에 콥틱 박물관과 둥근 지붕의 성 죠지 교회가 눈 아래로 보인다. 그리고 안쪽으로 걸어 들어가면 주변에 수도원, 수녀원, 아부사르가 교회, 성 바르바라 교회, 그리고 유대회당이 있다.

이집트에서 오래 전 기독교의 흔적을 볼 수 있는 곳이 구 카이로(Old Cairo)이다. 이곳에는 1천년이 넘는 역사를 지닌 이집트 고대 초대 교회들이 존재하고 있었고 이슬람 시대에도 수만 명의 기독교인들과 유대인들이 이 지역에 살고 있었다. 초대 기독교의 중심지역으로 전성기 때 교회들이 오늘 날까지 남아있다.

바벨론은 세 군데의 바벨론이 있다. (1) 현재의 이라크지역의 바벨로니아 제국의 수도 바벨론, (2) 우상의 도시로 언급되는 로마의 바벨론, 그리고 (3) 이집트 올드 카이로의 바벨론이다. 바벨론의 이름은 혼돈하기 쉽기 때문에 관심을 가져야 한다.

| IX. 신약시대

올드 카이로의 바벨론 성채는 크레오파트라와 안토니우스가 자살한 후 새로운 통치자가 된 로마의 아우구스투스(Augustus, 가이사 아구스도)가 주후 30년 이후 이집트를 지배하기 위해서 나일 강변에 세운 성채로서 주후 98년 로마 트리안 황제가 비잔틴 양식으로 보완 개축 하였고 주후 395년 아르카디우스가 재건하였다.

성채의 망대 사이에 입구는 수문이며, 현재의 지표면 보다 6m가 낮은 위치였음을 알 수 있다. 현재의 성채 모습은 당시 거대한 성채의 극히 일부에 지나지 않는다.

주후 641년 이슬람제국의 아므르(Amur)장군이 이곳의 바벨론 성을 함락시키고 군사기지로 삼아 이슬람 통치가 시작 되었다. 바벨론성의 붕괴는 이집트가 이슬람화 하는 서장이 되어 주후 658년 부터 본격적으로 이집트를 지배 하였다. 그 후 영국 통치시대를 거쳐 금일에 이르기까지 콥틱교회는 가혹한 탄압을 받아왔다.

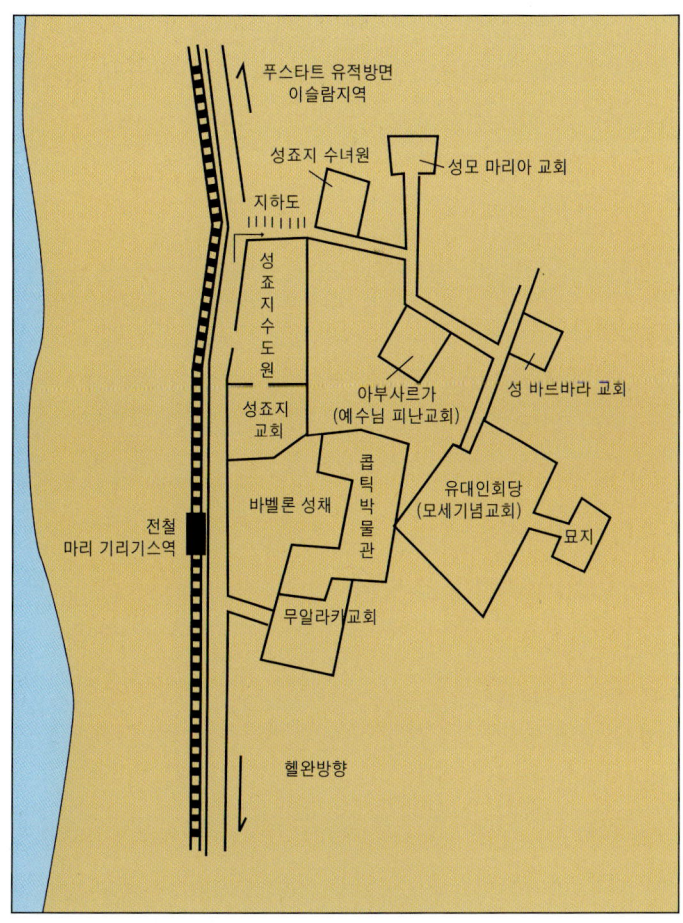

▲ 구 카이로(Old Cairo) 지역의 유적 분포도

이집트
- 국 토 : 약 100만 km²
- 인 구 : 약 6,000만명
- 나일강 : 약 6,670 km
- 수 도 : 카이로

카이로
- 구 카이로(Old Cairo)
  로마 통치시대 카이로
- 이슬라믹 카이로(Islamic Cairo)
  이슬람 통치시대의 카이로
- 신 카이로(New Cairo)
  영국 통치시대 이후의 카이로

② 콥틱 박물관(Coptic Museam)

둥근 지붕의 성 죠지 교회와 바벨론 성채 사이의 넓은 부지에 위치한 콥틱 박물관은 주후 1세기에서 오늘 날까지 약 2000년간의 콥틱 교회의 역사를 생생하게 보여주는 약 14만점의 유물이 소장되어 있다. 이 박물관은 주후 1908년에 건축이 시작되어 1910년에 개관이 되었다.

박물관 내부에 들어가면 1층에 주로 4~6세기의 콥틱 교회의 건축물의 원추기둥(Colums), 기둥 머리(Capitals), 머릿돌 등이 아주 섬세하고

▲ 콥틱 박물관 전경

아름다운 조각으로 새겨져 있다. 그리고 2층에는 파피루스와 양피지 등에 색채로 아름답게 필사한 콥틱 성경 사본들이 진열되어 있다. 고대 애굽교회의 제사장과 사제들이 입던 에봇의 종류, 여러 가지 직물, 장식품, 농기구 등 다양한 유물들이 전시되어 있다. 이곳은 콥틱 교회의 역사를 조명해 주는 신앙의 뿌리를 살펴 볼 수 있는 중요한 박물관이다.

③ 알 무알라카교회(The Church of Al Muallaqa)

콥틱 박물관 바로 오른편에 위치하고 있는 아름다운 교회로 주후 7세기 말(684~687)에 세워졌다. 그러나 9세기에 파괴 되었다가 11세기에 복구 되었으나 그 후 12세기에 일부 파손되기도 했었다.

콥틱 교회 중에서 가장 오래된 교회 중의 하나이다. 이 지역에 피난 온 성 가족이 쉬어간 것을 기념하는 뜻으로 일명 성 마리아 교회(Church of Virgin Mary)라고 부르기도 한다.

교회 내부에는 제단의 중앙에 성모 마리아 상이 있고 북쪽 편에는 성 죠지, 그리고 남쪽에는 세례요한의 초상화가 그려져 있다. 중앙에 있는 성모 마리아 성상을 살펴보면 예수님이 한 가운데에 위치해 있고 그 오른편에는 성모 마리아, 천사장 가브리엘, 사도 베드로가 위치해 있고, 그 왼편에는 세례요한, 천사장 미가엘 그리고 사도 바울이 함께 있다.

▲ 알 무알라카 교회

④ 성 죠지교회(The Church of St. Jeorge)

둥근 지붕의 우람한 교회는 주후 13세기경에 세워졌다. 이 교회의 다른 이름은 마리기르기스 교회(Church of Marigirigis)이다. 이 교회의 이름에 연유되어 마리기르기스 거리의 이름이 붙여졌고 전철역의 이름도 마리기르기스 역이다.

교회의 정문을 들어서면 수도원이 자리 잡고 있는데, 일반인 출입이 금지되어 있다. 교회의 층계를 따라 올라가 안으로 들어가면 오랜 역사를 증명해 주는 듯 약간 어두운 편인데 아름다운 아이콘이 많이 붙어 있고 콥틱 성경을 읽는 신도들의 모습을 볼 수 있다.

교회의 정문에서 나와 지하도를 지나면 왼편에 Convent of St. George for Coptic Nun's 라는 수녀원의 영문 간판이 붙어있다. 남자는 수녀원 내의 지하 기도실에는 들어갈 수 있으나 1층의 수녀원 예배당에는 들어갈 수 없다.

⑤ 아부사르가 교회(Church of Abu Sarga, 예수님 피난교회)

▲ 아부사르가 교회 후면

아랍어 이름의 아부사르가 교회(Church of Abu Sarga)는 일명 성 서지우스 교회(Church of St. Sergius)라고 부른다.

예수님이 헤롯대왕을 피하여 마리아와 요셉과 함께 얼마간 피신하여 계셨던 곳이다. 이 교회가 세워지기 전에는 로마의 사원이 있었다고 한다. 예수님과 함께 이곳에 온 요셉은 이 사원의 동굴에 머물면서 사원을 돌보며 몇 개월간 생계를 유지했다고 한다.

그 후 로마의 기독교에 대한 박해가 심할 때 성 서지우스(St. Sergius)와 성 바쿠스(St. Bachus)가 예수님이 몇 개월간 피신했고, 이집트 초대 교회 구성원들이 비밀 회합을 가졌던 지하동굴에서 피신을 했다가 주후 296년에 이곳에서 그들은 순교를 하였다. 그들 유품을 근거로 하여 4세기

말에서 5세기 초에 지금의 교회가 세워졌다. 이 교회 안에는 예수님이 피난하셨고 성 서지우스와 성 바쿠스가 순교한 곳을 기념하여 지금의 지실(地室)을 만들어 유적지로 보존하고 있다. 교회 안의 제단 왼편의 문을 열고 들어가면 좁은 방안에 각목으로 창살 울타리를 만들어 출입을 금지시킨 지하 계단으로 지실에 들어갈 수 있다. 그러나 아스완 댐을 막은 후 나일강 물이 스며들어 계단 절반 이상이 물에 잠겨 버려 올드

▲ 예수님 피난 동굴
(현재의 동굴 안에는 나일강의 강물이 스며들어 고여있다.)

카이로에서 가장 중요한 부분을 볼 수 없게 되었다. 이곳은 사진 촬영 금지구역이지만 필자가 사진 촬영할 기회를 얻게 되었다. 교회 외관은 전혀 교회답지 않지만 내부는 실로 소중한 교회이다. 본당 내부에는 열두 제자를 상징하는 12개의 기둥이 서 있다. 각 기둥마다 십자가와 제자의 성상이 새겨져 있는데 그 중 한 기둥에는 십자가와 제자상이 새겨져 있지 않다. 그것은 가롯 유다를 상징하는 것이다.

전면 중앙에 제단이 있고 그 왼편에 강단이 있는데 그 강단에는 십계명을 상징하는 10개의 기둥으로 받쳐져 있다. 그리고 교회 내부 북쪽에는 예수님 탄생의 모습과 오병이어의 기적을 새겨 놓은 모습의 아이콘이 붙어 있다. 예수님은 이곳에서 출발하여 나일 강변의 마아디(Maadi)에서 배를 타고 남쪽으로 내려 가셨다고 한다.

마아디에는 성 마리아 교회가 강변에 세워져 있다. 교회는 세 개의 둥근 지붕으로 되어 있는데 그 자리에 유대회당이 있어 성 가족이 예배를 드렸을 것이라고 한다. 교회 안에는 모세의 우물이 있다. 나일 강물을 지하로 끌어들여 이 우물물을 세례수로 사용하였다. 이 곳에 성지 순례자들이 많이 찾아오고 있다.

◀ 마아디 마리아 교회

❻ 성 바르바라교회(Church of St. Barbara)

▲ 회당안에 설치된 단상의 기록물(히브리어)

▼ 위 사진의 히브리어 원문 번역

> "설 화"
>
> 이 도시 사람들의 이야기에 의하면 우리의 랍비 모세가 이곳에서 하나님께 기도했다고 전해진다. 이 장소에 대해서 토라에 이렇게 기록되어 있다.
>
> 모세가 성에서 나가서 여호와를 향하여 손을 펴매 그 손에 응답이 되었더라 바로 이 장소에서 기도가 있었기 때문이다.

▲ 모세의 우물

아부사르가 교회에서 조금 진행하면 가로막힌 길 왼편에 교회 같지 않은 허술한 건물의 교회이다. 딸 바르바라는 아버지에게 전도 하려다가 아버지에게 매맞아 죽었다. 아버지에게 맞아 순교한 처녀 바르바라에게 바쳐진 교회이다. 대단히 오래된 교회로 나무로 된 천장과 석조기둥 등은 아부사르가 교회와 비슷하다.

마침 필자가 예배드리는 시간에 참석했을 때 참새 몇 마리가 날아 들어와 교회 안에서 이리 저리 날아 다니는 가운데 예배가 진행되는 모습을 보면서 색다른 감회를 느꼈다.

❼ 유대회당 (Ben Ezra Synagogue)

최초의 회당은 주전 350년경에 세워졌으며 회당 이름을 예레미야 시나고그라고 불렀다. 그러나 주전 30년에 로마에 의해 파괴 되었다.

지금의 회당 입구 정원 쪽의 허물어진 터에는 원래 4세기경 알 무알라카 교회에 소속했던 교회가 있어 9세기경까지 가브리엘 교회 또는 미가엘 교회로 불렀다.

그 후 이슬람 지배하에 들어가게 되면서 엄청난 세금을 콥틱교회에 부과함으로 인하여 세금 지불이 곤란

| B. 이스라엘의 시대별 역사와 지리

해 지자 지금의 회당부지를 이슬람 인에게 매각하기에 이르렀고 이곳에 이슬람 사원이 들어섰다. 그 후 12세기에 이븐툴룬 왕조 때(주후 868~905)에 유대인 손으로 다시 넘어 오게 되어 유대인 회당이 다시 세워졌다. 이 회당의 이름은 당시 예루살렘의 유명한 랍비 아브라함 벤 에즈라(Abraham Ben Ezra)의 이름으로 명명하여 벤 에즈라 교회라고 부르게 되었다.

이 유대회당은 많은 전설이 전해오고 있다. 회당 뒤편에 보면 우물이 있고 회당 밖의 지하로 들어가면 우물과 연결되어 물이 흐르고 있음을 볼 수 있다.

나일 강변에 버려진 갈대사이 상자의 모세를 바로의 공주가 물에서 건져 낸 곳이 바로 이곳이라는 것이다.(출2:1-10) 그래서 이 샘을 모세의 샘이라 전해지고 있다. 성모 마리아는 이 지역에 피난 와서 아기예수를 이 샘의 물을 길어 씻겼다고 전해지고 있다.

로마 시대에 바벨론 성채 밑으로 나일강이 흐르고 있었다는 사실로 보아 모세가 태어날 당시에 유대회당 지역에 나일강이 흐르고 갈대밭이 있었을 가능성도 배제할 수 없다. 또한 모세가 이곳에서 기도를 하고 출애굽 했다고 전해지고 있다. 회당 안에 들어가자마자 눈에 띄는 두쪽판의 히브리어로 쓰여진 설화의 내용에 근거하고 있다.

현재 이 회당에는 토라(Torah)와 탈무드(Talmud) 그리고 시가서(Poetics)가 보존되어 있다. 예레미야는 남 유다 왕국의 선지자로 주전 586년에 유다 왕국이 바벨론에게 멸망되자 애굽으로 끌려와 죽었는데 어느 곳에서 죽었는지 분명치 않으나 이곳에 들렸었고 이곳에서 죽었다는 전설도 있다. 회당 주변에 오래된 묘지들이 있기도 하다.

(10) 엘 테이르(El Tair)

▲ 마리아 기념교회

나일강을 따라 남쪽으로 내려가다 보면 주변에 유적들이 많이 있다. 성 가족은 올드 카이로에서 배편으로 떠나 사마루트(Samalut)를 거쳐 엘 테이르(Dier Gabal el Teir)에 들렸다.

이집트의 철도와 도로는 카이로에서 룩소까지 주로 나일 강변에 평행으로 뻗어 있어 승용차나 기차 또는 대중 교통수단에 의해 이동하면서 나일강과 주변의 정취를 흠뻑 느낄수 있다.

엘 테이르는 사마루트를 지나 나일강을 배로 도강하여 택시를 타고 약 5분 정도 올라가야 한다. 나일강을 도강하자 마자 백회석 체취의 작업이 이루어 지고 있는 언덕을 지나가야 한다.

나일강변의 높은 언덕 위에 성 가족의 방문을 기념하기 위하여 세 개의 둥근 지붕으로 건축된 성 마리아 교회가 세워져 있다.

교회 앞의 언덕 위에 서서 남북으로 굽이 굽이 흐르는 나일강과 주변 마을들을 굽어 보는 마음의 눈이 무척 시원한 곳이다.

(11) 엘 아슈무네인(El Ashumunein)

성 가족은 여러 곳을 방문하는 가운데 엘 테이르에서 떠나 엘 미니아(El Minya)와 베니하산(Beni Hassan)을 경유하여 엘 아슈무네인을 방문했을 것으로 짐작이 간다.

엘 아슈무네인에는 옛 신전터에 유적이 남아있어 돌기둥들이 서 있고 주춧돌만이 옛 모습을 보여 주고 있다.

이곳에는 성가족의 방문교회가 세워져 있지 않다. 그러나 가정집이나 다름없는 낡은 콥틱교회 안에는 5명이 앉을 수 있는 오래된 긴 나무의자가 30여개가 놓여있고 앞에는 강대상이 놓여 있었다.

책장 안에는 수십권의 성경과 찬송가 책이 꽂혀 있는데 성경책은 한국에서 1988년 아랍어로 번역된 책이었다. 우리 한국인에 의한 번역판의 아랍어 성경책이라는 사실에 깜짝 놀랐다. 문서 선교의 필요성과 그 성과를 다시한번 새롭게 느낄 수 있었다.

이 지역은 이슬람과 기독교간에 종교 분쟁이 빈번한 곳이다. 이곳 소수의 기독교인들은 철대문 안에 집단으로 거주하고 있어 보호 통제를 받고 있는 지역임을 알 수 있었다.

이집트의 모든 콥틱교회는 정문 앞에 경찰 초소가 있어 정복 입은 경찰관들이 출입을 통제하고 있다.

이곳은 특별히 아랍인 고유복장 갈라비아(Galabia)를 한 아랍인 경비원이 무장을 하고 교회 앞의 망대에서 경비하고 있었다.

이곳에서 뜻밖의 사건이 발생 하였다. 교회 앞에서 필자가 사진 촬영한 것이 화근이 된것 같다.

또한 이집트의 시골을 방문 할때 기독교(콥틱)인과 회교인들이 함께 거주하는 지역에서는 그 지역 목사(신부)가 경찰에 신고 해야 한다. 만약 목사가 신고하지 않으면 문책을 당한다.

이곳에서 필자는 신고된 후 교회 안에 약 2시간

동안 보호 되었으며, 현역 군인들의 장갑차가 출동되어 장갑차에 의해 경찰서까지 호송되기까지 했으나 무사하였다.

이 지역은 종교의 갈등이 심한 곳이기 때문에 가급적이면 방문하지 않는 것이 좋다. 방문하고자 하면 한국 선교사 또는 한국인 가이드의 안내를 받으면 안전하다. 대중 교통수단을 이용하여 방문 할 경우는 말라위(Mallawi)에서 정기적으로 왕래하는 버스편을 이용하면 약 30분이 소요된다.

(12) 엘 무하라크 수도원(El Muharraq Monastery)

▲ 마리아 기념교회

엘 무하라크 수도원은 카이로에서 남쪽으로 약 335km지점, 나일강변의 국도에서 약 4km의 내륙에 위치하고 있다.

성 가족은 다이루트(Dairut)를 거쳐 나일강변에 가까운 소도시인 엘 쿠세아(El Qusiya)에 도착 하였다. 성 가족이 이곳에 이르렀을 때 마침 마을에 결혼식이 있었는데 신부가 귀신 들려서 벙어리처럼 바보가 되어 있었다. 그 신부가 아기 예수께 달려가 입을 맞추니 귀신이 물러가 금방 온전해져서 하나님을 찬양했다는 전설이 전해지고 있다.

성 가족은 엘 쿠세아에서 내륙으로 약 3km 지점의 오늘날 엘 무하라크 수도원이 있는 코스캄산(Mt. Qousqam)의 기슭에 도착하였다.

요셉은 그 곳에 종려나무와 진흙으로 작은 집을 지었다.

집 근처에 있던 우물은 예수님의 축복을 받았다. 예수님께서는 병과 더러운 악령들에게 시달리는 근처에 사는 많은 사람들을 낫게 하는 이적을 행하였다.

그 후에 이스라엘로부터 요세(Joses)라는 사람이 이곳에 와서 성 가족에게 고하기를 "헤롯"이 동방박사들에게 속았음을 알았을 때 몹시 격노하여

▲ 수도사와 함께(정원)

▲ 콥틱 성경

▲ 성가족 방문 기념비

사람을 보내 베들레헴 근처에 있는 두 살박이 사내 아이들을 전부 죽였다고 하였다. 그때에 예수님은 이스라엘에서 온 요세에게 감사하며 그의 조상들인 성자들과 함께 잠들 것이라고 하였다.

그 후 요셉은 요세가 죽으매 그의 무덤 앞에 사각형의 돌 위에 "성 가족이 코스캄산에서 잠시 머물렀다"고 새겨서 세웠다. 요세의 무덤은 수도원의 성모 마리아 교회 밖의 남서쪽 모퉁이에 있어 오늘날까지 전해지고 있다.

헤롯이 죽은 후에 주의 사자가 애굽에서 요셉에게 현몽하여 가로되 일어나 아이와 그 모친을 데리고 이스라엘 땅으로 가라 아기의 목숨을 찾던 자들이 죽었느니라 하였다. (마2:19-20)

성 가족이 이곳을 떠나기 전에 마리아는 예수께 약 6개월 동안 가족의 피난처가 되었던 작은 집을 축복하기를 부탁하였다. 그래서 그곳은 이사야의 예언 "나의 백성 애굽이여 복이 있을지어다(사19:25)"에서 말씀한대로 나사렛, 예루살렘, 베들레헴과 모든 성지들 처럼 명예와 명성을 얻었다. 성 가족이 수도원의 자리에 방문한 것을 기념하여 히브리어로 새겨진 옛 비석이 세워져 있다.

성 가족이 이곳에서 약 6개월간 머물러 있던곳에 성모 마리아 교회가 세워져 있다. 이곳이 이집트의 가장 중심이 되는 이집트의 배꼽이 되는 곳이라고 안내 수도사가 설명해 주었다. 이 성모 마리아 교회의 수도사들은 새벽 4시 부터 약 3시간 동안 카톨릭과 유사한 예배의식을

▲ 엘 무하라크 수도원 전경

| B. 이스라엘의 시대별 역사와 지리 |

복잡하게 거행 했으며, 다른 지역에 있는 4개의 수도원은 통상 새벽 5시부터 약 2시간의 예배가 진행되고 있음을 볼수가 있었다. 성 가족이 다시 이스라엘 땅으로 돌아 갈때의 노정은 올 때에 머물렀던 곳을 대부분 되짚어 돌아갔을 것으로 짐작된다.

　수도원 지역의 성채의 탑(Tower)은 제논왕(Xenon, 주후 474-491)에 의해 로마 요새 형태로 세워 졌는데 이는 이방 민족의 잦은 공격에 대비하기 위함이었다.

　주후 1901-1928년에 축조된 현존의 웅장한 수도원의 석조 담벽의 총 연장 거리는 약 4km이며 출입문은 일반문과 특별문의 두 개의 이중문으로 튼튼히 설치 되었다.

　수도원 안에는 옛 성모마리아 교회, 새 성모 마리아교회, 성 죠지 교회, 수도원 궁전, 수도사 숙소, 귀빈 숙소, 콥틱교인 기도실 및 숙소, 도서관, 목축장, 식품가공공장, 식당, 도살장 등 많은 건물이 들어서 있다.

　콥틱교회에서 추천을 받아오면 누구나 수도원에 들어와서 기도할 수 있고 침식을 제공 받는다. 콥틱교인 뿐 아니라 수많은 성지 순례자들이 모여든다. 매년 6월 20일 부터 한 주간은 성모 마리아의 탄일을 축하하는 큰 축제가 벌어진다고 한다.

헤롯이 죽은 후에 주의 사자가 애굽에서 요셉에게 현몽하여 가로되 일어나 아기와 그 모친을 데리고 이스라엘 땅으로 가라. 아기의 목숨을 찾던 자들이 죽었느니라 하시니 요셉이 일어나 아기와 그 모친을 데리고 이스라엘 땅으로 들어오니라.

마태복음 2장 19절-21절

| IX. 신약시대

내가 진실로 속히 오리라.(계 22:20)

예수는 하늘로 가심을 본 그대로 오시리라.(행 1:11)

다 이루었다.(요19:30)

3. 예수님 공생애의 성적(聖蹟)과 족적(足跡)

나는 부활이요 생명이니 나를 믿는 자는 죽어도 살겠고 무릇 살아서 나를 믿는자는 영원히 죽지 아니하리니 네가 믿느냐. (요 11:25-26)

저가 뉘기에 바람과 물을 명하매 순종하는고 하더라.(눅 8:25)

회개하라 천국이 가까왔느니라 하시더라. (마 4:17)

구주가 나셨으니 곧 그리스도 주 시니라. (마 1:16)

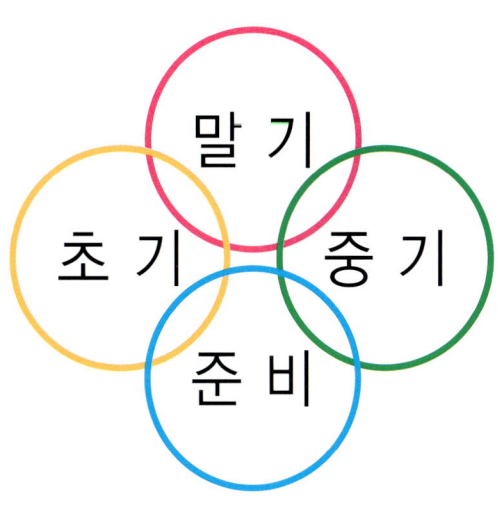

325

(1) 예수의 공생애 준비기간(탄생 - 애굽피난 - 성장 - 세례)

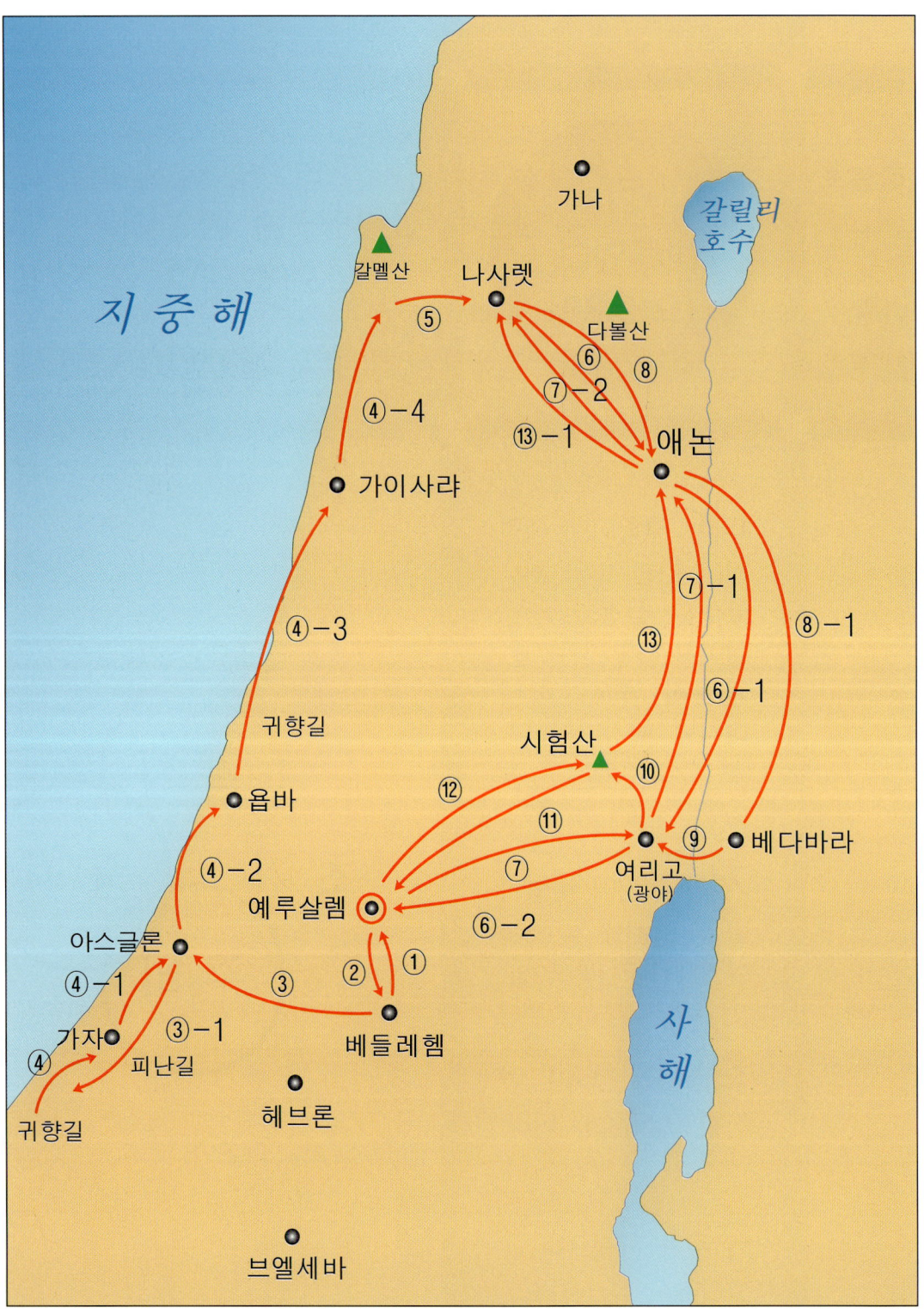

◉ 오늘날 다윗동네(베들레헴)에 너희를 위하여 구주가 나셨으니 곧 그리스도 주시니라.(눅 2:11, 1:31, 마 1:16, 2:1-11)

① 할례 할 팔일이 되매 그 이름을 예수라 하니 곧 수태하기 전에 천사의 일컬은 바더라. 모세의 법대로 결례의 날이 차매 아기를 데리고 예루살렘에 올라갔다.(눅 2:21-24)

②-③ 주의 사자가 현몽하여 가로되 헤롯이 아기를 찾아 죽이려 하니 애굽으로 피하여 내가 네게 이르기까지 거기 있으라 하시니 요셉이 일어나서 밤에 아기와 그의 모친을 데리고 애굽으로 떠나가 헤롯이 죽기까지 거기 있었으니 이는 선지자로 말씀하신바라.(마 2:13-18, 호 11:1)

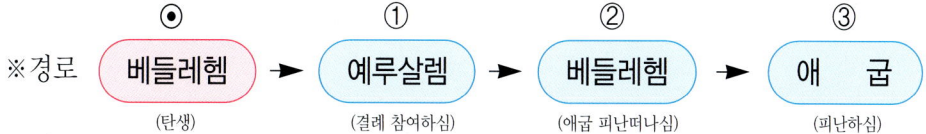

④ 헤롯이 죽은 후에 주의 사자가 애굽에서 요셉에게 현몽하여 가로되 일어나 아기와 그 모친을 데리고 이스라엘 땅으로 가라 아기의 목숨을 찾던 자들이 죽었느니라 하시니 요셉이 일어나 아기와 그 모친을 데리고 이스라엘 땅으로 들어오니라.(마 2:19-21, 눅 2:39)

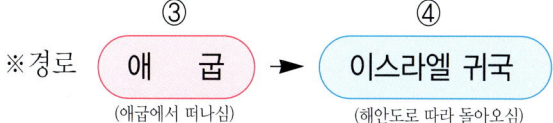

⑤ 나사렛이란 동네에 와서 사니 이는 선지자로 하신 말씀에 나사렛 사람이라 칭하리라 하심을 이루려 함이니라.(마 2:23)

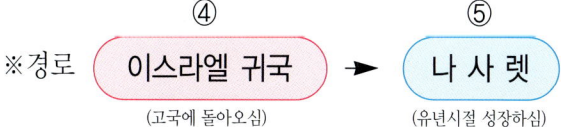

⑥-⑦ 그 부모가 해마다 유월절을 당하면 예루살렘으로 가더니 예수께서 열두 살 될 때에 저희가 이 절기의 전례를 좇아 올라 갔다가 그날들을 마치고 돌아갈 때에 아이 예수는 예루살렘에 머무셨더라. 그 부모는 이를 알지 못하고 동행 중에 있는 줄로 생각하고 하루길을 간 후 친족과 아는 자 중에서 찾되 만나지 못하매 찾으면서 예루살렘에 돌아갔더니 사흘 후에 성전에서 만난즉 그가 선생들 중에 앉으사 저희에게 듣기고 하시며 묻기도 하시니 듣는 자가 다 그 지혜와 대답을 기이히 여기더라.(눅 2:41-47)

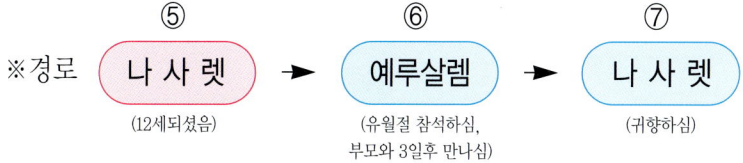

⑧ 예수께서 갈릴리로서 요단강에 이르러 요한에게 세례를 받으려 하신데... 세례를 받으시고 곧 물에서 올라 오실때 하늘이 열리고 하나님의 성령이 비둘기 같이 내려 자기 위에 임하심을 보시더니 하늘로서 소리가 있어 말씀하시되 "이는 내 사랑하는 아들이요 내 기뻐하는 자라 하시니라."(마 3:13-17, 요 1:31-34)

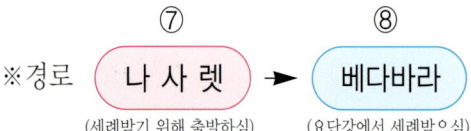

※경로 나 사 렛 → 베다바라
       (세례받기 위해 출발하심) (요단강에서 세례받으심)

• 베다바라(세례받으신 곳) : 여호수아가 지금으로 부터 약 3400년전에 요단강을 건넜던 곳이다.
(요단동편 "베다니"라는 주장도 있음)

⑨ 예수께서 성령에게 이끌리어 마귀에게 시험을 받으러 광야로 가사 사십일을 밤낮으로 금식하신 후에 주리신지라. 시험하는 자가 예수께 나와서 가로되 ⑩ "네가 만일 하나님의 아들이어든 명하여 이 돌들이 떡덩이가 되게 하라." ⑪ 성전 꼭대기에 세우고 "하나님의 아들이거든 뛰어 내리라." ⑫ 지극히 높은 산으로 가서 천하만국과 그 영광으로 보여 가로되 "만일 내게 엎드려 경배하면 이 모든 것을 네게 주리라." 하니 예수께서 주 너의 하나님만 경배하고 다만 그만 섬기라 하니 마귀는 떠나고 천사들이 나아와서 수종 드니라.(마 4:1-11, 눅 4:1-13)

※경로 베다바라 → 광 야 → 시험산 → 예루살렘 → 시험산 → 나사렛
       (세례받으시고 떠나심) (40일금식하심) (1차시험:산중턱) (2차시험:성전꼭대기) (3차시험:산꼭대기) (귀향하심)

▲ 수태 고지 교회 벽면에 부착되어 있는 예수님과 마리아의 성화(공주사대 이남규 교수 작품)

▶ 나사렛의 예수님 수태고지(告知) 기념교회

(2) 예수의 공생애 초기 사역(갈릴리 지역, 사마리아 지역, 예루살렘 지역)

① 예수께서 요한(세례)의 잡힘을 들으시고 갈릴리로 물러 가셨다가 나사렛을 떠나 스불론과 납달리지경 해변에 있는 가버나움에 가서 사시니... 그 때부터 예수께서 비로소 전파하여 가라사대 "회개하라 천국이 가까왔느니라" 하시더라.(마 4:12-17)

②-③ 사흘되던 날(세례 후) 갈릴리 가나에 혼인이 있어 예수의 어머니도 거기 계시고 예수와 그 제자들도 혼인에 청함을 받았더니... 예수께서 저희에게 이르시되 "항아리에 물을 채우라" 하신즉 아구까지 채우니... 연회장은 물로 된 포도주를 맛보고 어디서 났는지 알지 못하되 물 떠온 하인들은 알더라... 예수께서 이 처음 표적을 갈릴리 가나에서 행하여 그 영광을 나타내심에 제자들이 그를 믿으니라... 그 후에 예수께서 그 어머니와 형제들과 제자들과 함께 가버나움으로 내려가 거기 여러 날 계시지 아니 하시니라.(요 2:1-12)

④-⑤ 유대인의 유월절이 가까운지라 예수께서 예루살렘으로 올라 가셨더니...(요 2:13-25)

⑥ 유대를 떠나사 다시 갈릴리로 가실쌔 사마리아로 통행하여야 하겠는지라 사마리아에 있는 수가라하는 동네에 이르시니 ... 야곱의 우물이 있더라... 사마리아 여자 하나가 물을 길러 왔으매 예수께서 물을 좀 달라하시니... 여자가 가로되 "주여 물 길을 그릇도 없고 이 우물은 깊은데 어디서 이 생수를 얻겠삽나이까..." 예수께서 대답하여 가라사대 "이 물을 먹는자 마다 다시 목마르려니와 내가 주는 물을 먹는자는 영원히 목마르지 아니하리니, 나의 주는 물은 그 속에서 영생 하도록 솟아 나는 샘물이 되리라.(요 4:1-15, 4:40-42)

⑦-⑧ 예수께서 다시 갈릴리 가나에 이르시니 전에 물로 포도주를 만드신 곳이라, 왕의 신하가 있어 그 아들이 가버나움에서 병들었더니... 예수께서 가라사대 "네 아들이 살았다"하시데... 이것은 예수께서 유대에서 갈릴리로 오신 후 행하신 두 번째 표적이니라.(요 4:46-54)

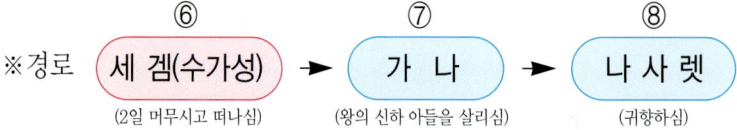

| IX. 신약시대 |

▲ 갈릴리 바닷가 팔복산에 세워진 팔복기념 교회

▼ 가버나움의 유대인 회당 유적(예수님 당시)

▲ 갈릴리호수가(타브가)에 세워진 베드로 수위권교회

▼ 타브가에 있는 오병이어 기념교회

▲ 가버나움의 베드로 집터 위에 세워진 기념교회

▼ 오병이어 기념교회 내부의 오병이어 모자이크

| B. 이스라엘의 시대별 역사와 지리 |

(3) 예수님의 공생애 중기 사역(갈릴리 주변지역)

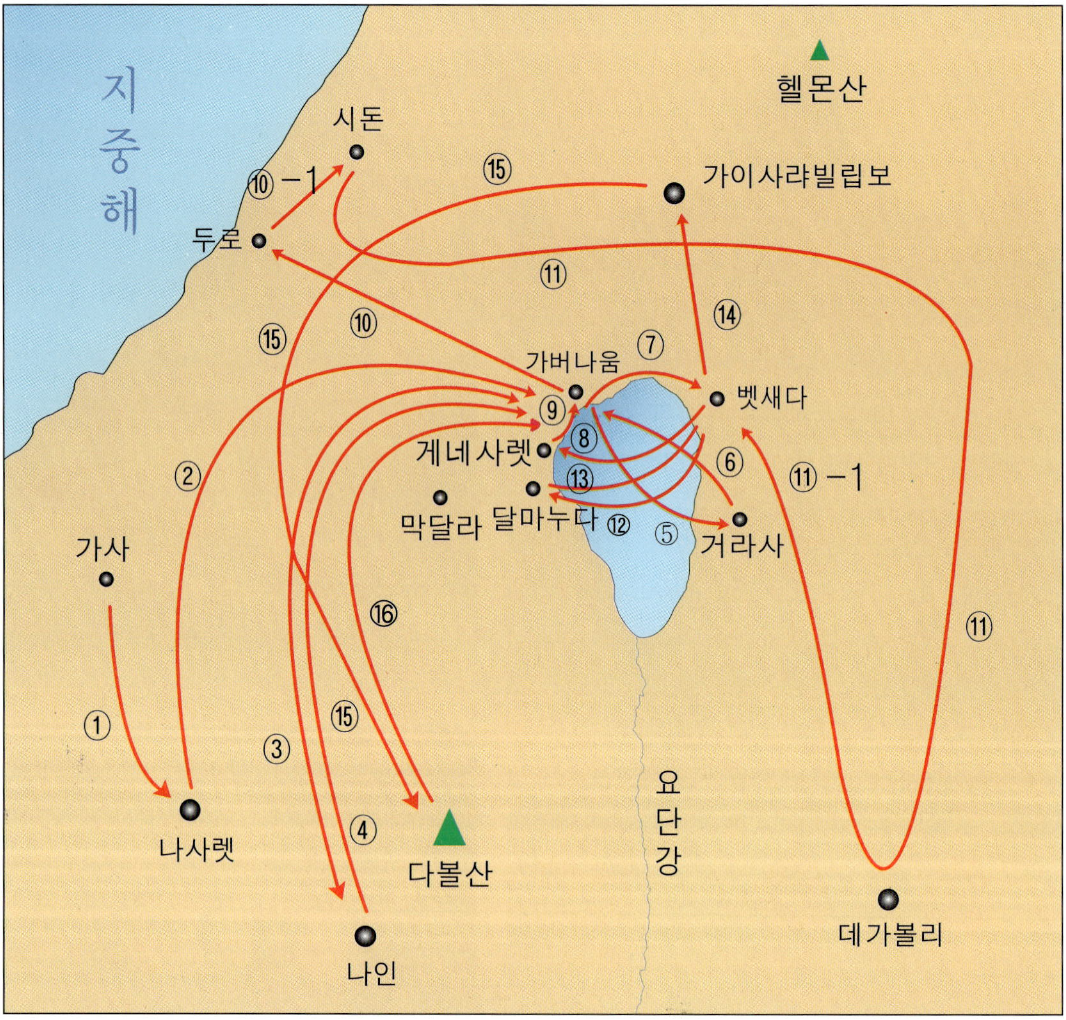

① 예수께서 그 자라신 곳 나사렛에 이르사 안식일에 자기 규례대로 회당에 들어가사 성경을 읽으려고 서시매... 책을 덮어 그 맡은 자에게 주시고... 회당에 있는 자들이 일어나(예수를) 동네 밖으로 쫓아내어 그 동네가 건설한 산 낭떠러지 까지 끌고 가서 밀쳐 내려 치고자 하되 예수께서 저희 가운데로 지나서 가시니라.(눅 4:24-30)

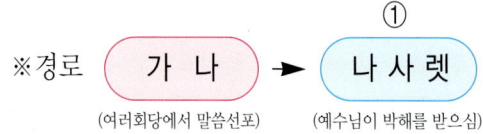

※경로 가 나 (여러회당에서 말씀선포) → ① 나사렛 (예수님이 박해를 받으심)

② 갈릴리 가버나움 동네에 내려오사 안식일에 가르치시매... 그 말씀에 권세가 있으심이라... 회당에 더러운 귀신 들린 사람이 있어 고치시며... 여러 회당에서 전도 하시니라.(마 8:5-17, 눅 7:1-10)

③ 그 후에 예수께서 나인이란 성으로 가실쌔 제자와 허다한 무리가 동행하더니 성문에 가까이 오실 때에 사람들이 한 죽은자 를 메고 나오니... 주께서 과부(죽은 자의 어머니)를 보시고 불쌍히 여기사 울지 말라 하시고 가까이 오사 그 관에 손을 대시니 멘자들이 서는지라 예수께서 가라사대 "청년아 내가 네게 말하노니 일어나라" 하시매 죽었던 자가 일어나 앉고 말도 하거늘... 이 소문이 온 유대와 사방에 두루 퍼지니라.(눅 7:11-17)

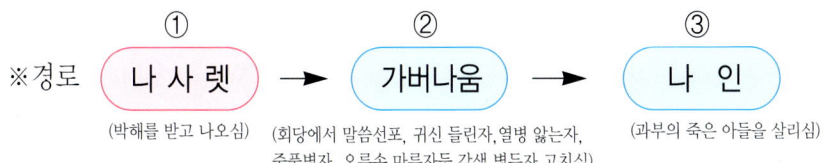

※ 둘째 유월절에 가버나움에서 예루살렘을 다녀오심(요 5:1)
(그리스도의 신성에 관한 말씀 선포, 베데스다의 연못가 병자 고치심 : 왕복 경로는 밝혀져 있지 않음)

④ 예수께서 각 성과 촌에 두루 다니시며 하나님의 나라를 반포하시며 그 복음을 전파 하실쌔 열두 제자가 함께 하였고 악귀를 쫓아 막달라 마리아의 일곱 귀신을 몰아냈다... 각 동네에 사람들이 예수께로 나아와 큰 무리를 이루니 예수께서 비유로 말씀하시되(씨 뿌리는 비유, 등불의 비유) (눅 8:1-3, 요 12-13, 막 3-4)

⑤ 하루는 제자들과 함께 배에 오르사 저희에게 이르시되 호수 저편으로 건너자 하심에 이에 떠나 행선 힐 때에 광풍이 호수로 내리 치매 배에 물이 가득하게 되어 위태한지라... 제자들에게 이르시되 "너희 믿음이 어디 있느냐" 하시니... 저가 뉘기에 바람과 물을 명함에 순종하는고 하더라 갈릴리 맞은 편 거라사인의 땅에 이르러 육지에 이르시매 그 도시 사람으로 귀신들린 자 하나가 예수를 만나니... 귀신들이 그 사람에게서 나와 돼지에게로 들어가니 그 떼가 비탈로 내리달아 호수에 들어가 몰사 하거늘...(눅 8:22-39, 마 8:18-23, 막 4:35-36)

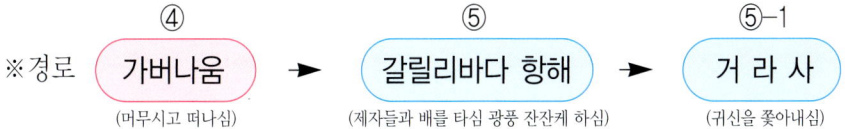

⑥ 예수께서 배에 오르사 건너가 본 동네(가버나움)에 이르니(마 9:1) 거라사인의 땅 근방 모든 백성이 크게 두려워 하여 떠나기를 구하더라 예수께서 배에 올라 돌아 가실쌔...(눅 8:37) 예수께서 열두 제자를 불러 모으사 모든 귀신을 제어하며 병을 고치는 능력과 권세를 주시고 하나님의 나라를 전파하며 앓는 자를 고치게 하려고 내어 보내시며...(눅 9:1-2)

※경로

⑦ 예수께서 열두 제자에게 명하시기를 마치시고 이에 저희 여러 동네에서 가르치시며 전도하시려고 거기를 떠나 가시니라.(마 11:1) 그 후에 예수께서 갈릴리 바다 곧 디베랴 바다 건너편으로 가시매... 여기 한 아이가 있어 보리떡 다섯 개와 물고기 두 마리를 가졌나이다... 예수께서 가라사대 "이 사람들을 앉게 하라" 하신대 그 곳에 잔디가 많은지라 사람들이 앉으니 수효가 5,000쯤 되더라. 예수께서 떡을 가져 축사하신 후에 앉은 자들에게 나눠 주시고 고기도 그렇게 저희의 원대로 주시니... 보리떡 다섯 개로 먹고 남은 조각이 열두 바구니에 찼더라... 저물매 제자들이 바다에 내려가서 배를 타고 바다를 건너 가버나움으로 가는데... 큰 바람이 불어 파도가 일어나더니 제자들이 노를 저어 십여리 쯤 가다가 예수께서 바다 위로 걸어 배에 가까이 오심을 보고 두려워 하거늘 가라사대 "내니 두려워 말라" 하신대...(요 6:1-21, 마 14:13-38, 눅 9:10-17, 막 16:30-44)

※경로

- 제자들만이 배를 타고 벳새다에서 가버나움으로 갔다 -

⑧-⑨ 저희가 건너가 게네사렛 땅에 이르니... 다만 예수의 옷가에 라도 손을 대게 하시기를 간구하니 손을 대는 자는 다 나음을 얻으니라.(마 14:34-36)

※경로

⑩ 예수께서 거기서(가버나움) 나가사 두로와 시돈 지방으로 들어 가시니 가나안 여자 하나가... 내 딸이 흉악히 귀신 들렸나이다... 예수께서 대답하여 가라사대 "여자야 네 믿음이 크도다. 네 소원대로 되리라" 하시니 그시로 부터 그의 딸이 나으니라.(마 15:21-28, 막 7:24-30)

※경로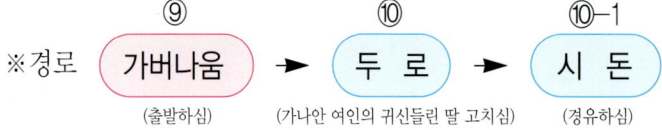

⑪ 예수께서 다시 두로 지경에서 나와 시돈을 지나고 데가볼리 지경을 통과하여 갈릴리 호수에 이르시매 사람들이 귀먹고 어눌한 자를 데리고 예수께 나아와 안수하여 주시기를 간구하거늘... 사람들이 심히 놀라 가로되 "그가 다 잘 하였도다. 귀머거리도 듣게 하고 벙어리도 말하게 한다..." 하니라. (막 7:31-37)

예수께서 무리를 명하사 땅에 앉게 하시고 떡 7개를 가지사 축사하시고 떼어 제자들에게 주어... 또 작은 생선 두어 마리가 있는지라... 배불리 먹고 남은 조각 일곱 광주리를 거두었으며 사람은 약 4,000명이었더라.(막 8:1-9)

※경로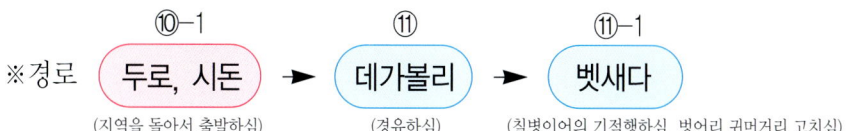

⑫ 예수께서 저희를 흩어 보내시고 곧 제자들과 함께 배에 오르사 달마누다 지방으로 가시니라. (막 8:9-10)

※경로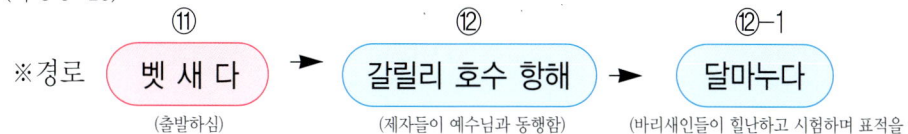

⑬ 저희를 떠나 다시 배에 올라 건너편으로 가시니라 제자들이 떡 가져오기를 잊었으매 배에 떡 한개 밖에 저희에게 없더라. 벳새다에 이르매 사람들이 소경 하나를 데리고 예수께 나아와 손 대시기를 구하거늘... 그에게 안수하시고 물으시니 우러러 보며 가로되 사람이 보이나이다.(막 8:13-26)

※경로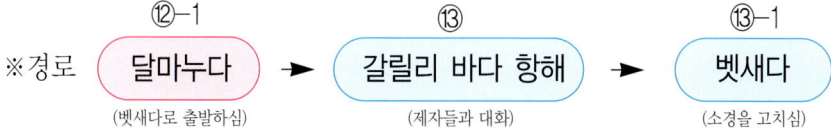

⑭ 예수와 제자들이 가이사랴 빌립보 여러마을로 가실쌔 노중에서 제자들이 물어 가라사대 "사람이 나를 누구라 하느냐?" 베드로가 대답하여 가로되 "주는 그리스도시요 살아계신 하나님의 아들이시니이다"라고 답변 하셨나(신앙고백)(마 16:16, 막 8:27-29)

※경로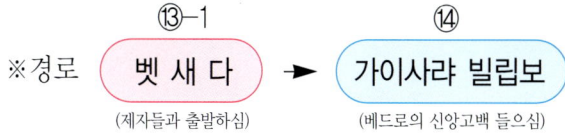

⑮ 엿새 후 예수께서 베드로와 야고보와 요한을 데리시고 따로 높은 산에 올라 가셨더니 저희 앞에서 변형되사... 우리가 초막 셋을 짓되 하나는 주를 위하여 하나는 모세를 위하여 하나는 엘리야를 위하여 하사이다 하니...(막 9:2-8, 눅 9:28)

※경로

⑯ 가버나움에 이르러 집에 계실쌔 제자들에게 물으시되 "너희가 노중에서 서로 토론한 것이 무엇이냐" 하시되... "누가 크냐고 쟁논하였음이라 누구든지 내 이름으로 이런 어린아이 하나를 영접하면 곧 나를 영접함이요 누구든지 나를 영접하면 나를 영접함이 아니요 나를 보내신 이를 영접함이니라."(막 9:33-37)

※경로 ⑮ 변 화 산 ➤ ⑯ 가버나움
　　　(변화산에서 내려오심)　　(제자들 쟁론에 교훈하심, 어린아이 세우고 겸손을 가르치심)

▲ 선한 사마리아인의 여관

예루살렘에서 여리고로 가는 중간 지점의 오른편 도로변에 기념 교회가 세워져 있다.
한 강도를 만난 사람이 거의 죽게 된 상태에 있을 때 제사장과 레위인은 보고도 피하여 갔으나
당시 천시 받던 사마리아인은 현장에서 간호해 주고 주막에 데리고 가서 자비를 베풀었다.

(눅 10:25-37)

(4) 예수의 공생애 말기 사역(예루살렘 주변)

① 예수께서 승천하실 기약이 차 가매 예루살렘을 향하여 올라 가기로 굳게 결심 하시고 사자들을 앞서 보내시매 저희가 가서 예수를 위하여 예비 하려고 사마리아인의 한 촌에 들어 갔더니... 저희가 받아 들이지 아니 하는 지라... 예수께서 돌아 보시며 꾸짖으시고 함께 다른 촌으로 가시니라.(눅 9:51-56)

② 갈릴리를 떠나 요단강 건너 유대지경에 이르시니 큰 무리가 좇거늘 예수께서 거기서 저희 병을 고치시더라. (마 19:1-2)

③ 저희가 여리고에 이르렀더니… 소경 거지 바디매오가 길가에 앉았다가... 심히 소리 질러 나를 불쌍히 여기소서... 예수께서 이르시되 "가라 네 믿음이 너를 구원 하였느니라" 하시니 저가 곧 보게 되어 예수를 길에서 좇으니라.(막 10:46-52, 마 20:29-34)

④ 예수께서 베다니에 머물러 있으매 예루살렘에 수전절이 이르니 때는 겨울이라 (요 10:22)

⑤ 예루살렘에 들어 가시니 온 성이 소동하여 가로되 이는 누구뇨? 하거늘 무리가 가로되 갈릴리 나사렛에서 나온 선지자 예수라 하니라.(마 21:1-16)

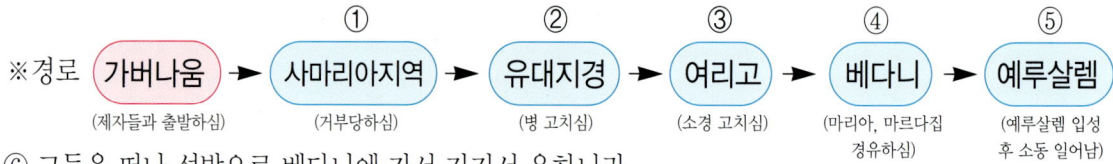

⑥ 그들을 떠나 성밖으로 베다니에 가서 거기서 유하니라.

⑦ 저희가 다시 예수를 잡고자 하였으나 그 손에서 벗어나 나가시니 다시 요단강 저편 요한이 처음으로 세례주던 곳(베다바라)에 가사 거기 거하시니.

⑧ 어떤 병든 자가 있으니 이는 마리아와 그 형제 마르다의 촌 베다니에 사는 나사로라... 예수께서 와서 보니 나사로가 무덤에 있은지 이미 나흘이라... 예수께서 눈물을 흘리시더라... 큰 소리로 나사로야 나오라 부르시니 죽은 자가 수족을 베로 동인체로 나오는데 그 얼굴은 수건에 싸였더라. 예수께서 가라사대 "풀어 놓아 다니게 하라" 하시니라.(요 11:1-44)

⑨ 이날 부터는 저희가 예수를 죽이려고 모의 하니라. 그러므로 예수께서 다시 유대인 가운데 드러나게 다니지 아니하시고 여기를 떠나 빈들 가까운 곳인 에브라임이라는 동네에 가서 제자들과 함께 거기 유하시니라. 예수 있는 곳을 알거든 고하여 잡게하라 명령 하였음 이더라.(요 11:53 - 57)

⑩ 예수께서 여리고로 들어 가시더라. 삭개오라 이름하는 자가 있으니 세리장이요 또한 부자라… 예수께서 이르시되 "오늘 구원이 이집에 이르렀으니 이사람도 아브라함의 자손임이로다." 인자가 온것은 잃어버린 자를 찾아 구원하려 함이니라 하셨다.(눅 19:1-10)

※경로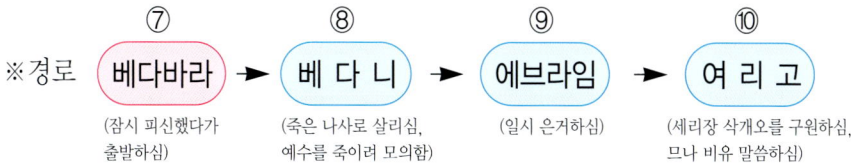

⑦ 베다바라 (잠시 피신했다가 출발하심) → ⑧ 베다니 (죽은 나사로 살리심, 예수를 죽이려 모의함) → ⑨ 에브라임 (일시 은거하심) → ⑩ 여리고 (세리장 삭개오를 구원하심, 므나 비유 말씀하심)

⑪ 유월절 엿새 전에 예수께서 베다니에 이르시니… 마리아는 지극히 비싼 향유 곧 순전한 나드 한근을 가져다가 예수의 발에 붓고 자기 머리털로 그의 발을 씻으니 향유의 냄새가 집에 가득하더라. (요 12:1-19, 마 21:1-9)

※경로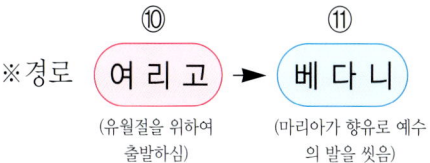

⑩ 여리고 (유월절을 위하여 출발하심) → ⑪ 베다니 (마리아가 향유로 예수의 발을 씻음)

예수님의 수난 주간 시작

예수께서 제자들에게 이틀을 지나면 유월절이라 인자가 십자가에 못 박히기 위하여 팔리우리라 하셨다.(마 26:1-2)

예수께서 베다니 문둥이 시몬의 집에 계실 때에 한 여자가 매우 귀한 향유 한 옥합을 가지고 나와서 식사 하시는 예수의 머리에 부었다. 예수께서 이 여자가 내 몸에 향유를 부은 것은 내 장사를 위함이라 하셨다.(마 26:6-13)

저희가 예루살렘에 가까이 와서 감람산 벳바게에 이르렀을 때에 예수께서 두 제자를 보내시며 이르시되 너희 맞은 편 마을로 가라 곧 매인 나귀와 나귀 새끼가 함께 있는 것을 보리니 풀어 내게로 끌고 오너라 만일 누가 무슨 말을 하거든 주가 쓰시겠다 하라 그리하면 즉시 보내리라…

제자들이 가서 나귀와 나귀 새끼를 끌고 와서 자기들의 겉옷을 그 위에 얹으매 예수께서 그 위에 타시니 앞에서 가고 뒤에서 따르는 무리가 소리 질러 가로되 호산나 다윗의 자손이여 찬송 하리로다 주의 이름으로 오시는 이여 가장 높은 곳에서 호산나 하더라.(마 21:1-9)

4. 예수님의 수난 주간 행적(Holly Passion Week)

고난주간(苦難週間)은 예수께서 3년간의 공생애 끝에 주님 스스로 십자가 수난을 당하시기 위하여 나귀를 타시고 군중들의 환호 속에서 예수님 자신이 메시아임을 공식선언 하면서 예루살렘에 입성한 종려 주일로 부터 주님이 장사 되었다가 부활한 부활주일 직전 까지의 인류를 구원하기 위해 예수님이 수난을 당하신 일주간의 기간이다.

예수님은 고난 주간에 예루살렘에 입성, 성전 정화, 감람산 강화, 성만찬 제정, 겟세마네 동산의 기도, 체포와 심문, 십자가 처형과 장사 등 예수님 공생애에 절정을 이루는 전 우주적 대 사건이 숨막히게 수난경로에 따라 전개 되었다.

(1) 예수님의 일주일간 고난 행적

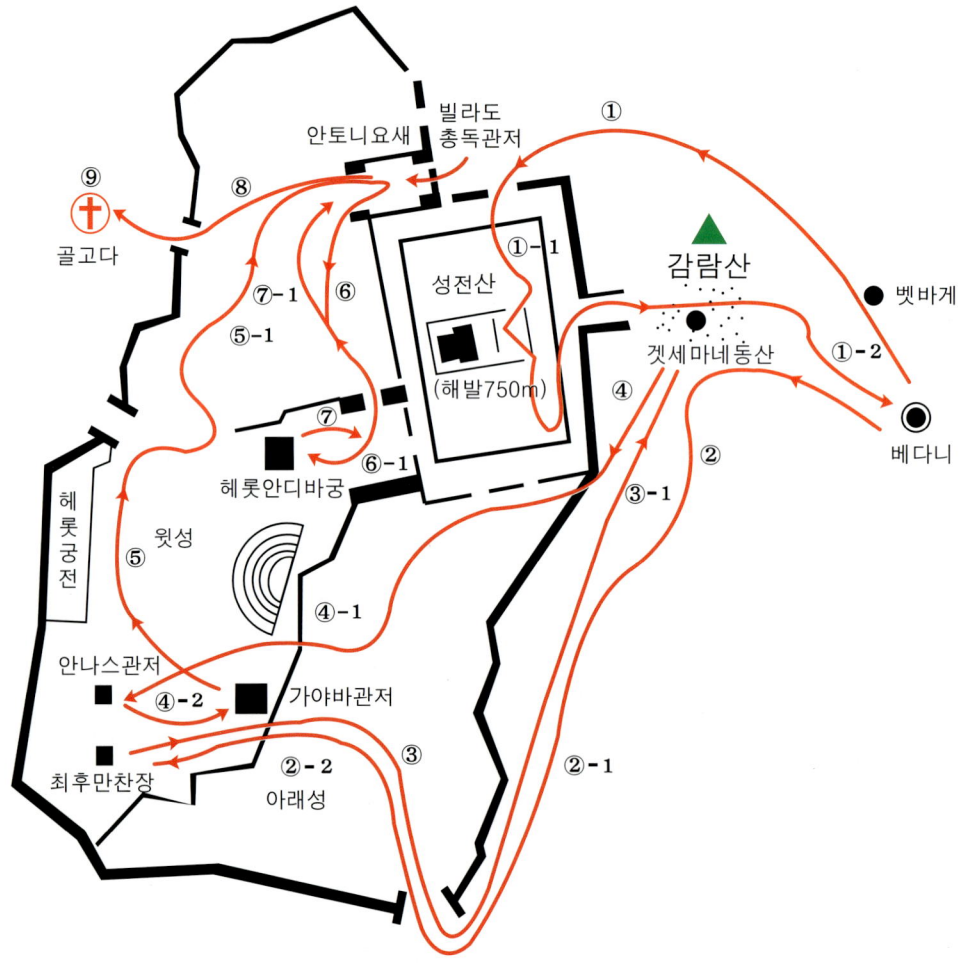

※ 다음 장의 수난 일주간의 세부 행적 내용을 읽어가며 행적 코스를 따라 이해한다.

(2) 주간 일정 및 세부 행적 내용

요 일			행 적 내 용	참 고 성 경	경로순번
금·토요일			· 베다니에서 유숙하심(일, 월, 화, 수 : 동일하게 베다니에서 유숙)	요 12:1-11, 마 21:17	
일요일			· 예루살렘성으로 나귀타고 들어가심 (호산나, 호산나 영광으로 입성하심 : 벳바게 → 예루살렘성) (예루살렘성 가까이 오셔서 성을 바라 보고 우심) (승리의 날)	마 21:1-11, 막 11:1-11 요 12:12-19 눅 19:41-44	①
월요일			· 예루살렘성으로 들어가심(길가에서 열매 없는 무화과를 저주하심) · 성전 청결을 선포하시고 성전에서 병자를 고치심 (성전 청결의 날)	마 21:18-20 막 11:12-19	①
화요일			· 예루살렘성으로 들어가심 · 성전에서 대제사장과 많은 장로, 백성에게 비유로 가르치심 (두 아들, 세리와 창기, 포도원, 혼인잔치) · 외식하는 바리새인과 부활이 없다는 사두개인들과 변론하며 책망하심 · 예루살렘 멸망과 성전이 무너뜨려질 것을 선포하심 (변론의 날)	마 21:23-23:36 마 23:37-39 마 24:1-2 막 13:1-4	①
수요일			· 침묵하심 (침묵의 날)		
목요일	오후	해질무렵	· 마가의 다락방에서 유월절 지키심 (제자들의 발을 씻기심, 최후의 만찬을 가지심, 새 언약을 선포하심, 제자들과 고별인사 후 제자를 위한 중보 기도하심) (번민의 날)	마 26:17-29	②
		밤	· 겟세마네 동산으로 가심 · 겟세마네 동산에서 기도 하시다가 잡히심 (번민의 날)	마 26:36-56 요 18:1-11	③
금요일	오전	밤	· 대제사장 가야바에게 끌려가심 · 안나스에게로 먼저 끌려 갔다가 가야바에게로 보내져서 그곳에서 심문을 받고 감히심(요 18:13, 18:24) · 닭 울기전에 베드로가 예수를 세 번 부인함(새벽) (수난의 날)	요 18:12-24 마 26:36-56	④ (4+1)
		이른아침	· 안토니 요새로 끌려가심 · 안토니 요새(빌라도 관저)에 있는 빌라도에게 호송 되었다가 예수를 관할하고 있던 헤롯안디바(안티파스)에게 보내져 헤롯안디바궁으로 가심 · 가롯 유다는 예수를 팔고 받은 은 30을 성소에 던지고 아겔다마(피밭)에 가서 목매어 자살하니 몸이 곤두박질하여 배가 터져 창자가 다 흘러나 왔음(행 1:8, 마 27:3-10) (수난의 날)	눅 23:6-12 눅 23:15	⑤ ⑥
		낮	· 헤롯 안디바로 부터 다시 빌라도에 보내져 법정에서 사형선고를 받으심 (안토니 요새) (수난의 날)	막 15:15 눅 23:24 요 19:1-16	⑦
	오후	낮	· 사형장(골고다 언덕)으로 끌려가심 (십자가를 지심 → 구레네시몬이 대리 십자가 짐 → 예수님이 십자가 지고 두 번(세번?) 쓰러지심 → 골고다 언덕 당도하심) · 십자가에 못 박혀 달리실 때 부터 온 땅이 어두워짐(6시부터 9시까지) (수난의 날)	마 27:32-45 눅 23:33-49 요 19:31-37 (6시→오전 12시(정오) 9시→오후 3시)	⑧
		해질무렵	· 십자가에서 죽으심 · 십자가에 달려 "다 이루었다." 하시고 운명(요 19:30)하시니 사람을 장사한 일이 없는 새 무덤에 장사되심(요 19:41) (수난의 날)	마 27:50, 막 15:37 눅 23:44-49	⑨
토요일			· 무덤에 계심 · 무덤을 로마 병사들이 굳게 지킴 (비애의 날)	요 19:28-37 마 27:62-66 요 19:39-42	
일요일			· 무덤에서 부활하심(다시 살아 잠자는 자들의 첫 열매 되심)(고전 15:20)(부활의 날)	마 28:1-11, 요20:1-7	

※ 예수는 부활한 40일 후에 감람산에서 승천하셨으니, 하늘로 올리우신 이 예수는 하늘로 가심을 본 그대로 오시리라(행 1:11) 아멘

B. 이스라엘의 시대별 역사와 지리

(3) 십자가의 길(Via Dolorosa)(14개 지점)

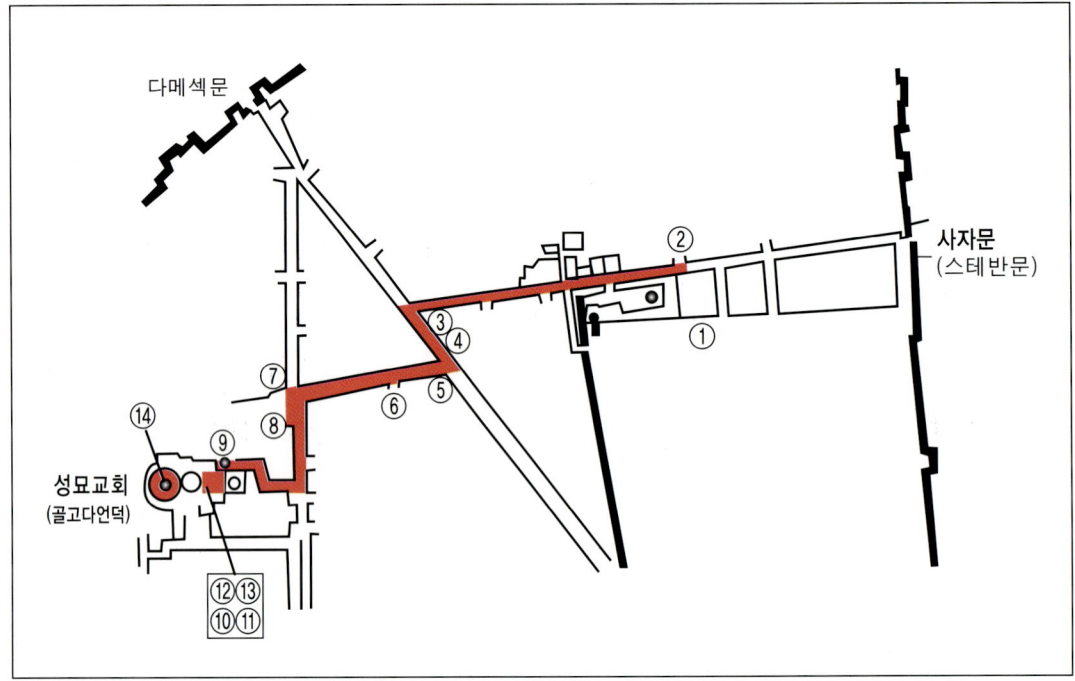

① 재판 받으신 곳(빌라도 법정)
② 십자가를 지신 곳(채찍질 교회)
③ 처음 쓰러지신 곳
④ 모친 마리아를 만난 곳
⑤ 구레네 시몬이 대리 십자가 진 곳
⑥ 한 여인이 예수의 땀을 닦아 준 곳
⑦ 두 번째 쓰러지신 곳
⑧ 여인들에게 말씀하신 곳
⑨ 세 번째 쓰러지신 곳
⑩ 예수님 옷을 벗긴 곳
⑪ 십자가에 못 박히신 곳
⑫ 세워진 십자가에서 운명하신 곳
⑬ 예수님의 시신을 내린 곳
⑭ 예수님의 무덤(부활 하신 곳)

▲ 감람산에 세워진 주기도문 교회

감람산의 중턱에 세워진 눈물교회 ▶

(4) 예수님의 십자가 수난

◉ 십자가에 달리신 수욕(受辱)

- 예수님 옷을 제비뽑아 나눔(막 15:25)
- 대제사장과 서기관이 희롱함(막 15:31)
- 관원들이 비웃고 군병들이 희롱(눅 23:36-37)
- 달린 행악자 중 하나가 비방함(눅 23:39)
- 비방한 자를 달린 자중 하나가 꾸짖음 (눅 23:40-42)
- 지나가는 사람들이 예수님을 모욕함 (마 27:39-41)

◉ 가상칠언(架上七言)

1. 저희를 사하여 주옵소서(눅 23:34)
2. 오늘 네가 나와 함께 낙원에 있으리라(눅 23:43)
3. 보라 네 어머니라(요 19:27)
4. 엘리 엘리 라마 사박다니 하시니(마 27:45-49)
5. 내가 목 마르다(요 19:28)
6. 다 이루었다(요 19:30)
7. 내 영혼을 아버지 손에 부탁하나이다 (눅 23:44-46)

구 원 12시
사 랑 9시 (3)
은 혜 3시 (9)
능 력 6시 (12)

온땅이 3시간 동안 (6-9시) 어두워졌음 (마 15:33)

( ) 괄호안의 시간은 당시 유대의 시간임(성서)   ※ 괄호없는 시간은 현 표준 시간임

◉ 십자가에 달리시기 전 사건들

- 마가의 다락방에서 최후의 만찬 가지심(눅 22:14)
- 겟세마네 동산에서 기도하심(마 26:36)
- 군대와 대제사장과 바리새인의 하속들에게 잡히심(요 18:12)
- 안나스집에 끌려 갔다가 대제사장 가야바의 집에 끌려감(요 18:12-15)
- 빌라도에게 보내지심(막 15:1)
- 헤롯에게 보내지심(눅 23:6-10)
- 빌라도에게 다시 보내지심(눅 23:11)
- 법정에서 사형선고 되심(눅 23:23-24)
- 십자가를 매고 골고다로 올라가심 (눅 23:33)

◉ 십자가에 돌아가신 후 사건들

- 성수의 휘장이 위로부터 아래로 찢이져 둘이 되고 땅이 진동함(마 27:51)
- 무덤들이 열리고 자던 성도의 몸이 많이 일어남(마 27:52)
- 구경꾼의 무리들이 가슴을 치며 뉘우침(눅 23:48)
- 군병들이 예수와 함께 못박힌 두 사람의 다리를 꺾음(요 19:32)
- 예수님의 옆구리를 찌르니 피와 물이 나옴(요 19:34)
- 새 무덤에 장사 되심(요 19:38-42)
- 무덤을 봉하고 파숫군을 세움(마 27:66)
- 큰 지진이 나며 천사가 돌을 굴려내고 그 위에 앉음
- 안식 후 첫날 막달라 마리아, 베드로, 요한이 빈 무덤 발견(요 20:1-10)
- 혼자 울고 있는 막달라 마리아에게 마리아야 부르심(부활 후)(요 20:16)

| B. 이스라엘의 시대별 역사와 지리 |

▲ 예수님 무덤 기념교회(성묘교회)

▲ 감람산 정상에 세워진 예수님 승천 기념당

▲ 성묘 교회내의 예수님 무덤(내부)

▲ 겟세마네 동산의 고목 감람나무

5. 초대교회 형성과 복음 전파의 태동

예수님에 관한 십자가에서의 죽음 이후의 기록은 공관복음서에 모두 일치되고 있다. 예수께서 부활 하신 후 예루살렘, 엠마오, 갈릴리, 베다니에 나타나셨으며 마자막으로 감람산에서 승천하셨다.(행 1:2-12) 예수께서 승천 후 오순절날 예루살렘의 시온산에 있는 마가의 다락방에 제자들이 모여 기도할 때 성령이 충만하게 임함으로 초대 교회의 효시가 되었다.

오순절날 다락방에 모여 있는 제자들에게 홀연히 하늘로 부터 급하고 강한 바람 같은 소리가 있어 저희 앉은 온 집에 가득하며 불의 혀같이 갈라지는 것이 저희에게 보여 각 사람에게 임하였다. 그리하여 저희가 다 성령의 충만함을 받고 성령이 말하게 하심을 따라 다른 방언으로 말하기를 시작하였다.(행 2:1-4)

그 때에 디아스포라(Diaspora)의 유대인들이 세계 각국으로 부터 예루살렘으로 모여 들었다. 그들은 ① 메소포타미아의 바대, 메대, 엘림 ② 소아시아의 가바도기아(갑바도기아), 본도, 브루기아, 밤빌리아 ③ 아프리카의 애굽, 구레네, 리비아 ④ 로마, 그레데(아덴) ⑤ 아라비아 사람들이었다. (행 2:9-11)

▲ 시온산에 있는 마가의 다락방

B. 이스라엘의 시대별 역사와 지리

6. 스테반의 첫 순교가 미친 영향

▲ 스테반 기념교회

신약 성경에 기록된 최초의 순교자 스테반의 이름은 "면류관"이라는 뜻이다.

그는 예루살렘의 초대교회에서 믿음과 지혜와 성령이 충만한 칭찬 듣는 집사 일곱을 선출하여 교회의 시무를 맡겼을 때에 일곱 집사 중 한 사람이었다.(행6:1-5, 일곱집사:스테반, 빌립, 브로고로, 니가노르, 디몬, 바메나, 니골라) 그러나 스테반은 교회의 시무에만 전념하지 않고 복음전파를 사명으로 생각하고 회당에서 복음을 전파하였다.

당시 예루살렘에는 오순절 성령 강림사건 이후 사도들이 중심이 되어 전도의 열기가 뜨겁게 달아올라 믿는 자의 수가 날마다 많아지자 산헤드린 공회는 사도들에게 더 이상 예수에 대하여 말하지 말라고 엄명을 내렸다.(행 5:27-28)

그러나 스테반은 더 열심히 예수를 증거하다가 공회에 잡혀 가 그 장소에서 변론을 하였다.(행 7:1-53) 공회의원들은 스테반의 변론은 신성을 모독하는 진술 내용이라 하여 율법(레 24:16)에 따라 돌로 쳐 죽였다.

▲ 스테반이 순교한 장소와 기념교회의 위치

스테반의 죽음과 동시에 예루살렘에 있는 기독교인들에 대한 핍박이 시작되었다.

이 사건은 초대교회와 기독교의 역사에 중요한 변화를 가져 오게 되었는데 예수를 믿는 자들이 핍박을 피해 예루살렘 밖으로 흩어지게 된 것이다. 그 중에서도 스테반을 따르던 자들이 심한 핍박을 받아 예루살렘을 떠나 이방인들에게 복음을 전하며 안디옥에 교회를 세운 것이다. 이때부터 이방에 교회들이 세워지고 세계에 복음이 전파되는 계기가 되었다.

스테반을 죽이는데 주동의 역할을 한 사람이 사울(바울)이었다. 사울은 스테반 사건 당시 산헤드린 공회의원으로 변론을

듣고 죽이려고 투표할 때 가표(可票)를 던진 것으로 추정된다.(행 26:10)

또한 스데반을 돌로 쳐 죽일 때 증인들의 옷을 벗어 사울의 발 밑에 두었고 사울은 스데반의 죽어가는 최후의 모습을 지켜 보고 있었다.

스데반은 죽을 때에 자기를 돌로 친 자를 조금도 증오하지 않고 오히려 "이 죄를 저들에게 돌리지 마옵소서"하고 기도하였다. 이 때 하늘문이 열리고 자기를 맞이 하려고 하나님의 우편에 서신 예수님을 본 스데반의 얼굴은 천사 처럼 빛나고 기쁨이 가득하였다.

예루살렘의 스데반 문(사자문)은 스데반의 순교 장소에 가까운 지역의 문이기 때문에 붙여진 이름이다. 스데반 문에서 내려와 겟세마네 동산으로 건너가기 직전의 성벽 밑에 스데반 기념 교회가 세워져 있다.

7. 빌립의 사마리아 전도 시작

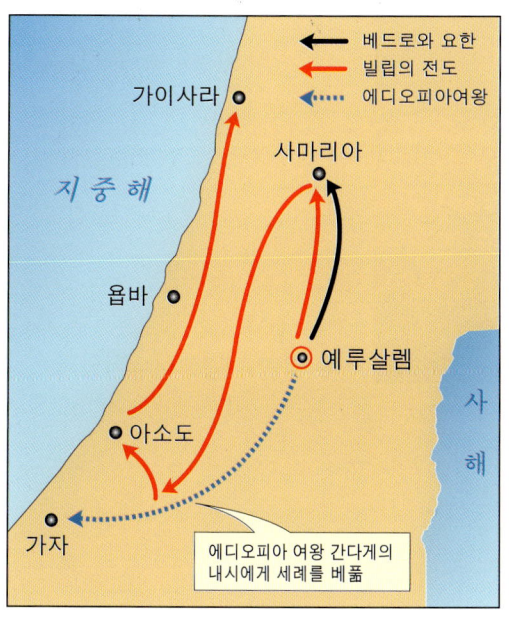

예루살렘의 초대교회에 핍박이 심하고 스데반이 순교하게 되자 유대와 사마리아 모든 땅으로 흩어졌다.

이때 이방이나 다름 없던 사마리아성에 일곱 집사 중 한 사람인 빌립이 내려가 그리스도를 백성에게 전파하였다. 그들은 빌립의 말을 듣고 더러운 귀신들이 크게 소리 지르며 나가고 중풍병자와 앉은뱅이가 나았다. 그 곳 성의 많은 남녀와 시몬이라는 마술사도 세례를 받았다.

사마리아에서도 하나님의 말씀을 받아 들였다는 소식을 예루살렘에서 듣고 두 사도 베드로와 요한을 보내어 주 예수의 이름으로 셰례를 주고 저희에게 안수하여 성령을 받게 하였다.

그 곳 시몬이라는 마술사는 돈으로 성령의 권능을 사고자 했으나 베드로는 하나님의 선물을 돈 주고 살 줄로 아느냐 하며 책망하고 돈과 함께 망할 것이라 하였다.

예루살렘에서 가사(예루살렘 남서:80km, 욥바 남방:66km)로 내려가는 에디오피아 여왕 간다게의 국고를 맡고 있는 내시를 만나 예수를 가르쳐 복음을 깨닫게 하고 세례를 주었다. 그리고 아소도(아스돗)와 주위의 여러 성에서 복음을 전파하고 가이사랴에 이르렀다.

그는 가이사랴에 살면서 네 딸을 두었으며 그 딸들이 처녀로서 예언을 했다는 것은 복음전도 사역을 했을 것으로 추정된다.

사도 바울은 3차 전도사역을 마치고 돌레마이(악고)에서 해상으로 가이사랴에 도착하여 빌립의 집에서 여러날 있다가 예루살렘으로 올라가 체포되었다.(행 21:9, 30)

성서에는 기록이 없으나 계시록의 7대 교회중 하나인 라오디게아 교회에서 약 7km지역의 히엘라폴리에 유대인들의 큰 조직이 있어 복음이 전파되었고 비잔틴시대에 주교관구가 되었다. 이곳에 주후 80년경에 빌립 집사가 복음을 전파 하다가 순교했다고 전해오고 있으며 히엘라폴리의 야외원형 극장 뒤편의 산 중턱에 빌립 기념교회가 세워져 있다. 그러나 사도 빌립 기념교회로 보는 견해도 있다.

◀ 빌립 기념교회 유적

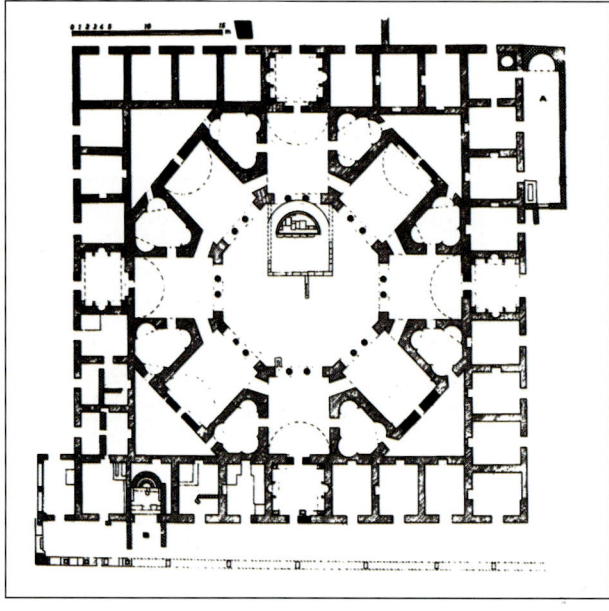

◀ 십자가 형태로 설계되어 건축된 빌립 기념교회의 평면도

IX. 신약시대

▲ 세겜의 전경(나불러스) 우측에 보이는 산이 에발산이다.

▲ 세겜에 있는 야곱의 우물 교회

| B. 이스라엘의 시대별 역사와 지리 |

◀ 그리심산에서 사마리아인의 유월절 행사.

▲ 그리심산 사마리아인들이 오늘날도 유월절을 위해 양을 잡고있다.

8. 베드로의 전도 사역

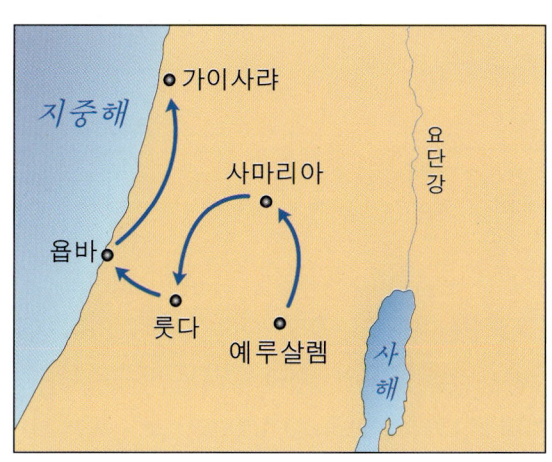

베드로(Peter the Apostle)의 본명은 시몬(Simon)이다. 베드로라는 이름은 반석(바위)이란 뜻으로 반석은 헬라어로 "베드로"(Πέτρος)이며, 아람어로 "게바"이다.

예수님은 어부 시몬을 보자마자 "장차 게바라 하리라"하시며 이름을 지어 주시고 제자로 삼았다. 베드로는 갈릴리 바다 북쪽에 있는 벳새다 출신이며 12 사도 중 한 사람인 안드레는 베드로의 형제이다.

베드로는 예수께서 부활한 후 40일 동안에 11번 나타나셨는데 7번을 만났다. 그는 오순절에 성령을 받은 후 복음의 전도 사역을 시작 하여 하루에 3,000명 또는 5,000명의 신자를 얻고 기사와 이적을 나타 냈으며 하나님을 찬송하였다.(행 1:12, 2:41-47, 3:11-26, 4:4)

베드로는 제사장과 사두개인들에게 잡혀 갔을 때 그들 앞에서 담대히 "천하 인간의 다른 이름으로는 구원을 얻지 못한다"고 증거하였다. 그리고 그들이 다시는 예수를 전하지 말라고 경고 할 때 베드로는 하나님 앞에서 너희 말을 듣는 것이 하나님 말씀을 듣는 것보다 옳으냐고 반문하자 형벌할 조건을 찾지 못하고 놓아 주었다.(행 4:1-22)

베드로가 히다한 병자를 고칠 때 병자들은 베드로의 그림자라도 병자 위에 지나가기를 바랬다.(행 5:15-16) 이때 많은 병자를 고치는 이적을 행하자 대제사장과 사두개인이 시기하여 베드로를 옥에 가두었다. 그러나 천사가 옥문을 열고 끌어내 주어 새벽에 성전에서 생명의 말씀을 전파하였다. 그 후에 사도들은 날마다 성전에 있든지 집에 있든지 예수를 그리스도라 가르치기와 전도 하기를 쉬지 아니하였다.

베드로는 요한과 함께 사마리아에 가서 복음을 전파하고 세례를 베푼 후 룻다(욥바 동쪽 15km 지역)에 가서 8년된 중풍병자 애니아를 고쳐 주고 욥바에서 죽은 다비다(도르가)를 다시 살렸다.(행 9:32-43) 그리고 가이사랴에 있는 이달리야(당시 로마를 지칭)의 백부장 고넬료에게 전도함으로 이방 선교의 첫 문을 열었다.(행 10:3) 또한 안디옥에서 이방 유대인들과 음식을 먹다가 두려워 그 자리를 물러나는 위선을 행하다가 바울로 부터 면책을 당하였다.(갈 2:11)

헤롯이 베드로를 죽이려고 옥에 가두었을 때에 두 군사의 틈에서 두 쇠사슬에 매여 누워 자는데 천사가 나타나 쇠사슬을 손에서 벗어지게 하고 옥문을 열어 주어 감옥에서 나와 예루살렘을 떠났다.(행 12:1-17, 벧전 1:1)

베드로가 예루살렘을 떠난 후(주후 43-49)의 선교 활동에 대한 행적이 밝혀 있지 않다. 그러나 소아시아에서 복음을 전파 했고(벧전 1:1) 요새푸스는 그가 로마에 갔었다고 기록하고 있다. 따라서 그 기간에 복음사역을 했을 것이다. 또한 로마에서 처형되기 전에 영국에 방문해서 복음을 전파 했을 것으로 추정된다.

> ### 베드로의 신앙고백
>
> 예수께서 가이사랴 빌립보 지방에 이르러 제자들에게 물어 가라사대 사람들이 인자를 누구라 하느냐 가로되 더러는 세례 요한, 더러는 엘리야, 어떤 이는 예레미야나 선지자 중의 하나라 하나이다. 가라사대 너희는 나를 누구라 하느냐. 시몬 베드로가 대답하여 가로되 "주는 그리스도시요 살아계신 하나님의 아들이시니이다." 예수께서 대답하여 가라사대 바요나 시몬아 네가 복이 있도다 이를 네게 알게 한 이는 혈육이 아니요 하늘에 계신 내 아버지시니라.
>
> 마태복음 16장 13절-17절

▲ 안디옥에 있는 베드로 동굴 교회

| IX. 신약시대

▲ 베드로의 전도사역지로 알려진 터키의 갑바도기아(기암절벽의 동굴교회)

| B. 이스라엘의 시대별 역사와 지리 |

▲ 환상의 기암절벽(갑바도기아)

▲ 기독교 박해시의 동굴교회(갑바도기아)

IX. 신약시대

▲ 감탄 없이는 볼수 없는 기암 절벽(갑바도기아)

▲ 동굴교회 안에서 예수님의 성화를 많이 볼 수 있다.(갑바도기아)

9. 사도 요한의 전도 사역

요한은 "여호와께서 사랑하는 자"란 뜻이다. 요한은 부친 세베대와 모친 살로메에게 태어난 야고보(12제자 중 큰 야고보)의 형제이다. 갈릴리 바닷가 벳새다의 어부였으나 제자가 되었다.

그들 두 형제는 "보아너게"(우뢰의 아들)라는 별명을 가졌는데 과격한 성격과 열렬한 성격 때문이었다. 예수께서 갈릴리에서 예루살렘으로 가는 도중 사마리아 한 촌에 들어 갔으나 받아 들이지 아니하므로 형 야고보와 요한이 이를보고 "우리가 불을 명하여 하늘로 좇아 내려 저희를 멸하라 하기를 원하시나이까?"라고 청했을 때 예수께서 꾸짖으셨다.(눅 9:53-54)

요한은 야고보(형), 베드로와 함께 예수께서 가장 사랑하는 제자였으며 측근자로 중요한 일이 있을 때 마다 예수님을 동행 하였다.(막 5:37, 9:2, 14:33)

예수님이 십자가에 달려 죽으실 때 12 제자 중 유일하게 현장에서 지켜 보았으며 운명 하시기 전 예수께서 어머니 마리아를 부탁 하셨다. 그리하여 에베소 교회 감독으로 있으면서 잘 모셨다. 예수님이 부활 후 빈 무덤에도 베드로와 함께 제일 먼저 뛰어갔다.

에베소 교회의 감독으로 있으면서 요한복음(85-90년), 요한1서, 2서, 3서(90년경)를 기록했으며 도미시안 황제(81-96)의 박해시 주후 95년경 밧모섬으로 유배(18개월)되어 있는 동안 요한계시록을 기록 하였다.

▲ 밧모섬의 전경(밧모섬은 그리스의 도서로 그리스 아타네에서 약 250km, 터키 서해안 구사다시항에서 약 60km에 위치한 섬이다.)

▲ 밧모섬에 세워진 사도 요한 기념 수도원

▲ 밧모섬의 사도 요한 계시 동굴 교회

▲ 사도 요한이 밧모섬에서 기도 후 일어설때 손을 짚어서 생긴 구멍

▲ 에베소에 있는 사도 요한의 무덤

▲ 에베소에 있는 사도 요한 교회 유적

10. 사도 바울의 전도 사역

바울(Paul)의 본명은 사울이다.
바울(Paul)은 라틴어 Paullus의 헬라어 철자 Παυλos 이다. 당시 아람어를 말하는 유대인들에게는 그의 이름이 사울(Saoul)이었다. 사울 이름의 기원은 베냐민지파인 그에게 베냐민 지파에서 이스라엘 초대왕이 된 사울로 거슬러 올라가는 유명한 이름이었다. 그러나 바울이라는 이름은 로마 시민권을 얻는데 필요로 했던 이름으로 추정된다.

바울 Παυλos)은 헬라어로 "작은 자"란 뜻이며 사울 שָׁאוּל 은 히브리어로 "크다"는 뜻이다. 예수께서 부활하신 후 다메섹 도상에서 그를 만났을 때(주후 32년) 히브리 방언으로 "사울아 ! 사울아 !" 이름을 부르며 "네가 왜 나를 핍박 하느냐"고 말씀하셨다.(행 9:4)

성서의 기록에서 사울의 이름이 바울로 바뀌기 시작한 것은 1차 전도 사역 중 구부로섬의 바보에서 부터이다.(행 13:9-13)

바울은 길리기아(터키) 다소에서 출생하였다. 바울의 출생은 아마도 서력 기원(A.D)으로 변화될 때인 주전 1년에 출생한 것으로 추정된다. 그가 나이 68세인 주후 67년에 로마 네로 황제에 의해 순교한 것은 많은 사람들의 지배적인 견해이다.

▲ 사도 바울의 초상화

바울은 로마 전성기 다섯명의 황제 통치 하에서 일생을 보냈다. 로마의 황제 칭호를 통상 "가이사"라고 부른다. 그 다섯 명의 가이사는 ① 옥타비안(Octavian:아우구스투스, 주전 31-주후14) ② 티베리우스(Tiberius, 주후 14-37) ③ 가이우스(Gaius: 칼리굴라, 주후 37-41) ④ 글라디우스(Cladius, 주후 41-54) ⑤ 네로(Nero, 주후 54-68)의 다섯명의 황제이다.

바울은 "나는 유대인이라 소읍이 아닌 길리기아 다소성의 시민이다"라고 말하고 있다. 예수와 바울 당시 유대인은 로마제국 전역에 분포 되었고 전 세계의 유대인은 약 800만명으로 추산되며 그 을정도가 이스라엘 밖의 디아스포라인 것으로 추정된다. 바울도 디아스포라 유대인이었다.

그 당시 다소가 중요한 도시로 생각되는 네 가지의 이유가 있다.

①대규모의 도시였다. 바울 당시 다소는 약 14㎢의 면적으로 50만명의 인구를 자랑하는 도시로 수많은 도시가 다소보다 크지 않았다. ②지중해의 대무역항이었다. 이 도시는 항구도시로 길리기아의 관문이었으며 떠들썩한 상업 중심 도시였다. 다소 산맥의 비탈에서 서식하는 흑염소의 털로 짠 옷을 무역했으며 다소의 검은색 텐트는 대상들, 유목민들 그리고 소아시아와 시리아에 흩어져 있는 군대에서 사용되었다. 다소의 특산물의 원자재인 아마(亞麻)와 염소 털로된 직물이 유명하여 직조업과 천막업이 성행했고 당시의 천막 제조업은 바울을 통해 오늘 날까지 유명하게 전해 지고 있다.(행 18:3) ③정치적 중심 도시였다. 바울이 태어 났을 때 약 1,000년동안 정치적 중심 도시가 되어 왔고 앗수르, 바벨론, 메데 파사제국들의 초기에 다소는 소아시아 중심 도시였다. 바울이 태어 났을 때 로마 통치로 넘어 갔으며 길리기아 속주의 수도가 되었다. ④중요한 대학 도시였다. 일반 학문을 공부하는데 있어서 아테네와 알렉산드리아를 능가하는 학문적 대학 도시였다. 바울은 이러한 다소에서 출생하여 성장 했다는 사실에 주목되며 그는 11세에 예루살렘에 와서 13세부터 18세까지 가말리엘(유대인의 유명한 랍비)의 문하에서 율법을 공부하여 정통한 교법사가 되었다.(행 22:3)

또한 바울은 탁월하여 아마도 산헤드린 공회 의원의 자리에 앉아 스테반 사건 당시 죽이려고 투표할 때 가표(可票)를 던진 것으로 추측된다.(행 26:10)

바울은 청결한 양심으로 선조 때부터 섬기던 하나님을 섬기고(딤 1:3) 할례를 받았으며 자랑 할 만한 베냐민 지파요 율법으로는 바리새인이요 열심으로는 교회를 선두에서 핍박하던 사람이니 바리새인의 입장에서 볼 때 전혀 결점이 없는 사람이었다.(빌 3:5-6)

▲ 다소에 있는 바울 생가의 우물

그는 기독교인들이 율법을 경히 여기고 성전을 모독한다고 생각하여(행 6:31) 스데반을 죽이는 일에 가담하였다.(행 7:5) 그 후 본격적으로 박해를 가하기 위하여 다메섹으로 향했으나(행 9:1-2) 다메섹 도상에서 예수님의 음성을 듣고 회개하여 기독교인이 되었다.(행 9:1, 22:4, 26:9) 그는 다메섹의 직가에서 아나니아에게 세례를 받고 예수는 그리스도이며 하나님의 아들이심을 증거하고 전파하자 유대인들이 그를 죽이려 하여 그는 잠시 아라비아로 갔다가 다시 다메섹으로 돌아온 후 예루살렘을 방문하여 바나바를 만나 친구가 되었다. 예루살렘에서도 예수를 담대히 증거하니 이곳에서도 유대인들이 그를 죽이려고 하여 고향 다소로 돌아 갔다.(행 9:26-30, 22:17-18) 그러나 바나바가 찾아가 안디옥에 데리고 와서 둘이 교회에 일 년간 모여 큰 무리를 가르쳤고 제자들을 그리스도인이라 최초로 불렀다.

바울은 안디옥을 전도 기지로 삼아 3차에 걸쳐 이방 전도 사역을 마치고 로마에서 네로황제(Nero, 재위 주후 54-68)의 즉위 13년 되던 해인 주후 67년에 참수형으로 순교하여 오스땡(로마 서쪽 성문 밖 5km 지점) 도로 곁에 매장 되었다.

사도 바울은 신약 성서의 27권중 13권을 기록할 정도로 그의 위상이 높은 위치에 우뚝 섰으며 바울 신학은 기독교 신학의 주류이며 핵심적 요체가 되고 있다.

▲ 다소에 세워진 클레오파트라 기념문

주전 41년 이집트의 여왕 클레오파트라는 배를 타고 지중해를 건너 이곳 다소에 와 이곳에 주둔하고 있던 로마의 안토니우스 장군을 만나 접근하여 역사를 바꿔 놓았다. 이를 기념하여 문을 세워 놓았다.

사도바울의 생애(다소에서 로마까지)

회심 전
- 터키의 다소에서 출생하였다.(행 22:3)
- 장막 만드는 일을 하였다.(행 18:3)
- 가말리엘 문하에서 공부하였다.(행 22:3)
- 열렬한 바리새 주의의 유대교도였다.
- 수업 후 수 년간 고향 다소에 가서 생활하였다.
- 열성적으로 기독교를 핍박하였다.(행 9:1-3)
- 스데반 박해에 가담하였다.(행 7:58)
- 기독교인을 잡기 위해 외국성까지 다녔다.(행 26:11)

회심 후
- 다메섹으로 가는 도중 주의 음성을 듣고 큰 빛에 눈이 멀게 되었다. (행 9:3-8, 22:6-11)
- 다메섹으로 인도되어 금식하고 기도 하였다.(행 9:9)
- 아나니아로 인해 다시 눈을 정상적으로 보게 되고 세례를 받았다.(행 9:7, 8)
- 다메섹에서 전도하다 아라비아를 잠간 다녀왔다.(행 9:20)
- 예루살렘을 방문하여 바나바와 친구가 되었다.(행 9:26)
- 유대인의 핍박을 받고 다소로 갔다.(행 9:30, 22:17)
- 바나바에 의해 안디옥으로 가서 사역하였다.(행 11:25, 26)

전도사역

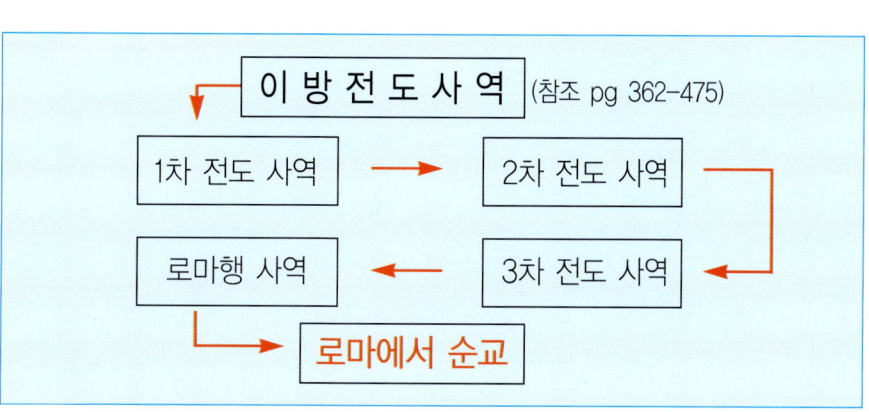

| B. 이스라엘의 시대별 역사와 지리 |

11. 사도 바울의 이방전도 사역경로

▼ 1차 전도사역 경로

▼ 2차 전도사역 경로

▼ 3차 전도사역 경로

▼ 4차 전도사역 경로

12. 사도바울의 전도경로및 사역내용
(1) 제 1차 전도 경로및 사역내용

→ 출발
→ 귀환

귀환 ← ① **안디옥** ⑯ → 출발 → ② **실루기아** → 해상 → ③ **살라미**

안디옥
- 터키의 땅으로 레바논과 접경지 부근 지중해 연안에 위치하고 있다.
- 주전 3000년경 수리아왕 셀고스니가돌이 수도로 건설한 세계 제일의 화려한 도시였다.
- 스테반이 순교 직후 예루살렘에서 기독교인들이 이곳에 도망나와 최초로 교회를 세웠다.
- 바울이 최초로 그리스도인이란 호칭을 사용하였다.
- 바울과 바나바가 안수를 받고 이방전도를 위해 최초로 출발한 선교의 기지였다.

실루기아
- 안디옥에서 북쪽 약 8km 지점 항구 도시이다.
- 수리아왕 실루기스가 자기 이름을 따서 실루기아라 부르고 그의 분묘도 이곳에 있다.
- 바울이 1차 전도 여행시 이곳에서 배를 타고 구부로로 향하였다.
  1차 : 바울, 바나바. 마가요한 동행

살라미
- 구부로섬 동쪽에 있는 항구 도시로 수도였으며 상업도시 였다.
- 바울이 이곳에 최초 상륙하였다.
- 이곳은 바나바의 고향이며 전설에 의하면 바나바와 나사로가 이곳에서 죽었다고 전해온다.

- 터키의 남쪽, 옛 밤빌리아의 한 항구도시로 소아시아와 애굽에 왕래하는 길목이다.
- 옛 버가모왕 앗달로가 세운 성읍으로 앗달로왕의 이름을 따서 앗달리아가 되었다.
- 바울과 바나바가 1차 여행시 귀로에 버가에서 이곳에 도착하여 배를 타고 해상에 의해 안디옥으로 갔다.(행 14:25-26)

← 해상 ← ⑮ **앗달리아**

⑬ 비시디아 **안디옥** ← ⑥ ←  ⑭ **버가** ⑤ ← ④ **바보**

비시디아 안디옥
- 터키의 남부 옛 비시디아의 성읍이다.
- 바울이 1차 전도 여행시 유대인이 시기하여 이고니온과 루스드라성까지 바울을 축출 하였다.(행 13:14, 딤후 3:10)

버가
- 터키의 남부 옛 밤빌리아의 고대 도시로 해안내륙 13km지점에 위치하고 있다.
- 바울의 1차 전도 여행시 바나바, 마가요한과 함께 이곳에 상륙하였다.
- 그러나 마가요한은 이곳에서 헤어져 예루살렘으로 돌아갔다.(행 13:13)

바보
- 구부로섬 서남방 약 16km 지점의 항구도시이다.
- 바울이 1차 전도 여행시 바예수를 총독 서기오 바울에게 전도하였다.
- 이때부터 사울이 바울이라는 이름으로 성경에 기록이 바뀌고 바나바 이름보다 바울의 이름이 앞에 기록되어 서열이 바뀌었다.

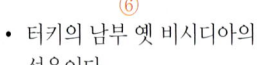 ⑦ **이고니온** ← ⑧ **루스드라** ← ⑨ **더베**

이고니온
- 터키의 서남방, 옛 비시디아의 도시이다.
- 오아시스지역으로 자두와 살구 나무가 많은 도시였다.
- 바울이 전도 여행시 유대인들이 능욕하고 돌로 치려하여 루가오니아 지방으로 피해갔다. (행 14:1-6)

루스드라
- 터키의 옛 루가니오니아의 한 성읍으로 더베와 이고니온의 중간지역이다.
- 바울의 영적 아들이 된 디모데의 고향 이다.
- 바울이 1차 전도 여행시 앉은뱅이를 고쳤다. 그러나 바울을 돌로 쳐서 죽은 줄 알고 성 밖으로 버렸다.(행 14:6, 20, 16:1)
- 그러나 바울은 살아나 성안으로 들어 갔다가 바나바와 더베로 갔다.

더베
- 터키의 옛 루가니오니아의 한 성읍이다.
- 바울이 1, 2차 전도 여행시 들려 복음을 전한 곳이다. (행 11:61)
- 바나바를 "쓰스" 라 하고 바울을 "허메" 라고 불렀다.(행 14:12)
- 바울은 이곳에서 귀환 길에 올랐다.

▲ 바울의 최초 전도사역 출발지-실루기아 항구

▲ 구브로섬의 바보에 세워진 바울 기념교회

| B. 이스라엘의 시대별 역사와 지리

(2) 제 2차 전도 경로및 사역내용

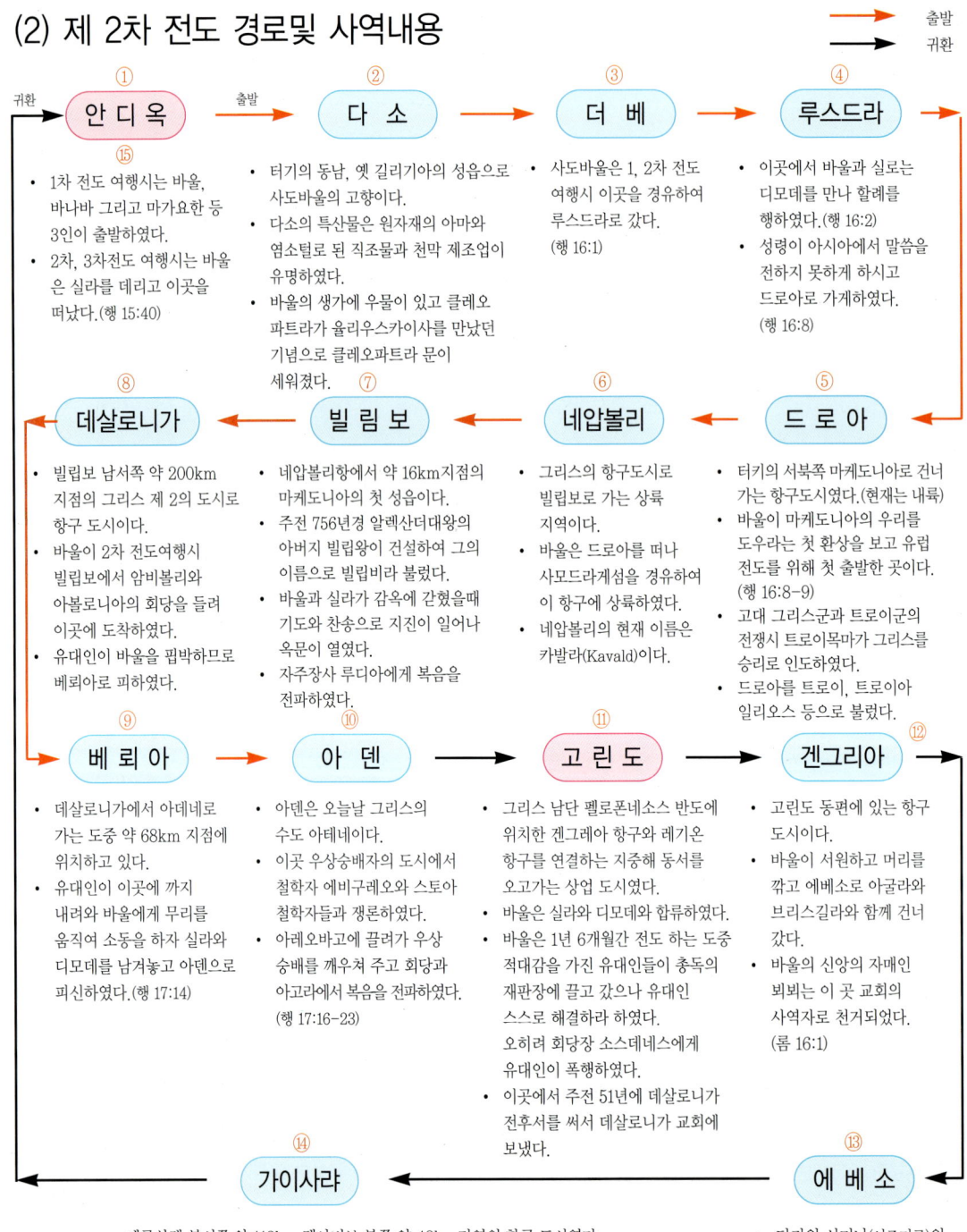

▲ 에베소 사도요한 교회의 핍박문

▲ 버가모 교회의 유적

서머나 교회 ▶
(폴리갑의 순교성화-화형장면)

• 네가 죽도록 충성하라 그리하면 내가 생명의 면류관을 네게 주리라(계2:10)

사데교회 유적 ▶

• 내가 네 행위를 아노니 네가 살았다 하는 이름은 가졌으나 죽은 자로다 (계 3:1)

두아디라 교회의 유적 ▶

• 그가 철장을 가지고 저희를 다스려 질그릇 깨뜨리는 것과 같이 하리라. 나도 내 아버지께 받은 것이 그러하니라(계 2:27)

IX. 신약시대

▲ 빌라델비아 교회의 유적

내가 네 행위를 아노니 네가 차지도 아니하고 더웁지도 아니하도다. 네가 차든지 더웁든지 하기를 원하노라
네가 이같이 미지근하여 더웁지도 아니하고 차지도 아니하니 내가 입에서 너를 토하여 내치리라(계 3:15-16)

◀ 라오디게아 교회의 유적

| B. 이스라엘의 시대별 역사와 지리 |

▲ 드로아에 세워진 트로이 목마

트로이 전쟁(Troian War)은 그리스의 유명한 작가 호메로스의 고대 그리스 영웅 서사시에 전해 내려온 그리스군과 트로이군의 전쟁이다. 무려 10년간의 장기전에서 최후에 이타케(이오니아의 작은 섬)의 왕자인 지장(智將) 오시세우스(오디세이의 주인공)가 고안한 목마에 병사를 숨기는 계략(트로이 목마)에 의해 무장한 그리스 병사를 숨겨 놓은 목마를 트로이 성안으로 끌고 가게 하여 그들이 잠들었을 때 병사가 목마에서 나와 성문을 열고 그리스군을 성내로 끌어 들여 트로이 성을 점령함으로써 승리하게 된것이다.

지금의 드로아에 대형 목마를 만들어 기념물로 세워 놓았다. 순례자들은 목마 안으로 계단을 따라 올라가 옛 트로이 목마의 병사로서 엑스트라가 된 기분으로 기념 사진을 꼭 촬영한다. 드로아를 순례하고자 하면 이스탄불의 버스 터미널에서 버스로 이동하여 페리를 타고 강을 건너 카나칼래항에 도착한 후 그곳에서 약 25km지점의 드로아 입구에서 우회전하여 5km쯤 들어 가면 된다.

(3) 제 3차 전도 경로및 사역내용

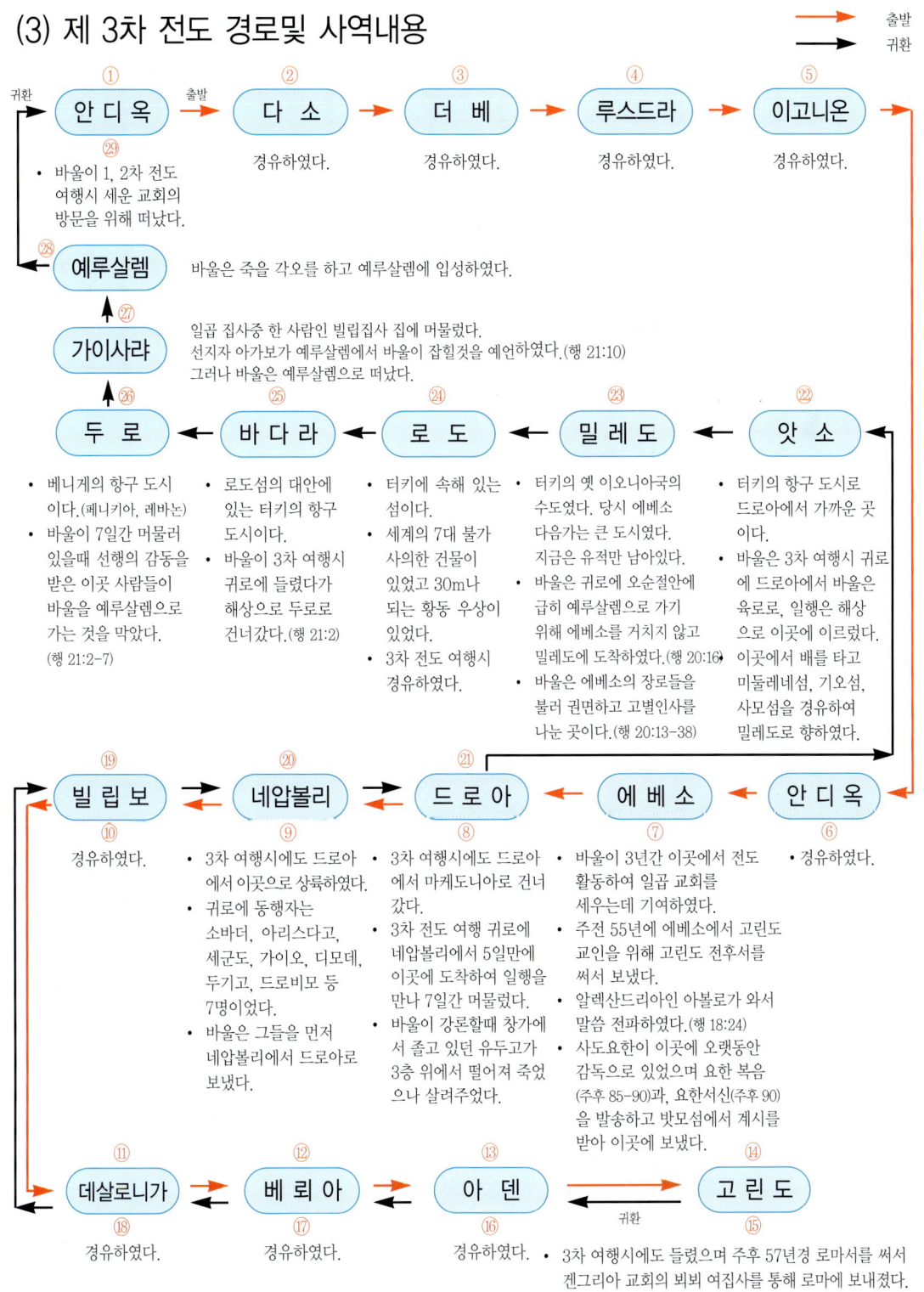

그리스의 유적

▲ 아테네의 파르테논 신전

▲ 아테네의 아레오바고

▲ 바울이 갇혔던 빌립보 감옥

▲ 아테네의 제우스 신전

▲ 고린도의 바울이 재판 받은 곳(비마)

▲ 데살로니가의 성 데메트리우스 교회

(4) 제 4차 로마행로 및 사역내용

→ 출발

① 예루살렘

- 바울이 야고보와 장로들에게 이방에서 행한 것을 낱낱이 보고한 후 함께 하나님께 영광을 돌렸다.
- 그러나 아시아에서 온 유대인들이 성전에서 바울을 보고 충동하여 온 성이 소동하게 되고 바울을 잡아 성전 밖으로 끌고 갔다.
- 천부장이 바울을 잡아 두 쇠사슬로 결박하여 영문으로 들어갔다.
- 바울이 히브리 방언으로 말하며 다메섹도상에서 예수님의 음성을 듣고 이방전도의 사명을 받게 된 경위를 말하자 가죽줄로 매고 채찍질을 하였다.

- 바울 자신이 나면서 부터 로마 시민임을 밝히니 천부장이 두려워하여 결박을 풀고 공회로 데려가 세웠다.
- 바울이 부활의 소망을 위하여 심문 받는다 하니 바리새인과 사두개인 사이에 다툼이 생겼다.
- 유대인 400명이 바울을 죽이려 하자 생질의 도움으로 천부장이 총독 벨릭스에게 호송하고자 하여 안디바드리를 경유하여 가이사랴로 보내졌다.

② 가이샤라

- 닷새 후에 가이사랴에서 대제사장 아나니아가 총독에게 고소하였다.
- 총독 벨릭스가 유대인의 환심을 사기 위하여 바울을 2년간 투옥시켰다.
- 총독이 바뀌자 후임 총독 베스도는 바울이 무죄함을 알고 산헤드린 재판을 제의 하고자 할때 바울은 살해 당할 위험을 느끼고 자신이 로마시민권을 가진 것을 내세워 가이샤에게 재판 받기를 호소하였다. 그리하여 총독 베스도에 의해 가이샤의 재판을 받게 되었다. 이에 바울은 백부장 율리오에게 맡겨져 배편으로 시돈에 이르렀다.

③ 시 돈

- 백부장 율이오가 시돈에서 바울에게 친절히 하여 친구들에게 가서 대접받음을 허락하였다.
- 이곳에서 배편으로 떠나 바람의 거스림을 피하여 구브로 해인을 의지하고 행선하여 터키의 무라항에 이르렀다.

④ 무라항

- 무라항에서 알렉산드리아 배에 옮겨타고 그레데섬으로 떠났다.

⑤ 미 항

- 무라항을 떠난 배는 풍세가 사나워 그레데섬의 살모네 앞을 지나 간신히 연안을 지나 미항에 이르렀다.
- 이곳에서 바울은 출항 하지 말것을 권고 했으나 백부장은 선장이 말을 더 믿고 출항하여 뵈닉스에서 과동하고자 하였다. 그러나 유라굴라는 광풍이 대작하여 생명까지 위협을 받게 되었다. 인명피해는 없었으나 배만 손상되고 뵈닉스를 지나 14일 만에 멜리데섬에 도착하였다.

⑥ 멜리데섬

- 시실리섬 남쪽 95km지점의 섬이다.
- 276명이 탑승한 배가 암초에 걸릴까 하여 고물로 닻 넷을 주고 날이 새기를 기다리더니 사공이 도망하고자 하여 군사들이 거룻줄을 끊어 버렸다.(행27:32)
- 군사들은 죄수가 헤엄쳐서 도망갈까 하여 죽이려 했으나 백부장이 바울을 구원하기 위하여 헤엄칠 줄 아는 자를 먼저 헤엄쳐 보내고 나머지는 널 조각으로 상륙시켰다.(행27:39-44)
- 바울이 독사에 물렸으나 아무렇지도 않았고 추장 보블리오의 부친의 열병과 이질을 고쳐줌으로 매우 호감을 사게되었다.
- 이섬에서 겨울을 나고 섬사람들과 작별 하였다.(행28:8-11)

⑦ 수라구사

- 시실리섬의 항구도시이다.
- 멜리데섬에서 겨울을 지나고 이곳을 경유하였다.

⑧ 레기온

- 이탈리아 반도 서남단에 있는 도시이다.
- 바울일행은 이곳에서 하루를 쉬고 떠났다.

⑨ 보디올

- 이탈리아의 나폴리 서쪽 1km 지점에 위치하였다.
- 이곳에서 형제들을 만나 7일간 함께 머물다가 떠났다.

⑩ 로 마

- 로마시의 동남쪽의 유명한 역인 압비오와 압비오의 가도에 있는 휴게소인 삼관에서 로마 형제들의 영접을 받고 로마에 도착하였다.

| B. 이스라엘의 시대별 역사와 지리 |

로마의 유적

◀ 카피톨 언덕에 세워진 암늑대의 젖을 먹고 있는 전설속의 로마 창설자인 로물루스와 레무스의 청동상

▼ 로마의 콜로세움

▲ 사도 바울 순교 기념교회

> 저희가 일자를 정하고 그의 우거하는 집에 많이 오니 바울이 아침부터 저녁까지 강론하여 하나님 나라를 증거하고 모세의 율법과 선지자의 말을 가지고 예수의 일로 권하더라...
> 너희가 듣기는 들어도 도무지 깨닫지 못하며 보기는 보아도 도무지 알지 못하는 도다. 이 백성들의 마음이 완악하여져서 그 귀로는 둔하게 듣고 그 눈을 감았으니 이는 눈으로 보고 귀로 듣고 마음으로 깨달아 돌아와 나의 고침을 받을까 함이라 하였으니 그런즉 하나님의 이 구원을 이방인에게로 보내신 줄 알라 저희는 또한 들으리라 하더라.
> 바울이 온 이태를 자기 셋집에 유하며 자기에게 오는 사람을 다 영접하고 담대히 하나님 나라를 전파하며 예수 그리스도께 관한 것을 가르치되 금하는 사람이 없었더라.　　　사도행전 28:23-31

▲ 성 베드로 대성당

| B. 이스라엘의 시대별 역사와 지리 |

13. 바울의 서신

(바울은 신약 27권중 13권을 기록)

성 서 명	기록 연대	기록 장소	대 상	주요 인물	기 록 목 적
데살로니가전서	52년경 (2차전도 사역 중)	고린도	데살로니가 교인	바울, 디모데 실라	데살로니가교인의 믿음을 견고히 하고 그리스도의 재림을 확증함
데살로니가 후서	52년경 (살전기록 몇달 후)	고린도	데살로니가 교인	바울, 디모데 실라	살전을 쓸때와 다름없으나 그리스도의 재림에 대한 오해를 없애고 건전한 재림신앙을 교훈함
고린도 전서	55년경 (3차전도 사역 중)	에베소	고린도 교인	바울, 디모데 글로에의 가족들	고린도 교회의 문제와 그 해결책을 제시함으로 타락한 사회에 맞서는 대처 방안을 제시
고린고 후서	55년경 (3차전도 사역 중)	빌립보	고린도 교인	바울, 디모데, 디도, 거짓교사들	유대주의 모순을 지적함으로 복음의 진리를 명확하게 증거, 도전 받는 사도직을 변호하고, 오직 믿음으로 의의 자유를 얻는다는 그리스도의 진리를 증거
갈라디아서	56년경 (3차전도 사역 중)	마게도냐	이고니온 루스드라 더베교인	바울, 베드로, 마나마, 디도 거짓교사	할례와 율법으로 구원을 얻는다는 유대주의 주장의 모순을 지적하고 오직 믿음으로써 의와 자유를 얻는다는 그리스도의 진리를 증거
로마서	57년경 (3차전도 사역 중)	고린도	로마교인	바울, 뵈뵈	로마 방문의 길을 열기 위하여 뵈뵈를 보냄으로써 바울과 그 메시지 소개
에베소서	62년경 (1차 투옥시)	로마	에베소 교인	바울, 두기고	그리스도의 몸된 교회를 설립한 하나님의 목적을 설명함으로 에베소 교인의 믿음을 견고히함(옥중서신)
빌레몬서	62년경 (1차 투옥시)	로마	빌레몬 골로새 (부유한교인들)	바울, 빌레몬 오네시모	빌레몬에게서 달아난 노예 오네시모를 용서하고 믿음의 형제로서 그리스도인의 형제 관계원리와 주인에 대한 의무를 예시(옥중서신)
골로새서	62년경 (1차 투옥시)	로마	골로새 교인	바울,디도, 에바브로디도, 유오디아, 순두게	창조의 주요 교회의 머리이신 그리스도 안에 모든 해결점이 있음을 강조함으로써 골로새 교회의 위기를 타개함(옥중서신)
빌립보서	62년경 (1차 투옥시)	로마	빌립보 교인	바울,디모데,마가, 두기고, 오네시모, 아리스다고, 에바브라	빌립보 교인들의 헌금에 대한 감사와 예수 그리스도를 말미암는 영적 기쁨을 제시함으로 신자들을 격려 (옥중서신)
디모데 전서	63~65년	로마, 마게도니아 빌립 보중한곳	디모데 목회자들	바울, 디모데	같은 목회자 디모데를 격려하고 훈계하는 동시에 영지주의 이단을 경계 하도록 함(목회서신)
디모데 후서	66년경	로마	디모데 목회자들	바울, 디모데 누가, 마가	에베소 교회의 장로인 디모데에게 용기를 주며 죽기전에 마지막으로 격려함(목회서신)
디도서	66년경 (1, 2차 투옥사이)	마게도니아	헬라인개종자, 디도 (그레데섬에서 사역)	바울, 디도	그레데섬의 교회들을 감독하는 디도의 직분과 그의 의무를 명시(목회서신)
※히브리서					저자와 기록 장소는 확실치 않으나 60년대 후반에 바울이 기록했다는 견해가 있으나 저자는 누가, 바나바, 아볼로, 실라, 빌립, 브리스길라, 크레멘트등 여러사람이 거론되지만 칼빈은 누가와 크레멘트 중 한 사람으로 본다.

| IX. 신약시대 |

14. 교회시대의 시대적 구분

시대구분	년 대	변 천 기	주요사건 ( )괄호안은 년도임
고대사	1-590		예수 그리스도~그레고리 1세 즉위까지
사도시대	27-100	교회 건설기	· 예수 그리스도의 죽음(30) · 바울의 회심 "개종"(35) · 최초의 신약 성경인 바울 서신 제작 시작(50) · 예루살렘에서 사도회의 개최(51) · 로마 대화재 · 네로 박해(64) · 로마 Vespasian황제때 예루살렘 함락(70) · Domitian황제의 박해(81~96) · 십대박해(64~286)
사도후시대 (속사도)	100-313	교회 핍박기	· Montanists 운동(156) · 정경 형성의 시작(200) · Decian 황제의 박해(250) · 최초로 안토니 수도원 세움(285)
니케아회의 시대	313-590	신학조성기	· 콘스탄틴 황제의 밀라노 칙령으로 기독교 공인(313) · 니케아 회의(325 아리우스 정죄, 아타나시우 승리, 부활절 제정) · 테오데시우스황제 때 기독교 국교화(392) · 칼케톤 회의(일성론정죄, 451) · 동서 로마 분리(395) · 서로마 제국 멸망(476 게르만 민족에게)
중세사	590-1517		그레고리 1세 즉위 ~ 종교 개혁까지
로마교회 초기시대	590-800	과도시대 (선교 발전기)	· 교황 그레고리 1세 즉위(590 최초 "교황"호칭) · 그레고리 1세 영국 선교전개(520~604) · 어거스틴의 영국 선교(596~597) · 마호메드, 메카로 도주하여 이슬람교 창시(622) · 이슬람교인 예루살렘 점령(637) · 콘스탄티노플 3차 회의(680, 일의론 정죄, 이의론 채택) · 내케아 2차 회의(787, 성화 숭배 결정)
로마교회 성장시대	800-1073	동서교회 분리기 (그레고리 7세즉위)	· 교황 레오 3세가 샤를마뉴(찰스)에게 로마 황제 대관 수여 (800, 동로마 황제와의 단절 및 서로마제국의 부활을 의미) · 교황이 오토 1세 대관식 함(962, 신성로마 제국) · 동서교회의 분리(1054) · 추기경 회의에서 교황 선거(1059)
로마교회 전성시대	1073-1303	기독교 실생 활기 (보니파스 8세 사망)	· 그레고리 7세 즉위(1073) · 셀주크 터키가 예루살렘 점령(1071) · Clermont 회의에서 십자군 결정(1095) · 십자군 선쟁(1096~1270) · 교황 Innocent 3세가 십자군 종교재판, 고해 성사 시작(1198~1216) · 영국에서 대헌장 발표(1215) · 로마 라테란회의 화체설 채택(1215)
로마교회 쇠퇴시대	1303-1517	개혁전 초기	· 교황권을 최고로 확장했던 보니페우스 8세 사망(1303) · 문예부흥(1350~1650) · 동로마 멸망(1453, 오스만 터키에 의해 콘스탄티노플 함락) · 루터 출생(1483) · 칼빈 출생(1504) · Erasmus, 헬라어 신약성서 출간(1516) · 황제 찰스 5세 즉위(1516)
근세사	1517-현재		종교개혁~현재까지
종교개혁시대	1517-1648	신교 발생기 (웨스트팔리아 조약)	· 종교 개혁자:독일-루터(1483~1546, 63세) 스위스-쯔빙글리(1484~1531, 47세) 제네바-칼빈(1509~1564, 55세) 스코틀렌드-낙스(1514~1572, 58세) · 종교개혁 시작(1517, 루터의 95개 조항제시) · 칼빈, 기독교 강요 출간(1536) · 웨스터 민스터 신앙 고백서 작성(1648)
근세시대	1648-1800	신교 확장기 (불란서 혁명기)	· 웨슬레의 부흥운동(1739) · 주일학교 시작(1780, 영국 Raikes 창시) · 미국의 독립(1787) · 프랑스 대혁명(1789) · William Carry의 선교사역 시작(1792)
최근세시대	1800-현재	세계 기독교화기	· 칸트 사망(1804) · 예수회 재건(1814 로욜라-예수회창건-1540) · 공산당 선언(1848) · 마리아 무죄설 주장(1854) · 토마스목사 대동 강변서 죽음(1866) · 바티칸 회의(1868-1870 교황 무오설가결) · 알렌의사 부부 내한(1884) · 소래교회 설립(1884, 11, 한국 최초교회) · 에큐메니칼 운동(1984 암스텔담-W.C.C. 조직) · 장로교 합동과 통합 분열(44회 총회에서 W.C.C. 문제로) · 각 교단별 분별

15. 유대인이 옥쇄(玉碎)한 마사다의 요새

 사해의 남서쪽에 위치한 쿰란에서 남쪽으로 약 50km 지점, 사해 수면보다 높이가 약 410m 높은 지역에 길이 약 600m, 폭이 약 250m의 마름모꼴의 천연 요새로 고립되어 우뚝 솟아 있다. 또한 사면이 가파른 절벽의 경사로 둘러싸여 있어 정상을 쉽게 정복할 수 없는 난공불락의 요새지이다.
 마사다(Masada)는 본래 히브리어로 "산의 성"이라는 뜻을 가지고 있다.
다윗이 사울을 피해 숨어 있었다는 "황무지 요새"가 오늘 날 마사다와 일치 하는지의 여부는 논란이 있다. 이 산정에 처음으로 유사시에 피난처로 삼기 위해 요새를 구축한 것은 하스모니아 왕조의 대제사장 요나단(Jonathan the high priest, 주전 161-142)이었다.
 그 후에 헤롯대왕(주전 37-4)은 유대인들이 자신의 왕위를 찬탈할 것을 염려하여 유사시에 대비해 피난할 요새 궁전으로 주전 36년부터 30년에 걸쳐 마련하였다. 요새의 북쪽 끝의 절벽부분에 3층 궁전을 계단식으로 지었다. 이 궁전은 아주 호화스러운 별궁으로 건축기술의 걸작품으로 평가 되고 있다.

▲ 마사다 전경

▲ 마사다 요새의 평면도

▲ 로마식 목욕탕

헤롯은 요새와 궁전을 더욱 안전하게 하기 위해 정상부분에 약 1,300m의 성벽을 둘러 쌓고 망대를 38개나 건설하였다. 성벽 안에는 병사, 병기고, 저수장, 곡식 창고, 목욕탕 등 각종 건물을 만들었다. 또한 만일의 경우 외부에서 식량을 들여올 수 없을 때를 대비하여 성안에 경작지를 남겨 놓았다. 그러나 헤롯왕 때에는 마사다 요새를 유사시 사용할 기회는 없었다.

　헤롯이 죽은 후 주후 66년 유대인들은 로마제국 통치에 반대하는 반란을 일으켰다. 5년이나 계속된 반란으로 말미암아 주후 70년 8월 로마의 티투스(Titus)장군이 예루살렘을 점령하고 성전을 완전히 파괴하였다. 예루살렘이 로마군대에 점령될 때까지 저항하던 유대인의 열심당원(Zealots)은 예루살렘을 빠져 나와 헤로디움과 사해 일대로 피신하여 계속 저항하였다.

　이때에 엘리아살 벤 야일(Eleazar ben Yair)을 지도자로 한 열심 당원은 마사다 요새에 올라가 진을 치고 저항을 계속하였다.

　예루살렘이 함락된지 2년이 지난 주후 72년 가을 로마 실바(Silva)장군이 이끄는 제 10군단의 군사들이 마사다에 도착하였다. 마사다 정상의 요새성을 공격하기 위하여 로마군 9,000명과 유대인 포로 6,000명을 이용하여 마사다 주변에 8개의 램프(Ramp)를 설치하여 정상 높이 가까이까지 토담경사로를 만드는데 성공하였다.

　주후 73년 4월 서쪽편의 토담 경사로를 타고 올라간 로마 군사는 성벽을 향해 햇불을 던져 손쉽게 불이 붙어 무섭게 타오르기 시작하였다. 처음에 북풍이 불어 로마군 쪽으로 불길이 휩싸여 타격을 받았다. 그러나 이런 상황이 갑자기 돌변하여 바람의 방향이 남쪽으로 바뀌어 불기 시작하자 성벽은 걷잡을 수 없이 불길에 휩싸이고 말았다. 로마군은 전세가 호전 되었으나 날이 저물자 다음 날 총 공세를 취하기로 하고 퇴각하였다.

　그 날 저녁 유대인 지도자 벤 야일은 960명의 유대인 열심 당원을 모아놓고 마지막 연설을 하였다. 그 연설의 요지는 다음과 같았다. "나의 고결한 동포들이여! 우리는 오래 전부터 결코 로마인들의 노예는 되지 않겠다고 굳게 맹세 했습니다. 우리는 참되시며 공의로우신 만인의 하나님 외에는 그 누구에게도 굴복하지 않기로 거듭 다짐 했습니다. 그런데 우리의 그 같은 각오를 실천에 옮길 때가 다가 왔습니다. 결코 노예가 되지 않겠다고 맹세한 우리가 목숨이 아깝다는 이유로 로마인의 노예가 될 수는 없습니다. 나는 자유로운 상태에서 스스로 용감하게 죽을 수 있다는 능력이 아직 우리에게 남아 있다는 것은 하나님의 은총이라고 생각합니다. 우리가 로마군에게 함락되는 것은 시간문제이며 하루를 넘기지 못할 것 같습니다. 우리의 아내들이 능욕 당하고 더럽혀 지기 전에 죽게 하고, 우리의 자녀들이 노예가 되기 전에 세상을 떠나게 합시다. 우리가 먼저 처자식을 죽인 다음 우리도 서로 영광스러운 죽음을 죽게 합시다. 이렇게 자유를 누리면서 세상을 떠나는 것이 우리에게는 더할 나위 없는 영광스러운 기념비가 될 것이기 때문입니다. 식량에는 손대지 말고 그냥 남겨

▲ 로마군이 쌓아 올린 공격용 토성 경사로(Ramp)

둡시다. 우리가 자결한 것은 식량이 부족해서가 아니라 초지일관하여 노예가 되니 차라리 죽음을 택하겠다는 자유의 열망 때문이었다는 사실을 만방에 과시 하도록 합시다. 우리 모두 서둘러 용감하게 죽도록 합시다"라는 지도자의 애절한 설득이자 호소였다.

이 연설을 듣고 처음에는 당황하고 의아스럽게 생각 했지만 모든 사람이 공감하게 되어 다같이 죽음의 길을 택하기로 결심하였다. 그들은 자결하기 전에 식량 외에 모든 소유물을 한 곳에 모아 불살랐다. 그리고 남자들에게 가족 중 여자와 어린 아이들의 목숨을 전부 끊게 하였다. 그러나 그들에게는 천륜의 정은 남아 있었다. 그들은 아내와 자식들을 번갈아 껴안고 눈물을 글썽이며 영원한 이별의 마지막 몸부림을 쳤다. 그러면서도 그들은 냉정하였다. 그들은 식구들이 적들에게 온갖 고통과 불행을 당하느니 보다 차라리 자기들의 손에 죽는 것이 백번 낫다는 것을 유일한 위로로 삼았다. 그들은 단 한명도 자신들의 잔인한 행동에 양심의 가책을 느끼지 않고 가장 사랑하는 처자식들의 목숨을 끊었다.

생존한 가운데 남자들 모두를 죽일 사람 10명을 제비로 뽑았다. 그 후 그들은 각자 처자식의 시체 옆에 누워 그 시신들을 팔로 껴안고 비통해 하면서도 죽음을 맞이하기 위해 모두가 목을 내밀고 있을 때 제비뽑힌 10명이 전부를 죽였다. 그 다음에 남은 10명가운데 한 명이 제비 뽑혀 아홉명을 죽이고 마지막 한명도 스스로 자결하였다.

다음 날 새벽 마사다 정상에 다시 침투한 로마군사는 아무 저항없이 정적이 감도는 가운데 무혈 점령을 하게 됐다.

역사가 요세푸스에 의하면 로마군대가 마사다를 함락 시켰을 때 지하 동굴에 숨어있던 2명의 여자(노인)와 5명의 어린 아이들은 대학살을 모면하여 후세에 증언을 하였다. 그들이 목숨을 끊은 때가 주후 73년 4월 15일 저녁이었다.

헤롯왕이 비축해 놓았던 10,000명의 병사가 사용하고도 남을 정도의 무기가 있었으며, 식량이

▲ 로마군이 쏘아 올린 돌덩이(직경 약 30~40cm)

없어 죽은 것이 아니라는 것을 로마군인에게 보이기 위하여 식량 창고 한 두개를 태우지 않고 보존해 두었다.

유대인들은 마사다 항전을 끝으로 로마의 핍박을 피하여 전 세계로 흩어지는 디아스포라(Diaspora)가 되었다.

주후 110년까지 로마군이 이곳에 주둔하였고 비잔틴시대에는 기독교 수도자들이 살면서 교회를 세우기도 하였다.

이곳은 1963-65년에 히브리 대학교의 고고학자 야딘(Yadin)교수의 지휘 아래 발굴되어 그 시대의 유물이 밝혀졌다.

하스모니아 시대의 성벽과 도시, 헤롯대왕 시대의 걸작인 궁전과 화려한 목욕탕 그리고 저항하면서 만든 성벽과 물탱크, 회당 그리고 두루마리 사본 등이 확인되었다.

오늘의 마사다는 유대인들이 힘이 약해서 죽음으로 항거할 수 밖에 없었던 비극의 역사가 다시는 되풀이 되어서는 안된다는 이스라엘 민족의 굳은 결의를 다짐하는 곳이다.

또한 이곳은 이스라엘의 젊은 병사들에게 애국 애족의 강인한 이스라엘 특유의 항전 불패의 군인정신을 함양하는 도장으로써 이스라엘 군인들의 마지막 훈련 과정에서 군대의식을 행할 때에 "마사다는 이제 두 번 다시 함락되지 않는다"는 구호를 선언하고 있다

마사다 정상에 올라가기 위해서는 케이블카를 이용하거나 로마 시대부터 만들어져 있는 뱀처럼 구불구불하고 협착한 길이라서 이름이 붙여진 뱀길(Snake Part)을 따라 올라갈 수 있으며 도보로 약 40분이 소요된다.

사해의 북단으로 부터 해안길을 따라 남쪽으로 내려가는 도중 약 5km지점의 오른편 언덕에 위치하고 있다.

▲ 모리아

▲ 메노라

이스라엘을 상징하는 일곱 촛대의 메노라는 모리아라는 이름으로 알려진 고대 식물의 모양을 본 뜬 것이다.
메노라를 둘러싼 올리브는 유대민족의 평화에 대한 갈망을 상징한다.

16. 사해사본이 발견된 쿰란(Qumran) 유적

▲ 사본이 발견된 동굴

쿰란은 주전 13세기경 여호수아가 가나안 땅을 정복할 때 유다지파에 분배된 성읍 중에 염성(鹽城)이라고 하는 지역이다.(수 15:62)

주전 150년경에 유대교의 3대 종파 중 한 분파인 엣세네인들이 예루살렘을 떠나와 쿰란에서 공동체를 이루고 살았다. 그들은 자기들만이 선민이라고 믿고 임박한 세상의 종말을 대망하며 살았던 종말론적 신앙의 공동체였다. 이들의 생활은 사유재산이 인정되지 않고 율법에 엄격했으며 가장 경건하고 금욕적이었다.

주전 31년에 지진으로 인하여 멸망 되었다가 다시 시작된 공동체는 주후 68년 로마에 의해 멸망 당하여 해체되었다. 그들은 사본을 질그릇 항아리에 담아 근처 여러 동굴에 숨겨 놓았다.

▲ 사본이 담겨있던 항아리
(높이 65.7-47.5cm
직경 25-26.5cm)

쿰란이 유명하게 된 것은 1947년 2월 동굴에서 쿰란 공동체 사람들이 숨겨 두었던 질그릇 항아리 속에서 "에스더기"만을 제외한 구약의 모든 옛 사본들이 여러 종류 발견되었기 때문이다. 더욱 그 사본들은 주전 2세기로 부터 주후 1세기에 속하는 사본들로써

▲ 쿰란에서 발견된 성경사본

마소라 본문보다 천년 이상이나 더 옛 것일 뿐 아니라 구약 본문이 확정되기 이전의 본문 상태를 반영하고 있기 때문이다.

이곳에서 발견된 성경 사본을 "사해사본" 또는 "쿰란사본"이라고 부른다. 이 사본이 질그릇 항아리 속에 약 2,000년 이상 보관되어 왔어도 썩거나 많이 훼손되지 않은 것은 사해 주변의 건조한 기후의 영향이었다.

사해사본의 최초 발견된 경위는 다음과 같다. 1947년 2월 쿰란 광야에서 베두인의 한 소년이 잃어버린 양을 찾고 있었다. 어느 동굴 안으로 양이 있는지 확인하기 위하여 돌을 던졌을 때 그릇 깨지는 소리가 들렸다. 그 소리를 듣고 호기심을 가지고 들어가서 8개의 항아리를 발견한 것이다.

그곳에는 아마포(亞麻布)에 잘 싸인 가죽 두루마리가 들어있는 항아리(높이 65-75cm, 지름 25cm 정도)가 있었다. 그 얼마 후 베들레헴 골동품 상인 칸도(Kando)에게 넘어가 여러 골동품 상인을 거친 후 그 항아리에 들어있던 두루마리 중 4개를 시리아의 예루살렘 정교회 대주교 마르아타나시우스 사무엘이 샀으며 나머지 3개는 베들레헴의 아랍 상인으로 부터 예루살렘 히브리 대학교 수케닉(Sukenik) 교수가 구입하였다.

수케닉 교수가 1953년 사망한 후 이스라엘군 총사령관을 지낸 그의 아들 야딘(Yadin)은 아버지의 대를 이어 교수이자, 고고학자가 되어 1954년 사무엘 대주교로부터 4개의 두루마리를 사 들였고 1967년에 1개의 두루마리를 추가 구입하여 총 8개의 사해 사본 두루마리를 보유 했었다. 그러나 그 사본들은 현재 이스라엘 국립 박물관의 성서의 전당에 보존되어 있다.

사해 사본의 중요성은 발견된 후 오늘 날까지 높이 평가되고 있다.

오늘 날 성경의 원본은 남아있지 않고 필사한 사본만이 남아 있는데 사해사본이 발견되기 이전까지는 주후 10세기 때의 사본이 가장 오래된 사본이었다. 그러나 쿰란에서 주전 2-1세기경의 지금부터 약 2000년전의 최고의 사본이 발견된 것이다. 그 중에서 가장 귀중한 것은 이사야서 66권 전권으로 길이가 72m, 너비가 25.9cm의 두루마리이다. 그 외에도 하박국서 주석, 훈련교본, 빛의 자녀와 어둠의 자녀사이의 싸움, 감사찬송, 외경창세기등이 많이 발견되었다.

1948년 이스라엘의 독립전쟁으로 동굴 조사작업이 중단되었고, 1949년 2월 15일부터 3월 5일 사이에 요르단의 고고학자 R. 드보에 의해 발굴 조사되어 이때 성경의 사본과 외경 그리고 700점 이상의 여러 문서가 발견되었다. 그후 1951-1956년까지 6년간 고고학자들은 쿰란 주변 11개의 동굴에서 약 800개의 두루마리 책의 일부와 작은 조각들을 발견하였다.

| B. 이스라엘의 시대별 역사와 지리 |

　쿰란 주위에는 공동묘지 3개와 1,200개의 무덤이 있는 것으로 확인되었으며, 그중에 50개의 무덤을 발굴했는데 모두가 남자의 무덤이었다.
　쿰란의 유적으로는 그들의 주거지역에서 책임자의 방, 성경을 기록하던 방, 정결례 목욕탕, 항아리 빚던 곳, 집회소, 식당, 물저장소, 부엌, 마굿간 등의 공동체를 이루며 생활하던 흔적을 볼 수 있다.

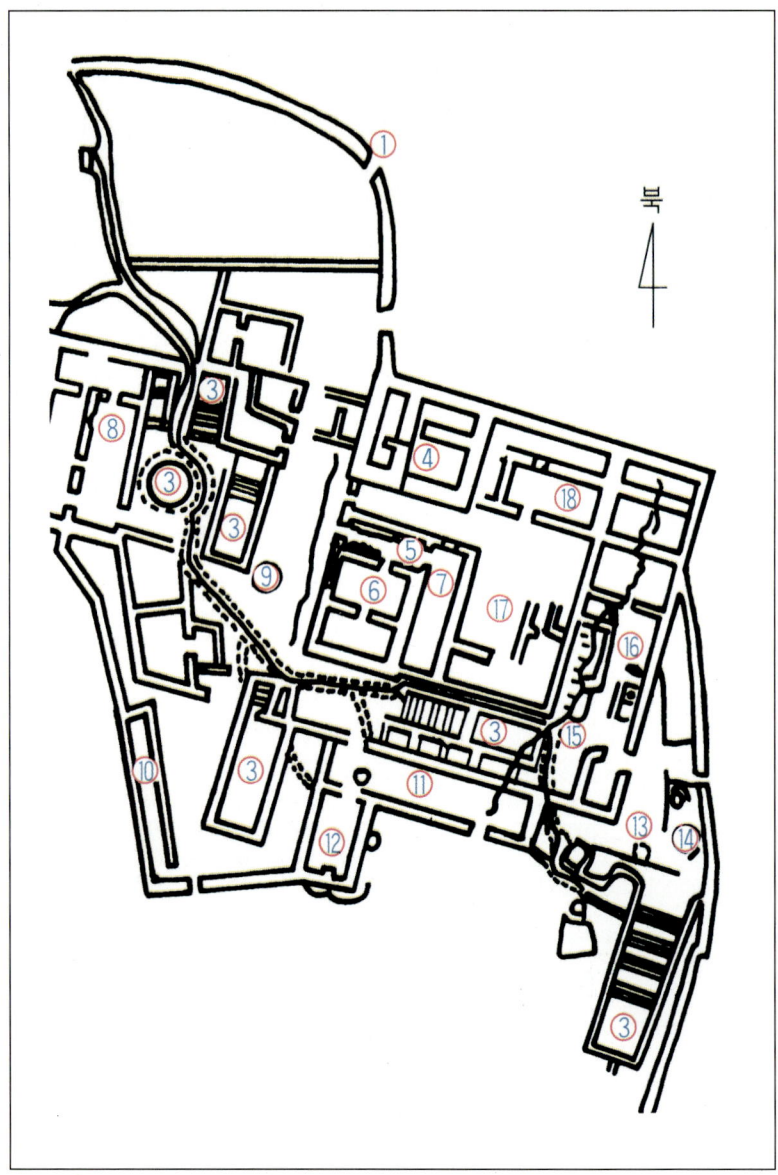

1. 입구
2. 수로
3. 물저장소(정결례)
4. 탑
5. 기다리는 방
6. 책임자 방
7. 성경 기록하는 방
8. 창고
9. 화덕
10. 마굿간
11. 집회소 겸 식당
12. 항아리 저장소
13. 항아리 빚는 곳
14. 항아리 굽는 곳
15. 지진의 흔적(주전 33년경)
16. 세탁장소
17. 염색하는 곳
18. 부엌

X. 부록

홍은혜 권사가 87세 노령에 그린 습작(2003년 5월 2일)
(홍은혜: 초대 해군참모총장 및 국방부장관, 故 손원일 제독의 부인)

두 까치의 사색(思索)

우리가 이제는 거울로 보는 것 같이 희미하나 그때에는 얼굴과 얼굴을 대하여 볼것이요.
이제는 내가 부분적으로 아나 그때에는 주께서 나를 아신 것 같이 내가 온전히 알리라.
그런즉 믿음, 소망, 사랑, 이 세가지는 항상 있을 것인데 그 중에 제일은 사랑이라.

(고전 13:12-13)

| 부록 |

1. 월력

 이스라엘에는 유대교, 기독교, 이슬람교에 따라 3개의 달력과 3개의 공휴일과 3개의 시간 개념이 공존하는 가운데 절기와 명절을 맞이한다.
 유대인은 출애굽한 달을 기준(출 12:1-2)한 달력을 사용했으나 지금은 로쉬샤나(민 29:1)를 새해 첫날로 삼는다. 유대인은 성경시대에 태음력을 사용하였다.
 절기 산출을 위한 종교 월력과 행정, 사업, 일상 생활을 위한 민간력을 병용하여 12달의 각 이름을 가나안식으로 붙여졌으나 바벨론 포로 이후 바벨론식 새 이름을 붙였다.
 유대인 달력에서 한달은 30일 혹은 29일로 구성되었다. 따라서 1년은 태양력의 365일보다 짧은 약 354일이 되었다. 그러므로 매 3년마다 남아도는 29일을 모아 제 2 아달월이라 하여 아달월과 니산월 사이에 첨가시켰다. 오늘날도 유대력의 태음력을 사용하기 때문에 종교 및 법정 공휴일은 해마다 변경된다.

바벨론식 월력	가나안식 월력	유교 종교력	민간력	양력	유대절기와 명절	농사절기
티쉬리월	에다님월	제 7월	제 1월	9-10월	나팔절, 초막절, 속죄일, 설날	밭갈기
헤쉬반월	불 월	제 8월	제 2월	10-11월		이른 비 씨 뿌리기
기슬로월	→	제 9월	제 3월	11-12월	수전절	
데 벳 월	→	제 10월	제 4월	12-1월		가장 많은 비 봄철 성장
스 밧 월	→	제 11월	제 5월	1-2월		겨울무화과
아 달 월	→	제 12월	제 6월	2-3월	부림절	늦은 비
니 산 월	아 빕 월	제 1월	제 7월	3-4월	유월절, 무교절	보리 추수
이야르월	시 브 월	제 2월	제 8월	4-5월	독립기념일 예루살렘 해방기념일	일반 추수
시 완 월	→	제 3월	제 9월	5-6월	칠칠절(오순절)	포도원 손질
타므즈월	→	제 4월	제 10월	6-7월		첫 포도 수확
아 브 월	→	제 5월	제 11월	7-8월	성전파괴일	여름실과 수확
엘 룰 월	→	제 6월	제 12월	8-9월		감람추수

2. 절기와 명절

명 칭	행 사 내 용
안식일 샤바트(Shabat)	매주 금요일 해질 때 부터 토요일 해질 때 까지는 유대인들의 안식일이다. 이날 이스라엘의 공공기관들과 상점들은 문을 닫는다. 공공버스, 기차, 비행기도 운행하지 않으며 도시의 거리는 조용하다.
유월절 페삭(Pesach)	유대력으로 니산월(양력 3, 4월). 14일 저녁에 애굽에서 해방되어 나온 날을 기념하는 날이다. 다음날 15-21일 까지 한 주간을 누룩이 들어 있지 않은 무교병을 먹는다.(무교절)
독립기념일 욤 하아쯔마웃	유대력으로 이야르 5일(양력 4, 5월)이다. 1948년 5월 14일 이스라엘의 독립을 기념하는 날이다.
예루살렘 해방 기념일	유대력으로 이야르 28일(양력 4, 5월)이다. 1967년 6월 5일 6일 전쟁이 발발한 후 이스라엘군이 6월 7일 10시경에 사자문으로 입성 정오에 예루살렘을 완전 탈환 하였다. 따라서 요르단 통치하에 있던 예루살렘의 해방을 기념하는 날이다.
오순절(칠칠절) 샤부옷 (Shavuot)	유대력으로 시완 6일(양력 5, 6월)이다. 이 절기는 모맥을 거두는 때이므로 맥추절이라고도 한다. 유월절 축제때 보리단을 바치고 난후 50일만의 절기이므로 오순절 또는 칠칠절이라고 한다. 성전 파괴 후에는 시내산에서 율법 받은 것을 기념하는 뜻으로 지켰다. 신약시대는 유월절의 제 2일에서 50일째의 날로서 그리스도의 부활로 말미암아 성령의 역사로 이루어진 교회형성을 기념하여 지켜졌다.(성령강림절)
성전파괴일 티샤 베아브	유대력으로 아브 9일(양력 7, 8월)이다. 예루살렘 성전이 파괴된 것을 기억하는 날이다. 많은 유대인들이 성전과 민족의 운명을 생각하며 금식하며 통곡벽 앞에 모여 밤을 세운다.
속죄일 욤키푸르 (Yom Kippur)	유대력으로 티쉬리 10일(양력 9, 10월)이다. 하나님께 속죄하는 날로서 대제사장은 1년중 성소에 들어갈 수 있는 기회로 희생제를 드렸다. 유대인에게는 가장 경건한 날이다. 이날에는 차량 운행이 전혀 없으며 심지어 세속적인 유대인들 까지도 회당에 가든지 하루 종일 금식한다. 1973년 10월의 전쟁은 속죄일에 일어 났기에 욤키프르 전쟁이라 한다.
나팔절 로쉬 하샤나(Rosh Hashana)	유대력으로 티쉬리 1일(양력 9, 10월)이다. 모세가 정한 것으로서 노동을 금하고 안식하였다. 이날은 유대인의 설날이다.
초막절 수코트 (Sukkot)	유대력으로 티쉬리 15-21일(양력 9,10월)이다. 출애굽 후 광야생활중 인도, 보호해 주신 하나님의 은혜를 기념하고 기억하는 날로서 장막절이라고도 한다. 곡식을 거두어 들인 후 지키는 절기이므로 수장절 이라고도 한다. 집 주변이나 옥상, 베란다 등에 초막을 짓고 거기서 기도하고 율법을 읽고 식사도 한다. 이 때는 첫 비가 오기 시작하는 시기이다.
수전절 하누카 (Hanukkah)	유대력으로 기슬로 25일에서 티벳 3-4일(양력 11, 12월)로서 8일간 지켜진다. 주전 2세기 마카비 가문이 주동이 되어 헬라 사람으로 부터 예루살렘의 성전을 되찾고 그곳을 청결케 한 날을 기념한다. 이 절기에는 8줄기의 촛대를 사용하는데 시작하는 날부터 매일 한개씩 불을 켜며 8일째에 8개 전부를 밝힌다.
부림절 푸림(Purim)	유대력으로 아달 14일(양력 2, 3월)이다. 주전 473년 페르시아제국의 하만이 유대인들을 전멸시키려 할 때 모르드개와 에스더의 승리로 유대인들이 죽음을 면한 역사적인 사실을 기념하는 날이다. 이때 즐겨먹는 음식은 우리의 만두와 같이 생긴 과자빵인데 "하만의 귀"라고 한다.

3. 희생 제사제도

명 칭	불태우는 부분	다른 부분	희생 재물	목 적	참조성경
번제	모두	없음	흠없는 수컷, 빈부에 따라 소, 양, 염소, 비둘기 등의 동물	일반적인 죄를 위한 제물은 제사 드리는 자의 헌신을 표하는 것이다.	레 1장
소제	기념할 부분	제사장이 먹음	무교병이나 혹은 곡물, 반드시 소금을 쳐야 함	첫 열매에 대한 일반적인 감사	레 2장
화목제 감사제 서원제 자원제	기름진 부분	제사장과 제물 바친 자가 친교의 식사를 함께 나눔	빈부에 따라 흠없는 수컷이나 암컷 자원제:약간 흠이 있는 것도 허용됨	친교 예기치 않던 축복을 감사하며 그러한 상황에서 행한 서원을 갚기 위해서 일반적인 감사를 위해서	레 3장 레22:18~30
속죄제	기름진 부분	제사장이 먹음	제사장 혹은 회중: 황소 왕:수염소 개인:암염소	정결이 필요한 그런 상황에 기본적으로 적용됨	레 4장
속건제	기름진 부분	제사장이 먹음	흠없는 수양	신성 모독이나 성물에 대한 범과가 있거나 혹은 객관적인 죄가 있는 경우에 적용됨	레 5~6:7

여호와께서 회막에서 모세를 부르시고 그에게 일러 가라사대 이스라엘 자손에게 고하여 이르라. 너희 중에 누구든지 여호와께 예물을 드리려거든 생축(牲畜)중에서 소나 양으로 예물을 드릴찌니라. 그 예물이 소의 번제이면 흠 없는 수컷으로 회막문에서 여호와 앞에 열납하시도록 드릴찌니라. 그가 번제물의 머리에 안수할찌니 그리하면 열납되어 그를 위하여 속죄가 될 것이라. 그는 여호와 앞에서 그 수송아지를 잡을 것이요 아론의 자손 제사장들은 그 피를 가져다가 회막문 앞 단 사면에 뿌릴 것이며 그는 또 그 번제 희생의 가죽을 벗기고 각을 뜰 것이요 제사장 아론의 자손들은 그 뜬 각과 머리와 기름을 단 윗 불 위에 있는 나무에 벌여 놓을 것이며 그 내장과 정갱이를 물로 씻을 것이요 제사장은 그 전부를 단위에 불살라 번제를 삼을찌니 이는 화제(火祭)라 여호와께 향기로운 냄새니라.　　　　　레위기 1:1-9

4. 정결한 동물과 부정한 동물

종 류	정 결 한 동 물 (먹을수 있는 것)	부 정 한 동 물 (먹지 못하는 것)
포유동물	1. 갈라진 발굽이 쪽발인 동물 2. 새김질 하는 동물 　(소, 양, 사슴, 노루, 염소) 　레 11:3, 신 14:4:8	1. 새김질 해도 굽이 갈라지지 않은 동물 　(약대, 사반, 토끼) 2. 발굽이 갈라 졌어도 새김질 못하는 동물(돼지) 　레 11:4-8, 신 14:7-8
새	무릇 정한새 (새 종류 언급 없음)	1. 맹금류 2. 썩은 고기 먹는 새 3. 날기도 하고 기기도 하는 새 　(독수리, 솔개, 어응, 매종류, 까마귀 종류, 타조, 　다오마스, 갈매기, 올빼미, 부엉이, 따오기, 당아, 　올응, 학, 황새, 박 쥐등) 　레 11:13-19, 신 14:11-29
기는동물	언급 없음	1. 기는 것은 모두 부정한 동물임 　(쪽제비, 쥐, 도마뱀 종류, 합개, 악어, 수궁, 칠면석척) 　레 11:29-38
물고기	1. 지느러미 있는 물고기 2. 비늘이 있는 물고기 　레 11:9, 신 14:9-10	1. 지느러미 없는 물고기 2. 비늘이 없는 물고기 　레 14:10, 신 14:0
곤충	1. 날개가 있고 네 발로 기어 　다니되 발로 땅에서 뛰는 　곤충(메뚜기 종류, 베짱이 　종류, 귀뚜라미 종류, 　팟종이 종류) 　레 11:21-22	1. 날개가 있고 네 발로 기어 다니는 곤충 　레 11:20

1. 정결한 음식과 부정한 음식의 구별은 유대인과 이방인의 구별이었다.
2. 금지된 대부분은 병을 옮기는 위생적 배려 때문이었다.
3. 금지된 일부 동물은 이교적 제물과 관련된 부정한 것이었다.
※ 신약시대는 그리스도안에서 영적, 도덕적으로 순결을 지킴으로 이루어진다.

| 부록 |

5. 성서에 나오는 우상의 신들

지역	신의 종류	섬긴나라	신 의 지 위	참 조 성 경
이스라엘(팔레스타인)	바 알	가나안 베니게	남신(男神)으로 주신(主神) 농경신(農耕神)-생산력과 가축번식	왕상 16:31 18:18-46
	아스다롯	가나안	여신으로 풍요신 사랑, 다산의 신	삿 2:13, 10:6 삼상 12:10, 왕상 11:5
	그모스	모압 암몬	국가의 신 전쟁의 신	민 2:29, 삿 11:24 왕상 11:7, 33, 렘 48:7
	몰 록	암몬 이스라엘	국가의 신 화신(火神), 태양신 -맏아들을 불에 태워 바침	습 1:5, 렘 48:1 왕상 11:5, 7, 33
	다 곤	블레셋 가나안	바알신의 아버지 곡물의 신 전쟁의 신	삿 16:23 삼상 5:2-7
	하늘황후	가나안	아스다롯과 동일 하늘의 여신(日月星)	렘 7:18, 44:17-25
메소포타미아	므로닥	바벨론	수호의 주신 • 아수:태양신 • 이아:물속의 신 • 벨:공중과 땅의 신	렘 50:2
	벨	바벨론	므르닥의 다른 명칭 공중과 땅의 신	사 46:1, 렘 50:2, 51:44
	느 보	바벨론 앗수르	므로닥의 아들 하반신은 짐승모양으로 만듦	사 46:1
	담무스	바벨론 (수메르) 앗수르	생산의 여신	겔 8:14
기타 (성경외)	애굽 : 오리시스(죽음) 이시스(생명) 호루스(태양) 레(태양) 셋(악, 폭풍) 프타(명장) 멤피스의 조성자 ※애굽은 시대와 지역에 따라 속성과 지위가 다르다.			

6. 성서의 시간, 도량형, 화폐

(1) 시 간

구약시대에는 현대와 같은 정확한 시간 관념이 희박 했으며, 태양과 달의 변동에 따른 대략의 구분으로 시각을 표시하였다. 그 후 중간사 시대를 페르시아, 헬라, 로마와 접촉을 가지면서 현대와 비슷한 24시간제 시각 구분 개념이 일반적으로 통용되게 되었다. 그러나 유대인의 시간구분은 로마식과 달리 새벽 6시를 0시를 기준한 것이다.

시대	구 분		시 각	관 련 성 구
구 약	밤	초 경 이 경 삼경(새벽)	해 질 때 – 오후 10시 오후 10시 – 오전 2시 오전 2시 – 해 뜰 때	애 2:19 10시 삿 7:19 출 14:24
	낮	아 침 오 전 서늘할 때 저 물 때	해 질 때 – 오전 10시 오전 10시 – 오후 3시 오후 3시 – 오후 6시 오후 6시	창 18:1 창 3:8 잠 7:9
신 약	밤	저 물 때 밤 중 닭 울 때 새 벽	해 질 때 – 오후 10시 오후 10시 – 오전 1시 오전 1시 – 오전 4시 오전 4시 – 해 뜰 때	막 13:35 막 13:35 막 13:35, 눅 22:61 마 14:35, 막 13:35
			24시간제	
신 약	낮	아침 (마 16:3) 정오 (행 22:6) 저녁 (마 16:2)	밤중기점-로마식 (요한복음) / 새벽기점-유대식 (공관복음) / 시 간 (현표준) / 성 경 제 6시 / 제 0시 / 오전 6시 / 요 10:14 제 9시 / 제 3시 / 오전 9시 / 마 20:3 제 10시 / 제 4시 / 오전 10시 / 요 1:39 제 12시 / 제 6시 / 오전 12시 / 마 20:5 제 3시 / 제 9시 / 오후 3시 / 마 20:5 제 5시 / 제 11시 / 오후 5시 / 마 20:5 제 6시 / 제 12시 / 오후 6시 / 요 4:6 제 7시 / 제 1시 / 오후 7시 / 요 4:52

(2) 길이

명 칭	길 이	관계성구
하룻길	32km	출 3:18
리	1.48km	마 5:41
안식일에 가기에 알맞은 길	1.1km	행 1:12
척량하는 장대	266.7cm(6규빗)	겔 40:3, 계 21:15
걸음	88.9cm	삼하 6:13
규빗(간)	45.6cm	창 6:15
뼘	22.21cm	출 28:16
손바닥 넓이	7.4cm	출 25:25
갈대	2.67cm	계 21:15
손가락(지)	1.9cm	렘 52:21

(3) 부피

명 칭	부 피	관계성구
호멜	227ℓ (12말)	레 27:16, 겔 45:11-14
에바	22.7ℓ (12되)	출 16:36
스아	7.33ℓ (4되)	창 18:6
오멜	2.34ℓ (1.2되)	출 16:16
갑	1.3ℓ (0.66되)	왕하 6:25
고르(호멜)	227ℓ (12말)	겔 45:14
밧	22.7ℓ (12되)	왕상 7:26
힌	3.67ℓ (2되)	출 9:40
갑	1.3ℓ (0.66되)	왕하 6:25
록	0.31ℓ (1.65홉)	레 14:10

(4) 무게

명 칭	무 게	관계성구
달란트	약 34kg(3,000세겔)	출 38:25-27, 왕상 16:24, 계 16:21
므나	570g	눅 19:13-25
나드	373g	요 12:3
세겔	11.4g	삼하 14:26
반세겔	5.7g	창 24:22
게라	0.57g(세겔의 1/20)	출30:13

(5) 화폐

구분	화폐명칭	가 치	관계성구
유대	게라(Gerah)	세겔의 1/20	출 30;13
	베가(Beka)	세겔의 1/2	축 38:26
	세겔(Shekel)	금-은의 15배 은-일반 노동자 4일의 품삯	대상 21:25, 출 30:24, 삼하 24:24
	므나(Minah)	달란트의 1/60	눅 19:13-25
	달란트(Talent)	금-은의 15배 은-6,000 드라크마	대상 29:4, 출 38-27, 마 18:24
로마	고드란트(Kodrantes, 호리)	앗사리온의 1/4	마 5:26
	앗사리온(Assarius)	데나리온의 1/16	마 10:29
	데나리온(Denarius)	하루 품삯	마 18:28
	렙돈(Lepton)	로마 고드란트의 1/2	막 12:42
	드라크마(Drachma)	하루 품삯	눅 15:8

7. 이스라엘의 주요 도시간의 거리

구분	악고	아스돗	아스글론	브엘세바	베들레헴	엘랏	하이파	헤브론	여리고	예루살렘	릿다	나하리아	나사렛	나타니아	르호봇	텔아비브	티베리아스	사페드	지크론야콘
악고		159	174	231	191	474	23	218	161	181	135	10	45	86	140	118	56	51	58
아스돗	159		33	90	142	333	136	114	102	72	40	169	146	73	24	41	176	212	105
아스글론	174	33		63	145	306	151	117	115	75	54	184	161	88	39	56	191	227	120
브엘세바	231	90	63		76	243	208	48	119	83	82	241	181	145	85	113	248	284	177
베들레헴	191	142	145	76		319	168	26	43	10	61	193	145	105	63	73	208	244	128
엘랏	474	333	306	243	319		451	291	364	326	341	484	461	388	328	356	491	527	420
하이파	23	136	151	208	168	451		168	146	158	112	100	38	63	117	95	70	74	33
헤브론	218	114	117	48	26	291	168		67	37	88	217	172	132	88	100	201	237	153
여리고	161	102	115	119	43	364	146	67		35	86	174	126	122	92	98	181	217	151
예루살렘	181	72	75	83	10	326	158	37	35		51	191	135	95	50	63	198	234	127
릿다	135	40	54	82	61	341	112	88	86	51		145	122	49	17	18	152	188	85
나하리아	10	169	184	241	193	484	100	217	174	191	145		55	96	146	128	66	52	69
나사렛	45	146	181	218	145	461	38	172	126	135	122	55		73	127	105	32	57	46
나타니아	86	73	88	145	105	388	63	132	122	95	49	96	73		54	32	103	139	32
르호봇	140	24	39	85	63	328	117	88	92	50	17	146	127	54		21	157	193	81
텔아비브	118	41	56	113	73	356	95	100	98	63	18	128	105	32	21		135	171	64
티베리아스	56	176	191	248	208	491	70	201	181	198	152	66	32	103	157	135		36	78
사페드	51	212	227	284	244	527	74	237	217	234	188	52	57	139	193	171	36		103
지크론야콘	58	105	120	177	128	420	33	153	151	127	85	69	46	32	81	64	78	103	

| 부록 |

8. 성서의 동식물

(1) 식 물

⊙ 가시나무(Thorn)

참나무과의 낙엽 교목의 일종으로 겨울에는 잎이 없으며 늦 여름 야생 능금과 같은 열매를 맺는다. 잎은 장타원형 또는 피침형이며 나무는 년중 가시가 가득하다.

정원수, 방풍림 또는 생울타리용으로 심는다. 나무가 무성하면 그늘 지고 맛없는 열매를 맺는다. 넓게 퍼지는 뿌리는 토양을 파괴하고 나무가 불에 탈때 소리가 요란하다.

가시의 공격성은 감람, 무화과, 포도와 대조된다.

- 예수님의 가시 면류관을 이 나무로 만들었다.(마 27:29, 요 19:2)
- 열방에 임할 진노와 심판을 상징한다.(사 34:13)

⊙ 갈대(Reed)

벼과의 다년초 일종으로 습지나 냇가에 흔히 숲을 이루어 자란다. 특히 나일강 주변에 많이 자란다. 줄기는 곧고 단단하며 속이 비어 있다. 전통에 의하면 성전에서 사용한 플롯을 만들었다고 한다. 고대 이집트에서 나일강 수위계(Nilometer)로 사용했으며 아기 모세를 갈대 사이에 두었다. (출 2:3,5)

길고 속이 빈 줄기는 울타리를 만들고 그릇을 만든다.

- 회초리로 사용(마 27:30), 척량 도구로 사용(겔 40:5, 계 11:1, 21:15)
- 연약함(상한 갈대지팡이-사 36:6), 긍휼(상한 갈대-사 42:3)을 상징.

⊙ 감람나무(Olive Tree)

감람과의 상록교목으로 올리브 나무라고 부르기도 한다. 키는 3-5m로 늘 푸르다. 수천년의 오래사는 나무로 5월에 작은 흰색 꽃이 되고 10월에 열매 맺는다. 열매는 진한 밤색으로 먹을 수 있어 초와 소금에 절여 먹는다. 또한 기름을 짜서 식용, 등잔기름, 약, 향수, 비누의 재료 등 다양하게 사용된다.

- 성전 가구 재료로 사용(왕상 6:23), 초막 및 성전 건축 자재로 사용(왕상 6:31, 느 8:16)
- 평화(창 8:11), 왕권(삿 9:8), 이스라엘(렘 11:16), 의인(시 52:8), 풍부한 결실(사 17:6, 시 128:3) 등을 상징

⊙ 겨자나무(Mustard Plant)

십자화과에 속하는 식물로 중동지역이 원산지로 갈릴리 평원에 많이 번식한다.
키는 약 2m 자라고 씨는 매우 작아 1mm정도 된다.
고대로 부터 겨자씨는 기름을 짜서 식용, 약용으로 사용한다.
이스라엘에는 1년생의 흰 겨자(Sinapis abla:학명)와 검은 겨자(Brassica negro)의 두 종류가 있다.
- 예수님의 겨자씨 비유는 검은 겨자씨로 여겨진다.(마 14:31, 17:20, 막 4:31, 눅 13:19, 17:6)

⊙ 고수풀(Coriander)

일년생 풀로 키가 약 30-40cm가 된다. 개역 성경에는 "갓"으로 번역되어 있다.
만나의 모양이 이것의 씨와 같다고 한다.(출 16:31, 민 17:8)

⊙ 고벨화(Henna)

중동 지역에서 자라는 향기로운 꽃이 핀다. 관목의 뿌리와 잎으로 염료를 만든다.
염료는 머리, 손바닥, 손톱을 물들이는데 사용한다.
- 아름다움을 상징(아 1:14, 4:13)

⊙ 나도초(Nard)

다년생의 풀로서 히말라야와 네팔이 원산지이다. 풀뿌리에서는 강한 냄새를 낸다.
향유를 만드는데 사용한다.(아 1:12, 4:13,14, 막 14:3, 요12:3)

⊙ 상수리 나무(Oak Tree)

참나무과의 다년생 낙엽 교목이다. 일명 참나무라고 부른다.
도토리 나무와 다르며 그 열매의 이름이 상수리이다.
- 세겜땅 모레 상수리 나무에 가나안 사람이 삶(창 12:6)
- 사울이 다볼 상수리 나무에서 세 사람을 만남(삼상 10:3)

⊙ 대회향(Cummin)

일년생의 풀로 키가 30cm정도이고 잎은 실같이 가늘고 연분홍색 작은 꽃이 핀다.
미나리과의 식물로 식물의 요리용, 향료, 약용으로 사용한다.(마 23:23, 사 28:25, 27)
고대 유대인들이 할례할 때에 지혈제로 사용하였다.

⊙ 로뎀 나무(White Broom)

유대 광야, 네게브, 시나이 반도 등에서 자란다. 키는 크지 않으나 사막에서 그늘을 만들어 준다.
콩과의 식물로 흰꽃이나 연분홍꽃이 핀다. 뿌리는 식용으로 사용하지 못한다.
- 엘리야가 브엘세바에 있는 로뎀나무 아래서 신세를 한탄함(왕상 19:4,5)
- 엘리야가 숯불로 구운 빵을 먹음(왕상 19:5-6) 뿌리로 숯을 만듦(시 120:4)

⊙ 몰약(Myrrh)

감람과에 속하는 과목의 수지(樹脂)에서 얻어진다.
아라비아 지방에서 자생하는 감람과 식물인 콤미포라 미르라(C. myrrha) 또는 콤미포라 아비시니카(C. abyssinica) 등의 수피(樹皮)에 상처를 내어 채취한 천연 고무수지를 미르라(myrrha)라고 한다. 염료로 사용하는 화몰약(花沒藥)과 구별하기 위하여 연몰약(練沒藥)이라고도 한다.
담황색 또는 암갈색의 덩어리 물질로서 알콜에 녹여 구중향료(口中香料)에도 사용한다.
주로 향료, 약품, 방부제로서 사용되고 특히 미라를 만들 때 널리 쓰였다.
- 아기 예수에게 동방박사가 유향과 황금과 함께 몰약을 가지고 옴.(마 2:11)
- 예수님의 장례에 사용(요 19:39)

⊙ 무화과 나무(Fig)

뽕나무과에 속하는 관목으로 나무의 특징은 엷은 껍질, 짧은 줄기, 넓은 가지를 가진 무성한
잎들이 그늘을 만들어 주고 그 열매는 맛이 있다.
잎겨드랑이에 열매 같은 꽃 이삭이 달리고 안에 작은 꽃이 많이 달린다.
그 꽃이 곁에서 보이지 않으므로 무화과나무라 부른다.
- 벗은 몸을 가리는데 사용(창 3:9), 그늘이 됨(요 1:48), 선물(삼상 25:18), 치료(사 38:21) 등에 사용
- 번영과 평화(왕상 4:25), 의인과 악인(렘 24:1-10), 이스라엘의 열조(호 9:10)
- 열매 없는 신앙(마 21:19) 등의 상징 그리고 재림에 대한 비유.(마 24:32)

⊙ 돌 무화과(Sycamore)

뽕나무와 같이 생겼는데 과일은 무화과와 같아 무화과와 같은 속으로 보게 된다.
열매의 맛이 참 무화과만 못하기 때문에 돌 무화과라고 부른다.
이 나무는 내구력이 강하므로 고대 이집트에서는 미라(Mummy)를 넣는 관을 만드는 재료로 사용되었다.

개역 성경은 뽕나무로 번역(눅 19:4) 되었으나 새 공동번역 성경은 돌 무화과로 번역되었다.
여리고에 있는 삭개오가 올라갔던 그 당시 나무는 돌무화과인 것 같다.
현재 여리고에 무성하게 서 있는 기념 뽕나무도 돌 무화과의 종류이다.

⊙ 밀(Wheat)

화본과의 2년초이며 일명 소맥이라고도 한다.
보리를 대맥이라고 하는데 보리와 비슷하나 보리보다 빳빳하고 키가 약간 크며 잎은 가늘고 이삭의 모양은 보리보다 길고 수염이 많다.
보리보다 추위, 가뭄, 척박토, 산성토 등에 강하므로 재배가 용이하다.
밀을 제분하여 밀가루는 서양에서는 주식량이 되며 쌀과 세계의 2대 식량 작물이다.
밀은 오순절 시기에 추수한다.
- 식량(신 32:4), 소제물(대상 21:23), 임금(대하 2:10), 조세(암 5:11), 무역품(겔 27:17) 등에 사용
- 영적 축복(시 81:16), 그리스도인(마 3:12), 그리스도의 죽음(요 12:24), 부활(고전 15:37) 등의 비유.

⊙ 박하(Mint)

풀과의 다년생 숙근초이며 습기가 있는 산야에서 잘 자란다.
잎 표면에는 기르샘이 있어 분비되는 기름이 저장된다.
박하는 꽃이 필 때 함유율(含油率)이 가장 높기 때문에 이 시기에 수확한다.
박하 원유에서 박하뇌와 박하유의 주성분이 추출된다.
이것으로 도포제, 진통제, 흥분제, 건위제, 구충제 등의 약용과 청량제나 향료로 사용한다.
- 서기관과 바리새인의 책망(박하와 회향과 근채의 십일조-마 23:23, 눅 11:42)

⊙ 백합화(Lily)

백합과 백합속(Lilium)의 식물이다. 일명 나리꽃이라고도 한다.
옛날부터 세계 각지에서 진귀하게 여겨왔다.
자생지의 생육환경은 주로 햇빛이 직접 쬐지않는 숲이나 수목의 그늘 또는 묵향의 서늘한 곳에 많다.
꽃 중에 가장 우아하고 아름다운 꽃으로 불리어 진다. 꽃의 색깔은 흰 꽃으로 소담스럽다.
번식은 실생, 포기나누기, 주아 번식, 비늘잎 꽃이 등으로 이루어진다.
- 아름다움, 향기, 성도를 상징(마 6:28, 눅 12:27, 아 2:1, 왕상 7:19)

⦿ 백향목(Cedar)

원산지로는 레바논이며 키가 30m정도의 무성한 나무이다. 깊은 토양과 물이 풍부한 지역에서 자란다.
- 성전 건축의 자재(왕상 5:5-6), 궁전 건축의 자재(삼상 5:11)
- 우상을 만드는 재료(사 44:14-17), 물품상자 재료(겔 27:24), 왕권, 능력, 자부심을 상징

⦿ 버드나무(Willow)

버드나무과의 낙엽 교목이다. 냇가에서 흔히 자라는데 유브라데스 강가에 많이 자란다.
물가 어디서나 잘 자라는 버드나무는 줄기찬 생명력을 상징하고 칼처럼 생긴 잎은 자수를 또는 무기를 상징한다. 수피를 수렴제, 해열제, 이뇨제로 사용한다.
- 바벨론으로 포로된 유대인들이 하프를 걸고 울었던 나무이다.(시 137:2)
- 모압에 대한 경고(사 15:7)를 상징
- 초막의 재료(레 23:40)로 사용.

⦿ 보리(Barley)

화본과의 2년초로 주로 재배식물의 하나로 키가 1m정도이다.
마디가 높고 원줄기는 둥글매 속이 비어 있고 마디 사이가 길다. 유월절에 추수가 시작된다.
보리는 인류가 재배한 가장 오래된 작물의 하나로 알려지고 있다.
보리는 식량, 사료, 공업원료로 사용한다.
- 짐승의 먹이(왕상 4:28), 가난한 자의 양식(룻 2L17), 품삯(대하 2:10), 의식의 소제물(민 5:15)로 사용

⦿ 뽕나무(Mulberry)

뽕나무과 뽕나무속(Morus)에 속한 낙엽 교목 또는 관목이다. 작은 가지는 회갈색 또 회백색이고 잔털이 있으나 점차 없어진다. 잎은 난상 원형 또는 긴 타원상 원형이다.
뽕나무는 중국지방의 누에 치는 나무(White Mulberry)와 이스라엘 지방에 과일을 먹는 나무(Black Mulberry)의 두 종류가 있다.
누에 치는 나무의 잎은 누에를 기르는데 먹이로 쓰고 열매는 오디라고 하는데 술을 담기도 하고 생으로 먹기도 한다. 뿌리 껍질은 해열, 진해, 이뇨 등에 쓰고 목재는 가구 재료로 사용한다.
이스라엘 지방의 뽕나무는 돌 무화과라고 부르기도 한다.(돌 무화과 참조)

⊙ 사과(Apple)

장미과의 낙엽 교목의 나무에 열리는 열매이다.
- 사과는 첫사랑 상징(아 2:3-5, 7:9, 8:5)
- "경우에 합당한 말은 아로새긴 은쟁반에 금사과라."(잠 25:11)

⊙ 살구 나무(Almond)

앵두과의 낙엽 교목이다.
중국이 원산인데 기원전 아르메니아에 전파되었고 미국이 최대 생산국이다.
잎은 어긋나고 넓은 타원형 또는 넓은 난형이며 털이 없고 가장자리에 불규칙한 홑 톱니가 있다.
열매는 타원형으로 둥글며 약 3cm정도이다.
성경에는 아몬드(Almond)를 통상 살구나무로 번역되었는데 살구나무와 차이점이 있다.
아몬드는 벚꽃과 비슷하게 피는데 과일 중에 제일 먼저(1월-2월) 꽃이 피며 열매를 맺는다.
그 열매는 초록색의 풋것일 때 먹을 수 있고 껍질이 딱딱해진 후 안의 씨를 먹게 된다.
- 요셉에게 가져간 선물(창 43:11), 성전의 등대장식의 꽃(출 25:33, 36)
- 아론의 싹난 지팡이(민 17:8)의 영적 의미
- 꽃이 피는 것을 흰머리(전 12:5)로 파멸의 뜻(렘 1:11)의 비유

⊙ 소나무(Syrian Maple)

소나무과의 상록 침엽 교목으로 나무 껍질은 적갈색 또는 흑갈색이며 잎은 바늘모양이다.
꽃은 5월에 피고 이듬해 가을에 열매인 솔방울을 맺는다.
나무는 건축자재, 펄프로 사용하고 잎은 강장제, 꽃은, 이질에 송진은 고약의 원료로 사용한다.
- 이스라엘의 회복(사 41:19), 레바논의 영광(사 60:13)을 상징

⊙ 수선화(Narcissus)

수선화과의 다년초로서 지중해 연안이 원산지이다. 이스라엘 모래땅 샤론평야에 많다.
수선(水仙)이란 중국 이름이며 하늘에는 천선(天仙), 땅에는 지선(地仙), 그리고 물에는 수선(水仙)이라고 하였다. 수선의 꽃말은 나르시스(Narcissus)이다.
그리스 신화에 나르시스라는 청년은 연못 속에 비친 자기의 얼굴의 아름다움에 반해서 물에 빠져 죽었는데 그곳에서 수선이 피었다는 것이다. 수선의 비늘 줄기는 넓은 난형이며 가는 잎의 비늘 줄기에서 무더기로 꽃이 된다. 꽃 갈래 조각은 6cm로 백색이고 부화관은 높이 4mm 정도로 황색이다.
- 아름다움을 상징(아 2:1)

⊙ 수양버들(Mountain Poplar)

버드나무과의 낙엽 교목이다. 가로수와 관상수로 많이 심는다.
가지는 가늘며 길게 드리워져 있다. 잎도 가늘고 길며 꽃은 황록색이다.
세류 또는 실버들이라고도 부른다.
- 유다의 멸망(수양버들가지처럼 큰 물가에 심더니-겔 17:5)을 비유.

⊙ 에셀나무(Tamarisk)

상록수의 일종으로 요단 골짜기에 많이 자란다.
가지는 가늘며 잎은 작아 수분의 증발이 적어 사막에서 잘 자란다.
봄이면 아름다운 가지에 꽃이 핀다.
- 거룩한 나무라하여 성소, 분묘, 회의소 같은 곳에 많이 심는다.(삼상 22:6, 31:13)
- 아브라함이 브엘세바에 심은 나무(창 21:33).
- 사울이 그 아래 앉음(삼상 22:6), 사울을 이 나무아래 장사함(삼상 31:13)

⊙ 육계(Cinnamon:肉桂)

계수나무의 두꺼운 껍질을 말한다.
계수나무는 늘 푸른나무로 6m이상의 키이다. 일명 계피라고도 부른다.
- 건위와 강장제, 음식의 향미료, 향료로 사용.(출 30:23, 아 4:14, 잠 7:17, 계 18:13, 시 45:8)

⊙ 유향(Balm)

감람과의 유향나무에서 짜낸 즙액의 향료이다.
유향나무의 잎은 깃모양의 겹잎이고 잎의 가장자리는 톱니 모양이다.
나무줄기에 상처를 내어 뽑아 낸 수지도 유향이라 한다. 약제로 쓰이기도 한다.
- 유향나무는 "스바"와 "길르앗"이 원산지이다.(창 37:25, 사 60:6)
- 성경에 의학적 목적으로 사용(렘 8:22, 46:11)

⊙ 우슬초(Hyssop:牛膝草)

물이 적은 거치른 토양에서도 잘 자라는 키가 크지 않은 관목이다.
향기로운 냄새가 나는 잎을 음식의 향미료로 사용하고 독을 제거하며 방부제로 사용한다.
우리나라에서는 줄기는 모가 나고 마디는 소의 무릎처럼 볼록하다 하여 우슬초라 이름하고 있다.
민간요법으로 뿌리는 생식기 질환에, 잎은 독사에게 물린데 약으로 사용한다.

- 부정을 없애기 위해 물을 적셔 뿌림으로 깨끗해 짐.(출 12:22)
- 예수께서 신포도주를 드릴 때 사용(요 19:28-29), 영적인 정결을 상징(시 51:7)

⊙ 짠나물(Salt Plant)

염분이 많은 곳에서 자라는 관목으로 키는 3m까지 자란다.
잎은 백색 꽃은 보라색이며 사람과 낙타에게 식용이 되기도 하고 잎을 날 것으로 먹을 수 있으나 맛이 좋지 않으므로 비상시에나 식용으로 사용한다.
- 고난의 상징(떨기나무 가운데 짠나물도 꺾으며 대싸리 뿌리로 식물을 삼느니라-욥 30:4)

⊙ 종려나무(Palm Tree)

야자과의 상록 교목으로 일명 대추야자(Date-palm)라고 부른다.
나무가 곧게 자라 맨 윗부분에 우산처럼 가지와 잎이 퍼진다.
키가 10m이상 자라며 은행나무와 같이 암수나무가 따로 있고 40년 후 부터 열매를 맺기 시작해서 150년간 결실 할 수 있는 장수목이다.
늦 여름이나 초 가을에 열매를 맺으며 열매의 길이는 3-4cm정도이다.
- 열매는 식용(욜 1:12), 성전에 그 형상을 조각(왕상 6:29), 가지는 초막의 재료(레 23:40)
- 재판하는 장소(삿 4:5) 등으로 사용.
- 칼 모양의 가지는 승리(요 12:13), 의인(시 92:12), 미인(아 7:7), 통치자(사 9:14)
- 종려의 성읍(신 34:1-4, 삿 3:13, 대하 28:15), 다말을 종려나무로(창 38:6) 상징.

⊙ 쥐엄(Carob)

예루살렘과 갈릴리 지방에 많이 자란다. 특히 베들레헴으로 가는 도로가에 많이 있다.
암수가 다른 늘 푸른나무로 키가 7m이상자 라고 그 잎이 가죽처럼 질기고 광택이 난다.
꽃은 늦여름에 묵은 가지에서 녹황색으로 핀다.
꽃이 핀 후 10개월 후에 진한 황색의 길이 10-20m의 완두콩 같은 길쭉한 열매를 맺는다.
이 열매는 소나 양 같은 짐승의 사료로 사용한다.
- 쥐엄 열매는 탕자의 생활에 비유(눅 15:16)

⊙ 찔레(Gold Thistle)

장미과의 낙엽 관목으로 일명 들장미라고도 한다.
산야에 흔히 자라는데 키는 2m정도로 자란다.
6월에 노란 꽃, 흰 꽃, 그리고 분홍 꽃의 세 종류가 아름답게 핀다.
- 밀 대신 나는 비유(욥 31:40), 고난의 상징(잠 26:9, 호 9:6)

⊙ 침향목(Aloes)

팥 꽃나무과의 다년생 상록 교목으로 키가 20m나 되는 큰 나무이다. 인도가 원산지이다.
나무를 땅에 묻어 두었다가 천연향료, 약품을 만들어 사용한다.
- 몰약과 같이 방부제로 사용(시 45:8, 잠 7:17, 민 24:6, 아 4:14)

⊙ 칡(Rope Plant)

콩과의 낙엽 활엽의 만목(蔓木)으로 잎은 세 잎씩 붙은 겹잎이며 어긋맞게 나 있다.
8월경에 홍자색의 작은 꽃이 핀다. 칡덩굴은 다른 나무나 물건을 감아 올라가며 자란다.
뿌리는 약용으로 잎은 사료로 사용한다.
칡덩굴은 새끼를 꼬면 강한 로프가 되지만 마르면 부러지므로 마르지 않아야 강하다.
- 삼손의 밧줄로 불리어짐(삿 16:7)

⊙ 포도 나무(Grape Vine)

포도과의 덩굴이 뻗는 낙엽 만목으로 가나안 땅의 대표적인 작물이다.
덩굴은 길게 뻗고 덩굴로 다른 것들을 감아 올라가며 자란다.
담록색 꽃이 피고 둥글둥글한 열매가 조롱조롱 송이를 이루어 익는다.
- 홍수 후에 노아가 심음(창 9:20), 술관원장의 꿈(창 40:9).
- 요담의 비유(삿 9:12,13)로 유다의 사랑(사 5:1-7), 번성(호 14:7).
- 그리스도(요 15:1), 평화(왕상 4:25), 아내(시 128:3), 심판(계 14:18) 등의 상징.

⊙ 합환채(Mandrake)

예루살렘으로부터 북쪽 지역에서 자란다. 큰 잎사귀가 땅에 퍼져있고 줄기가 없다.
자주색의 꽃이 피며 밤보다 조금 큰 열매를 맺는다.

열매와 뿌리는 톡 쏘면서 향기로운 맛을 내고 최음제로 사용한다.
큰 뿌리는 인체와 비슷한 형태로 생겼다.
- 레아가 합환채로 라헬에게서 남편을 샀다.(창 30:14-16)
- 신랑에 대한 사랑의 비유(아 7:13)

⊙ 호도(Walnut)

가래나무과의 낙엽 활엽의 교목이다.
나무의 키는 20m정도로 껍질은 회백색이며 가지를 많이 친다.
4월경에 꽃이 피고 10월에 열매를 맺는다. 열매인 호도의 속에 있는 씨를 먹는다.
- 호도동산(아 6:11)

⊙ 회향(Dill)

미나리과에 속하는 일년생 회향의 풀의 열매이다.
풀의 키는 50cm정도 되며 맛과 냄새가 좋다. 위장보호의 건위제, 구충제로 사용한다.
- "박하와 회향과 근채의 십일조를 드리되"(마 23:23)

(2) 동물

⊙ 개미(Ant)

몸길이 1mm인 적은 것부터 13mm이상인 것의 다양한 종류가 있다.
몸 빛깔은 검거나 갈색이고 머리, 가슴, 배로 구분되며 허리가 잘록하다.
여왕개미를 중심으로 질서있는 집단 생활을 이루며 땅속 또는 썩은 나무속에서 산다.
- 개미는 질서, 협력, 근면을 상징한다.(잠 6:6,8, 30:24,25)

⊙ 곰(Bear)

몸길이 1-3m가 되며 몸이 뚱뚱하며 네 다리는 짧은 편이다.
온 몸이 긴 털로 덮여 있고 눈은 작으며 귀는 짧고 둥글다. 몸 빛깔은 흑색이 보통이다.
나무에 잘 오르고 굴을 잘 파며 헤엄도 잘친다. 겨울에는 동굴 속에서 겨울잠을 잔다.
- 미련하고 우둔한 동물이지만 맹수의 일종이다.

  (삼상 17:34, 왕하 2:24, 삼하 17:3, 잠 17:12, 호 13:8, 사 11:7,59:11, 애 3:10, 단 7:5, 암 5:19, 계 13:2)

⊙ 나귀(Donkey)

말과의 짐승으로 말과 비슷하나 몸이 좀 작고 귀가 크며 머리에 긴 털이 있다.
털 빛은 단색으로 회백색이나 황갈색이 많다. 체력이 강하고 질병에 대한 저항력이 높아 부리기에 편하다. 광야에서 나귀를 많이 타고 다녔다.
- 모세가 그 아내와 아들을 나귀에 태우고 갔다.(출 4:20)
- 예수님이 나귀새끼를 타고 입성하셨다.(요 12:15)

  (창 22:3, 출 4:20, 민 22:21-33, 수 15:18, 삿 10:3, 삼상 25:20, 슥 9:9, 신 22:10, 왕하 6:25)

⊙ 낙타(Carmel)

포유동물로 키는 2m가량이 보통이며 등에 지방을 저장해 두는 큰 혹이 하나 또는 두 개가 있다.
혹이 하나 있는 낙타를 단봉낙타, 혹이 두 개 있는 낙타를 쌍봉낙타라고 한다.
단봉낙타는 야생에는 없다. 몇일 동안 먹이를 먹지 않아도 견딜수 있고 콧구멍을 자유로이 여닫을 수 있으며 속눈썹이 길고 빽빽이 나있는 등 사막생활에 알맞게 되어 있다.
초식성이며 온순하고 힘이 세다. 쌍봉낙타는 사람과 화물의 운반수단으로 이용한다.
사막에서 낙타 젖은 음료로, 털은 직물용으로 고기는 식용으로 사용하는 가축이다.
일명 약대라고도 한다.

(창 24:10, 30:43, 31:34, 대하 14:15, 왕상 10:2, 삿 7:12, 삼상 30:17, 사 21:7, 레 11:4, 막 1:6, 마 23:24, 19:24)

⊙ 노새(Mule)

말과의 동물로 수나귀와 암말사이에서 난 잡종이다. 나귀를 닮았으나 몸 빛깔은 암갈색이 보통이다.
힘이 세며 지구력이 뛰어나 무거운 짐과 먼 길에 잘 견딘다.
성질은 온순하고 병에 잘 걸리지 않으나 생식능력이 없다.
(레 19:19, 삼하 13:29, 18:9, 왕상 1:33, 10:25, 5:17, 겔 27:14, 스 2:66, 시 32:9)

⊙ 독사(Asp)

독 샘이 있어서 물면 이빨을 통하여 독 액이 주입되는 뱀이다.
대체로 독이 있는 뱀은 몸이 작으며 큰 뱀은 거의 독이 없다.
독사의 독성은 주로 신경에 작용하는 것과 혈액조직을 파괴하는 것이 있다.
독 액은 먹이를 마취시키거나 죽이는 작용을 하는 동시에 소화액의 작용을 한다.
(신 32:33, 욥 20:14, 사 11:8)

⊙ 독수리(Eagle, Vulture)

날개 길이가 1m를 넘는 큰 맹조로서 몸 빛깔은 어두운 갈색이고 부리는 흑갈색이다.
빠르게 날며 날카로운 부리와 발톱으로 작은 동물을 잡아 먹는다.
썩은 동물이나 새의 시체 주변에 많이 모여든다.
(삼하 1:23, 렘 4:13, 48:40, 애 4:19, 욥 9:26, 잠 23:5, 사 4:30, 렘 49:16, 신 32:11)

⊙ 들염소(Wild Goat)

야생 염소를 말한다. 염소는 소과에 속하는데 양과 비슷하다.
뒤로 굽은 뿔이 있고 네 다리와 목, 꼬리가 짧으며 수컷에도 턱 밑에 긴 수염이 있다.
몸 빛깔은 갈색, 회갈색, 흑색, 백색 등 여러 가지가 있다.
염소는 성질이 활발하고 조급한데 들염소는 더 강하다.
(시 14:5, 삼상 24:2, 욥 39:1, 시 104, 18)

⊙ 메추라기(Quail)

꿩과의 새에 속하는데 몸길이는 18cm가량 되며 몸 빛깔은 황갈색에 갈색과 검은 세로무늬가 있다. 풀밭에서 흔히 볼 수 있는 새이다.(출 16:13, 민 11:31, 시 105:40)

⦿ 벌(Bee)

몸은 머리, 가슴, 배의 세 부분으로 되어 있고 머리에 한 쌍의 촉각과 3개의 홑눈이 있다.
배는 많은 마디로 되어 있고 가슴에 두 쌍의 날개와 세 쌍의 다리가 있다.
암컷은 꼬리 끝의 산란관에 독침이 있고 숫벌은 독침이 없다.
독립생활, 기생생활, 집단생활을 하는 여러 종류가 있지만 통상 여왕벌을 중심으로 집단생활을 한다.
(신 1:44, 신 118:12)

⦿ 비둘기(Dove)

머리가 작고 둥글며 부리가 짧다. 성질이 순해 길들이기 쉽고 날개 힘이 강하여 멀리 날 수 있다.
귀소성을 이용하여 원거리 통신에 이용하기도 하며 예로부터 평화를 상징하는 새로 여긴다.
(창 8:8-12, 시 55:6, 사 38:14, 59:11, 호 7:11, 창 15:9, 눅 2:24, 요 2:16, 마 3:16, 10:16)

⦿ 사슴(Deer)

어깨 높이가 80cm 가량 되고 털빛은 갈색이다. 몸은 홀쭉하고 다리가 가늘고 길어 달리는데 적합하다. 꼬리는 짧고 보통 수컷의 머리에는 나무가지 모양의 뿔이 있는데 해마다 다시 돋으며 봄철에 다시 돋은 뿔은 녹용이라 하여 약재로 쓴다.
대부분 나뭇잎이나 풀 등을 먹고 산다. 성질은 온순하다.
(신 12:15, 22:14, 15:22, 왕상 4:23, 사 35:5, 애 1:6, 시 42:1, 욥 39:1, 렘 14:5)

⦿ 양(Sheep)

소과에 속한 반추 동물이며 그 종류가 많다.
염소류와 비슷해서 구별하기 어려우나 양의 뿔은 단면이 삼각형이고 앞가두리는 곧으며 대개는 뒤쪽 아래 방향으로 굽는다. 뿔은 암수 모두 없는 것, 수컷에게만 있는 것, 암수 모두 있는 것 등 여러 가지가 있다. 대개 숫컷의 뿔이 크다. 몸의 크기는 품종이나 조건에 따라 다르며 수컷이 암컷보다 크다. 주둥이는 좁고 털이 있으며 입술은 가동성이다. 떼를 지어 살며 높은 산에 올라 가기를 좋아한다. 양은 반드시 한번 왔던 길을 다시 다니는 습성이 있다.
종류로는 야생종, 모용종, 모육겸용종, 모피용종이 있다.
성질은 온화하며 풀, 나뭇잎, 나무껍질 등의 식물을 먹는다.
구약시대는 제물로 바쳤고 로마시대는 양피지에 성경을 기록 하였다.
양은 털과 고기와 가죽을 인간에게 제공하는 희생적 동물이다.
(창 33:13, 삼상 24:3, 민 32:16, 요 10:15, 시 95:7, 100:3, 요 21:15-17, 계 19:9,2:9 총 500회 이상 나옴)

⦿ 이리(Wolf)

개과의 짐승으로 개와 비슷하나 좀 야위었고 늑대나 승냥이 보다 좀 크다.
털빛은 대개 회갈색 바탕에 검은 털이 섞였으나 변화가 많다.
무리를 이루어 다니며 성질이 사나워 사람을 해친다.
(창 49:27, 렘 5:6, 합 1:8, 습 3:3, 겔 22:27, 사 11:6, 65:25, 마 10:16, 눅 10:3, 마 7:15, 행 20:29)

▲ 평화로운 초원의 양떼들

| 부록 |

9. 색인(Index)

인 명 찾 기 (Index)

(ㄱ)

가알	185
가우마타	281
갈렙	151
갓	121
게하시	253
고스비	157
골리앗	200
기드온	26, 178, 182
길르압(다윗아들)	205
김함	214
그달랴	276
그돌라오멜(왕)	116
그두라	121
기스(사울아버지)	198

(ㄴ)

나단	205
나답	241
나봇	257
나보니두스	280
나아마	238
나아만	253
나훔	235
납달리	121
네르갈사레셀	280
네프루레	126
느고(애굽왕)	272, 274
느다넬	205
느밧	238
느부갓네살	275
느헤미야	279
니카놀	287

(ㄷ)

다니엘	281
다르단	270
다리오	281
다말(다윗딸)	212
다윗	200, 206
단	121
달매	212
돌라	178
드릴라	190
드보라	178, 180
디글랏빌레셀	263
디나	121
디달이(왕)	116

(ㄹ)

라바시 말둑	280
라반	121
라빈	24, 38
라합	164
라헬	121
랍비돗	180
랍사게	270
랍사리스	270
랏대(다윗형)	205
레위	121
록사나	287
롯	116
르신(에돔왕)	121

(ㅁ)

마가	364, 312
마므레	117
마노아	189
마아가	241
마타티아스	289
마카비	289
말기수아	203
맛다니야	275
메랍(사울딸)	202
메넬라크	143
메사	255
멜기세덱	117
모세	252
모세다얀	24, 26
모하메드	86
므낫세	121
므로닥발라단	269
미가(선지자)	235
미가(에브라임)	191
미가야	247
미갈(사울딸)	202
미리암	153

(ㅂ)

바락	180
바르실래	214
바아사	241, 244
발락	156

발람 ········· 156	세바 ········· 215	아라파트 ······ 29, 38
발포어 ········ 37	셀루커스(왕조) ···· 287	아르사 ········ 244
밧세바 ····· 211, 219	소박 ········· 210	아리다오스 ······ 287
베가 ········· 263	소밥(솔로몬 아들) ··· 205	아리스토불로스 ···· 292
베냐민 ········ 121	소알(왕) ······· 116	아리옥(왕) ······ 116
베드로 ········ 351	솔로몬 ····· 205, 219	아리스토탈레스 ···· 285
베라(왕) ······· 116	슐레이만 대제 ····· 86	아문호텝(1세, 2세) ·· 126
베섹 ········· 197	스가랴(선지자) ···· 237	아므라벨(왕) ····· 116
벤구리온 ······· 29	스가랴(왕) ······ 265	아므르 ········ 315
벤하닷 ········ 241	스루아 ········ 238	아브라함 ······· 36
벨사살(왕) ······ 280	스루야(다윗누이) ··· 205	아브넬 ········ 208
보아스 ········ 166	스마야 ········ 240	아비삭 ········ 217
부시 ·········· 33	스바냐(선지자) ···· 236	아비새 ········ 215
브가히야 ······· 265	스바냐(다윗아들) ··· 205	아비가일(다윗누이) ·· 205
브나야 ········ 217	스불 ········· 185	아비나답(다윗형) ·141, 205
비느하스 ······· 192	시납 ········· 121	아비나답(사울아들) ·· 203
보디베라 ······· 311	시드기야 ······· 275	아비나답(웃사아버지) · 209
비르사(왕) ······ 116	시몬(마카비동생) ··· 291	아비멜렉 ······· 185
빌립 ········· 347	시몬(베드로) ····· 351	아비새 ········ 205
빌하 ········· 121	시므리 ········ 244	아비아달 ····· 213, 219
	시므아(솔로몬아들) ·· 205	아비야(여로보암아들) · 243
(ㅅ)	스므이 ········ 213	아비야(사무엘아들) ·· 194
사독 ······ 213, 219	시바(스바) ······ 143	아사(왕) ······· 241
사무엘 ····· 192, 197	시스라 ········ 180	아사랴(선지자) ···· 241
사브낫바네아 ····· 311	시삭 ······ 143, 240	아사헬(다윗생질) 205, 208
사울 ······ 197, 203	십보라 ········ 138	아셀 ········· 121
산발랏 ····· 245, 279	실바 ········· 121	아스낫 ········ 311
산헤립 ········ 270		아이 마아스(사돔의 아들) 213
살로메 알렉산드라 ·· 293	**(ㅇ)**	아히도벨 ······· 212
삼갈 ········· 178	아넬 ········· 117	아하수에로 ······ 281
삼손 ······ 178, 189	아다피 ········ 105	아흐모세(1세)(이집트) · 126
삼마 ········· 201	아달랴 ········ 247	아히감 ········ 276
살몬 ········· 166	아도니야 ···· 205, 218	아히야 ········ 238
샤론 ······· 31, 32	아드리엘 ······· 202	안티코너스 ······ 287
세라 ········· 241	아론 ········· 153	안티파트로스 ····· 287
세메벨(왕) ······ 116	아마사(다윗아들) 205, 214	알렌비 ······ 58, 273
세멜 ········· 244	아모스 ········ 233	알렉산더 발라라스 ·· 291

알렉산더 대왕	285	
알렉산더 4세	287	
알렉산더 얀네우스	297	
압놈(다윗아들)	205	
압돈	178	
압살롬	205, 212	
야곱	36, 119	
야빈	113	
야엘	180	
야일(사사)	178	
에브라임	121	
에스겔	237, 277	
에스골	117	
에스라	278	
에윌 므로닥	280	
에훗	178	
엘라	244	
엘론	178	
엘르아살	143, 153	
엘리	192	
엘리압(다윗형)	201	
엘리야	248, 251	
엣바알	246	
여디디야	219	
여로보암	238	
여호사밧	247	
여호세바	259	
여호수아	151, 160	
여호야긴	275	
여호야김	273	
여호야다	219	
예레미야	237	
예델	219, 254	
예후	257	
오렙	183	
오므리	244	
오바댜	234	

오벨에돔	143
오셈	205
옷니엘	178
옷토매이나더스	302
요나	234
요나단(사울 아들)	206
요나단(게르손 아들)	191
요셉(야곱의 아들)	120
요셉(마리아 남편)	302
요엘(사무엘 아들)	194
요엘(선지자)	233
요압(다윗 생질)	197
우르반 2세	86
웃사	143
웃시야	261
웨베세누	126
유다	121
이드로	138
이드르암(다윗아들)	205
이사야	230
이삭	118
이세벨	246, 250, 257
이스보셋	208
이시스	126
입다	178, 188
입산	178
잇대	214
잇사갈	121

(ㅋ)

콘스탄틴 황제	85

(ㅌ)

툿트모세(1~4세)	126
티아	126

(ㅍ)

페레스	38
프톨레미	287

(ㅎ)

하나냐	261
하나니	242
하눈	265
하닷(왕)	210
하드리안	85
하박국	235
하벨	180
하사엘	254
하시딤	289
하스모니아	83
학개	236
학깃	217
한나	192
핫셉슈트	126
헤로도투스	37
헤롯대왕	519, 302
헤롯아그립바	85
헤롯안디바	159
헤르츨	49, 303
호세아(왕)	266
호세아(선지자)	232
홉니	192

지 명 찾 기 (Index)

(ㄱ)

가나 ······ 329
가나안땅 ······ 37
가다라 ······ 288
가데스바네아 ······ 137, 151
가드 ······ 192, 206
가버나움 ······ 329, 333
가사 ······ 133
가야바의 집터 ······ 79
가이사랴 ······ 326
가이사랴빌립보 ······ 332, 335
가자 ······ 30
갈그미스 ······ 274
갈대아우르(이라크) ······ 105
갈멜산 ······ 252, 249
갈릴리 호수/바다 ······ 41
갈릴리 지방 ······ 332
감람산 ······ 41
갑바도기아(터키) ······ 332
거라사 ······ 333
게데스 ······ 265
게바 ······ 208
게벨무사(이집트) ······ 138
게셀 ······ 171, 208
겐그리아 ······ 366
겟세마네 ······ 79, 94
겟세마네 교회 ······ 74, 79
계곡길 ······ 43
고린도(그리스) ······ 371
고센땅(이집트) ······ 122
골고다 ······ 340
골란고원 ······ 30
구르빗탈길 ······ 257

구스 ······ 241
구부로섬(키프로스) ······ 364
구부린 골짜기 ······ 172
국립박물관 ······ 78
국회의사당 ······ 78
기드론 골짜기 ······ 79
그랄 ······ 241
그레데(갑돌) ······ 37
그리심산 ······ 41, 50
그일라 ······ 206
기럇여아림 ······ 192, 209
기브롯핫다와 ······ 136
기브아 ······ 186, 195
기브온 ······ 169
기오섬 ······ 371
기자(이집트) ······ 123
기혼샘 ······ 211
긴네렛호수 ······ 41
길갈 ······ 165, 167
길르앗(요르단) ······ 154, 197
길보아산 ······ 41, 203
길하레셋 ······ 253, 255
김소 ······ 264
깁브돈(성) ······ 241, 244

(ㄴ)

나블러스(세겜) ······ 224
나사렛 ······ 327
나인 ······ 333
나일강(이집트) ······ 106
나타네아 ······ 288
나할랄모샤브 ······ 73
네게브 지역 ······ 42

네압볼리(그리스) ······ 371
놉 ······ 206
눈물교회 ······ 342
느보산(요르단) ······ 41
니느웨(시리아) ······ 274
닙풀(이라크) ······ 276

(ㄷ)

다락방 ······ 345
다메섹문 ······ 98, 254
다베라(이집트) ······ 136
다볼산 ······ 41, 180
다소(터키) ······ 358
다윗성 ······ 82
다윗망대 ······ 205
다윗무덤 ······ 345
달마누나 ······ 335
더베(터키) ······ 364
데마(이라크) ······ 280
데베스 ······ 185
데살로니가(그리스) ······ 366
도단 ······ 254
독일병원 ······ 79
돌라 ······ 188
돕 ······ 188
두로 ······ 371
두아디라(터키) ······ 368
드가니아키프츠 ······ 73
드고아 ······ 212, 256
드로아(터키) ······ 371
디르사 ······ 242, 244
드빌 ······ 171, 275
디셉 ······ 248

411

| 부록 |

딥나 ……………………… 189
딥사 ……………………… 220

(ㄹ)

라기스 …………………… 171
라기스 골짜기 …………… 172
라마 ……………………… 257
라말라 …………………… 193
라못레히 ………………… 190
라오디게야(터키) ………… 369
라이스 …………………… 191
라암셋(이집트) ……… 132, 141
랍바(라파) ………… 210, 303
레기온항(로마) …………… 373
레히 ……………………… 190
로도(터키) ………………… 371
로드발 …………………… 262
롯의 아내(소금기둥) …… 117
루스드라 교회(터키) …… 364
르비딤(이집트) …… 136, 149
르바임 골짜기 …………… 208
립나 ……………………… 171

(ㅁ)

마다바(요르단) …………… 292
마라 ……………………… 135
마레사 …………………… 241
마리사 …………………… 292
마리기르기스(이집트) …… 314
마사다 …………………… 378
마아가 …………………… 241
마아디(이집트) …………… 318
마온 ……………………… 261
마온 황무지 ……………… 207
마카리우스 수도원(이집트)
……………………………… 309

마캐루스(요르단) ………… 159
마하나임 ………………… 208
막게다 …………………… 171
만국교회 ………………… 94
막벨라굴 ………………… 121
메드바(요르단) ……… 210, 292
메디나 …………………… 92
메롬 ……………………… 173
메리데항(로마) …………… 373
메소포타미아 …………… 104
멘잘라호(이집트) ………… 133
멸망산 …………………… 79
모디인 …………………… 289
모레산 ……………… 41, 183
모리아산 …………… 41, 88
모샤브 …………………… 73
모세의 샘 ………………… 135
모세의 우물(이집트) …… 319
목자들의 들판 …………… 301
무라항(터키) ……………… 373
므깃도 …………………… 273
미디안 …………………… 138
므리바(이집트) …………… 153
미스바(요르단) …………… 188
미스바 ……………… 186, 193
미둘레네섬 ……………… 371
미디안 …………………… 138
미항(로마) ………………… 373
믹마스 …………………… 198
밀레도(터키) ……………… 371

(ㅂ)

바니야스 ………………… 335
바다라 …………………… 371
바라무스수도원(이집트) … 309
바벨론 ……………… 27, 104
바벨론 성채(이집트) …… 314

바벨탑(이라크) …………… 105
바란광야 …………… 137, 207
바보(키프로스) …………… 364
바알브라심 ……………… 208
바젤 ……………………… 48
바하이교 본부(사원) …… 67
바후림 …………………… 213
밧단아람(터키) …………… 119
밧모섬(그리스) ……… 356, 357
버가(터키) ………………… 367
버가모(터키) ……………… 364
베다니 …………………… 337
베다바라 …………… 337, 338
베데스다 연못 …………… 297
베드르홉 ………………… 191
베들레헴 …………… 299, 301
베뢰아(그리스) …………… 366
벧메르악 ………………… 213
벧바라 …………………… 183
벧세메스 ………………… 192
벧스안 ……………… 41, 203
벧아웬 …………………… 199
벧엘 ………………… 168, 252
벧호론 …………………… 290
벳바게 …………………… 341
벳새다 ……………… 332, 334
변화산 ……………… 332, 336
보디올항(로마) …………… 372
보세스 …………………… 198
분문 ……………………… 99
브니엘(요르단) …………… 183
브엘라헤로이 …………… 119
브엘세바 ………………… 119
블레셋땅 ………………… 37
비돔(이집트) ……………… 132
비쇼이수도원(이집트) …… 311
비스가산(요르단) ………… 41

비아돌로로사	342	
비터호(이집트)	133	
브라가골짜기	256	
비하히롯(이집트)	135	
빌라델비아교회(터키)	369	
빌립 기념교회(터키)	348	
빌립보(그리스)	366	
빌베이스(이집트)	307	

(ㅅ)

사데교회(터어키)	368
사르밧	248
사마누드(이집트)	307
사마리아	245
사모가	292
사모섬	371
사자문	98
사카(이집트)	308
사해	41, 74
산피에트로 성당 (성 베드로성당, 로마)	475
살라미(키프로스)	364
삼관(로마)	2/3
새문	99
샤론평야	43
서머나(터키)	368
선한 사마리아인의 여관	336
성 가족피난 노정	302
성 마가교회(카이로)	312
성 마가교회(알렉산드리아)	128
성묘교회	344
성 바르바라교회(이집트)	319
성 바울순교기념교회(로마)	475
성 베드로 대성당(로마)	375
성 안네교회	297
성전(예루살렘성내)	175
성전산	88

성 죠지교회(이집트)	317
성 케더린 수도원(이집트)	134
세겜	224
세네	198
셀라	260
소돔	176
소라	189
소렉골짜기	171
소리안 수도원(이집트)	309
솔로몬 마굿간	99
수가성	329
수넴	253
수라구사(로마)	373
수메르(이라크)	104
수에즈(운하)	29, 131
수태고지 교회	328
숙곳(이집트)	132
숙곳(요르단)	183
쉐펠라 골짜기	171
슐탄의 샘	337
스레다	238
스엡	183
스테반 기념교회	346
스테반문	98
스코프스산	206
스핑크스(이집트)	123
시글락	207
시내산(이집트)	41, 138
시돈(레바논)	288, 334
시스턴	46
시온문	99
시온산	41
신광야(이집트)	136
실로	175
실로암못	211
실루기아 항구(터키)	365
십자가의 길	342

십황무지	206
싯딤(요르단)	156

(ㅇ)

아겔다마	79
아골 골짜기	167
아덴(그리스)	366
아도라	292
아둘람굴	206
아라랏산(터키)	101
아람나하라임	210
아람마아가	210
아레오바고(그리스)	371
아루마	185
아벨마임	242
아벨므홀라	252
아부사르가 교회(이집트)	317
아빌라	288
아벡	142, 192
아벨성	216
아비에셀(오브라)	182
아사랴	241
아세가	171
아스글론	189, 326
아스다롯	203
아스돗	192
아얄론 골짜기	172
아이	167
안네교회	297
안디옥(터키)	364
암만(요르단)	221
알렉산드리아(이집트)	285
알무알라카 교회(이집트)	316
알벨라	281
알자리자	104
압살롬의 탑	216
야노아	265

| 야드바솀 268 | 여리고 41, 339 | 인더스강(인도) 106 |

야베스길르앗(요르단) 187
야하스(요르단) 154
얌숲(이집트) 137
얍복강(요르단) 119
에글론 171
에느로겔 213
에담(이집트) 132
에담 190
에발산 41
에베소(터키) 371
에베스담임 200
에벤에셀 142, 193
에벳 185
에스다올 190, 191
에시온게벨(요르단) 131
엔게디 256
엔돌 203
엔케렘(아인케렘) 78
엔학고레 190
엘라 골짜기 172, 200
엘랏 261
엘리아 카피톨리나 28
엘리사의 샘 164
에브라임 수풀(요르단) 214
엘림 135
엘 마타리아(이집트) 311
엘 무하라크 수도원(이집트) 322
엘 아리쉬(이집트) 303
엘 아슈무네인(이집트) 321
엘악사 사원 93
엘 콴타라(이집트) 133
엘 쿠아사신(이집트) 132
엘집 169
엘 테이르(이집트) 320
엠마오 290
여루엘 256

여부스 42
여사나 243
여호와닛시 136
염성(쿰란) 210
예루살렘 75
예루살렘 성벽 80
예수님 탄생교회(베들레헴) 301
예수님 무덤교회(성묘교회) 344
예수님 승천당(감람산) 344
예수님 세례장소(베다바라) 337
예수님 성장지(나사렛) 332
옙(이집트) 276
옛여리고 164
오뎃 241
오륜무사(이집트) 135
오벨언덕 82
오병이어 교회 331
오브라 185
오스땅 360
온 311
와디엘나투룬(이집트) 309
요단강 서안지역 30
요단나루 179
요단 동편지역 42
요단 계곡지역 42
욕드엘 260
욥바문 99
유대 교회당 겸 교회(나사렛) 331
유대회당(이집트) 319
600만 학살추모관(야드바솀) 78, 268
이고니온(터키) 364
이스라엘 국립묘지 78
이스라엘 국립박물관 78
이스르엘 평야 43
이욘 242

(ㅈ)

자가지그(이집트) 305
전망대(이스라엘) 79
정착촌 35
제우스 신전(그리스) 372
족장도로 44
주기도문 교회 342
중앙산악지역 42
지구라트(이라크) 105
진광야 151

(ㅊ)

채찍질 교회 342
출애굽 경로(이집트) 135

(ㅋ)

카락(요르단) 255
카이로(이집트) 311
케더린 수도원(이집트) 134
코스캄산(이집트) 322
콜로세움(로마) 374
콥틱 교황청(이집트) 313
콥틱 박물관(이집트) 316
쿰란 382
키브츠 71
키프로스 364

(ㅌ)

타니스(이집트) 302
텔 44
텔아비브(욥바) 76, 100
통곡의 벽 95
팀사호(이집트) 132
티그리스강(이라크) 106

(ㅍ)

파니아스 ·········· 288
파르테논 신전(그리스) 372
팔레스타인 ····· 26, 28, 37
팔복교회 ·············· 331
페루지움(이집트) ······ 304
페르세폴리스(페르시아) 280
피라미드(이집트) ······ 123

(ㅎ)

하나님의 산(이집트) ··· 138
하란(터키) ········ 36, 119
하롯샘 ·············· 183
하맛(시리아) ·········· 151
하세롯(이집트) ········ 136
하솔 ················ 173
해안도로 ·············· 43
해안평야 ·············· 42
헤로디움 ············· 301
헤롯문 ··············· 98
헤브론 ··········· 119, 121
헤실 자손들의 무덤 ····· 79
헬리오폴리스(이집트) ·· 123, 182, 311
헬몬산 ············ 41, 46
호렙산(이집트) ········ 138
호르마(이집트) ········ 150
호르산(이집트) ········ 137
호바(시리아) ·········· 116
홀론 ················· 50
화라(이라크) ·········· 105
황금돔 ··············· 89
황금문 ··············· 79
황금사원 ·············· 90
황하강(중국) ·········· 106
히브리 대학교(감람산) ··· 79
히스기야 터널 ········· 271
히타이트(문명) ···· 106, 107
힌놈의 골짜기 ········· 79

성서의 주요사건(인물)의 연대표

연대	주요사건(인물)	연대	주요사건(인물)
?	창조 (창 1:1-2)	주전 1885	요셉 애굽 총리됨 (요셉 30세, 창 41:26-43)
?	노아시대 (창 6:9-10:32)		야곱가족 애굽이주
?	바벨탑사건 (창 11:1-9)	1876	야곱 130세, 브엘세바에서 70명, 창 46: 5-7)
주전 2166	아브라함 출생 (아버지 데라 130세, 창 11:27)	1859	야곱의 사망 야곱 147세, 창 50:13) ※ 애굽에서 17년 거주, 막벨라굴에 장사됨
2106~2096	우르에서 하란까지 (70세 도착, 창 12:4)		
2091	아브라함의 가나안 도착 (75세, 창 12:5-6)		
2080	이스마엘 출생 (아브라함 86세, 어머니 하갈(몸종) 브엘세바에서, 창 16:15)	1805	요셉의 사망 (요셉 110세, 창 50:25-26) ※ 유언에 따라 미라를 만들어 입관하여 두었다가 출애굽 할 때 메어다가 세겜에 장사됨
2067	할례 제정 (헤브론에서, 창 17:9-14)		
2066	이삭 출생 (아브라함 100세, 사라 90세, 브엘세바에서 창 17:16-18)	1527	모세의 출생 (헬리오폴리스에서, 바로 궁중에서 성장, 출 2:1-2) ※ 40세 때 시내 광야로 도피, 80세에 시내산에서 소명 받음
2006	야곱출생 (쌍둥이 : 에서) (이삭 60세, 어머니 리브가, 브엘라헤로이에서, 창 25:24-26)		
1991	아브라함 사망 (헤브론 막벨라굴에 장사됨, 175세, 창 25:8)	1500	여호수아 출생 (본명 호세아, 출생지 미상, 눈의 아들, 바로의 군대에 복역 민 13:16)
1929	야곱의 하란 도피 (야곱 77세, 외삼촌 라반 집에, 창 27:43-44, 28:2)	1447	모세와 바로의 1차 접견(출 5:1) ※ 열 가지 재앙 (출 7:-11장) 유월절 제정 (출 12장)
1918	유다 출생 (야곱 84세에 레아와 결혼, 88세때 넷째 아들로 출생, 창 29:36)	1446	이스라엘의 애굽 탈출 (모세 80세, 라암셋 출발, 홍해 도하 (출 12:37) 만나 메추라기 주심 (신광야에서 출 16:31) 신광야 도착 (출 19:1) 십계명 받음 (모세) (시내산에서, 두 돌판에, 출 20:3-17
1915	요셉 출생 (야곱 91세에 라헬과 결혼, 11번째 아들로 출생, 창 30:23-24)		
1909	야곱 가족의 하란 탈출 (야곱 97세, 아내 4명, 아들 11명, 딸 1명, 창 31:3) (베냐민은 베들레헴근처 에브랏에서 출생		
1898	요셉 애굽으로 팔려감 (요셉 17세, 도단에서, 창 37:12-13)		

연대	주요사건(인물)	연대	주요사건(인물)
주전 1445	성막건축 (건축자 : 브살렐 창 30:33) 첫 번째 인구조사 (시내광야에서, 603,550명, 민 1:2-3) 시내산에서 가데스로 이동 (민 33:16-36) 70인 장로 선정 (민 11:16) 가데스에서 정탐꾼 파견(12명) (40일간, 민 13:3)	?	실로에 회막세움(주전 1398년추정) 7지파에 땅 분할 (수 18:1-7) 실로는 200년간 정치 및 종교의 중심지가 됨
		1390	여호수아의 죽음 (110세, 세겜에서 죽어 딤낫세라에 장사됨, 수 24:29-30)
		1375	사사 통치의 시작
		1374	옷니엘의 사역(40년) (최초의 사사, 갈렙의 사위, 삿 3:8-11)
		1316	에훗의 사역(80년) (왼손잡이, 삿 3:15-30)
1406	아론의 죽음 (40년 동안 제사장, 123세, 호르산에서 죽어 아들 엘르아살에게 승계, 민 20:22-28) 모압 광야 도착 두 번째 인구조사 (601,730명, 1,820명 감소, 민 26:1) 선지자 발람과 발락왕(모압)의 사건, 민 22:1, 24:5) 여호수아를 후계자로 임명 아바림산 · 느보산에서, 제사장 엘르아살에게, 민 27:12-23) 요단 동편땅 정복 (두 지파(르우벤, 갓)와 반지파(므낫세 1/2)에게 땅 분할, 민 32:1-5) 모세의 죽음 (느보산 · 비스가산에서, 120세, 신 34:5)	1216	드보라와 바락이 사역(40년) (드보라 : 여사사, 삿 4:4-5:3)
		1169	기드온의 사역(40년) (기드온 300용사로 13만 5천명 "1인당 450명"의 미디안 격멸, 삿16:11-8:32)
		1120	돌라와 야일의 사역 (삿 10:1-5)
		1103	사무엘의 출생 (라마에서 출생, 어머니 한나가 실로에서 서원하여 제사상 엘리제사상에게 성장, 삼상 1:20)
		1085	입다의 사역 (6년) (삿 11:1-5)
		1079	입산, 엘론, 압돈의 사역 (삿 12:8-15)
		1075	삼손의 사역 (20년) (위대한 힘으로 블레셋을 격퇴, 여자에게 미혹되어 비밀을 토설, 삿 13:2-16:31)
		1050	사울 치하의 통일 왕국시대 시작(40년) (사울의 출생장소 ,연대 미상, 삼상 9:1-31)
1405	여호수아가 요단강을 건너 가나안 땅 점령 (여호수아 95세, 수 3:17)	1040	다윗의 출생 (베들레헴에서 이새의 8번째 막내 아들, 삼상 17:12)
1400	길갈에서 요단서편땅 분할 (두지파 유다, 에브라임과 반지파 므낫세에게, (수 14:1-17:18)	1025	다윗의 기름부음 받음 (베들레헴에서, 사무엘에게, 삼상 16:13) *15세미만 추정

연대	주요사건(인물)	연대	주요사건(인물)
주전 1020	다윗과 골리앗의 싸움 (엘라골짜기 소고 "에베스담엠"에서, 삼상 4:7-, 19:1-15) ※ 20세 미만 추정	주전 970	다윗의 죽음(70세)과 솔로몬(21세)의 등극 (왕상 2:12)
1017	사무엘의 죽음 (86세, 라마에 장사됨, 현 무덤은 기브온 산당에 있음 삼상 25:1)	966	성전기공 (출애굽 480년후, 솔로몬등극 4년후, 왕상 6:1)
1010	사울의 전사 (블레셋과의 길보아전투에서, 자결함. 삼상 31:6)	959	법궤를 성전에 안치 (왕상 8:6) ※ 법궤에 십계명 두 돌판 보존, 만나의 항아리와 아론의 싹난 지팡이는 행방 묘연
1010	다윗의 등극 (30세, 헤브론에서, 삼하 2:4)	959	솔로몬 왕궁기공 (왕상 7:1)
1003	다윗의 예루살렘 천도 (헤브론에서 7년6개월, 예루살렘에서 33년, 40년 통치, 삼하 5:9-10)	946	솔로몬 왕궁완공 (13년 동안 건축, 왕상 7:1)
1003	법궤를 예루살렘 다윗성에 모셔와 안치 (삼하 6:16-17) ※ 법궤의 방황(약 21년) 실로(아벡전투)에서 블레셋에게 빼앗김 → 블레셋지역 7개월 → 길럇여아림 20년 → 오벧에돔집 3개월 → 다윗성으로 옮겨짐	931	솔로몬의 죽음 (60세, 예루살렘에서, 40년 통치, 왕상 11:43)
		931	남유다와 북이스라엘로 분열 (왕상 11:43-12:20) ※ 남 : 르호보암왕(초대) 북 : 여로보암왕(초대)
		926	애굽왕 시삭의 남유다(예루살렘)침공 (르호보암 5년, 왕상 14:15-28)
991	다윗의 밧세바 간음 사건 (밧세바 남편 우리아 전사, 삼하 11:1-21)	910	아사의 유다왕 즉위 (3대) (재위 41년, 왕상 15:8) 오므리의 이스라엘왕 즉위 (재위 12년, 왕상16:23)
990	솔로몬의 출생 (밧세바의 두 번째 아들, 예루살렘에서, 삼하 12:20)	875	엘리야의 사역시작 (디셉에서 출생, 죽음을 보지 않고 승천, 왕상 17:21)
979	압살롬의 반란 (다윗의 셋째 아들, 헤브론에서 모의, 예루살렘입성, 에브라임 수풀에서 전사, 삼하 15:10-12)	874	아합의 이스라엘왕 즉위 (7대) (재위 22년, 왕상 16:29)
		872	여호사밧의 유다왕 즉위 (4대) (재위 25년, 왕상 22:41)
973	다윗의 인구조사 범죄 (하나님이 진노하사 치시려고 짐짓 인구조사를 하게 하심, 삼하 24:1-7)	853	아합의 전사 (재위 22년, 시돈왕의 딸 이세벨과 결혼, 바알신 숭배, 가장 악한 왕, 왕상 22:1-36)

연대	주요사건(인물)	연대	주요사건(인물)
주전 848	엘리사의 사역 시작 (아벨므홀라에서 출생, 왕상 19:1-21, 왕하 12:1-8)	722	북왕국 이스라엘의 멸망 (19대 호세아왕, 주전 722년, 앗수르에게 멸망, 왕하 17:6)
841	예후의 이스라엘왕 즉위(10대) (재위 28년, 왕하 10:30)	714	앗수르와 산헤립의 유대침입 (예루살렘을 포위했으나 18만5천명이 밤사이에 송장이됨, 왕하 19:36)
797	엘리사의 사역 종결 (모압 지경에 장사됨, 왕하 13:20)	640	요시야의 유다왕 즉위 (16대) (재위 31년, 왕하 22:1) 스바냐의 사역시작 (활동기간 : 주전 640-630년경, 습 1:1)
793	여로보암 2세의 이스라엘왕 즉위(13대) (재위 41년, 왕하 14:23)		
790	웃시야의 유다왕 즉위(10대) (재위 52년, 왕하 15:13)	627	예레미야의 사역 시작 (요시야, 여호아하스, 여호야김, 여호야긴, 시드기야의 통치기간에 활동 주전 627-586년경, 렘1:1-19) ※ 예레미야는 남유다가 주전 586년에 바벨론에게 멸망되자 애굽으로 끌려가 죽었다는 설이 있음
760	아모스의 사역 시작 (고향 유다(드고아)를 떠나 벧엘에서 여로보암 2세의 정치적 타락 공박, 암 7:7-9)		
759	요나의 니느웨 전도 (여로보암 2세 때 하나님께서 명하심, 욘 1-4)	608	앗수르의 멸망 하박국의 사역시작 (요시야왕 말기에 활동 주전 908-905년 합 1:1-11)
746	호세아의 사역 시작 (여로보암 2세 말기부터 주전 722년 이스라엘 멸망때까지 활동, 호 1:1)		
742	미가의 사역 시작 (요담, 아하스, 히스기야 통치기간 활동 주전 742-687년 미 1:1)	605	갈그미스 전투 (신바벨론 느부갓네살왕은 갈그미스 전투에서 앗수르 동맹군인 애굽 왕 느고를 격파, 유다 여호야김에게 충성 강요 봉신국 삼음, 왕하 24:7 ; 렘 46:2-12)
740	이사야의 사역 시작 (주전 770년 예루살렘에서 출생, 웃시야, 요담, 아하스, 히스기야 4대에 걸쳐 활동 주전 740-700년경 사1:1) ※ 므낫세왕 때 이사야를 톱으로 켜서 죽였다(히 11:37)는 설이 있음	605	바벨론의 유다1차 친입 (1차 포로로 다니엘(20세), 하나냐, 미사엘, 아사랴와 함께 잡혀감, 단 1:3-16)
		598	바벨론의 유다 2차 침입 (2차 포로, 왕하 24:10)
728	히스기야의 종교개혁 (산당과 우상을 전부 제거, 왕하 18:4)	597	에스겔이 포로로 끌려감 (유다왕 여호야긴과 함께 끌려감, 그발강변 델아빕에서 약 22년간 예언 활동, 겔 40:10-47:48)
724	앗수르의 이스라엘 3차 침략 (왕하 17:51)		

연대	주요사건(인물)	연대	주요사건(인물)
597	시드기야의 유다왕 즉위(20대) (재위 11년, 대하 36:11)	433	느헤미야 바벨론으로 돌아감 (아닥사스다왕 32년에, 느 13:7)
586	남왕국 유다의 멸망 (스바냐 예언 성취, 시드기야 11년, 주전 586년, 바벨론에게 멸망, 솔로몬 성전파괴(제1성전시대 끝), 습 1:8-11)	432	느헤미야 2차 귀국 (느 13:7)
539	파사국 초대왕 고레스 (주전546-529년)가 바벨론 점령	37	헤롯(대왕)이 유다왕 즉위 (안티파스2세의 아들로 주전 73년경 출생, 주전 47년 갈릴리 총독, 주전 40년 로마왕 아구스도에 의해 유다왕으로 임명, 주전37년 예루살렘 정복하고 유대왕으로 군림)
538	고레스의 유다인 귀환 조서 내림 (스룹바벨 총통임명, 대하 36:23, 스 1:1-2)	5	세례요한의 출생 (예수보다 6개월 먼저 아인케림에서 출생, 눅 1:2)
536	성전재건작업 시작 (스3:8) 재건 작업 방해로 중단 (스 4:4,23)	4	예수의 탄생 (마 2:11) 예수님의 예루살렘에 방문(생후8일) (결례의 의식 행함, 눅 2:21-24) 예수님의 애굽피난 헤롯의 유아학살 (베들레헴의 2세 이하 남아 어린이, 마 2:16-18)
530	다니엘의 죽음 (예루살렘에서 출생, 95세 사망)		
520	성전 재건 작업 재개 (학개, 스가랴의 사역, 스 5:2)		
515	제2성전 완공 (제 1성전 파괴 후 70년, 제 2성전 시대 시작)		
479	에스더가 왕후로 간택 됨 (아하수에로왕의 왕비로 선택되어 총애 받음, 에 2:17)	주후 26	본디오빌라도의 유다 총독 부임
		27	예수님의 공생애 시작 (마 4:12-17)
473	부림절 제정 (에 9:28)	28	12제자를 세우심 (마 10:1-4) 2차 갈릴리 사역 오병이어로 5,000명을 먹이심 (마 14:13-21)
458	유다 포로 2차 귀환 (에스라의 인솔로 1천4백명 귀한, 스 7:1-8:36)		
444	유다 포로 3차 귀환 (느헤미야가 유다 총독이 되어 귀환, 성곽 중수에 전력 52일만에 완공, 느 6:15-16)	29	3차 갈릴리 사역 베드로의 신앙고백 (가이사랴 빌립보에서, 눅9:18-22)
		30	예수님의 승리의 입성 (마21:1-11) 예수님의 수난과 부활 (마27:26-28:20) 스데반의 순교 (예루살렘성 사자문 앞에서, 행7:60)
435	말라기 사역 시작 (남왕국 포로후기, 학개, 스가랴, 말라기와 함께 예언자임)		

연대	주요사건(인물)	연대	주요사건(인물)
주후 32	사울(바울)의 다메섹 회심 (행 1:1-9)	주후 63	바울의 석방 ※ 서바나(에스파니아)로 가려는 의도가 있었던 점으로 보아 적어도 2년은 서바나에 있었을 것으로 추정됨(롬 15:28)
35	바울의 예루살렘 1차 방문 (행 9:36)		
44	사도요한의 형제 야고보의 순교 (헤롯이 예루살렘에서 칼로 죽임, 행12:1-2) 베드로의 투옥 (예루살렘의 옥에, 행12:4-5)	64	로마의 대화제
		66	유대인의 로마 대반란
		67	바울의 순교 (네로 황제에 의해, 로마 마메르틴 감옥에서, 참수당함)
47 - 48	바울의 1차 전도사역 (행 13:1-14:28) ※ 안디옥→실루기아→살라미→바보→버가→비시디아 안디옥→이고니온→루스드라→더베→루스드라→이고니온→비시디아 안디옥→버가→바보→살라미→실루기아→안디옥	68	베드로의 순교 (로마 마메르틴 감옥 투옥(9개월), 네로 황제에 의해, 바티칸 산꼭대기에서 처형당함, 베드로 요청으로 십자가에 거꾸로 매달려 순교했다고 전해옴, 베드로의 무덤 위에 베드로의 대성당이 세워져 있음)
50 - 52	바울의 2차 전도사역 (행 15:36-16:23) ※ 안디옥→다소→더베→루스드라→드로아→네압볼리→빌립보→데살로니가→베뢰아→아덴→고린도→겐그리아→에베소→가이사랴→안디옥	70	예루살렘 함락 (로마 티투스장군에 의해 성전산 파괴, 솔로몬 제2성전 파괴, 산헤드린 공회 폐지)
53 - 58	바울의 3차 전도사역(행 18:23-21:16) ※ 안디옥→다소→더베→루스드라→이고니온→안디옥→에베소→드로아→네압볼리→빌립보→데살로니가→베뢰아→아덴→고린도(역순으로)아덴→베뢰아→데살로니가→빌립보→네압볼리→드로아→앗소→밀레도→로도→바다라→두로→가이사랴→예루살렘	95	사도요한의 밧모섬 유배 (로마 도미시안 황제 때 박해로 에베소에서 유배, 요한계시록기록, 18개월(3년, 15년설) 후 다시 에베소로 귀한, 계 1:9)
(54)	네로의 로마 황제 즉위	100	사도요한의 죽음 (예루살렘 파괴 직전 에베소로 옮김, 에베소 교회의 감독직수행, 요한복음과 요한서신 기록, 12사도 중 마지막으로 편안히 죽어 에베소 아야술룩 언덕 중앙에 묻혔음)
58	바울의 체포 (예루살렘 성전에서, 행 21:27-39)		
59	바울의 로마 호송 (행 27:1-28:15) ※ 예루살렘→가이사랴→시돈→무라항→미항→멜리데섬→수라구사→레기온→보디올→로마	?	**예수님 재림** ※ 내가 진실로 속히 오리라 하시거늘 아멘 주 예수여 오시옵소서 (계 22:20)
61	바울의 로마에서 감금 (행 28:16) ※ 2년간은 자기집에서 연금 생활		
62	주의 형제 야고보의 순교(예루살렘에서 돌에 맞아 죽었다는 설이 있음)		

참고 문헌 및 지도

「성경전서」 대한성서공회 발행 1964
「칼들의 핵, 유대인」 효형출판/김종빈 2001
「사도바울」 도서출판 솔로몬/로버트 E. 피키릴리 · 배용덕 옮김 1993
「세계사 100장면」 가람기획/박은봉 1993
「성경의 전쟁사」 도서출판 좁은문/노병천 1998
「성경주석」 영음사/박윤선 1996
「성경지리총람」 도서출판 소망사/이찬영 1997
「성경 지명 인명 사전」 백합출판사/오인명 1964
「성막」 한국 가능성 개발원/강문호 2001
「성서 고고학」 기독교서회/문희석 1974
「성서 고고학-구약편」 세신문화사/원용국 1989
「성경의 풍토와 역사」 종로서적/강석오 1996
「성서지리」 서울신학대학교 출판사/권혁승 2001
「성경(聖戰)」 얼과 알/데이비드 김슨 2003
「성지순례」 조선일보사/박준서 1995
「성지 순례의 실제」 도서출판 청담/김흔중 2000
「신학사전」 도서출판 엠마오/신성종 번역 1986
「예루살렘」 도서출판 그리비/토마스 이디노폴로스(이동건 역) 2002
「열두 사도의 발자취」 도서출판 솔로몬/윌리암 맥버니 · 이남종 옮김 1995
「요세푸스」 생명의 말씀사/김지찬 역
「이스라엘」 금성출판사/김무상 1994
「이스라엘사」 대한교과서 주식회사/최창모 1994
「이스라엘의 성지」 생활성서사/정양모 · 이영헌 1995
「이스라엘의 역사」 기독교문서 선교회/레몬우드 · 김의원 역 1985
「이스라엘 역사와 지리」 요단 출판사/이병열 1995
「이집트 파노라마」 한국개혁 신학 연구원/이준교 1993
「전쟁사 101 장면」 가람기획/정토웅 1997
「중동전쟁」 일신사/김희상 1977
「지도로 보는 이스라엘 역사」 도서출판 호산/마틴길버트 · 최명덕 옮김 1997
「지리로 본 성서세계」 생명의 말씀사/이희철 1894
「성서지도」 카톨릭 성서 모임 1998
「성서지도」 도서출판 지계석/이원희 2000

지도*도표*사진으로 보는
성서의 역사와 지리

초판1쇄   2003년 6월 25일
초판2쇄   2006년 2월 25일
개정판2쇄 2014년 5월 15일

지은이 김흔중
펴낸이 이규종
펴낸곳 엘맨출판사
　　　서울특별시 마포구 신수동 448-6
　　　TEL ;02-323-4060, 02-6401-7004
　　　FAX:02-323-6416
　　　E-mail:elman1985@hanmail.net
출판등록 제 10호-1562(1985.10.29.)

*저자의 허락 없이 복사나 전제를 금합니다.
　잘못된 책은 바꿔드립니다.

값 36.000원